日本思想史講座

The Perikan History of Japanese Thought 5: Approaches

5——方法

ぺりかん社

刊行にあたって

家永三郎や丸山眞男らによって新たな幕開けを迎えた戦後の日本思想史研究は、その後さまざまな新しい試みや国外からの方法論の流入を受けて、いくつもの潮流を生み出しながら今日に至っている。文学・歴史学・哲学・美術史学などの近隣分野でも、日本思想史に関わる注目すべき業績が相次いで発表され、「日本思想史」という学問の性格そのものが大きく変貌を遂げつつある。

そうしたなかで、日本思想史研究の成果を全体として鳥瞰するような仕事は、一九七〇年代後半に『日本思想史講座』（古川哲史・石田一良編集、全八巻・別巻二、雄山閣、一九七五―七八年）が刊行されて以来、試みられることがなかった。本講座では、膨大な蓄積をもつ日本思想史研究の変遷と成果を総括し、到達点と課題を明らかにすることを意図している。その上で、改めて日本思想史という学問のもつ可能性を問うてみたいと考えている。

その目標を達成すべく、私たちは編集にあたって以下のような方針を掲げた。

(1)「日本思想史」に関わる諸分野におけるこれまでの研究成果を総括すると同時に、今後の研究の方向性・可能性を示すことができるようなものにする。現今の思想史研究の水準を踏まえ、長期にわたって当該分野の研究の道標となりうるような内容とする。

(2)各巻の構成は、古代・中世・近世・近代という区分を基本とするオーソドックスな形式とし、伝統的な文献中心の研究手法とそれが生み出してきた成果を尊重する。

(3)日本思想史の通史の形態をとるが、全領域を過不足なくカバーするのではなく、いま議論が沸騰している問題、今後解明すべき重要な問題など、学界全体が共有すべき課題について、独自の切り口からテーマを設定する。

(4)文学・日本史・歴史考古学・哲学・宗教学・民俗学・美術史・建築学・地理学など近隣分野の成果を盛り込み、トータルかつ立体的な思想史像の構築を試みる。日本思想史の基本的なディシプリンに立脚しつつも、文献に留まらず、古文書・金石文・彫刻・絵画など多彩な資料を積極的に活用する方向性を追求する。

(5)韓国・中国・欧米など海外の研究成果を十分に取り入れる。人と文物の移動を伴う国境を越えた思想の交流や、比較の手法を重視し、一国史の視点を超えた立場を意識する。

(6)「日本思想史」の意味を問い直すなかで、新たな方法論の可能性を模索する。隣接諸分野の研究成果に広く目配りするだけでなく、独自の方法と視点からそれらを統合できるような、人文科学の基幹としての思想史学の確立を目指す。

いまや人類の生存そのものの可能性が真剣に議論される時代になった。私たちを取り巻く学問の世界でも、人文科学の存在意義が根底から問われている。二〇一一年三月十一日に起こった東日本大震災は、科学技術の限界をみせつけると同時に、私たちの学問がこうした事態に直面して何をなしうるのかという重い課題を突きつけるものとなった。
先の見えないこの危機と閉塞の時代に、この列島でなされてきた知の営みを集約し、未来への希望を託したささやかなメッセージとして国内外に発信したいというのが私たちの強い希望である。

二〇一二年三月

苅部　直
黒住　真
佐藤　弘夫
末木文美士
田尻祐一郎

日本思想史講座5——方法＊目次

刊行にあたって　1

I　研究の課題と方法

日本思想史の方法……………………黒住　真　17
――物事の形態と把握の歴史――
一、日本思想史――その在り方・時代区分・「方法」　17
二、思想史――前提としての人間経験の歴史から　26
三、日本の思想史――島国と古代から中世へ　43
四、日本の思想史――近世から近代への問題　51

戦後から二十一世紀の日本思想史…………片岡　龍　73
――「日本らしさ」の底流・「公私」（公共）を中心に――
はじめに　73　一、「日本らしさ」を求める底流　76
二、「公私」　80

Ⅱ　方法の諸相

方法としての「擬古」……………………………………澤井啓一　103

一、問題の所在　103　二、「擬古」以前の方法意識　106
三、古文辞学の方法意識　109　四、宣長における「擬古」　113
五、「擬古」の終焉　116

対話と論争としての思想史研究……………………高橋文博　120
——儒教思想史に即して——

はじめに　120　一、伊藤仁斎の「熟読精思」　121
二、伊藤東涯の『古今学変』　124
三、井上哲次郎の「日本哲学に関する史的研究」　127
四、「教育勅語は明治の聖典であります」　130　おわりに　134

訓　読……………………………………………………中村春作　137

一、訓読とは何か　137　二、訓読に向けられた視線　140
三、訓読法の変遷は何を物語るか　142　四、訓読論への視座　146

書物と民俗のはざまで……若尾政希 149
はじめに――史料としての書物・蔵書 149
一、思想形成の契機としての書物――書物の時代のはじまり 152
二、書物と現実体験とのはざまで 154　三、民俗という契機 156
四、民俗との葛藤、その形成の背景 160

やまと言葉の発想……竹内整一 165
――「おのずから」と「みずから」の「あわい」で考える――
一、やまと言葉で考えるということ 165
二、「おのずから」と「みずから」という枠組み 168
三、「おのずから」と「みずから」の相即・撞着 172
四、「おのずから」と「みずから」の「あわい」 176

宗教と学術……林淳 181
一、ヨーロッパにおける「仏教」の誕生 181
二、ヨーロッパ仏教学と日本人 184　三、仏教学と仏教史学 187
四、宗教学と神道学 191　五、世界宗教の発生 192

日本とアジア・西洋……山室信一 196
はじめに――「メトーデなき伝統」という言説とヨーロッパ像 196
一、論争的概念としての時空間――「日本とアジア・西洋」の思想史的位相 200
二、方法としての時空間 205　三、課題としての時空間 209
おわりに――「盲信の体系」からの自己解放 212
社会認識……山泉　進 217
はじめに 217　一、翻訳語としての「社会」 218
二、「社会」認識と「社会問題」 222
三、「社会問題」の解決法としての「社会主義」 227　おわりに 230
治療と臨床……本村昌文 232
一、死を前にした人間 232　二、「死生学」が目指すもの 233
三、死生学と日本思想史研究 237
四、日本思想史研究と現代社会とのつながり 240
五、医療・介護の現場との共通基盤の設定 243

性とジェンダー……………………………………川村邦光　250
——方法としてのジェンダーの視点——
一、性／性差をめぐる物語と思想　250　二、性／性差をめぐる視点　252
三、ジェンダーという視点　257　四、セックス／ジェンダー観の転回　260

生活と自然……………………………………佐久間　正　265
——環境思想史の構想——
はじめに　265
一、欧米の環境思想史研究の進展と日本環境思想史の模索　266
二、儒教の環境思想　271　三、日本環境思想史の構想　274　おわりに　277

Ⅲ　世界のなかの日本思想史——海外からのアプローチ

中国における日本思想史の研究……………………卞　崇道／呉　光輝　283
一、研究史の変遷　284　二、分野別の研究　288
三、「誰の思想史？　誰のために書かれた思想史？」　297

韓国の日本研究と日韓の思想連関……趙　寛子　302
一、研究環境の変化　302　二、韓国と日本の思想連関　309
三、成長の欲求・思想の成熟　322

台湾と香港における日本思想史研究……藍　弘岳　329
——帝国辺境と漢字文化の視点から——
はじめに　329
一、台湾における日本思想史研究㈠——世代論の視点から　330
二、台湾における日本思想史研究㈡——多様なアプローチ　335
三、香港における日本思想史研究　342
むすびに代えて——特徴と展望　345

「満洲」幻想の生成とその消滅……劉　建輝　347
はじめに　347　一、心象風景としての「赤い夕日の満洲」の誕生　350
二、「馬賊」のかき立てたロマン　353　三、「幻想」装置としての文学　357
四、ツーリズムの作り出した「満洲」夢　360　おわりに　363

欧米からの鳥瞰的スケッチ……ケイト・W・ナカイ　365
一、欧米における日本研究の時代的・組織的背景　366
二、思想史に対する姿勢の変遷　372　三、「偶然」の要素　377

ヨーロッパにおける日本宗教思想研究の現状……フレデリック・ジラール　382
はじめに　382　一、宗教・仏教　385　二、歴史学　388
三、文学　389　四、美学　389　五、近世思想　390　六、現代哲学　391
七、スイスの研究　392　八、イタリアの研究　393　おわりに　394

Ⅳ　日本思想史へ――ガイダンス

神　道……安蘇谷正彦　401
はじめに　401　神道思想の形成とその内実　404　むすびにかえて　416

仏　教……大久保　良峻　422
一、仏教の展開　422
二、漢字・漢文の仏教　424
三、仏教の区分　426
四、密教の展開　428
五、仏教思想研究の基礎と課題　431
儒　教……土田　健次郎　433
一、日本儒教史の試み　433
二、儒教の枠組み　438
三、アジア儒教史の試み　439
キリスト教……鶴　沼　裕　子　446
はじめに　446
一、研究史の概観　446
二、日本思想史としてのキスト教史　450
三、今後の展望――方法的視座としての「宗教体験」　452
政治思想……平　石　直　昭　458
一、言葉の定義　458
二、「政治思想史」の対象　460
三、政治思想史を学ぶ困難について――現代との断絶　463
四、東京帝国大学における「東洋政治思想史」講座設置の背景　465

哲　学……………………………………………………………藤田正勝　471
一、哲学と思想　471　二、日本思想史の成立　473
三、倫理思想と倫理学　475　四、原理的な問いの不在　478
五、歴史学と哲学の方法　479　おわりに　481
史料・文献……………………………………………………梅澤秀夫　482
一、思想史研究と史料　482　二、日本史学における史料論　484
日本思想史学関係文献一覧　495
日本思想史年表　531

I　研究の課題と方法

日本思想史の方法——物事の形態と把握の歴史——

黒住　真

一、日本思想史——その在り方・時代区分・「方法」

歴史と思想史、日本思想史の学

この「日本思想史」講座は、地域「日本」における「思想史」、すなわち「日本」という場所で人間が交流しながら意味ある物事・世界を形成して「思想」を「形《かたち》」作りまた継承・変容させてきたその「歴史」を捉える。

思想形成する「意味ある物事・世界」といったが、そもそも人間は、(人を始め)何等かの物事と関係する作業において世界を何程か「かたち」として懐きその意味を実感しながら生きている。意味がはっきりしないただの事物・事柄もあり、破り捨てたり忘れられる物事もある。しかし、大事な物事なら、これを(散逸させるのではなく)何等かの「望ましい」物事として具体的な「形」を保持しまたさらに形作ってある可能性をもった「形態」にする。ここにはある領域をめぐる価値ある物事を成り立たせる経緯があり、その営みやその継承が「歴史」にもなっている。[1]

その際、物事は、大抵はただ真似て繰り返す事実だけではない。それについて人は何程か「こころ」にはっきり集中して懐き、さらに思考・想像しこれを言葉・文字などの表現や種々の道具を用いながらあえて記録する。そのことで、自分自身において遡及・学習・思考・想像などをし、また他の人々とも互いにそうしながら交流する。かかる「営み」には、大抵、何程か「思想」として、その意味・価値をもった「形」(形態)をめぐる意志があり感情や思考(理性)などに拠ってあらためて捉え直す働きがあり、それが歴史を帯びてくるとき「思想史」となる。

人間の営みには、「意味ある」「大事な」といった物事・世界のまさに何程か価値を帯びた形態の形成があり、それが人間の生において捉え直すものとして歴史的に現れ、捨象されも形作り持続・継承されもする。[2]要するに「思想史」は、人の営みの形成や継承の際に、その価値ある物事・世界の「内実を改めて捉え直す」まさに思考や想像さらに反省や再構成の運動として、歴史を帯びて立ち現れるのである。[3]

思想史はいかに「立ち現れる」のだろうか。いま、思想「形成」について、望ましい・捨て忘れられるといったが、このことは生きている人間の「営み」の先立った「両面」でもある。そもそも人間は生活において、予想をもって物事の「形成」をするが、そうではない物事の「排除」つまり捨象や解体をも行っている。またその物事の形成・排除は「過程」でもあり時間性としての歴史をも持つ。またそれらを担い「感じ」「考える」「知る」ことについても、身心において、たとえば生まれたばかりの在り方・働き方

（先天）、学習・習慣によるもの（後天）がある。そこにはやはり蓄積があるだろう。それは、先立った歴史としてあるだろうが、その現在また将来についても、既に十分知っているないし覚え（させられ）てしまった習慣のように、とくに意識したり思考したりしなくても行われる状態（暗黙知）など、様々な位置づけが可能である(4)。

意味を捉え直す際に大抵、「記憶」ないし「記録」があり、位置づいた「筋道」や「論理」がある。既に記したように人間の営みという物事・世界自体は、ある程度であれまさに歴史的な事実・事柄として既に「形」ある形態となっている。だが、思想史としての思考や想像（また反省や再構成）の「形」（形態）への働きは、多くまずは「心」にあってさらに「身」をもって言葉・書き物などによって位置づけ・記録され、そこに身心の相互作用がある。のみならず、そのことが大事な意味に関わるなら、屡々さらに改めて歴史的に言語化しまた現実化しようとさえする。そうした動機と結び付いて、大抵、望ましい価値ある物事・世界が、何らかの在り方（形・形態）として言葉・文献・図像等によってさらに描き出される。それが歴史をもった何等かの企画にさえなる。それらが、思想史における実は重要な対象・資料ともなっている。ただし、こうした思想をもった記録は最初から何時もあるものではない。

「歴史」また「文化史」（cultural history）は、既に「人間は……営みにおいて」と述べたその物事自体でありそこにもむろん重要な記録がある。これに対して、「思想史」は、その物事の形をめぐる思考や想像などによる再把握の歴史である。この前者（営み）と後者（再把握）とは（また述べるが）繋がるが同じではない。思想史は後者の在り方——思考や想像・再構成の形態——を中心課題とする。

かかる思想史の営み自体は古くからあったといえる。ただ、それが文字通り「一般化」され「学問」とさえなったのは、秘密性が減少し公開が拡大する「近世」に始まる。それが「近代」になるとより広がり人々へと一般化し／される。それは規定により屢々「国家」「国民」のものと方向づけられもする。

日本では維新後の近代、二十世紀日露戦争後頃からか、「学問」としての「思想史」が大抵は地域や分野と結び付いて表され出した（教育思想史、支那思想史など）。ただ、それは何なのか、自分たちが何を思考しているのか、問題は簡単ではない。近代化とともに人々にとってその物事は広がってくるが、すでに決まった分類、さらに特定の国家観や権力やその教育・宣伝によって動かされることさえ少なくない。

とはいえ、「思想史」と称される学問は、その営み自体への問いを自由と共にもつべきである。すると、「思想史」は学ぶ者を、対象自身、自分自身、諸関係へと向かわせることになる。このことは決して権力や戦いの勝ち負けに入ることでも懐疑や虚無に入り込むことでもない。「学問」であるなら、位置づく「論理」をもち、結局は「真理」に向かい捉えようとする方向をもつ。少なくとも持とうとすべきではないか。[5] そうした方向が、現在に結ばれる「日本」の「思想史」学である——そのようにまず考えておきたい。

時代区分と再考としての方法

本講座では、その「日本」「思想史」に位置づけ把握される物事・世界の形態を、まず「1 古代」「2 中世」「3 近世」「4 近代」といった区分を用いて大きく時代的に分類する。この時代区分のもとで各巻は、当代に見出されるいくつかの大事な思想について、その形態の内実を、約十及び五の題目の章立てまたコラムにおいて、著者自身が思考をもって把握・記述・考察し人々に向けて表現する。また先立つ総論において、編者が当代の各章・コラムの立論の位置・意味を大摑みに示す——こうした課題と内容とを各巻の各項目がそれぞれもっている。

その各章・コラムにおけるこの仕事には、「日本思想史」と称され位置づけられる、ある対象に向かう活動とそこでの把握との《既にある程度だが定まった仕方》が「方法」としてある。その仕方に拠って、個々のタイトルに向かう作業として著者が、調査・把握・記述等を行っており、そこからの内容の表現が読者に伝わるのである。今後もまた「日本思想史」と称される限り、ある程度は似た・繋がる作業が、個々の対象・内容また伝播などの在り方の違いはあれ、同様に行われるだろう。

では、そこに「日本」「思想史」をめぐり前提のように対象として懐かれた「物事」、その思考をもつ「形」の把握・記述また反省や再構成といった作業の「仕方」、それは一体何だろうか。それを改めて捉え知ろうとする「再考」が、本巻における各章が分野の違いはあれ総じて「方法」として懐く課題である。

「方法」の部立てと内容——在り方の展開と「真理」

この「方法」について、本巻はまず大きくは次のような部立てにより分類している。

Ⅰ　研究の課題と方法
Ⅱ　方法の諸相
Ⅲ　世界のなかの日本思想史——海外からのアプローチ
Ⅳ　日本思想史へ——ガイダンス

Ⅰ「研究の課題と方法」では、本稿と次稿（片岡龍「戦後から二十一世紀の日本思想史」）が、基本的な方法論として、日本思想史という歴史的物事とその把握のあり方――《物事を捉え直す基礎的なあり方とその歴史》を考える。ここでは、個別的に発生する方法や個々の在り様にあまり踏み込んではいない。また場所や歴史を見るとしても大摑みである。「思想史」自体を、また「日本」のそれを、大体の時処を踏まえながら総じて捉えようとする。

そして、既に述べたが、「日本」での「物事の歴史」だけでない「思想史」は、個々の出来事としては古代・中世から発生するが、広い「学問」としては、とくに近世からまた近代化とともに展開した働きであり、それが現代にも至る。また「学問」としての「思想史」は、価値づけとして「真理」をもっている。だとすると、その「思想史」は何で、「日本」はそれについてどのような場所なのか。またその「歴史」はどのような変化や方向をもっているのか。こうした基本的な物事について、まず本稿では、大摑みにまず捉え、その歴史的遡及から近代に向かう。この振り返っての日本の思想史やその把握は、当然ながら現在という当の時処のまた将来への課題を与える。そこで次稿（片岡龍「戦後から二十一世紀の日本思想史」）は、日本思想史から立ち現れる現代的な方法・課題を示す。

Ⅱ「方法の諸相」は、現在にも繫がって展開する「方法」の種々な重要な場面を捉える。つまり、日本思想史におけるさらに《具体的な活動・展開を》踏み込んで捉える部分である。人間はまず、ある行為・営みの諸形態において生きており、そこから感じながら思い想像しさらに知るなどの「思想」を懐く。思想を懐く人間の運動にはまず、認識としての知が含まれているが、それはまず常に何程か歴史性を帯びながら生活の形＝形態と結び付いて立ち現れまた発展する。「思想」は、狭義の哲学のように理性・論理に収束させない限り、必ず生の活動と結びついてある。だからこそ、思想には先立って生活があり祭祀があり言語や物語がある。歴史的な古典の立ち現れ・解釈である場合も、ただ抽象ではなく、様々な関係を帯びた生の形態と結び付いて展開する。その展開ゆえに人の思想が複合語となり、用いる言語が言語思想を、生活する日本が日本思想を、人々の社会が社会思想を、孕むわけである。

人間の言語、性、生活、社会、宗教、伝承、ある場所など具体的な場面において、思想があり、それが歴史や関係をもって表現されている。この個々の生の形態と結び付いた思想の立ち現れは、時代としては近世以後とくに顕著である。Ⅱの各章は、生をめぐる古典・論争・訓と訳・出版・場所・社会・治癒・性・自然といったいくつかの重要な展開を捉えそれを把握・再考する。その現代にも向かう興味深い展開・把握を辿っていく（Ⅱ以降、多くの章となるのでここでは詳細に題名を引かないが、各自踏み込んでいただきたい）。

Ⅲ「世界のなかの日本思想史――海外からのアプローチ」は、日本思想史についてのいわば日本《外部からの視点》であり、国外からの研究の地平を示していただく。ただし、「日本」という場所は、たしかに近代以後の国籍や旅券においては固定的だが、実際の思想や文化においては、決してはっきり一定のものではない。また、そもそもある場所は、まずその内部での把握があるにせよ、意識されるときすでに外部があり、さらに外部自体からの把握もある。その差異同一性を含んだ交流・流通から、表現が形成されているのである。ただ、日本は「島国」的な閉じた構造をもつ面もあり、意外に外部とされるもの自体に踏み込まないしそこからの視野・交流を知らないこともある。だとすると、それを知ることは一層重要な意味をもって立ち現れるだろう。実際、近代のいわゆる「脱亜」においては、日本思想が元来含む東アジア思想の内実は消えたりある傾向のもとに入れ込まれたりすることさえあった。そこには日本思想を形成してきた東アジア的な地平の真理性の喪失がやはりあったのである。とはいえ、その喪失の乗り越えは日か欧か翻って亜かといった次元の運動に収まるものでは結局はないだろう。なぜなら、その内実は、日本だけでないのみならず東アジア諸地域のまた欧米の、さらに大きくは世界・地球上の一局面でもあるに違いないからである。かつて中村元氏（一九一二―一九九九）が捉えたように、「日本思想史」もまず、「世界思想史」の一端である。その視野が方向として真理と共に重要だろう。

こうした問題意識から、Ⅲでは、まず近代的空白を乗り越えまた実際の可能的地平を認知すべく、「中国」「韓国」「台湾・香港」さらに集中点としての「満洲」さらに「アメリカ」「欧州」といった地平からの鳥瞰的視野を見る。こうした地平の本質をさらに知ることは、大事な自己認識や反省また普遍性に向かうことにもなる。

Ⅳ「日本思想史へ――ガイダンス」はまず、Ⅰ・Ⅱに含まれた諸局面に関与していくためのいわば重要な窓口・入り方を示す。日本で「思想史」をこれまで形成してきた元来の場面をいくつか分類し、そこに踏み込んでいく仕方・道筋・課題、ガイダンスである。日本における思想と呼ばれるものの歴史を見てみると、そこにはまず重要ないくつかの形態とその活動がある。思想が称される事物として、前近代はまず、「神道」「仏教」「儒教」「キリスト教」などと後に分類されて称される諸宗教がある。また近代になると「哲学」「科学」「政治学」「歴史学」などのいわゆる諸学問が結び付いて思想として展開している。それら元来「思想」が位置づけられてきたものをいくつか分類し、そこに入っていくための方法を今後の方々のためにも示す。到底すべてではないが、とても「重要な形」としてのそれらを知ることは、その内部に入っていくためにも、また分類を越えて、普遍的な視野をもった思想史学を行うためにも具体的に役立つに違いない。読者それぞれの関心事項から、また他の次元を知りつつ、思想史に向けての認識がさらに深まり展開することを期待したい。

また本巻は、最後に「日本思想史学関係文献一覧」「日本思想史年表」をもっている。これは全巻に関わるものであり、そこからまた、日本思想史の歴史を踏まえた総体が、手掛かりとしていろいろ見えてくる。それらを用いながら、私たちが自分自身へのまた他の視野へのさらなる踏み込み・拡充をもつことができれば、と希望する。

改めて本巻「方法」およびⅠ「研究の課題と方法」に戻り、本講座また本巻がもちまたもとうとする場所・視野について捉える。

本巻は、「現在」であり、講座『1 古代』『2 中世』『3 近世』『4 近代』からきてこれらを懐く「今此処」としてある。その現在から講座各時代に踏み込んでみると、たとえば近代化にはより強調される「日本」という枠組みがある。ただ、現在の論者は、それに入り込むだけで満足はしないだろう。ただの肯否日本論の主張なら、もう「論文」ではないと知っている。歴史にはそれを超えたものも大いに含まれており、現在の「日本思想史」の論者はその「日本」枠だけでない位置を屢々みずからもとうとしている。また近代化以来、現在は地球化とともに、拡大する「世俗化」や「物象化」がある。これに対して、それに入り込まない超越や限界への思考を論者は信仰と共に改めてもち出しているかもしれない。

これらは、結局、「日本」「思想史」自体をいかに意味をもって位置づけるかという課題に論者を向かわせている。繰り返すが、なすべき把握を、ただの個別論でも回帰でもなく「学問」としてみるならば、根本的にはより普遍的な真理の地平において行うことが要請されている。だとすれば、本巻「方法」もまた、その「日本」「思想史」の意味の真理に向けてである。

本巻は大体、日本思想史の把握にとって、ⅠからⅣへは演繹的な展開、翻ってⅣからⅠへは帰納的な立論といった構造をもつ。ただし、形としてそうであっても内容として本当にそうであるかは、本巻各章が総じてそれぞれ担っている。それでも、そこにある「意味」は、「日本」「思想史」が（ただ宣伝でも権力・勝ち負けでもなく）「思考」による「学問」であるから「真理」にこそ関わる。その内実は、普遍的な地平において私たち執筆者のみならず誰にも訪れるものだろう。それに向け本巻の「現在」がよりよい一端を共に示すものであればと願っている。(6)

二、思想史――前提としての人間経験の歴史から

経験史に対する思想史における形と命――また同化と離反

本稿では最初に、人間の営み・関係には物事を何らかの価値を帯びた形態《かたち》へと形成しこれを伝達・変容させてきた種々の物事の「歴史」がある、その「内実を改めて捉え直す」「思考や想像の立ち現れ」の歴史として「思想史」がある、などと述べた。人間の営みには、そもそも物事をただ拡散するのではなく集

積・価値づけし意味をもつ形態として伝播する「歴史」がある。その内実を思考や想像によって捉え直しまた形作ろうとする考え方等の歴史が「思想史」である。では、形態の捉え直しとして立ち現れるその思考などの歴史とは、一体どのような在り方をして、どこに行こうとするのだろうか。

まず、具体例を簡単に見てみよう。歴史的な事象・物事をめぐって、例えば、日本史と日本思想史、神道史と神道思想史、政治史と政治思想史、倫理史と倫理思想史などといわれるものがある。この際、「思想」を、付さない先の語と、付している後の語とはどう違うのだろうか。両方ともにある人間の営みを捉えるが、前者はその経験される物事自体の歴史であり、後者はその在り方・形態をめぐる思考などの歴史である。両者は、繋がるがまったく同じではない。では、歴史的な物事に思想が付され思考などが形をなすこととは、一体どういうことなのだろうか。

言葉に少し分け入ってみると、「思想史」は、大抵、（何かの／何処か・何時かの／誰か人々の）思い・想像の歴史である。今、思い・想像の歴史などと述べた「思想史」は、英語では、Intellectual History あるいは History of Ideas などと称されている。要するに「思想史」は、「思考さらに想像や理想の歴史」なのである。ただ、その際注意すべきだが、それは単なる抽象的な思考などではない。そこには、先立ってあるいはそれ以後に歴史がある。思想史には、先立って、営みの経験される事実の歴史があり、さらに営みにおける思考や想像や理想の歴史があり、後者は前者に屢々「加わって」「改めて」――「内実を捉え直す」歴史的物事としてある。この内実を捉え直す・形態の捉え直しなどと既に述べてきたこと、そこに実際に何があるのか。その現在と前後は無関係ではない。大事だからこのあたりを少し考えておく。

⑴反省・再考

安津素彦（一九一二―一九八五）は、「思想上の」営みは「知力・知識」の「事実を基礎とし資料として……反省・み直し・きき直しの跡を記述すること」だと述べている。(7)「思想」が「知による反省・感覚による直しの跡」だという安津氏の把握に本稿もまったく同意する。だとすると、繰り返しになるが、思想・思想史は、ただ営まれた物事とその歴史ではなく、その営みへの「反省」「再考」「直し」を含むべきものなのである。それらの働きを本質的にもつがゆえに「思想史」なのである。「歴史」自体にはそれはないかもしれないし、暗黙知があるかもしれないが、それは歴史自体の課題ではない。それが問われるとき「思想」「思想史」が発生する。

では、「思想」「思想史」と総称される、屢々歴史的事実に対して「反省」「再考」し「内実を捉え直す」人間の営み――そこにある思考や想像・理想は、人間のどこにどう働くのだろうか。物事をどうするのだろうか。その物事における／物事への在り方は、何なのだろうか。

まず、基本的に、そこには何ほどか人の「心」が働き「物」があり両者をめぐる「形」がある、と捉えていい。このあたりの主・客・媒介を近代的な学問的把握を引くなら、物理的・心理的・医学的・哲学的にどう把握されているか位置づけや解釈は種々あるだろう。が、どうであれ、そこに物事をめぐる（どれほどであってもある程度）「形作られた」「心」また「物」があることは間違いない。

では、それは、近代の精神医学がまず考えるように、当人の身心内部の働きであり観念としての物事なのか。確かに、まずそう捉えることは出来るだろう。が、「思想史」を称するなら、それだけでは収まらない。たとえまったくの観念であっても、拡散してしまわない内実ならば、その物事は大抵、少しずつでも意味をもち（たとえ断片であっても）大抵言語化され記述されている。
そこにはその言葉・意味をもつ・表し出す・まずは生きて働いている「当人」（本人・其の人）がいる。そしてその意味・内実をめぐる或る人の物事・言葉は、また別の当人にも同様に意味・内実をもちうる。もちろん、事によっては拡散したり無意味かもしれない。にも関わらず意味をもって伝搬することもまた必ずやある。人間の「営み」はそうした様々な基礎的な「ある一般性をもった形」の伝達・歴史からこそ作られている。既にあるその在り方とその意味は消せない。何かの論理や学問によって消滅させるとその場所では無くなるが、そうしない限り、意味あるものは在り続けている。その事実と意味を思想史は消さないで捉えねばならない。

⑵形態——観念と現実との中間とその周辺

捉えようとしているのは、ただ観念やその伝授ではなく、たとえ観念であってもさらに経験的事実いわば生活的世界の地平とも結び付き／結び付こうとする考えである。「心」であっても「物」たろうとする。だからこそ、思想史には、何らかのある程度の規定の「形」（形態）がある。また「言語化」があり、集まった言葉は「史料」のみならずテキストとなり「古典」と称されもする。否、逆に、テキスト程ではなく、「断片」であっても、様々なものに示唆を与える深みと意味をもつかもしれない。逆に、古典といわれる史料も、何時も必ずないとは限らない。実は現在、求める生活に根差さず、無関係ないし強引かもしれない。あるいは別の宣伝が動くかもしれない。すると、むしろ断片が「心」にとってとても重要かもしれない。

安丸良夫『〈方法〉としての思想史』は、「民衆思想史」では日記をはじめ「史料はかならず断片的なのであって、全体を捉える構想力・理解力に支えられてはじめて史料が生かされうるのである」と述べている。(8) 安丸氏の考えを本稿もまたもちたい。「思想史」にとっては、史料を包摂する「古典」も大事だが、ある既に決まった枠組みに入ろうとしないならば、ときには「断片的」なものさえ、とても大事なのである。いずれにせよ、意味はただ拡散していい訳でも流行すればいい訳でもない。宇宙・自然によってまたそこでの民衆など人間によって包摂されていることとその総体・全体もまた歴史的意味づけとして大事だろう。

このあたりの「方法」については、安津氏また安丸氏の用語を引いて――またいまあえて自然・人間という語を用いて――さらにまとめさせてもらう。すなわち、思想史またその学問は、自然における人間が物事を生かすべく「反省・再考」しその「内実を真理に向けて捉え直」し、「理解力・構想力」を働かせ物事を包摂する「全体」を捉えようとする、かつての歴史を遡及し古典のみならず断面的史料にさえ向かう、運動なのである。

だとすると、ここにある「力」の働きとは一体何なのだろうか。「構想力」については後にふれる。まず「理解力」の面から捉えるなら、「思想史」は、

①（思考・理性・理想であるにせよ）観念としてあるだけではない、

②（具体的な経験により現れ出るにせよ）歴史的経験自体だけではない、

そしてこの両面の間における中間（媒介）的営みとして、現れ出てしばしば言語化されて何らかの物事・世界を捉え描き出している。だとすると、思想は、ただ事実の記録でもまったくの幻想でもなく、それ以上に観念と現実（経験的地平）との間にあるものとして、よりそれを合一される方向性・当為をもって、懐かれ・語られている、といえよう。またそこからいわば弁証法的な展開や発展がさらに考えられることもあり得よう。

戻って基礎を考えてみると、いま指摘した両面の媒介・合一・方向・当為といったことは、肯定的な場合である。否定的には、思想（史）が、観念になってしまうか（離反）、あるいは、経験的事実だけになってしまうか（同化）といった、分化された両端、両者どちらかにだけ埋没することもある。また、両面含むにせよある形態だけに収まってしまい交流・展開をもたないこともあるだろう。

例えば、思想史が、ある何か歴史的経験の方だけに入ってしまうならば、一種の経験論さらには唯物論のごとき立場をもつことになるだろう。しかし思想史が、ある現実と離れた理想の方だけに向かっていくなら、観念論の立場をもつことになるだろう。また、人間の思想は虚無感あるいは妙な敵対感になってしまうかもしれない。いずれにせよ、物事は意味を失い未解決のままどこかに入ってしまうことになる。こうした「位置づかなさ」にならないために、思想史は、ただ離反するのではなくまた同一化するのでもない、物事によく関わり営みの「形」「座標軸」をもつべきであり、そこによき働きの力をもつべきなのである。それは、まず自然においてあり、またその内部の人間の生活世界における自立して判断し営み続ける中間的組織の大事さということになる。[9]

ともかく、思考をもつ思想史は、観念と現実との間の関係をもち／もとうとしながら運動を展開し続けている。その思想史が結び付き・関与する歴史的事実は、ただの史実ではなく、まただの観念でもなく、まさに生をめぐる思考・意味が現れ出るような形《かたち》としての史実である。その意味では、思想史は、《人の生の在り方と結び付いた形態・意味を含む歴史――その思考による把握史あるいは再把握史》なのである。「思考による形態の意味の把握」その希望的な推論にこそ「思想史」はみずからの意義をもっている。

(3)生命と関係・分与

また人間自体に振り返ってみよう。思想を懐くのはいま「まさに生きている」人である。当人はよく捉えてみれば、「み」(身・実)において「いのち」(命)また「こころ」(心)をもって、世界・歴史の「ある時処位」で生きている。それは物事のある尖端でもあり、物事の何らかの「限界」と「可能性」が集中的に当人にある。「意味」「命」といった物事は「そこ」に根本的に関わり孕まれており、それによってある当人が位置づき、実を結びまた限られもする。そこで、その在り方は、「ある」貫ったものとして「天命」「宿命」「使命」等と称されることもある。恩寵・慈悲・恩などといわれるものも、違いはあれ同様に根本的な限定と所与性を捉えているのだろう。

そしてそこに超越性や根源性が関係する。が、そうだとしても思想史からいえば、世界は単なるどこまでも無規定なものや内に形のない無限性やまったくの混沌でもない。だから、意味はそこにあって自然あるいは超自然「のうちに」位置づいて「営み」を方向づけているに違いない。「心」は超自然にあり「身」は自分の自然であり、その両方の結合が何時も営まれているのではないか。近現代ではそうした位置づけへの問いさえもたず、身心も生命も曖昧だが、前近代におけるその在り方をも思考し知る必要がある。

また「人」「いのち」といったが、それは根本的に個に訪れることになるにせよ、その在り方と意味づけは、単に個体的なものではない。個は関係「によって」こそ位置づいている。言葉としての「自分」がまさにそうだが、自分はある一端としてあり、関係・世界によって分与のように存在している。「天命」等は、その分与としての自分の意味の訪れなのだろう。そのこともまた、近代的な個を考え直すためには、より遡って考えてみるべきではないか。

いま人の営みを「のうちに」「によって」という用語で表現したが、こういうとき、自分より先立って何かの「世界」「歴史」があり、それが自分たちを位置づけている。それを「他界」「幽界」などといい、現在の世を「世俗」というなら——その前者こそが存在する古代・中世までと、それが解体し後者こそが存在する近世以後と、世界観の違いとまた両者の超克をもさらに考えるべきだろう。

総体としての在り方とその再考・象徴

端的また一般的にいって、人間という類は、地球・天地において、何かの物事とより関係し、身心に欲動・感情・意志また思考や理想などにおいてこれを把握し、それを実際の物事としての受容だけでなく、また再形成・変容など成し続ける歴史をもっている。その人間の周囲には、集積・所有されて「形態」となった物、また遮断・分散ないし破壊され「拡散」した物がある。人間はかかる物事に囲まれた世界、物事の形態と拡散の間にこそ、根本的に生きている。

この「先立って」「集積・所有」「形作られ」といった形態による物事は、ただ単なる事物ではなく、当然、人の働きが結び付き「意味」をもつ「物事」である。かかる「物事」は、その「意味」ゆえに、連続や変化をもち、人々の間であえてさらに把握・学習され継承され、あるいは変化され破壊される訳である。また、その意味ある物事は、人間において（例えば「日本」「学問」などがそうだが）開かれあるいは閉じる（公開・秘密）といった種々の場所において位置づけられ、また、概念化また文献・学問などの言語化によってさらにより強く形成され、また実際に物事を位置づけ・結び付けていく。

こうした意味を帯びた物事に囲まれた世界のなかに存在する生きた人間にとって「もの・働き」は、まず身心における思想として一体何だろうか。このあたり思想史を遡って無視できないのは、そこに大抵、哲学史や宗教史で歴史的な根のように捉えられる力動性をもった生命力というべき「ヌミノーゼ」（Numinöse）、「ダイモーン」（daemon）、あるいは「威力あるもの（物）」さらに「神」が感得されていることである。実際、本居宣長は、「もの」のうちとくに力動性を帯びた畏敬すべきものが「神」だという。(10)

(1)経験自体と解釈と——呪術（神懸かりと解釈）また祭祀へ

このあたりの経験感と展開には、普遍的なものがある。つまり、語・把握の差異はあれ、畏敬の感において何か力動する根本的なもの、十分判らないが何等かのエネルギーが立ち現れ、それを不可測感と一緒に受け容れる。その行為からさらに再生感や喜びのようなものさえ出てくると共にその意味を（大抵さらに別の人が）解釈するという思考が結び付く——といった枠組である。そこにある行為と思考との仕方を「呪術」というなら、その二つ結び付く在り方は、東西南北・地球上に元来は根のようにある／あった、といえるのだろう。(11)

「畏敬・神懸かりと解釈と」が根のようにあったとしても、そこからどんな「営み」がいかに形成されるかは、様々であり、また時代による変化がある。とはいえ、ある程度でもかなり普遍的に指摘できることは、そこにまずは「呪術」とその「形態」として「祭祀」がある、そこからの展開がある、ということである。何程か・何らかの「祭祀という形態《かたち》」をまずもたずしては人間ではないのではないか。そしてそこから様々な営みが形成されていくのだろう。(12)

人間の営みの基本的なものをより歴史的に遡ってみると、祭祀・歌・神話・芸術など宗教芸能があり、家族・親族などに始まる共同体形成があり、また農業・商業を始めとする産業や交通や戦いの組織があり、それらが「かたち」（形態）を成している。いま、それらに個々に入ることはしないが、ここで問いたいのはそれらの「かたち」（形態）が「どのように思想史として位置づけられているか／働きとしてあるか」である。

先に安津氏の把握を引きながら、まず「思想」「思想史」は、歴史的事実に対して「反省」「再考」し「内実を捉え直す」人間の営みだとした。だとすると、そこにある思考や想像・理想は、どうなった・どうなるべきか。その内実の捉え直しは、一体どこに行くか、あるいは、どう先立った経験と連関するのか。それがまた問題である。このあたりの課題をまとめると、要するに、

①「経験」と「思想」とが、どう重なりながら違うか・違いながら重なるか、

②「思想」は、どのように観念論・唯物論・虚無感などに陥らない「かたち」（形態）をもつのか／もつべきか、

ということになる。

⑵原型的「かたち」からの展開・浄化・宇宙

この点で、論理的ないし哲学的に示唆されること多いのは、カント（一七二四―一八〇四）の構造を用いるなら、彼の「純粋理性批判」ではなく「判断力批判」を方法とすることからの展開である。前者（純粋理性）では、批判のみに収束して、抽象的な観念論や理想主義になるか、翻って厳粛主義や唯物論になる――といった構造に入り込むことが多い。これに対して、後者（判断力）では、批判する直観に踏み込み、「直観」（図式）さらに感情や美など「象徴《シンボル》」による動的な働きが捉えられることになる。このカント的「判断力」による思考は、十九世紀後半・二十世紀には、西欧では物事の階型・型論、神話から科学にまで及ぶ哲学の動向（後述）、日本では真理のための「批評（的精神）」（森鷗外・大西祝）・「象徴の哲学」（土田杏村）・「構想力の論理」（三木清）とも称されるもの、そこに見えている。

このあたり根本的にどのような構造・仕組みがあるのだろうか。例えば、土田杏村（一八九一―一九三四）の場合、森羅万象に関係する『華厳経』を哲学的認知の根底のようにもつ。それは思想史でいえば、経験と思想と合一・分離を捉えるか、仏教や神道や宋学また老荘思想さらには新プラトン主義が根本のようにもつ「多人称性」を見出すようである。これはインド哲学や西田幾多郎（一八七〇―一九四五）が踏み込んで見出すものでもある。それを、主客分離以前の行為的な道行き、あるいは知と感情との結び付きと捉えるなら、三木清（一八九七―一九四五）の『構想力の論理』が、西欧のカッシーラー（一八七四―一九四五）を知り、神話・制度・技術・経験などの展開を捉えているのも現れ出てくる展開なのだろう。戦後、丸山眞男や武田清子たちが追った「原型」「執拗低音」なども似た形態をめぐる思想史の運動だともいえよう[13]。

そこには単に論理だけではなく物事と結び付いて直感的・感情的・美的なものが生まれる。するとこの思想史はかなり文芸史・芸術史でもある。またそれは、日本思想史の古代から近代までを、ただ分化するだけでなく総体として捉えることにもなる。こうした象徴的働きが総じて「思潮」「精神」などと称される。森鷗外（一八六二―一九二二）・大西祝（一八六四―一九〇〇）の「批評」もまたベンヤミン（一八九二―一九四〇）の「パサージュ」も同様の顕れとしての表象なのだろう。

が、そうであれ重要なのは、そこで現れ出て何かをめぐり用いられる、基礎として「言葉」（概念）またテキストがあり、そこに諸々の概念や正統性がさらに考えられてくる、ということである。すでに『華厳経』に触れたが、また述べるが、東洋日本思想史では『易』が宇宙の形流を示すかのように用いられ、そこから様々な概念や経書・緯書がある。「心」「理」「気」また「陰陽」「五行」などの基本語、そこにまた例えば仁・義・礼・智・徳・忠・恕・誠などの用語・概念が入ってくる。これらをどう位置づけるか否かといったことが、世界観や生活観の根本枠となって、思想史上の大きな出来事となる。

とはいえ、それだけではない。その位置づけの内外から、近代には虚無感やニヒリズム・取り憑かれた善悪のような問題が出てくる。しかし、前近代ではそうでもない。ということは、人間の実際の「思想史」を見るならば、「象徴」が、近代以前は、どこでも変化・違いはあるにせよ、「宇宙」（天地・コスモス）を「世界」として《前提また向かうべき目的》をもっているからである。またそれに関係する「祈り・瞑想」などが魂の「浄化」「完成」（メタモルフォーゼ）また「聖なるもの」として在ったからである。

たしかに、「象徴」論は、いまふれた総体に向かう流れだけでなく、「異端」的運動になっても展開することがあった。それでも、大きくは宇宙（コスモス）のなかに位置づいていた。そうした場所が、近代以前はおそらく前提のように存在していたのである。(14)

しかし、近代に向かうと、限界・位置づけるコスモスが乗り越えられると共に、物事の「物象化」が生じて、「象徴」とその意味を位置づける宇宙や地平自体が大きく破壊され出している。それら位置づけをもはや失った現代は、とくに戦時中に現れ出たその構造の問題を、破壊とともに改めて何程かはっきりと見出すべきかもしれない。そのことで「象徴の意味と位置づけ」「妥当性」をより思考すべきである。そのためにも、ネガティブな象徴を捉えたり、それを批判することで妥当なものを位置づける論理が、批判・完成とともに必要であり大事だと、考えられる。(15)

象徴としての内実に対する思考の位置——決疑論と目的

前項で、思想史における「象徴」の天地における、また対異端的な「位置づけ」の大事さをみた。では、その象徴となるものは、どのように改めてより捉えうるのだろうか。思想史は、人の営みの内実・伝播・再把握に結び付いた「思考」として立ち現れ、その「再把握」は何らかの言葉によってまさに記録・表現されていることが多い。言語によってよく示される、把握される象徴性をもった歴史的形態・物事の内実——これを執拗低音というか、本来性あるいは伝統というか超越というか——その中味にこそ「思考」は踏み込み、またそこからの把握・形成を考えているのだろう。ならば、思想史における、象徴としての物事の「形態《かたち》」が現れ出る内実に向かう思考、それは一体どのような在り方をするのか、それが問題である。

思想史における「形態《かたち》」は、単なる観念でも物体でもなく、先に判断力において見たように、動的な働き、種々の階層における象徴としてまずある。象徴によって表現される動的な総体は、単なる論理的・知的な把握に対しては不可測性をどこまでも持っている。だからこそ、その把握には、より本当のものへの向き合う道程もあるが、表裏や偽善さえ生じるのだろう。

これに対して思考が、いわば判ってしまうないし判らないと定めてしまう、「完全な決定論」あるいは「懐疑論」あるいは「迷走」「暴走」も、あるだろうしあり得るだろう。そのことが、あり続けるなら、それが本当のものの内実に向かう思考であるとは、決していえない。

では、本当に向うべきものは、無いのか、在るのか、といえば、思考にはそれが在り得る。つまり、思考にとって、まだ完全ではないけれども、にも関わらず、判断としてかなり妥当なものが必ずある。そのような可能性をある程度でも持ち、そう考えているから、人の思考は働くのではないか。

そもそも思考・論理が、思想史という生きた人間の思考の歴史において位置づくのは、人間の生死・生活を成り立たせ関係する形態の歴史から、である。そこには判らなさがあっても、妥当性がある程度でも必ず目的と共にあるだろう。だからこそ、人間は思考をもって普通に生活しているに違いない。また、そこから大抵、終身もつべき当為、黄金律などが規範・規則として成り立ち・所有されている。こうした物事を成り立たせるのは前提また目的的な応報に基づく信頼やさらには信仰なのだろう。

見出される思想史の働きを、「数量的な物・関係に還元」することもある。もちろん数量や図形などはある面で用いてもいいしその必要性もときには大いにあるだろう。だが、思想史自体は、根本的には数量や図形などに「還元されるもの」ではあり得ない。なぜなら、思想史が向かい関係している物事、その基礎的な根のような「在り方」は、「生きている人身により形成され顕れ出る意味をもった物事の形態（かたち、ゲシュタルト）」だからである。この交流をもって繰り返される動的で重層的な在り方は、ある面で数量や情報や図形をもつにしても、それら自体に還元して済む訳では決してない。

だからこそ、その内実を本当によく知ろうとするなら、人はそれを消したり何かのデータに還元して終結させたりしないで、より何度も踏み込んで習慣をもって出来るだけ知ろうとする。記述や把握はそこから出てくる。それはただの関係という以上ないしより深い本質的な関与であり、そこからある了解（「合点」）が出てくる。そのあたりが、「感情移入」（empathy）あるいは「追体験」（vicarious experience）などと呼ばれもする。[16]

それだけではない。人は根本的にその営み自身たろうとし、またその地平から現れ出る言葉や物事の在り方をみずからのものとし、それを出来るだけ辿ろう・知ろうとしまさに身に担おうとする。そこにある在り方・伝達は一般論としては「信仰」「教理」と称され、中世までは「秘伝」「秘密」などといわれる。ただし、「思想史」は、秘伝・秘密・信仰論からの立論ではない。たとえ秘密に関わったり夢や幻想や予言を扱ったり信仰の中身を調べたり、それらをめぐって想像や理想をもつとしても、どこまでも理性的な思考が、経験・体験の信仰にさえ関わる「地平」に踏み込むことから思想史は出てくる。

ここにある信頼さらに信仰によって現れる経験（体験）の側面を、解体したり還元してしまうことは思想史にとって本質的に出来ない。もしそうした経験を壊すなら思想史と称される物事の意味が、限定を失いそれ自体瓦解するだろう。「思想史」と称される物事は、そこに数量や図形もあっていいが、にもかかわらず、単なる物体・事実ではなく、また夢や神話や信仰であってもいいが、どこまでも思考をよりもち続けている。と共に信頼・信仰とその限定・教理に関係し続け、決してそれと無関係ではない。

とはいえ、思想史が関与し踏み込み再考するのは、生きている人がまさに懐く何程かの状況や学習を帯びた「経験的な意味をもった物事」である。そして、だからこそ、その物事は、何程かの「意味」や「かたち」（形態）をもった事柄としてあり、それをまた当人あるいは他の人がこれに向かい把握・記述している「歴史」が孕まれ、また当然何程か意味が見出され・伝えられあるいは伝えられなかったりする。思想史は、その価値を帯びた形態の「内実を捉え直す」「理想でさえある」思考の過程——たとえ不可測であっても根本的には「真理」に向かうこと、そうした営みとしてある。

「思想史」におけるこうした意味の内実、物事の本質を知ろうとする運動は、反省を含め、また理想であれ、歴史的事態と関わって現れ出てくる。それは、神話を始めとするいろいろな世界観や物語の内容、さらには信仰あるいは科学にさえ関わっている。しかし思想史は、どこまでも理性・知性の運動であり、だから不可測性を知りながらもどこまでも真理に向かってこれを求め続ける。[17] が、そこには前提的な決定がありそこに「信心」さらに「信仰」がある。これに対して、その思考・把握にとどまらず、信心・信仰からの祭祀や教理を論者がそれ自体身心また生活にもつならば、当人はまさに「信者」となる。

信心・信仰について触れたが、だとしても、思想史や哲学が追い続ける「真理」はそこに結び付かない訳ではない。いや、それだけでなく、信仰における在り方と思考・理性による真理とは、懐疑論や相対主義に陥ってしまわず生活自身を成り立たせるためには、共にむしろ結び付くべきだろう。信仰による祭祀や教理といった形態は、論理や理性的把握を越えているが、かといってどうでもいいものでは決してない。論理・理性と信仰上の生活とを結び付ける「ある形態」なのである。では、信仰と理性との両方に関わるこの「ある」形態という端的なことは、一体どういうことだろうか。

この問題の重要な方向の一つは、前項より何度か触れた「天地」「自然」にある。人間における「象徴」は決してただ無限・無関係でも虚無でもない。象徴は、少なくとも、近代以前は、宇宙（天地・コスモス・万物）を「世界」としてもっており、自己はその一端（自分）であり、根本的には、それに中心的に関与する「浄化」「完成」（メタモルフォーゼ）また「聖なるもの」として在った。そこでの成就に物事の「目的」がある。また信仰はそこからの祭祀・教理としてあり、理性はそこに向けて人間智としてある。

これに対して、もしもそうした枠組みや目的自体解体してただ「自己発達」するなら、その無礼・傲慢（hybris）は、止めどもないものとなり、互いの人間や万物をも伴った自滅にさえ至るだろう。しかし本当に謙虚であり物事と関係するなら、まず前提があり、そこに「目的」また「真理」も方向として見出されるだろう。

以上の点は、認識論にも繋がる。人間はすべてを知る訳ではなく、全然知らない訳でもない。ある物事についてある程度知っているのであり、そこでの知にはまさに程度や状態がある。物事の形態における「象徴」としてある内実にも、人間にとって不可測性や偶然性があるだろうが、「天網恢恢疎而不漏」（老子）というように、ある程度の在り方、規定・法則がそこに持続している。それは最初からなのか先入観を捨ててなのか、ともかく知ることが出来ると考えられている。だからこそ、これと結び付いて人間において良心があり、物事の妥当性としての決疑論（casuistry）が偶然や危機のなかでも成り立つ。

そしてこうした不可測性のなかでも妥当性を知ってまたその拡充を願う人間は、自己の「浄化」「成化」にみえるように、ある程度でも位置づけられた自分なりの完成を目的としてもつ。その目的のなかで、関係する物事を捉え考えながら、互いに決めて交流し生活していく。そこにおいて当為は大きく位置づけられている。

自分自身の在り方と当為とを、互いの対話また万物（環境）との関係を行いながら、より形成し改善し続けることが、人間の営みにおける物事の決め方・働き方の基礎なのではないか。そうした経緯・経過が無いならば、また二元論的対立か融合癒着かになってしまう。そうではなく、その経過・道筋を自分自身でまた人々と互いに作っていくことが、生きている「自分」にとってとても重要である。

三、日本の思想史——島国と古代から中世へ

これまで広く「思想史」一般を捉えようとした。これから地域「日本」により入って行く。ただ、そこでの「具体的な在り方」は、当然ながら、各巻の各章を参照していただきたい。ここでは、「日本」という「場所」や「ある時代」の「大摑みな在り方」「立論の大体の位置づけ」といったもの——その大事と思われる要点を少し把握しておきたい。まず外延的な位置づけを行い、次にその内包というべき性質の様態を中世までと近世からと二つに分けて捉える。そこから最後に近代とそれ以後を考えたい。

アジアにおける列島・島国

「日本」という地域は、大きく地球上では中国大陸を中心に東北アジアと称される諸地域のうちにあり、極東において「列島」と称される複数の島の集合体としての「島国」である。その「日本」は、北海道から本島・沖縄まで諸島・諸地域がありそれをどう捉えるかは歴史を含め簡単ではない。ただ、いまは、その内外の位置づけは意識したうえで少し棚上げし、列島・島国としての地域の在り方を大摑みに俯瞰的に捉える。[18]

古代・中世までは、中華諸地域・朝鮮半島・台湾島嶼などとの交流がまず具体的にあった。戦国末から近世には、これまでの中朝との交流が拡大すると共に欧州からキリシタンさらにオランダ文化が鎖国期でも少しずつ入り続けた。近代・開国以後になると、欧米のものが、表立って強く流れ込む。それは脱亜ともいわれる。その「脱亜」以前、前近代における東北アジアとの交流での「日本」には、大体次のような傾向があった。

第一に、広い「風土」として、日本を含めアジア諸地域は、中東など沙漠地域とは違って、モンスーン地域と称され水・火・空気などが充満する場所である。そこから思想史的には、「理」と共に「気」をも重視し、生気論（vitalism）が生まれる傾向を強くもっている。とはいえ、その諸地域において内部により実感される「時空」が違う。時間性・空間性が、インドや中国はより大きく幅広く、日本はより小さく細かい。その意味で日本の時空はより瞬間的・より当の場所、そこから例えば四季の季節や有職故実などとして営みがそこに形成されるのである。

第二に、「秩序」の自然による位置づけと日本での融合的自生。これは第一に充満からの「形成」といった内容でもある。東北アジアでは、物事は不可測観をもちながらも大きく総じては「天人相関」「宇宙」また「法」「自然」また「宇宙」「天人相関」といった位置づけをもつ。そこに「天文」「暦」さらに「易」が陰陽その他の概念で（完全ではなくある程度だが）捉えられさらに位置づけられる。その時空・歴史は回帰的であることが多い。ただ仏教から末法なども展開する。

内部の秩序について、中国では中華的な広い中心性から「華夷秩序」観が形成され、また朝鮮では半島としての緊張から「事大主義」や思想的な「理想主義」が形成される。が、日本はかかる秩序や緊張から一定の距離をもつかなり自足的場所であるゆえに、戦いはあっても内部相互関係で解決することが多く（喧嘩両成敗など）、根本的な革命は体験することなく、受動的ながら自足的な文化の習合体が形成される。思想についても諸習合的である。そこに呪術と祭祀をもとに「神道史」「神道思想史」が他との交流をもちつつ思想・宗教の融合体が生まれる。それらを体験の側から精神史あるいは形態の側から象徴史とみることもできよう。が、両者とも、その位置づけが大事なのである。[19]

第三に、「自生的暗黙知」について。日本では、対外関係をもちながらも、小国ながら言葉や思想の（国外的にはともかく国内的には排他性の少ない）複数性とその統合を形成しそれが体験や観念として所持されることになった。やがて天竺・震旦・本朝の三国観あるいは本地垂迹とも称される仏教の伝播と共にそれを翻って自分自身のものとして形成・使用する。また漢・唐に対する和といった手元の言語の使用が持続・上昇する。そこから、反本地垂迹説やはっきりした自己意識が生まれ、日本の「神国」としての中心性の強調が祭祀論と共に浮かび上がる。[20]まとまった小国島国という社会的・論理的な構造を前提としてもつがゆえに、近世以後の「国民国家」形成の速度は他の東アジア諸地域に比べ早かったのである。

第四に、「論理」「範疇」について。第二に触れた「法」「天人相関」「易」などと結び付きながら東アジアでは「理」「気」「陰陽」「五行」などがよく用いられさらなる数量が用いられもする。いずれにせよ、その論理は大きくは天地のうちに位置づいていた。ただし、日本は、「小国」「島国」であることも相まって、物事の細かさへの集中や変化への依存がより生まれる。概念が大きな形而上学や理想主義を捉えるよりは、個々の形而下の在り方に収束する傾向が強い。そこに生気論・活物観（産霊信仰）がより因果観と共に結び付く。こうした背景から、理は個別理となり、理よりも気へ、抽象より実践を強調して結合する動きが拡大し、用語的範疇の変化を生ずるのである。

古代からの呪術と祭祀また治世

以上を意識しながら、まず「古代」を大摑みに捉える。日本思想史では、「呪術」が長く持続し、その内部から「浄化」「祭祀」を「神道」が取り仕切りつつ、そこに諸々の思想がそれぞれの地位をもちながら結び付いてゆく。そのことで日本思想史の融合態が歴史的に形成されていく。[21] ここにある「持続的な在り様」を、和辻哲郎（一八八九―一九六〇）は次のように述べている。

日本民族が、原始時代以来一つの連続した歴史を形成し、そうしてその原始時代以来の伝統をなおおのれのうちに保持している……そこで、日本における社会構造の変遷は、異民族の外からの介入なしに、同一の国民の内部における原因により内部でのみ遂行された変革として、あたかも蝶や蛾の変態と同じような観を呈している。（『日本倫理思想史』上、一九五二年初版[22]）

この「民族」「同一の国民」といった語は問題である。そうした概念が早くから成立したとはいえず、近世以前の世界はそうした同一性以上の幅を実はもっていたに違いないからである。ただ、「伝統の保持」「内部での変革……蝶や蛾の変態と同じような観」という指摘はかなり当たっている。それはやはり結局「神道史」だと考えられる。そしてそれが前記、第一から第三にみたような傾向を生んでいるのだろう。だとすれば、それは一体どういうことなのだろうか。

このあたり詳細な議論には入らないが、和辻自身の語を引くと、以上のような傾向を和辻は日本の「精神」や文化の「重層性」「並在」だといい、それが「外国崇拝」「（外に対して）己を空しくする姿勢」から来るものだ、という（「日本精神」一九三五年[23]）。またここに尊ばれる「神」が、ただ「祀られる神」ではなく「祀るるとともに自らもまた祀る神」、それはまた「不定の神を媒介する通路」だという（『日本倫理思想史』上、八七―九三頁）。つまり和辻は、以上のような傾向をもつ日本には、「不定の神」があり、また「祀る神」「不定の神の媒介」「通路」として「天皇」が尊敬される者としてある。それがまた「祭り事の統一者としての天皇」でありその「権威」だとする（同前、一一〇頁）。

こうして和辻は、日本の倫理的文化的な形態として、天皇に纏められる祭り・祀りを、「統一的」「権威」だとするのだが、その「祭祀」は、能動的な主体ではなく、超越的な何かに対する統一された媒介＝受動性なのである。この在り方は、本講座では、日本では敬意され拝まれる「もの」は、それ自体が神ではなく、降臨する「依り代」だとする指摘（三橋正「神祇信仰の展開」、『日本思想史講座1――古代』一八〇頁）に繋がる。つまり天皇はその「依り代」の結集者なのである。天皇が古代からかかる受動的総合性をもち、武家などの主体もそこに結合する。

本講座のいくつかの論文では、日本思想史の要点としての天皇の働きに「崇神」の在り様を見出す。例えば、崇神天皇が「疫病」の流行に対して、三輪山での大物主神が出たことで、「祟りを鎮める」べく「天神地祇の社を定め」たのである（『日本書記』崇神天皇六年、また『古事記』）。要するに、日本における「天神地祇」には祟りの鎮めがあり、その社のいわば纏め・担い手として天皇がいることになる。このいわば供養に関与するような全体的な天皇の働きは、見えないようでも重要な歴史なのかもしれない。

そしておそらくは、そのことが清め・浄化とも結び付いて、寺社の形成また神道の社の中心的な清浄性としての「かたち」ともなったのか、と思われる。先に、呪術から祭祀へと持続する総体が形成される、と述べたのはこのあたりのことである。

と同時に、やはり改めて捉え考えておくべきことは、呪術・祭祀と結びついて治世・権力がある、という点である。このことをめぐり「古代」では、八岐大蛇を征伐して刀を取ったスサノオが、それをアマテラスに捧げるといった物語がある（『古事記』など）。のみならず、これが、その後の「中世」「近世」の歴史として、天皇と政治、公ないし文に対する武といった構造として残存し続けた。つまり、和辻的に捉えるなら、受動的総合的な「権威」が持続しこれに能動的な「権力」が結びつくのが日本史なのである。

だとしても、「近代」では、元来「権威」である天皇が「権力」であるかに強調される。対して、和辻哲郎および石井良助（『天皇――天皇の生成および不親政の伝統』）は、天皇の象徴性は権威をもつが権力・政治力ではないと主張して古代からの日本史を捉え、戦前の権力的天皇制を異様だと考える。このあたりの問題、古代・中世では十分見えないが、戦国期から近世初期、また近代における大日本帝国憲法や戦時期にはっきりと問題の焦点が浮上する。

中世的な在り方——根本的な論理、密教、顕密、心

日本で「古代」といわれる時代における、呪術と祭祀と関連する語り物またそれと戦いとの関係など、こうした史実や表現を捉えることはとても重要である。とはいえ、その事実を日本における「思想史」だとはっきりいっていいのか、よく考えてみると微妙で簡単ではない。なぜなら、先に一・二節で、「思想史」は、営みの形成や継承の際にその価値ある物事・世界の「内実を改めて捉え直す」まさに「思考や想像さらに反省する」「思考の過程」だ、その歴史・展開だ、などといった。かかる定義を用いるなら、そうした「思想」が、日本古代の呪術や祭祀や語り物や戦いの記録のなかにすでにあったのか。必ずしもそうではなく、古代といわれる時代より中世に向かう方がその「思考の構造」が増すのではないか。

この点で判りやすいのは、古代末から中世にあって、「神道史」からさらに「神道思想史」を見出せる点である。その「中世」に発生する「神道思想」その種々の「再発見」「形成」が、近世における言説と結びついた「理論化」「普及」にもなる。明らかに、中世において神道史自身と周辺に見出された思想・論理が、近世におけるさらなる展開を後に生むのである。ではその「中世」とはどんな在り様だったのか。

これをめぐっては、二つの観点が現れ出てくる。第一は、思想を外来とする考えである。たとえば、輸入され用いられたテキストや用語に、たとえば道教や仏教や儒教や官僚の言葉や表現が、思想史であることは捉えうるし、それに向かって語り述べて働く人々は何人もいただろう。が、それは言葉の伝達やその表現であっても、みずからの思想史形成ではまだないのではないか。実際、思想史の「思考の内実」とい

ったものは、最初は「外来の」史料・資料・言葉でありこれと結び付いていた。このことを考えるなら、当然、思想史的なものが「その」物事には在るが、「この」物事には無い、ということになる。

これに対して第二は、思想を自生とする考えがあり得る。つまりたとえ「その」伝播があるにせよ、元来は「この」自分たち自身のもの／そう考えられるものが本来ある・あった。それが時代とともに立ち現われたのである。この考えでは、中世により向かうとき、反省や思考にさえ向かう働きがみずからの「足下から」出てくる。そのとき、それがまさに「思想史」表現となるのである。

以上の二つの捉え方は、まったく違うのだろうか。必ずしもそうではない。体験自身を問うのならば、多少の差異や順序の違いはあれ、両者を連関させることもできよう。だとすると、こうした中世のないし古代から中世に向かう運動は一体何だったのか、具体的には、本講座の各論に入っていただきだいが、ここでは少しだけ要点を捉えておきたい。

それは「総論 中世の思想」で末木文美士氏が述べている「冥顕構造」のことである。ここでは、通常の私たちの時空の分離を越えた、夢にも繫がる精神力の働きが実感されている。いわば「暗黙知」が力動性をもって私たちの個別性として訪れている。それが「中世」執筆者諸氏が捉えている「心」「内なる神」、あるいは「道理」さらに「冥」でもあるのだろう。

このあたりの根本には、仏教の「曼陀羅」また「法」や易・宋学の「太極」を連想させるものがある。そこでは、「論理」と共に、まるで万物が「融即」(participation) するような在り方が考えられているようである。[24] いずれにせよ「中世」人には、根本的な宇宙観のようなものがあって物事が現れ出ており、それをただ判らないというだけでなく、近現代人のように宗派によって分類するのではなく、世界や歴史に繫がる道理・論理でもって位置づけようとしているかに思える。「神」「アマテラス」さえ、こうした大きな位置づけをもって展開している。[25]

またこの融即性から中世において「社寺」など「自立した結社」としてのアジール（asyl）と称される社会組織が働くことも重要である。[26] 中世におけるこの超越性と結びついた自生的「広がり」をも知るべきである。と同時に、戦国期におけるさらなる神道を「中心」とする形態の発生と連関していくことをも捉えるべきなのだろう。だが、いずれにせよ「中世」までは、先立つ世界・冥、超越者根源者あっての顕、あるいは全一性あっての個また結社なのである。そしてそこにまた救済論があった。[27] こうした構造が「近世」以後、次第に人間中心性および手前の具体的な物事へと変化していくことになる。

四、日本の思想史——近世から近代への問題

近世における日本的「世俗化」と技芸・学文の展開

日本では、戦時期、いくつもの秩序や宗教をめぐる争奪を経て、武威を懐く「実力」により国内が「天下統一」される。その統一と支配下、とくに徳川幕府から明治維新までを大抵「近世」と称する。そこには対キリシタンによる「鎖国」下の「宗門改」の拡大と「寺請・檀家」制度が外的な位置づけとしてあったが、内的には物事の形成や交流が拡充し担われる内容がとても充実・展開した時期である。武士の権力下で地位は固定的であるにせよ、徳川の平和（Pax Tokugawana）のもと、様々な仕事が生まれ都市化・町・家また流通により文化の発展が大きく行われている。「思想史」についても同様の充実・展開がある。

ただ、その近世の思想史的な形成には、①戦時期からの在り方がかなり背景・前提としてあり、また②近世日本的な社会的状況がかなり内容の位置づけとしてある。そのことが近世思想の内容と結び付いている。では、その「近世思想史」はどのようであったのか。その個々の様子は、当然ながら優れた各論文を辿っていただきたい。ここではやはり、各論でも時々触れられている当代の枠組みを大体捉える。

⑴「中世」までと「近世」との違い――限定された合理性と国家へ

まず、「中世」までの世界観と人の位置づけの変化が「近世」にはある。「中世」までは、手元の生や関係は、《超越的ないし根源的なもの》からの、此方のある程度決まっているがときにかなり偶然的な或時・所・持続である。それが依存と共に無常性をも生む。しかし、「近世」にあっては、その越境者はより外縁化し、生や関係は、人間が具体的に家族をもち労働し仕事をする《人間的・生活的な営み》自体の持続形態となっていく。実際、イエやその職業の持続が強調され、人倫日常また経世済民などの倫理や政治などの形態の形成が人々にとって何よりもまず課題・目的となる。「思想史」もそうした近世的在り方による位置や概念をもつ。

これは近世における人間の「知」の拡大でもある。「中世」では、「知」はみずから知的経験をもつにせよ、根本的に超越・根源からの訪れ（啓示）であり、しばしば「秘密」性をもち秘伝として特定の人の声や手によって具体的に渡されるものでさえある。しかし「近世」では、「知」はより広く開示され、人々が差異はあれ共に誰もが何れ何程かもつものとなっていく。この広がりから物事の判断・位置づけにおいて「合理性」がうまれ、関係において実際に語として「実」また「公共」という語が用いられもする。むろん近世における権威や権力による位置づけがそこにあり、まずその内部のことではあるが、そこに合理性・普遍性が発生しまた求められるのである。

従来型の秘密性や限界との関係をもたない「経験と結び付いた実践知とその媒体の公開性」が人々のものとなり、それが、とくに言語や絵の在り方として紙の配布・写本・印刷とも結び付いてやがて「日本」全体へと伝播されていく。また東アジア地域との交流があり、そこに相互関係も生まれる。

この人間の知は、天地や政治による位置づけを超えない限り、伝播とも繋がって、言葉を基礎にし誰もが持つだろう「広がった実感のなかに」考証性をもつ。そこに、言語と結び付いた人間の経験から成り立つ「合理性」がある。そこで実際に「学文」「学問」と呼ばれる仕事の内容が人々に伝播する。様々な分野で、何程か《限定を懐きながら》だが、普遍的「学」が発達し広がっていくのである。[28]

この「広がり」は、いま「天地や政治による位置づけを超えない限り」といったように、「天地」「国家」といった限定・限界面をもつ。限界面の位置づけは、中世よりは「世俗化」(secularization) である。不とはいえ、近現代のように判らないものが無いと決めてしまうような強引な思考形態に入り込まない。不可測性を残しながらも形づける「天地」「活物」「威なるもの」等がある。その関係にあって物事をどう具体的に位置づけるかが、近世思想史家たちにとって本質的なテーマとして流れ、そこに時期による変化がある。またそこに大きくは「国家」の枠組みが、「中世」よりも「近代」に繋がるものとして近世後期にはっきりと生まれるのである。

(2) 近世日本――「天下統一」「天地」での経験的な実践知の展開とその位置づけ

では、その内実はどうだったのだろうか。それを個々に捉えることも大事だが、近世は、展開する場面が多く、そればかりに入ると、全体的な視野が得られず個々に正しくとも一面的になることさえ生じる。だからここでは、不十分ながらもまずは総体的な観点から大摑みに時代を把握し、そこにいくつかの状況・動向を見出す。そのことで本講座との関連にも少しふれておきたい。(29)

近世日本の「天下統一」における秩序の在り方は一体何だったのか。まずその外的な位置づけについて、次に内的なその内容について、簡単に捉える。

まず位置づけ――いわば限界の在り方についてだが、その「天下統一」は多くの宗教的な戦いと受難によって、力と共に形作られたものである。この位置づけられた力動性を少なくとも歴史を知るならば看過すべきではない。これは近世の営みにおいて信仰が、中世までに比べて減少し、無くなる訳ではないが、既定の形態のうちに収束するということでもある。その形態として天・天地がありまた威力・権力がある。宗教や信仰はそこに治まることになる。

いま、仏教ではなくキリスト教の方を見てみると、戦国期、キリシタン布教は（とくに前半にだが）信よりも知を重視している。(30)ただ、この「合理的」な教説の伝播は、キリシタン教理のいわば表面であり、さらには三位一体、基督、殉教とそこからの救済といった論理も当然ながら信者には伝えまた担われ、後になると一層そうであった。ただ、そのことがより見えたがゆえに「伴天連追放の文」での主張もより強調されたのである。この背景をもつがゆえに、その時期には、ほとんどの宗教は一定の「現世的な枠組み」のなかに入り、それ以外は十分あり得なかったのである。(31)

この「追放令」では、はっきりと神道・仏教・儒教のよりよき「融合」が述べられ、死者を奉る十字架を敬う信者の「異常さ」が強く否定されている（括弧内の語は原文ではない）。ここには権威ある論理があり、それと違うものは、キリシタン信者はもとより普通の人でも位置を失うことになる。[32] このような在り方が、まず近世を位置づけるものとしてあった。世を超える形態を否定ないし問わない論理は、近世に向けて残り続けた。この力と結び付いた世俗化の地平は、近代になって、また改めて世界に現出することになる。

次にこうした近世的統一の内容についてだが、法制史家・瀧川政次郎（一八九七―一九九二）が「非理法権天」と時代の諺を引きながら述べている（『非理法権天』一九六四年）。意味するところを述べれば、近世の世は、まとめるなら、天・神＞権・威＞法・令＞合理＞非理、なのである。中世においては冥・幽であれ大きな「理」こそが人々を包んでいた。近世でも、それはあるが、より具体的な「法令」「規則」が人々を支配する。が、それらも実は状況において力をもつ「権力」「威力」にかなわない。が、そうした「権」でさえ、「天」「神」など根源的ないし超越的なものの下にある――そのように解釈しておきたい。だとすると、これはどういうことか。注目したいのは、天・神＞権力・威力である。

まず「権」（権力・威力）だが、近世日本は、これに当たるもの、すなわち武力等による支配が大きな前提のようにあり、それがあたかも勢力のように表現と共に政治的・社会的に働き人間を自他共に支配していた。本講座「近世」では「武威」という指摘が各所で屡々行われている。このことをめぐって近世には、強者の支配、「御武威」「御威勢」「御威光」に恐れ入らせる「抑圧的権威主義体制」があったと渡辺浩『日本政治思想史――十七～十九世紀』（東京大学出版会、二〇一〇年）が指摘する。[33] たしかに、近世は、戦時期以来の武家支配からこそ時代が始まりそれを体制としては大きく変えはしない。たしかに、十七世紀末頃からそれへの批判と文・礼楽などの主張も発生し会読なども行われそれは各分野に広がりもした。ただ、その抑圧的権威の支配力は政治的には十九世紀まで大きく君臨・持続し、そしてそのなかで幕末・維新の変動が生まれた――こうしたことは福沢諭吉が思い出すように確かにあっただろう。

とはいえ、最初の位置づけに戻るが、近世にあって、それ以上のものとしてあり、内向しながらも持続しまた変容をもたらしたのが、さらなる「天」「神」「天地」またそれに関わる「心」である。いま神とも言い加えたのは、神社・神道もそこに関わっているからである。またいわば分類を越えた根本的な「心」も微妙な形で何時も「住み着いて」いる（大桑斉「戦国思想論」）。神道であれ仏教であれ儒教であれ何等かの枠組みのなかにある。すなわち、「近世」にあっては、物事・営みは、大きくは宇宙観・超越根源観としての「天人相関」「天地人」によって根本的には位置づいていた。

「天」は、天道・天地・天神などとも称され、戦国期から使用されて近世に至りそして近代でも初期には見出される用語である。既に述べたように近世的世界を位置づける根本的な概念として用いられる。近代において「天」が次第に解体するのとは違って、近世にあっては、「天」（天道・天地・天神）は、把握に差異はあれ、全体として包括者・総体のように実感されて「心」や「営為」に関係していた。[34] ただし、それを物事と如何に結び付けるかは、思想史家の把握その歴史によってやがて大きな違いを生む。

とくに、「理」の重んじ方、理を物事にどう連関させるかには違いがある。人間としての自分が世のなかを治める、そう考えそう自分を位置づける中華・朝鮮では、「天理」それ自体として捉えこれを見出す傾向が強い。しかし科挙がなく、政治的には不自由でも、表立たない運動としては自由な近世日本思想史家にとっては、用語の傾向として、理（天理）よりも、心また道、さらに活物（気）など、具体的な身心の在り方と結び付く。これは先の諺での理の低さにもすでに見えるし、これがまた仏教や神道や陽明学あ

るいは闇斎学の根のような概念の選択ともなって展開してゆく。(35)

これは用語の地平に連関し、生命観の強調が日本思想史には多い。「活物」からの諸々の営み、さらに国学における産霊への関与などは、近世史において、ときに典拠を異にしながらも展開することになる。(36)一方で、天を「理」に結び付ける展開もある程度はある（佐藤直方さらに横井小楠など）。とはいえ、大きくは活物観・不可測性を捉えつつ「理」を個別化し「気」を中心に捉える傾向が強く展開する（伊藤仁斎・荻生徂徠など）。この理・気の二系統はそれぞれあるものの、幕末に向かって、後者が神道とより合一する、あるいは神道が気ではなく産霊を用いる。こうした展開が近世後期には強く発生する（本居宣長・水戸学など）。

これらは、当然ながら、神道の上昇・中心化とも結び付いていた。具体的には、例えば、この近世後期的展開への重要な中心の一人である本居宣長は、ただ産霊をいうだけではない。三教ではなく、はっきりと神道の中心的普遍性を主張する。また天照を、中世また近世前期までのように仏教とも融合しながら変動するものではなく、『古事記』によって端的に皇国の人々を包括する継続する焦点とする。その古事記伝的な天照観が、「国民ナショナリズム」として近代人の前提にもなった訳である。(37)

近世には「経典」への強い関心を基礎にした運動があり、いわゆる有名な思想家はそこに見出すことができる。ただ、それが漢文への運動と和文への運動の両面をもち、その後者への中心の転換が、十八世紀半ば過ぎに発生した訳である。

とはいえ、近世人は、すぐ経典論やナショナリズムに向かう訳では決してない。人々は大抵ある限られた場所にあって、限定された物事のなかで、経験とその拡充において合理的な働きを出来るだけ実践的に展開していく。その際、人間の営みは、大きくは宇宙の「天人相関」「天地人」によって歴史的に基礎づけられ、その一端・分身またその相互関係としてある。そこからの生の形態として「人倫日常」「礼楽刑政」「経済（経世済民）」またそれに関わる「祭祀」が意味づけ・方向づけられ、それに向けて多くの思想家たちが表現を展開したのである。[38]

こうした近世人の経験的な学習・習熟は、ある「経典」への介入・離脱だけではない。例えば二宮尊徳は「天地を以て経文とす」という（『二宮翁夜話』）。彼に限らず近世人にとっては、天地自然からの様々な「型」があり、そこに実学がある経験的な合理性をもって様々に把握・展開されている訳である。また自然・関係がまずあるがゆえに、現代人以上に経験に基づいた対話があり、書物においても「会読」があった。後に、科学思想、自然科学、博物学、と分類されるものも多いが、これらも近世における経験的学習のなかから見出されたものといえる。ただ、何が天地自然なのかはさらに問い・議論を生むのである。[39]

近代における「文明」周縁とその後

「近代」すなわち維新後はどうだったのか。近代日本思想をどう捉えうるのか。やはり思想史の内実が種々大きく展開しており、その点に深く入ることは大事であれここでは到底できない。ただ、現在は、まさに戦後、「近代以後」なので、その面も少し含めながら、本講座「近代」の諸論を手掛かりにいくつかの問題を見出し、それを列挙するにとどめたい。

近代は、文明開化から始まるといわれ、実際に当時の思想家・人々自身「文明」の語を用いた。その重要な論者、福沢諭吉（一八三五―一九〇一）は『文明論之概略』を刊行したが、彼の文明論は、当然ながら好ましいことに「権力」に阿《おもね》るものではなく、従来の権力・門閥にとらわれない自由・独立・争論・自治に基づく国家を求めるものであった。そして、その物語は生き続けたが、その危険性はあまり注意されていなかった、といわれる。(40)別言すれば、「文明」が「国家」に収束するということ自体の問題や危険は、福沢にはまだ余り見えなかったのだろう。

この論点は、文明論ではなく宗教論においても似ているようである。仏教界はただ「御用宗教化」したのではない。そこには国家との「関係構築の過程」「制度的位置づけを獲得する」「区分」があり「めざしたこと」があった。それは「国家のイデオロギー的要請にたいして……有効性を証明してみせる自由競争」（安丸良夫）だった、という。(41)ただ、この「仏教」の場合も、過程はあるにせよ、やはり「国家」に結合してゆく訳である。戦前、日蓮宗系統は両面があるが、多くは大変に国家宗教の一端であり、戦後もその問題視は長期にわたって無かったようだ。

キリスト教ではどうか。同巻「近代日本における「基督教」」（新保祐司）は、とくに「武士の基督教」として内村鑑三（一八六一―一九三〇）をいわば近代日本基督教の代表として取り上げる。論では、内村を保田與重郎（一九一〇―一九八一）の「明治の精神」（一九三七年）における指摘、また橋川文三（一九二二―一九八三）の橋本日南『清教徒神風連』における清教徒への同意に重ねていく。このあたりの詳論はここではできないが、保田は「浪曼派」であり、また橋本は政治思想史の側からロマン主義を追った人である。内村鑑三のプロテスタンティズムが、実際にはいわば主情主義的な浪漫派の系統となって近代に位置づいている訳である。この点は、従来の聖書学に基づくキリスト教史では見落とされてしまう思想史の把握だといえよう。

ただ、本稿の論に戻せば、ロマン主義的な「精神」が近代日本思想史・宗教史に流れたことは事実だとしても、近代日本のロマン主義は、大抵は「国家」を超えるものではなかった。近代のキリスト教自体、他宗教よりは周縁だとしても、新渡戸稲造（一八六二―一九三三）・南原繁（一八八九―一九七四）・岩下壯一（一八八九―一九四〇）・矢内原忠雄（一八九三―一九六一）などの微妙さは別として、多くはむしろ「国家」に収束した――そう考えざるを得ない。

「日本主義と皇国史観」（昆野伸幸）が結論するように、「国体」「日本精神」「日本主義は戦後にも継続する」（三六八頁）。『国体の本義』は、和辻哲郎を始め何人もの知識人・文化人の産物であったが、その問題自身は、戦後、なぜ十分把握されなかったのだろうか。彼ら自身はもとより多くの人にとって再考されることはなかった。ただ、思想史においては、「思考すること」が大事なのである。

社会思想としては、日露戦争後頃から生まれた社会主義、その後のアナーキズム、マルクス主義、あるいは大正生命主義の一環からといえるかもしれない人格主義・教養主義、それらはどうなのか。そこには「国家」にだけ収まらない可能性もあるようである。ただ、一見すると、戦時中の体験を経て、戦後、よい形で再生したようには見えない。なぜなら、「戦時中の戦後思想」（佐藤卓己）が指摘するように、ドイツとはまた違って、日本では、戦前と戦後とは持続している。様々な主義者たちもそうである。

このあたりの「持続」には一体何があるのか。そこには天皇の「象徴性」への回帰という方向・枠組みがある、と歴史を踏まえるとき考えさせられる。和辻哲郎はもちろん丸山眞男も、先の新渡戸から矢内原への国家批判をも持ったキリスト者も、おそらく大日本帝国憲法による天皇像には同意しないが、その象徴としてのそれ以前の天皇にはきっと同意したのでは、と考えられる。そこに先に見た、法制史家・石井良助の天皇史観が結び付いている。

また、そこにある論理はどうか。「「演説」と「翻訳」」（河野有理）は、阪谷素が「横井小楠から中井正一まで」の公論や討論の伝統にあって（福沢の演説とは違って）「合議」において「道」を信じており、それが「粘り腰の理想主義」だった、という（五七頁）。阪谷における「信」は、天皇と道を重ねたものだったのかもしれない。少くとも武力や経済力に憑依するものでは決してなかったに違いない。また「近代日本の哲学と京都学派」（田中久文）は、「三木、戸坂、中井らによる文化の形成をめぐる構想力・想像力の哲学」「「批評」の論理」、その意義が「今後新たな視点から解明されることになるであろう」という（三二六頁）。このあたりの「構想力」「合議」は、国家に収斂しない「理性の意義」を論じた大西祝を連想させる。さらに、昭和前期を含め近代日本の哲学が一体何であったかを私たちに考えさせる。[42]

天皇像・秩序観としては、「民俗学と折口信夫」（石川公彌子）で述べられているように、折口信夫は、天皇は「魂の容れ物」だとし、また養子の死を経て「神道以前の神道」を説いて祖先神ではないとする（二九六頁）。折口は、近世後期・近代に強調される古事記的な天皇像を断ち切って、神自体の超越・根源を説いた訳である。

以上は、「近代」日本思想史が、その後、戦後の人々に向けて示した大事な要点なのだろう。このあたり、またこの後、どう考えるか、その課題が私たちに与えられている。「現代」は、当の状況を考えるだけの作業ではない。歴史を踏まえその思想史を知って考えることから、現在の意味が見えてくるのである。[43]

註

（1）　そもそも、物事が生き物によって「いかに」形作られるのか。科学哲学では、開かれた流通する在り方、物事が散逸する流れのなかでなお定常的な構造としていわば自己組織化されていく「散逸構造」「自己創出」があってそれが生命に繋がると、捉える。この様子を中村桂子、河本英夫、今田高俊といった哲学と科学との両面を知って社会的構造を捉える論者が指摘する。またさらに民俗学では、そこに儀礼と人間の浄化・いのちの受け渡しを捉える（佐野賢治『ヒトから人へ――〝一人前の民俗学〟』春風社、二〇一一年）。

（2）　ゲーテ（一七四九―一八三二）は、物とくに生き物に、造形・成型する働き（Formen）があるとして、そこにある纏まりをもった「形態」（ゲシュタルト Geshtalt）を捉えた（芦津丈夫『ゲーテの自然体験』リブロポート、一九八八年などによる）。本稿でもこの把握に従う。ゲーテの場合、その形態の根底に根・種・卵のようなある「原型」（Typus）をさらに見出す。たしかに、生き物さらに鉱物、翻って人間にさえ、生・生活の形がある限り、こうした形態・原型を捉えることは何程か出来るだろう。人間なら、たとえば、生活形態の根として持続する家・寺社また言語としての古典・史料などにそれを捉えることが出来る。ただし、人間の活動は、ある原型や形態が生活を成す基底のようにあるとしても、大抵は一定の範囲に収束せず、より構成と破壊、拡大と消滅とをなし続けている。このあたりの問題は、まさに人間がみずからの「思想史」を如何に位置づけるかとして、まさに「近代化」と共により発生することになる。本稿次節内の「⑵形態」をまた参照していただきたい。

（3）　「思想史」はどんな営みとその伝統にも生まれるけれども、歴史的に特別の意味をもつものとして記録されるとき、まず、何らか特定の関係や組織、宗門をもつ。さらに政治的秩序やイデオロギーといった枠組みさえ生まれる。これに対して、そうした決まり・枠組みに入るだけでなく、人間の思想やその歴史をそれ自体を捉え再考しようとする運動はどうか。それは、人間の思惟・考察として、元来、人間に本質的にあるべきもの・担われているもの、ともいえよう。ただ、それをある系統や宗門や信仰に向かわせるのでなく、一般的・歴史的な「知」（理性）の運動として方法的にはっきり捉え営もうとするとき、所謂「学問」としての思想・思想史が生まれる。これは日本では、二十世紀少し経ってからの物事である。

思想史自体を、戦後、比較的早く捉えようとした論集として『思想史の方法と対象――日本と西欧』（武田清子編、創文社、一九六一年）がある。これには丸山眞男・家永三郎・竹内好・中村元など多くの各分野「思想史家」が参加している。戦前また戦後発生したこうした「学問」としての思想史に、ときには批判をもちながらも関与し、日本思想史の形成・形態また把握を具体的に追って捉え直すことは、現在また今後とも意味があるだろう。丸山・武田たちは、その後、古層論・執拗低層に向かった（次の註(4)参照）。

安酸敏真「《思想史》の概念と方法について」（『歴史と解釈学――〝ベルリン精神〟の系譜学』知泉書館、二〇一二年）は、「思想史」の英語圏・ドイツ語圏などでの用例を幅広く捉える一方で、村岡典嗣からの継承・再検討を述べている。結論を宣長の『うひ山文』の「わざ」「学びやうの法」の引用で終えているのは、ベルグソンから宣長に転じた小林秀雄に似る。ただ、現代の日本思想史の側では、宣長で済む訳ではなく子安宣邦氏などの批判をもより普遍的に知る必要がある。

「近代日本」における「思想史」をめぐる動向を、広く取り扱ったものとして、まず『日本思想史講座 別巻2 研究方法論』（雄山閣出版、一九七八年）があり、とくにその「1 日本思想史学の成立」（栗田直躬・湯浅泰雄・梅沢伊勢三）が手掛かりとなる。最近では、田原嗣郎「日本思想史研究の歴史と課題」（『敬和学園大学人文学部研究紀要』八、一九九九年）が、二十世紀末までの近代の研究史をまとめ、思想史をその社会的現象から考えることの必要を主張する。

(4) この経験と知が合一しとくに意識されないが如き在り方は、とくに東洋や日本では、また西洋でも前近代では、昔から営みの基本のように考えられていることがよくあった。このことを、マイケル・ポランニー（一八九一―一九七六）が、「暗黙知」(tacit knowledge) と述べている。註(3)の武田清子氏は、同書の二十余年後の編著『日本文化のかくれた形』（岩波書店、一九八四年）では、「かくれた」と述べるように、文化の深層に内在する無意識的な「アーキタイプ」(archetype：基礎的な規定・原型）を捉えようとする論集を再度編んだ。これが同書丸山眞男「原型・古層・執拗低音――日本思想史方法論についての私の歩み」また木下順二「複式夢幻能をめぐって」（傍点は引用者、以下同）などとなっている。これらの把握は、近代日本哲学史では、西田幾多郎

（一八七〇―一九四五）などの「純粋経験」もそれに似る。ただし、いずれにせよ人間にとってそうした無意識のような経験の形態はただ基底であるだけでない。次段落以後に述べるように、必ずやさらなる発見またさらなる形成や変容があり、それがまた改めて当為にもなるだろう。つまり、それは捉え回帰すればいい訳ではない。それをどう歴史を踏まえ位置づけるかは、より思想史的に問題となるだろう。

（5）　大桑斉氏は、「近世仏教世界論をいうに、なぜに思想史という方法なのかと振り返れば、仏教史や宗教史研究には理論的研究が少なく、思想史には理論があるという思いからである」という（『近世の王権と仏教』思文閣出版、二〇一五年、三一九頁。傍点引用者、以下同）。たとえ分野は違っても、この位置づけは同様だと本稿も考える。なお、次の註(6)および真理について註(17)を参照。

（6）　この段落で述べた演繹と帰納だけでない第三の道筋として「仮説的推論」（abduction）があり、人間はこれを行い続けるべきなのだろう。この働き方について米盛裕二『アブダクション――仮説と発見の論理』（勁草書房、二〇〇七年）を参照。これらの立論の背後には、没後注目され始め現在評価されているC・S・パース（一八三九―一九三四）がいる。

（7）　安津素彦『神道思想史』（神社本庁、一九五一年）四頁。

（8）　『方法としての思想史』はしがき」（『安丸良夫集』六、岩波書店、二〇一三年、一八頁）。もと『「方法」としての思想史』（校倉書房、一九九六年）より。安丸氏は、歴史からの思想史である。逆に思想や観念からの思想史＝歴史、という考えもありうるだろう。西欧の思想史はややその傾向が強い。いずれにせよ、共に位置づくことが大事な方向としてある。この結び付き方は、哲学史においても似た根本的課題として流れている。

（9）　両端の分裂したままの「日本の思想」の在り方を丸山眞男（一九一四―一九九六）は、「実感信仰と理論信仰とが果てしない悪循環をおこすのである」と指摘する（『日本の思想』一九五七年、『日本の思想』岩波新書、一九六一年、六六頁、二一一頁）。これは近代日本における、思想というものの把握の難しさや位置の欠如であり、その「日本における思想的座標軸の欠如」が「無限責任と無責任」（六六頁）をも生じる訳である。これに対する、本稿での「中間的組織」は、丸山氏では「市民」等の主張、隅谷三喜男『日本社会思想の座標軸』（東京大学出版会、一九八三年）では「社会思想」になっている。

(10)「ヌミノーゼ」について、ルドルフ・オットー（一八六九―一九三七）『聖なるもの』(*Das Heilige: Über das Irrationale in der Idee des Göttlichen und sein Verhältnis zum Rationalen*, 1917. 久松英二訳、岩波文庫、二〇一〇年）による。「ダイモン」について、F・M・コーンフォード（一八七四―一九四三）『宗教から哲学へ――ヨーロッパ的思惟の起源の研究』(*From Religion to Philosophy: A Study in the Origins of Western Speculation*, 1931. 廣川洋一訳、東海大学出版会、一九八七年）。また宣長の文章は、「何にまれ、尋常ならずすぐれたる徳のありて可畏き物を迦微とは云なり」（『古事記伝』三之巻）である。このあたりの体験を、日本において、諸々の思想・宗教のキリスト教への動きとして精神史的に追った論考として魚木忠一『日本基督教の精神的伝統』（現代基督教叢書第壱編、基督教思想叢書刊行会、一九四一年）があり、また近世国学の信仰論として捉えた書物として中野裕三『国学者の神信仰――神道神学に基づく考察』（弘文堂、二〇〇九年）がある。

(11) 日本においても二つがあって歴史をなす。すなわち、卑弥呼による神懸り（交霊）「まつり」と「さには」による解釈（審神）が、さらに変容しつつ、天皇と大臣・大連、さらに公と武、文と武、天皇と将軍といった歴史になることを、石井良助『天皇――天皇の生成および不親政の伝統』（山川出版社、一九八二年。原著は『天皇――天皇統治の史的解明』弘文堂、一九五二年）が捉える。

(12) 宗教的経験から神話また祭祀また物語などへの展開を捉えた書として、それぞれ要点は違うが、ウィリアム・ジェームズ『宗教的経験の諸相』初版（*The Varieties of Religious Experience*, 1901-02. 枡田啓三郎訳、岩波文庫、一九六九年）、ジェーン・エレン・ハリスン『古代の芸術と祭祀』(*Ancient Art and Ritual*, 1913. 星野徹訳、法政大学出版会、一九七四年）、J・L・ウエストン『祭祀からロマンスへ』(*From Ritual to Romance*, 1920. 丸小哲雄訳、法政大学出版会、一九八一年）がある。前註でふれた石井良助『天皇――天皇の生成および不親政の伝統』は戦後、法制史による祭祀・政治把握ともいえる。

(13) この論理、階型・型、さらに象徴に向かう哲学者として西洋では、註(6)でふれたC・S・パース、またB・ラッセル（一八七二―一九七〇）、A・N・ホワイトヘッド（一八六一―一九四七）、E・カッシーラー（一八七四―一九四五)、S・K・ランガー(一八九五―一九八五)がいる。また日本での、土田杏村、三木清はカッシーラーを知る哲学者である。先に述べた、戦後の丸山眞男・武田清子などによる『思想史の方法と対象』からの展開は、カッシーラーたちに似る日本での展開ともいえる。

(14) 人間の諸物の強力な使用には、背景として天地・コスモスからの脱出・崩壊がある。これについてアレクサンドル・コイレ(一八九二―一九六四)『閉じた世界から無限宇宙へ』(*From the Closed World to the Infinite Universe*, John Hopkins Press, 1957. 横山雅彦訳、みすず書房、一九七三年)を参照。天地・諸物の一端としての人、最も責任を担うものとしの人間について、マックス・シェーラー(一八七四―一九二八)『宇宙における人間の地位』(*Die Stellung des Menschen im Kosmos*, 1927. 飯島宗享・亀井裕訳、白水社、一九七七年)を参照。

(15) 西洋の場合、「象徴」の否定的転回が、それが悪魔論にもなり、近代ではこれをマンリー・パルマー(一九〇一―一九九〇)が興味をもって捉える。ただ、エゾテリスム(秘教、魔術)、オカルティズム(隠秘学・神秘学)、グノーシス(キリスト教異端)と後に称されるもの、そこへ入ればいい訳ではないもの、それの応対が正統性論と結び付いて歴史としてあった訳である。この正統と異端をめぐる思考は、東洋・日本の場合も、たとえば親鸞の『歎異抄』は異端論であるし、道元の『正法眼蔵』とその周辺も、「疑滞《ぎたい》」「疑《うたがひ》」への応対面をはっきりもっている。近世でもとくに山崎闇斎学派での正統・異端論のごときがあり、これはやがて近代における国体論にまで繋がる。とにかく正統性と異端の位置づけは思想史にとって常に重要なテーマである。なお「位置づける」論理は註(6)の『アブダクション』を参照。

(16) 「感情移入」「追体験」については、W・ヴォリンゲル『抽象と感情移入』(*Abstraktion und Einfühlung*, 1907. 草薙正夫訳、岩波文庫、一九五三年)が有名である。二十世紀初めこのあたり大きな議論があり、ヴォリンゲルは、単なる移入ではなく、そこに法則や形のあらわれがあり、それが抽象の根源だった、と捉える。いずれにせよ、従来までは、このあたりの表現は、秘伝的・体験的な継承の中身ではあれ、思考による把握のテーマではなかった、それを改めて捉えるところに二十世紀の運動がある。

(17) この経緯については、カッシーラーの著書、また地平・対話・真理については、H・G・ガダマー(一九〇〇―二〇〇二）『真理と方法Ⅲ』（*Wahrheit und Methode*, 1960, III. 轡田收他訳、法政大学出版局、二〇一二年）による。

(18) 「日本」という場所を思想史において大摑みにでも規定して捉えることは、あえてすれば大きな間違い・先入観さえ生じる。ただ、歴史を踏まえ・他地域と比較しつつ在り方をある程度でも捉えることは、自己意識・問題発見のため、ある程度可能だし必要でさえあるだろう。以下の風土論・島国論は、村岡典嗣・和辻哲郎・丸山眞男・家永三郎・相良亨といった日本思想史家の議論の大体を捉えたものである。

(19) 佐野大和『呪術世界と考古学』（続群書類従完成会、一九九二年）が呪術から祭祀への展開を捉える。岡田莊司編『日本神道史』（吉川弘文館、二〇一〇年）は、祭祀自身の歴史を神道史としている。本稿は、お二人の立論を結合し周囲を結び付けて神道史またその内実形成史と捉えておく。また「呪術」「祭祀」が思想の形態をもつ際に既に言語化された従来の思想と融合する場合も、両者分けるのではなく神道の側から体験的に結び付けて歴史を見ていわば精神史のような位置をもちたい。文化的諸内容の融合性については、後にすぐ触れるが、和辻哲郎が「精神史」での「並在」と捉えている（『続日本精神史研究』岩波書店、一九三五年）。また、魚木忠一がやはり体験的な融合性を「精神」として基督教史を追っている（『日本基督教の精神的伝統』）。「精神」はいわば戦時期に微妙な形で説かれたものでもある。「象徴」については、本稿第二節「思想史」の第二項「総体としての在り方とその再考・象徴」以降を参照。また、問題として『日本思想史講座4――近代』（ぺりかん社、二〇一三年）をも参照のこと。

(20) 前註、岡田莊司編『日本神道史』の「Ⅱ 神道の歴史」における、「三 多様化する神道――平安時代・中世」（加瀬直弥）、またその「4 中世神道思想の展開」および「四 理論化する神道とその再編」（西岡和彦）を参照のこと。なお「近代」における祭祀・制度については、同編著「五 新たな神道体制の確立」（齊藤智朗）があり、また子安宣邦『国家と祭祀――国家神道の現在』（青土社、二〇〇四年）がある。両書、具体性と批判性と視点の違いは大きいが、近代の祭祀論に踏み込んだ点で共にとても重要である。

(21) 「神道」を本稿では、註(19)で述べたように、呪術から祭祀へと持続する総体と捉えている。この段落でも同様である。この「神道」は、日本に現れているが、いまだ「日本民族」といった定義に限るものではなく、谷川健一『日本の神々』（岩波新書、一九九九年）が沖縄にまで見ようとするもの、またさらには福永光司『道教と日本文化』（人文書院、一九八二年）、吉野裕子『易と日本の祭祀――神道への一視点』（人文書院、一九八四年）、坂出祥伸『江戸期の道教崇拝者たち』（汲古書院、二〇一五年）が見るように東アジア的な広がりの地平上にあるもの、と考えている。実際、近世の徂徠は、日本の神道を殷代からのものとも見ている。ただ、「日本」でやがて「神道」と称される営みが相当に早くから歴史的にあったことは、和辻の指摘の通りだろう。

(22)　岩波文庫『日本倫理思想史』㈠（岩波文庫、二〇一一年、三六頁）による。

(23)　『続日本精神史研究』（『和辻哲郎全集』四、岩波書店、一九六二年、三一二頁）による。

(24)　「太極」は『易』繫辞上伝にあり、その北宋周敦頤『太極図説』また朱熹『太極図説解』などが展開して後に繫がる。新プラトン主義の「一者」にも似る。東洋日本思想史では、中世末から十九世紀ぐらいまでの概念枠やその変更に際して批判・再構成の原テキストともいえる。小島毅『朱子学と陽明学』（ちくま学芸文庫、二〇一三年）、清水正之『日本思想全史』（ちくま新書、二〇一四年、一〇八頁）、さらに土田健次郎『江戸の朱子学』（筑摩書房、二〇一四年）を参照。ここにある「理一分殊」は「融即」でもある。「融即」は、中世によく現れるが、時代を越えてまた宗派・分類を越えて見出せるものでもある。森田康之助『日本の史眼――顕と幽との相関相即』（錦正社、二〇〇一年）は、これを様々な歌や演芸またベルグソンや九鬼周造にも見ている。ある種の生命体験が感じられているのだろう。

(25)　斎藤英喜『アマテラスの深みへ――古代神話を読み直す』（新曜社、一九九六年）、また佐藤弘夫『アマテラスの変貌――中世神仏交渉史の視座』（法蔵館、二〇〇〇年）がアマテラスの歴史的な変貌を捉える。神仏は、古代においては人々が直接向かえるものではなく、近世においては秩序と結び付いて位置づく。ただ、中世においては、神仏は救済性をもって拡大し民衆との深い関係をもつ。この民衆的な性格とその時代について、佐藤弘夫「中世の民衆思想」（『岩波講座　日本歴史七　中世2』二〇一四年）が場面ごと詳細に位置づけている。

(26)　平泉澄『中世に於ける社寺と社会との関係』（至文堂、一九二五年）を参照。また平泉の「アジール論」「社寺勢力論」が、戦後の中世研究とくに黒田俊雄「権門体制論」などに微妙な形で継承されていると今谷明『天皇と戦争と歴史家』（洋泉社、二〇一二年）が指摘する。

(27)『日本思想史講座2――中世』（ぺりかん社、二〇一二年）における大桑斉「戦国思想史論」では、「多神教を前提とした最高神による一神教の形成」（三七六頁）は、仏教や宋学の根本に、理一分殊論の類があり、またそこからのさらなる展開として「救済」を見出すが、吉田兼倶あたりから権力者に浸透してゆき「宗教的国家論」となり現在の「祖型」をなした、という（四〇〇頁）。たしかに、そのあたり形態への回収や内面性はあるが、強い否定性を含んだ救済論は近世以後はあまり見出せなくなる。

(28) 具体的には、『日本思想史講座3――近世』（ぺりかん社、二〇一二年）における各論考、「近世儒学論」（前田勉）、「国学・言語・秩序」（相原耕作）、「武士と学問と官僚制」（中田喜万）、「思想を語るメディア」（辻本雅史）、「江戸時代の科学思想」（吉田忠）、「形世論の系譜」（八木青治）などが、この近世的「学」の展開であり参照されたい。

(29)「近世一般」については著書も多いが、「総論 近世の思想」（田尻祐一郎）が捉える戦前また戦後（丸山眞男・相良亨・源了圓・安丸良夫・子安宣邦）また田尻祐一郎『江戸の思想史』（中公新書、二〇一一年）がまず手掛かりとなる。視点が分離してしまいがちな「神道思想」の近世については、『日本思想史講座3』では「キリシタン・東照権現・天皇」（曽根原理）、「心と神」（高橋美由紀）に指摘がある。思想史的な視野における神道については、戦前の村岡典嗣による『神道史』（刊行は戦後。日本思想史研究一、創文社、一九五六年）、伊東多三郎『近世国体思想史』（同文館出版部、一九四三年）、また戦後の渡辺国雄『神道思想とその研究者たち』（渡喜、一九五七年）が手掛かりとなる。いずれにせよ、神道とキリスト教とは「近世思想史」にとって基層的中心また周辺的異端となる歴史的な流れであり、これらをも全体として捉えた展開・変化といった意識は、時代の当人の感覚においてはともかく、現在もいまだ十分にはないかのようである。ただ子安宣邦「中江藤樹・「孝」の教説と〈孝子伝〉との間」（『思想』八五六号、岩波書店、一九九五年十月〈『江戸思想史講義』岩波書店、一九九八年、第一章〉は、藤樹の宇宙論的な観点の批判的視座を捉える。「近世」において決して見過ごせないところに藤樹がいることを私たちに教える。これを遡れば、尾藤正英『日本封建思想史研究』（青木書店、一九六一年）における藤樹さらに熊沢蕃山が体制批判として位置づけられている。尾藤氏の立論が神道思想史とさらに結びつくことが求められているのだろう。

(30)　前註、曽根原理「キリシタン・東昭権現・天皇」（『日本思想史講座3』四三―四四頁）。また、仏教の側での布教の様態については、「近世仏教論」（西村玲）が捉えている。

(31)　キリシタン側で、より後期に、信や三位一体、受難する殉教論が述べられるようになる。この点については黒住真「キリシタンと仏教」（『新アジア仏教史13　日本Ⅲ　民衆仏教の定着』佼正出版社、二〇一〇年、四七―五二頁）。

(32)　「幽霊」「怪談」が近世に流れることについて、註(31)黒住真「キリシタンと仏教」（七五頁）。また詳しくは、佐藤弘夫『死者の花嫁――葬送と追想の列島史』（幻戯書房、二〇一五年）「第五章　幽霊の発生」を参照のこと。このあたりは、近世的世俗化における死者の位置づけの「無さ」からよりくるのではないか。

(33)　同書の「第三章「御威光」の構造――徳川政治体制」、また「『御威光』と象徴」（渡辺浩『東アジアの王権と思想』東京大学出版会、一九九七年）。両書において、「御威光」の章立ては一つだが、近世日本の「政治思想史」全体にそれが流れ、それへの応対とその変容として諸思想とが捉えられているとも読める。

(34)　熊沢蕃山・藤原惺窩などの著として一般に広く伝播した『心学五倫書』『仮名性理』では「天」「天道」が神道・儒道・仏道の合一する万物の包括者としての天また人の「心」であり、天心のもとでの紳・儒・仏の習合があった。このあたりを大桑斉『民衆仏教思想史論』（ぺりかん社、二〇一三年）第一部第一章「因果法則の矛盾と心の主体性――『心学五倫書』の悪人富貴・善人貧苦と天心一体説」が捉えている。また末木文美士『日本宗教史』（岩波新書、二〇〇六年）は、ここに「近世」における「世俗の中の宗教」を見る（Ⅲ―八）。また一般論としては、佐藤正英『日本倫理思想史』（東京大学出版会、二〇〇三年、増補版二〇一一年）は「近世」を「天をめぐる思想」とまとめる。また歴史観として、植手通有「江戸時代の歴史意識」は、江戸時代に「歴史における天道の支配」が様々な思想家に行われたという（丸山真男編『日本の思想6　歴史思想集』筑摩書房、一九七二年、「解説 日本の歴史観の歴史」第三章）。

(35)「心学」については『日本思想史講座3』の「心学の東アジア的展開」（崔在穆）。また、「心を媒介とする神人一体の思想」が神道・闇斎学を始め広い展開をもつことを、同「心と神」（高橋美由紀）が短文ながら重要な要点を指摘する。また、前段落で「心」に「住み着いて」といったのは、大桑斉氏の論説、「仏教的世界としての近世」第二節・第三節（大桑斉『近世の王権と仏教』第二部第二章）また、「日本近世民衆思想と〈心学〉」（同前、第四章第二節）からである。仏教系統の根底に踏み込んでいる。また近世思想史にとって重要な焦点である闇斎学について思想史論としては、高島元洋『山崎闇斎――日本朱子学と垂加神道』（ぺりかん社、一九九二年）、朴鴻圭『山崎闇斎の政治理念』（東京大学出版会、二〇〇二年）、田尻祐一郎『山崎闇斎の世界』（ぺりかん社、二〇〇六年）、澤井啓一『山崎闇斎――天人唯一の妙、神明不思議の道』（ミネルヴァ書房、二〇一四年）などの論考がある。

(36)「国学」については『日本思想史講座3』の「国学・言語・秩序」（相原耕作）。また、流れる活物観について黒住真『近世日本社会と儒教』（ぺりかん社、二〇〇三年）の諸論。

(37)『日本思想史講座3』の「近世帝国の解体と十九世紀前半期の思想動向」（桂島宣弘）を参照のこと。ここでの「近世帝国」は、十七世紀頃に東アジア各地で現れ出た、従来の朱子学的支配（華夷秩序）の変容による支配構造のことである。その解体過程に国民ナショナリズムが生成する、と捉える。

(38) 本文で掲げた思想家以外に、吉田兼倶など吉田神道、度会延佳など後期伊勢神道、町人としての石田梅岩・富永仲基、農本主義ともいえる安藤昌益また二宮尊徳、さらに三浦梅園・海保青陵など、多くの優れた議論が展開している。

(39)「経典」あるいは「書物」を従来の形態にとどまらず対話的な仕組みから捉えていく仕方が、たとえば伊藤仁斎・荻生徂徠などにすでに窺える。「会読」をとくに見据えその意義を『日本思想史講座3』の「近世儒学論」（前田勉）が捉え、また前田「儒学・国学・洋学」（『岩波講座日本歴史一二 近世3』二〇一四年）にまた広く把握されている。博物学・科学思想などについては同前「江戸時代の科学思想」（吉田忠）。また経典にとどまらず、近世思想の経験的合理性における実学また「型」を捉えた代表的論者として源了圓（一九二〇―　）の多くの諸論がある。参照をお願いする。

(40)『日本思想史講座4』の「福沢諭吉と明治国家」（松田宏一郎）の把握とくに結語より（一〇三頁）。

(41)『日本思想史講座4』の「明治国家と宗教」（大谷栄一）が論ずる（引用は一五六頁、一七九頁）。

(42) 末木文美士『明治思想家論――近代日本の思想・再考Ⅰ』（トランスビュー、二〇〇四年）また『他者・死者たちの近代――近代日本の思想・再考Ⅲ』（同、二〇一〇年）の「Ⅱ 戦争と哲学／宗教」が、哲学と宗教の二層から「近代日本思想」の根底をとらえている。周辺論文を含め参照されたい。また近代日本における理性と信仰、哲学と宗教（神学）の結びつき方ないしその不在について、黒住真「近代日本哲学と神――西田幾多郎・岩下壮一とその前後から現代を考える」（『共生学』八号、二〇一四年）が論じた。

(43) 近代日本についての思想史を、『日本思想史講座4』の「総論 近代の思想」（苅部直）が手際よくまとめている。また近代に少し生まれ戦後からの「現代」さらに大きく発生した「公害」その他天地・環境解体また社会問題について、黒住真「自然と人為――つつまれる人／のりこえる人」の「五 近現代にあらわれた問題と今後の方向」（『岩波講座 日本の思想四』二〇一三年）が簡単に捉えている。

戦後から二十一世紀の日本思想史

――「日本らしさ」の底流・「公私」（公共）を中心に――

片岡　龍

はじめに

戦後から二十一世紀にいたる日本思想史に関わる研究を、とりあえず次の三つの種類に分けて考えてみたい。①日本的思考様式を探ることに主眼をおくもの、②いわゆる「問題史」として思想の流れを再構成しようとするもの、③個別的思想を時代や社会などの歴史状況の中で捉え、「追創造」しようとするもの。①は「日本」的な思想の歴史、②は日本版「思想史」、③は「歴史」の中の日本の思想とでも言えようか。また、①②は通史（時代横断）的か、超時代的な形になりやすいのに対して、③は時代的には限定されるものの、空間的には「日本」の枠組みを超えることもある。

ところで、戦後から現在にいたる約七十年間を、これも便宜上、ちょうど真ん中で、つまり七〇年代までの前半期と八〇年代以降の後半期に分けると、①②タイプの研究は前半期に多く、後半期はほぼ③タイプ一色である（①②がないという意味ではなく、それらも③を前提とするものとなっているという点で）。③といっても、最近はたんなる個別研究に終始するものが多く、それを通して時代や社会や議論空間をトータルに浮かび上がらせ、照らし返すような研究が少ないのは、情報ばかりがむやみやたらと増え、それを処理する技術の継承や革新にまだ光の見えない現況では、やむをえない面があるとはいえ、やはり放置できない問題である。

しかし、そもそも「日本思想史」という領域は、とうてい一つのディシプリンのみによってはトータルに立ち向かえないという点では、①②も同列である。つまり、①②の研究成果に、「日本思想史」として学問的に満足できないからこそ、③が主流になってきたのだが、一方、③も「日本思想史」としてはやはり部分的であり、「思想史」も人文学である以上、部分の集積がそのまま全体になるというわけでもない。ともかく、個別研究に堕した③のみでは、「日本思想史」という枠組みは、いずれ有名無実なものとなることと必至である。たとえば、現在のホットな研究動向として、かりに古代では聖徳太子信仰、中世では中世神話、近世では読者論、近代では国民国家論を挙げるとして、それらを一つにつなぐ「日本思想史」の叙述は、はたして可能だろうか。それぞれの研究動向は、「日本」「思想」「歴史」といった枠組みをますます越え、そうした領域横断的な研究の進展によって、「日本思想史」の外延は、ますます溶解しているのである。

べつに筆者は「日本思想史」固守派ではないが、せっかく先人たちが耕してきた畑が荒れ果てていくのを座視するのも忍びない。いずれ従来の学問領域が編成しなおされるとしても、だからといって過去の営みが、すべて意味を失うものでもないだろう。

ところで、一般に研究史とは、ある限られた領域において、新たな研究課題を設定し、それを効果的に遂行するために、従来の研究水準とその到達過程における知見を、要領よく整理したものと言える。しかし、こういう意味での研究史を叙述することは、「日本思想史」においては困難である。同じ「日本思想史」といっても、①あり②あり③あり、③のなかでも古代・中世・近世・近現代に分かれ、そのそれぞれに知識人の学問もあれば、民衆の信仰もあるというように、ディシプリンにおいても、問題関心においても、あまりに非統一だからである。

また、紙幅の問題もある。③に限っても、それぞれの時代・分野の代表的な研究について、ごく概説的な記述をしようとするだけで、与えられた紙幅は一杯になる。さらに、それらの間を有機的に結びつけて叙述するには、優に一冊の著書を必要とするだろう。③に関する全体的な研究史は――少なくとも筆者にとっては――、不可能であり、無意味である。

したがって、本稿の対象はおのずと①②に絞られることになるが、それでもすべてを取り上げることは困難であるし、そもそも学問の進化によって色褪せてしまった感のある、それらの羅列的記述のみでは、なにより退屈である。

そこで、思い切って、①については、「日本らしさ」を求める底流にはなにがあるのかという問いに集約し、②については、戦後から現在まで、比較的、安定した問題関心が持続している一つのテーマ（「公私」）に限定して、それを論じる限りで必要な、いくつかの代表的研究に触れることにする。

なお、③を取り上げないのは、たんに前に述べた技術的問題のためである。③に属する代表的研究については、かつて『日本思想史ハンドブック』（苅部直・片岡龍編、新書館、二〇〇八年）の「ブックガイド」

の欄で紹介したことがあるので、それを参照して欲しい。

一、「日本らしさ」を求める底流

①については、あえて中村元・加藤周一・湯浅泰雄の三氏を取り上げてみたい。

三氏は、日本思想史学から見れば傍流であり、とくに後半期の日本思想史研究においてはほとんど顧みられないにも関わらず、国際的な知名度においては、今なお特出している点に、現在の日本思想史学界の問題点が集約しているように感じるからである。今後の日本思想史学は、もっと国際的に開かれて共同研究されるべきと、筆者が考えるからでもある。

また、日本思想史の研究主体という問題を考えたときに、たとえば学者・知識人・思想家という三つの類型に、中村—学者・加藤—知識人・湯浅—思想家というように、三氏がそれぞれよく当てはまると思われる。前半期の研究を牽引していたこれらのタイプの主体が、後半期にはほぼ見られなくなり、専門家か評論家だけになってしまったことは、国際的発信意欲の減退の問題とともに、あらためて考え直してみる必要がある。

三氏に共通しているのは、みな外国語に長けているという点だろう。それも、たとえば中村の場合、サンスクリット語・パーリ語・チベット語・英語・ドイツ語・ギリシア語・フランス語の七カ国語に精通していたというように、従来の欧米語にかたよった語学力から、東洋の諸言語に及んでいる点に、他の二氏と共通した特色がある。

このような卓越した語学力に支えられた比較・共時的な視点から、三氏は日本（東洋）的思惟の特質や、それが現代世界のなかでもつ意義を、きわめて論理的に、誰にもわかりやすい語で説明したが、後半期の研究主体に欠けるのは、端的に言って、このような語学力と論理性である。

それに欠けるから、国際的発信の意欲も湧きようもないのであって、また自分の専門に必要である以外の語学力と、専門間をつなぐ論理性の欠如は、思想史として、やはり致命的ではないか。

しかし、三氏（特に中村・加藤）のこのような面は、自らを「世界市民」的な位置に置いて、日本を外から、上から観察するものとして、反発を受けがちであった。

たとえば、中村は、東洋人の「思惟」方法という観点から、インド・中国・日本・チベット・韓国の「思惟」方法を論じたが、その結論は、従来「東洋」と一括りにされやすかった地域の「思惟」方法は、それぞれ異なる点もあり、似た面もあり、それは「西洋」といえども同じである。世界を「西洋」と「東洋」といった乱暴な二分法で見るのではなく、とりあえず各地域の個性を尊重し、お互い見比べながら、それぞれの「思惟」の弱点を徐々に克服していこうというものである[1]（『決定版中村元選集4 チベット人・韓国人の思惟方法』「結論 東洋思想とは」）。

しかし、そうなると日本的「思惟」の個性は、いずれは克服されることを目的として研究されることになり、克服されれば、もはや研究の意義もなくなるのだから、そこに違和感を覚えることも、たしかに否定できない。観察者だけはすでに弱点の克服された高みにあり、観察対象の人々は、その指導を仰ぎながら自らの弱点の克服に向かっていくというのは、どこか生理的な反発心を呼び覚ますものがあるのも事実である。

しかし、そうした受けとめ方は正確ではない。彼らは基本的に、小国日本、あるいは東洋が西欧列強の中でどう伍していけばよいかという、明治以来のエリートに共通する心性を保持している。すなわち、反発心の源泉は、後進国のエリートによる知的独占に対する怨恨（ルサンチマン）であって、彼らが「世界市民」だからというところにはない。

たとえば、加藤が文学や美術をとおして摘出した日本的思惟の特質は、[2] それを批判しているのか、愛着しているのか、一見わかりにくい（加藤周一『日本文学史序説』）。しかし、『雑種文化』（講談社、一九五六年）の副題が「日本の小さな希望」であることに示されているように、戦後の独立の出発点に立った加藤の方法論的自覚は、まず日本のありのままの姿（雑種性）を正しく認識し、そこに「やり様次第で希望がある」という、現代世界における積極的意義を見つけ、それをもとに、「地味に実質的な仕事を重ねて」ゆこうというものであった。[3] それは、ある意味、岡倉天心が『東洋の理想』で、日本の美術にアジアの様々な精神が流れ込んでいるとする発想にも通じるところがある。[4]

中村もけっして日本的思惟の自己反省を要求するのみではない。その粘り強い仕事の根底には、「西洋」と「東洋」の二分法を強制するような「西洋」自身が、その「思惟」を自己批判し清算することを求めるごとき情熱が横たわっているように感じられる。

湯浅の『和辻哲郎』（ミネルヴァ書房、一九八一年初版）や、ナショナリズムをめぐる一連の論稿（『湯浅泰雄全集』一二、白亜書房、二〇〇六年所収）にも、同様の情熱がよく表れている。ただし、湯浅の場合、そう楽天的に、東洋的諸思惟の共存や、「アジアは一つ」式の発想に立つものではなかった。

アジア世界はヨーロッパとちがって、過去に、同一の文化伝統によって育てられた相互理解の歴史というものをもっていない。……お互いに相手のことを全く知らないまま、盲目的な手さぐりの形で、さまざまの政治的・経済的、さらには軍事的対立関係までつくり出してきたと言ってもいいだろう。そしてその場合、過去一世紀における現代アジア史の最大の攪乱要因は、いうまでもなく日本であった。明治維新と共に成立した近代日本国家を一人の青年にたとえるとすれば、彼の肉体はアジアの一隅で急速に成長しつつあったにもかかわらず、その心の動きはいつも遠く離れたヨーロッパにのみ向けられていた。……そしてその攪乱作用は、今もなお――軍事力から経済力へと形を変えつつ――活潑に、ますます巨大な規模でつづいている。しかし、西欧先進国に顔をむけた彼の精神構造そのものは、戦後三十年以上たった今日も、基本的には何も変っていない。……明治以来外へあふれ出したこの民族の発展のエネルギーは、一世紀ていどの時間では、まだ衰退局面を迎えるまでに至っていないということなのかもしれない。……（『和辻哲郎』「初版あとがき」）

これは、国際化という語が盛んに唱えられはじめた時代、偶然の機会からインドネシアに一年間滞在することになった際、記された語である。

湯浅は、古事記や日本書紀を、日本神話的世界観の一つの終着点にすぎないと見、人格神成立以前の自然現象の神秘（火山や星）に対する「畏怖」に日本の神観念の原型を捉え、「加護」をもたらす人格神の成立に、朝鮮文化の影響の大きさを指摘した。(5) また、それは、インターナショナルな仏教が日本的に密教化することで、ナショナルな民衆的な神観念と融合し、そこに日本の「古典古代」を認めるという、湯浅の古代思想史理解の核心に関わる主張につながる。「古典古代」を考えるのは、中世以降に連続する日本の思想史的特性を明らかにするためである。それは「修行」や「瞑想」といった観点からの身体論を媒介として、近現代の哲学・宗教にまで射程を伸ばしている（『日本古代の精神世界』『古代人の精神世界』『身体――東洋的身心論の試み』『日本人の宗教意識』など）。

このような、縄文から現代にいたる壮大な思想史的構想は、前記のアジア観を前提とした上で、だからこそ、日本と東洋が、また東洋と西洋が歩み寄れる未来を希求する情熱の産物である。それは、自身の暗い反面（「西欧先進国に顔をむけた彼の精神構造」）を自覚し、それを改善するための方法的理論（心身論、気の科学、ニューサイエンス論）に発展していく点で、中村や加藤を一歩進めるところがある。

しかし、この暗さをふくんだ情熱自体は、そのような傷を精神構造に刻まれたことに対する怨恨（ルサンチマン）による点では、明治以来のエリート、彼らを怨恨する民衆、戦禍をもたらした者たちを怨恨する戦後世代（中村・加藤をふくむ）と、みな同じ土壌に立っている。それは、われわれも例外ではない。むしろ、ここに希望があるというのが、筆者の考えである。この怨恨の連鎖は、現在、世界的な問題でもあり、それをどう解くか（韓国の伝統思想の用語で言えばハン・プリ）、ここに日本思想史の積極的な課題を見出し得ると思うからである。

二、「公私」(6)

「問題史」のテーマには、古代以来の「幸福」や「愛」、近代以来の「自由」や「平等」、近年では「技術」や「生命」など、さまざまある。しかし、日本思想史で扱われてきた「問題」は、案外少ない。上記以外に、「自然」「公私」「近代」「神」「英雄」「悪」「死生」「平和」「革命」「世代」「民主」「王権」などを挙げられるだろうか。(7) このうち幾つかは、今ではすっかり色褪せてしまった。

また、こうやって並べてみると、主に西洋由来の概念であり、やはり日本思想にはなじみにくいテーマであるように感じられる。日本思想史において「問題史」が流行らないのは、テーマ先行で中味が伴わない場合が大半であったことが、主たる原因と思われる。

しかし、「問題史」とは、同時代的、あるいは将来的な問題意識にもとづくものなのだから、今の時代には、今の時代なりの、また西洋発だけでない、世界の様々な地域の思想と響き合う「問題」があるはずである。

その点で、「公私」は、西洋的な問題だけでなく、漢字文化圏に共通する問題ともなり得る。また先に列挙したテーマのほとんどが、敗戦直後の問題意識に強く規定されているのに対して、「公私」（公共）は、戦後から現在に至るまで、比較的継続して問題とされてきた。まずは、その点の確認から始めよう。

敗戦直後に、「公私」が問題とされたのは、やはり戦中の「滅私奉公」に対する反省からであったと思われる。しかし、まもなく、それは「公共」という語に取って代わられる。

戦後の日本で「公共」をめぐる議論の高まりが見られたのは、まず一九六〇年代、すなわち高度経済成長期であった。それは、国家の公共事業や企業の利潤追求が惹き起こす生活環境や自然環境の破壊に対して、住民運動や階級運動などの批判を通して、「公共」を国家の独占から解放することを求める試みであった。

六〇年代の「公共」をめぐる議論は、とりもなおさず、日本国憲法に規定された「公共の福祉」（第12条・第13条、第22条、第29条）の概念を中核としていたと見てよい。すなわち、それが帝国憲法の「公共ノ安全」（第8条・第70条）、「公共ノ安寧秩序」（第9条）と断絶のほとんど認められない形で運用されていないかという問いかけであった。[8]

七〇年代になって、経済が低成長時代に入り、開発事業も鎮静化すると、「公共」に対する人々の関心は次第に薄れていった。それがふたたび活性化するのは、九〇年代の半ば以降である。[9] その要因はさまざまに考えられるが、いわゆる冷戦体制が終わりを告げ、国際秩序の行方が不明確になったことの影響を否定することはできないであろう。

つまり、六〇年代までの「公共」は、その主体をどこに見るかの違いはともかく、国家の範囲内のなかでの、かつ具体性を帯びた問題関心であった。それに対して、九〇年代半ば以降の「公共」は、国家を越えた、あるいはそうした枠組みではすくい取れない、個々人にふりかかるリスクに対する不安感が要請するもののように思われる。

しかし、九〇年代半ばから二十年を経た現在においても、今なお日本では国家の範囲内で「公共」や「公私」関係を考える傾向が根強い（市民的公共性の場合も）。それは、戦前日本で「公共ノ安寧秩序」や「滅私奉公」が暴威をふるったからであろう。そのため、従来は、日本の歴史的な公共性の問題は、「公私」の問題として考察されることが、主流であった。その結論を一言でいえば、「私」が「公」に回収されてしまう日本的な「公私」構造という理解である。

そうした構造自体を前提として、(1)日本の「公（共）」の問題性に指摘に重きをおくか、(2)それとは異なる水平的な「公〈共〉」の水脈を発掘しようするか、という二つの研究方向を中心にして、議論がなされてきた。

⑴日本の「公〈共〉」の問題性

（1）の早い例としては、戦時中に書かれ、『日本政治思想史研究』（一九五二年）の第一論文として収められた丸山眞男「近世儒教の発展における徂徠学の特質並にその国学との関連」（一九四〇年）を挙げることができよう。

その結論をかんたんに言えば、荻生徂徠は、「公」を政治・社会的＝対外的なもの、「私」を個人的＝内面的なものとして、両者を分離させたが、それは本居宣長の国学に換骨奪胎的に継承され、「公」「私」はいったん分離した上での交わりという緊張関係を構築することに、結局挫折したというものである。

これは、第二論文である「近世日本政治思想における「自然」と「作為」」（一九四一年）の内容とも、密接に関係している。ここではわかりやすさのために、後年の「日本の思想」（一九五七年）によって、丸山の基本的な問題関心と併せて、見ておこう。

そこでは、まず日本の思想の伝統が、「無構造の「伝統」」と捉えられる。それは「仏教的なもの、儒教的なもの、シャーマニズム的なもの、西欧的なもの――要するに私たちの歴史にその足跡を印したあらゆる思想の断片」が「雑居」するだけで、「思想と思想との間に本当の対話なり対決が行われない」ような精神状態を指す。

近代日本は、そうした精神状態のまま「開国」（自己を国際社会に開くと同時に、国際社会に対して自己を国として画す）したために、伝統思想はますます断片化し、新たに流入した諸思想を捉えなおしたり、異質な思想として対決する原理となりえなかった。そのため日本の「近代」化は不十分であった、というのが丸山の基本的な問題関心である。

すなわち、近代日本の課題は立憲制の「機軸」（ヨーロッパでは「宗教」）を創出することであったが、そのような思想的伝統がなかったため（思想的雑居性）、制度としての「国体」（君主国体）が、同時に精神としての「国体」（万世一系の天皇によって統治される優秀な国柄）として「機軸」（非宗教的宗教）化された。その結果、個人の内面の問題（「私」）に、国家権力（「公」）が無制限に浸透してくる構造が確立した、と言うのである。

丸山はそこに、憲法等の法的＝政治的制度が、制度をつくる主体の問題から切り離されて既にできあったものとされ（制度の物神化）、主体は個人の日常的な感覚世界と自然に対する直観に局限されてしまう（自然・実情への密着）、つまり、フィクションとしての制度と、生の現実（充溢）との間の緊張が構築されないという、昔ながらの「無構造の「伝統」」が「原型・古層・執拗低音」として浮上する様子を見て取ったのである。

このような丸山の研究方向が、戦後日本の「公／私」関係の探求に――それに対する賛否に関わらず――、大きな影響を与えたことは、否定できない。ここには、依然として、われわれがその主張を精確に受けとめるべき点や、さらに考察を深めるべき有意義な課題の示唆がある。

たとえば、同じく「無構造の「伝統」」といっても、戦前では「国体」が〈権力の核心／精神の機軸〉として仮にも諸思想をつないでいたが、戦後はそれもなくなった、とされている点である。したがってまた、戦前日本の「近代」は流産したが、「機軸」を作為しようとする意識の稀薄な前近代とは、やはり基本的に異なるのである。

後に「原型」（一九六三年）や「古層」（一九七二年）や「執拗低音」（一九七五年）等の語によって、あたかも古代から、国家権力（「公」）が個人の内面（「私」）に無制限に浸透してくる構造が成立していたかのごとく主張されているように見えるが、丸山がそれらの語で呼んでいるのは、「思想的雑居性」一般なのであって、「公／私」関係の構造が古代からそうであったと、特定的に論じているのではない。

「公／私」関係は、漢語的文脈を離れれば、基本的には、"public"と"private"との関係が密接なものとして強く意識されるようになる近代の問題なのであって、前近代日本で、その結びつきがいつから始まるかは、慎重に検討されなければならない問題であろう。

古代においては、オホ（大）－ヤケはヲ（小）－ヤケに対する相対的な語であって、在地首長的なオホヤケと重層して様々なレベルのオオヤケがあり、それが中近世社会における「公」の重層構造の淵源となっていること、またそのような地域共同体的なオホヤケが、朝廷と結びついていたミ（御）－ヤケの語に代わり、天皇ヒエラルキーの場の内に、その共同体構造を包摂する国家的なオホヤケ（公）として拡大されたというように指摘されるが（吉田孝『律令国家と古代の社会』一〇二頁）、このオホヤケ（公）も、ワタクシ（私）の対概念ではないのである。したがって、いくら重層構造といっても、必ずしもそれが、すぐに「公／私」の入れ子構造に伴う無構造にはつながらないのである。

このように、古代においては、ただちに個人の内面（「私」）と国家権力（「公」）の関係を考察することは難しいにせよ、丸山の「制度の物神化」という観点は、今後まだ考察を深める余地があると思われる。

この点に関して、興味深い指摘を残しているのは、石母田正である。

初期の支配形態は、大づかみには、二つの類型に分類される。共同体の「共同性」が首長によって「代表」される型と、成員相互の関係として、すなわちなんらかの「民会」によって「代表」される型である。後者には古典古代的、ゲルマン的類型が属し、前者にはいわゆる共同体の「アジア的形態」が対応し、そこでは王＝首長は多かれ少なかれデスポティックな性格をもつ。その特徴は対外的な側面においてもっとも明確にあらわれるのであって、共同体の成員による民会が発達して内部的事項を把握し、首長の権力が名目的な地位にまで低下した場合でさえも、たとえば外来の客人の接待、贈答の形における外部との物資の交換、他の共同体との同盟関係または戦争の指揮の権能等は、首長の特別の機能として維持されるのである。……したがってその内部構造がいかに未開的で、「呪術からの解放」が未発達であっても、首長層は、対外的な面においては開明的であり得るのであって、ことに高度に発達した国との対外関係をもつにいたると、後者の側面は後進的な内部構造と対比した場合、不均等に発達するのである。……したがってアジア的社会のもとでは、他民族との交通が重要になればなるほど、その機能を独占する首長制＝王権は「開明的」となり、内部的地位はそれによって強化されるという傾向をもつのである。（石母田正『日本の古代国家』八―九頁）

ここには、丸山のいう「開国」と同じような問題関心がある。「共同性」が、水平対話的な「民会」によってではなく、分配統制的な「首長」制によって担われる場合には、対外的には文明の顔をもつ機能が、対内的には呪術的権威として働くと言うのである。

ここで当然、古代日本における「律令」の編纂が思いあわされる。中国の周辺諸国においては、後世のベトナムを除くと、新羅など朝鮮諸国の場合と比べても、日本ほど体系的に「律令」法典の編纂に取り組んだ国はないと言われる。そして、その理由として天武・持統朝のナショナリズムが挙げられている。チベットや朝鮮では、日本と同じく中国の統治技術を継承しながら、日本よりはるかに民族的な固有の制度の色彩が濃厚であるのに対し、日本の律令制は、ある種の軍国体制の構築を目的に、隋唐の律令制のなかから特定の要素を意図的に抽出してつくられ、また中国的自然法との緊張関係のなかで機能していた中国律令を、そこから切り離して継受したことが推測されている(10)（吉田孝『律令国家と古代の社会』一二頁、二五─二八頁、四五〇頁）。

このような継受の仕方は、「制度の物神化」をもたらしやすいものとなろう。それは「律令」に限った問題だけでなく、近代の立憲制の導入に際しても、あるいは中近世の「唐物」や、朝鮮半島からの陶磁器や医薬技術・知識など、さらには縄文から弥生への移行期における金属製品や、古墳時代の文字なども、同様の役割を果たしたと思われる。

安永寿延による次の指摘も──オホヤケの「大」のもともとの意味については修正を要するかもしれないが──、基本的にオホヤケ（公）のもつ「物神」性、呪術＝宗教性に重点をおく理解である。

古事記にはオオヤケという言葉は登場しないが、その語源は明らかである。それはまず「大屋処《おほやけ》」、つまり「大いなる屋のある所」の意味である。「大」は量的な大きさを意味しない。それは美称であり、偉大、尊貴、第一などを表す。「屋」は神々の聖なる住居である。人間の住む俗なる住居としての「家」とは本質的に異なる。屋は「天石屋戸」とあるように、なによりもまず天つ神の住居であった。その天つ神が地上に降臨した際に住む、一時的な仮の宿が、屋の代りという意味のヤシロ（屋代＝社）である。……縄文時代の遺跡のなかには、集落の中央に、民家より一際大きな建物の痕跡があり、そこで特別な催しが行なわれたであろうことを暗示している。おそらくこの建物こそが屋の原型であったにちがいない。そこに共同体の首長、のちには大王《おおきみ》＝第一の人が住み、屋に神を招き寄せて、まつりを主催したのであろう。彼はまつりに先だって厳格な物忌みを行ない、神々の意志、さらには世界の意味を解読する。これがまつりの原意の一つである。さらに彼は御言持《みこと》ちとして、解読された神々のメッセージを人びとに伝え、それを執行する。これがまつりごとの原意である。……要するに、第一の人が聖なる屋に神々を招いてまつりとまつりごとをとり行なう場がオオヤケの原義である。オオヤケは、それを通じて人びとが世界の意味をとらえる窓口であった。ここではまだオオヤケはワタクシの対立概念ではなく、共同体の成員（ヤカラ）とヤシロとの媒介概念である。ヤカラは血族集団としてのウカラとちがい、血縁のいかんにかかわらず、同一の屋、つまりは同一の神ないしシンボルのもとに結集する集団のことである。なおヤッコ（屋っ子）も、本来は屋においてまつりを行なう首長を補佐しつつ、神に仕える存在のことである（そこからのちにアルジに仕える存在としての奴に転化する）。だが古代では、オオヤケはヤカラ（同族）を統率する族長に代表される場合と、この族長に従う人びとの間の共同性を意味する場合とに、微妙に分岐する。……例えば、族長の発する言葉や彼が触れる物や人、要するに彼となんらかのかかわりのあるものは、いずれもオオヤケ性をおびるよ

うになる。（『日本における「公」と「私」』三二―三四頁）

⑵水平的な「公（共）」の水脈

二つ目の水平的な「公（共）」の水脈を発掘しようとする研究方向は、今見た日本の「公（共）」「オホヤケ」の問題性を摘出しようとする研究方向と、必ずしも対立するものではない。安永は、上の文章に続けて、「だが、オオヤケの概念は族長へと一方的に収斂するだけでなく、まつりの場合には、それは一挙に共同性へと還元される」と言っている。もちろん、古代天皇制の成立にともない、共同性としてのオオヤケもっぱら天皇に従属するが、「とはいえ、民衆の間には、共同性のコンテクストのなかに位置づけられ、しかも権力者に収斂することのない、独自なオオヤケの概念がけっして消滅することなく、脈々と生きつづける」と言うのである。

このような水脈は、これまで主に中世・近代を中心として探求されてきた(11)。たとえば、中世の「公界《くがい》」は、網野善彦の有名な書名中の語として、一躍、一般の認知度を高めたが、それに対する注目は、すでに六〇年代後半から始まっていた（勝俣鎮夫「相良氏法度についての一考察」）。

すなわち、戦国時代の九州の大名である相良氏の分国法「相良氏法度」第十八条にみえる「公界論定」「公界の批判」の用例であるが、この「公界」とは「所衆談合」のことであり、相良氏の公権力がその裁定権を法的に承認し、かつそれに介入しない自律的なもう一つの公的権力（合議体）の存在が指摘されたのである。

もちろん歴史の大きな流れは、結局は、この「公界」が、上位の公権力（「公儀」）に組み込まれ、自律性を失い、その内部への介入を許すことに帰着する。しかし、このような「所衆談合」的な、もう一つの「公（共）」が中世に存在したことの記憶は、幕藩体制における「公儀」の中にも、「老中」（「中」は複数の意）や「家老」による合議制として種を遺し、幕末期の「公議輿論」として甦るという点で、きわめて貴重である（尾藤正英「明治維新と武士」）。

しかし、それがかつての「公界」の変質であることも確かであり、そうした近世・近代にいたる「公界」の没落史を描いたのが、網野善彦『無縁《むえん》・公界《くがい》・楽《らく》——日本中世の自由と平和』であった。

「公界」や町《ちょう》共同体に、公権力に対する自治の伝統を見出そうとする方向性は、それが共同体という閉じた集団の枠内でのみ発想される場合、必ずより上位の共同体に従属する結果となる。中世の共同体自治が輝いて見えるのは、基本的に自力救済の世界であって、より上位の共同体、すなわち国家による裁判機能や暴力の独占が、まだ十分になされていないからである。

したがって、網野が「公界」に並べて、「無縁」（無縁所）や「楽」（楽市場）を取り上げたのは、共同体の自治としてではなく、アジール的な場としてであった。

しかし、西洋でもアジールは十三世紀頃から規制されはじめ、十六世紀から十八世紀の間に、各国で廃止されていったように、共同体でないにせよ、空間的・領域的に、それが捉えられる限り、いずれ領域国家の国家領土の中に、それが組み込まれることは、必然的とも言える。

また、網野は「無縁」や「公界」や「楽」に、日本的な「自由」や「平和」の意を読み込むが、それがアジール的な場と捉えられてしまうと、「自由」はいわゆる「〜への自由」よりも、「〜からの自由」という消極的自由として限定され(12)、「平和」も外交的・対話的に積極的に構築・維持していくものよりも、逃避的・内向的な「心の平安」に類するものとなってしまう。

しかし、興味深く思われるのは、網野の私秘的な「自由」や、「心の平安」的な「平和」理解が、丸山が指摘した、荻生徂徠の個人的・内面的な「私」理解に近づいているという点である。また、水平的な「公（共）」の水脈として探られていた「無縁」や「公界」や「楽」が、徂徠では「私」に位置づけられているものの、その「私」が政治・社会的・対外的な「公」と分離して交渉がないという点も、網野のアジール的場が、公権力の中に開いた穴として、その間の交通があまり考えられていないことと相似する。つまり、網野によれば、徂徠的な「公／私」の分離は――アジール的場をむしろ「私」と位置づけてだが――、すでに中世に胚胎しているということになる。

ここに思いあわされるのは、「一人称である「わたくし」が、同時に私的領域を意味する「私《わたくし》」とまったく同じ言葉で表現されるということは、世界にその例を見ない」と言われている「わたくし」と「私」の結びつきが（安永寿延『日本における「公」と「私」』二九頁）、遅くとも室町時代末には始まっていたとされる点である。[13] アジール的逃避領域が、「わたくし」という個人の心の内部にも発見される可能性が、中世後期にあったということになる（「心隠」「陸沈」）。

なぜ私的領域が一人称と結びつくのかは、今後の課題とせざるを得ないが、論理的な発展段階としては、まず「公」と「私」が漢語においては対概念であるところから、ついで両者が領域化され、さらに「公」の人格化に応じて、「私」もしだいに人格化、人称化されるという流れを想定できる。

対概念としての「公／私」の早い例は、六世紀の「百済王上表文」中の「公私往還（アラハにシノビニかよふ）」、七世紀とされる「十七条憲法」第十五条の「背私向公、是臣之道矣。凡人有私、必有恨。有恨必非同。非同則以私妨公」などであり（ともに『日本書紀』）、領域概念としての「公／私」は、八世紀の『養老令』における「公田」「私田」が早かろう（水林彪「わが国における「公私」概念の歴史的展開」九八―九九頁）。「公」の人格化の始まりは、九～十世紀の交となる。[14]

そこから中世末の「私」の人称化までは、ずいぶん間隔があるが、その前提となる「私」の人格化は、中世の長い時間をかけて、しだいに進行していったのだろう。鎌倉新仏教や、隠者・遁世文学などに現れた思索をとおして、それを確認していくことは、今後の課題である。

その際、オホヤケ（公）のもつ「物神」性、呪術＝宗教性を指摘した安永が、それと対応して、ワタクシ（私）をオホヤケ（公）の聖性（タブーや規範）からの解放と位置づけていたことが注目される（安永寿延『日本における「公」と「私」』三八頁）。それは、逆に言えば、オホヤケ（公）による聖性の独占とも言えよう。すなわち、中世における私の人格化は、公に回収された聖性を個人に奪還しようとする試みとも見られるのである。[15]

勝俣鎮夫が一揆の「一味神水」（「一味同心」という一致団結した状態の集団を結成する際に行われた集団誓約の儀式、作法。これによって神と人、人と人との間を一つの同じ心にすることを目的とする）を強調したように、中世に水平的な「公（共）」の水脈を探る研究方向は、その聖性について併せ論じられることが多い（「無縁」所も本来は寺院である）。

しかし、注意しなければならないのは、その聖性が共同体やアジール的「場」のように、一定の区画をもった領域として捉えられると、それが結局「公儀」の中に回収されていく姿は、ちょうど古代の地域共同体的なオホヤケが、国家的なオホヤケの中に――自発的に――組み込まれていった過程と、なんら変わりがないことになる。

「喧嘩両成敗」や、「折中の法」（係争対象の利権を当事者間で籤引き・神判によって形式的に折半する）といった中世の紛争解決法も、領域的問題として捉えられると、必ずその上位になんらかの神格的な公権力の存在を想定せざるを得ない。

そもそも、領域化が人格化に転じたということは、日本語の人格概念に、領域的な要素があることを示唆していよう。すなわち、領域と人格の区別が曖昧であると言ってもよい。人格が領域の中に絡め取られてしまえば、「私」と「公」の交通は、いつまでたっても始まらない（「一味同心」も、「公」のために「私」を抑えることが要求される。あるいは「公」にかなわない「私」は集団から排除される）[16]。中世の「公（共）」の水脈は、むしろ「私」の人格化の中に、その基盤を探っていく必要がある。

この点で東島誠が、「公共」の脱領域化を試みるため、石母田を参照しながら、「交通」に着目することは、注目される。そこから、他者との「交通」を回復させる可能態的用語としての「江湖」などが自在に取り上げられる。したがって、『公共圏の歴史的創造——江湖の思想へ』という書題に現れた「公共圏」とは、かつて存在した実体的な概念ではなく、むしろその「不在」ゆえに、歴史的に創造されるべきものという立場なのだが、しかし、それがやはり空間的な概念として受けとめられやすいという点では、問題が残る。

また、一挙に「歴史的創造」のための可能態的用語に飛ぶ前に、それが現実態——現在の現実態はやはり「公共」となろう——にどのように移行していったのか、その運動を歴史的に確認しなければ、可能態はいつも可能態のまま終わることにもなりかねない。

また、「交通」するためには、交通する主体（私）の問題が欠かせない。その主体が、果たして交通を可能とする主体（領域画定的主体ではなく、対話共働的主体）になり得ているかを、まずは中世における「私」の人格化の過程の中に探る必要がある。

こうした点で、日本以外の漢字文化圏における参加共働的・対話的な「公共」の展開過程や、その歴史的背景[17]をいっそう明らかにし、それと呼応する日本の「所衆談合」「公議輿論」等が[18]、現在の現実態としての「公共」にどうつながるかを改めて検討し直し、それと同時に、対話共働的な主体を、日本の「私」の伝統に探ることが、今後の課題の方向性となろう。

なぜなら、前近代日本の公共観の特徴は、㈠「私」の人格化、㈡それが「公」と「交通」しないところにあるが、㈠を活かしながら㈡を克服していくためには、日本の枠内だけでこの問題を考えることは、もはや許されないからである。まして、「公共ノ安寧秩序」や「滅私奉公」が暴威をふるったのは、けっして日本国内だけではなかったのだから。

註

（1）なお、中村元『東洋人の思惟方法』全四巻の初版は一九四八～四九年、英訳は一九六〇年、春秋社選集の改訂版は一九六〇～六二年。決定版では、試論的と断りながらも、「韓国人の思惟方法」が新たに付け加えられた。日本人の思惟方法を反省的に考察するために、インドや中国だけでなく、チベットや韓国などとも比較しなければならないという方法論的自覚と、度重なる改定に見られる真摯な学問的積み重ねに対して、後半期の研究者も、学ぶべきものは多々ある。

（2）加藤の『日本文学史序説』は、文学史と銘打つものの、「日本では、文学史が、日本の思想と感受性の歴史を、かなりの程度まで、代表する」（上巻「日本文学の特徴について」）とし、日本の「文学」を、西洋だけではなく、中国「文学」とも並べて、世界大で考察できるようにした。また農民一揆の檄文まで含めて、「文学」の担い手を僧侶や儒者などの知識人だけに限らないのは、「文学」をとおして日本の社会的背景を探ろうとしたからである。そうした方法は、津田左右吉の『文学に現れたるわが国民思想の研究』に比肩し得る。

また加藤が出演したNHKの特集番組「日本——その心とかたち」（一九八七〜八八年）は、美術を素材にしたものだが、これも一種の日本精神史といってもよい。後に平凡社から同名のタイトルで一〇巻本として刊行され、それを改訂した独訳・仏訳・英訳本を出版、その英訳本をもとに新たに日本語版がスタジオジブリから二〇〇五年に刊行されている。なお、番組の映像は、スタジオジブリから七篇に再編されて出ている。なお、加藤は『日本美術史序説』をまとめたいという意向ももっていた。

『日本文化における時間と空間』（岩波書店、二〇〇七年）は、これまでの主張の集大成的なものであるにせよ、明らかに日本思想史、少なくとも日本精神史を主題としたものである。この書に対して、日本思想史の研究者から、一本の書評もいまだ提出されていないのは、妥当ではない。

（3）したがって、加藤が日本文化を「雑種文化」としたのと、丸山が日本思想の「雑居性」を言ったのとは、似て非である。加藤は本来雑種文化なのに、純粋化しようとしたところに日本の近代の間違いがあり、丸山は雑居して交わらないところに、日本の古代以来の思想的弱点があると見た。

（4）もちろん、加藤の場合、雑種文化の中味には、「西洋」もふくまれ、かつ西洋近代を中心に発展した「科学・技術」も含まれる。科学と文学の協力関係の確立が、加藤の根本的問題関心であって、十八世紀を比較的高くするのは、そうした理由からである。しかし、十八世紀の「日本化」と、それ以降の「ナショナリズム」の関係に対する評価の違いには、論理的な矛盾があると思われる。また彼が考える科学と文学の協力関係は、結局「和魂洋才」的なものである。

（5）これは現在の古代思想研究にとっても、いまなお示唆的であろうが、この点に関して『神々の誕生』（以文社、一九七二年）の「まえがき」で、「勉強不足を痛感」、「今後の課題」としたいと述べられながら、その後ほとんど論及されていないのは残念である。

また、神と仏は幸福に結合したばかりではないだろう。排外的傾向をもたらす要素は、日本思想史の伝統に確実に存在しているのであり、その正体を明らかにすることも、ヘイト・スピーチ等の盛んな現在の重要な研究課題である。しかし、湯浅の言う自然への「畏怖」という着眼は、その大きなヒントになると予感される。個人的見解では、「畏怖」とは、外界とエネルギー交換のない孤立系においては、生命は必ず不可逆変化を辿る、すなわち死への「畏怖」である。

（6） 本節は、韓国・漢陽大学での国際学術シンポジウム「日本文化と公共性」における筆者の発表原稿（「前近代日本の公共観の特徴――前近代韓国との対比、研究の方向性を念頭に置いて」二〇一四年）にもとづいている。

（7） このような「問題史」的切り口としては、三省堂の〈一語の辞典〉シリーズ全二〇巻などが参考になる。

（8） 現憲法には「公共ノ安全」、「公共ノ安寧秩序」といった表現はないが、自衛隊法には、「公共の安全」（第106条、第107条、第115条）、「公共の秩序」（第3条、第92条、第94条）という語がある。

（9） 学問的な成果としては、東京大学出版会の〈公共哲学〉シリーズ全二〇巻がある。そのうち第三巻『日本における公と私』は日本思想史に関わる。また同出版会の〈公共する人間〉シリーズ全五巻は、近世から近代の日本の思想家五人をとりあげている。

（10） これは、日本の場合、民族的な習俗が、自然法や制度に発達する以前に、すなわち未開の裸の身体に、文明の冠を装ったとも言えよう。あるいは、そもそもの民族的な習俗や集合が、戦闘的・軍団的なものであったとも言える。が、この「そもそも」を縄文からそうであったのか、弥生からか、つまりいつから始まるかという問題が残る。石母田は、律令制においては、郡司階層が軍団または軍制の指導的役割を果たしているが、これは旧国造軍の形態が継承されたものと見る（『石母田正著作集』八、岩波書店、一九八九年、一四五―一四六頁。初出は「古代法」、『岩波講座　日本歴史4』岩波書店、一九六二年。のち『日本古代国家論――官僚制と法の問題』岩波書店、一九七三年、第一部に収録）。

（11） 九〇年代以降は、古代（都市がもつ公共性や、合議制など）や、近世後期（民衆の紛争処理や、世論・公論など）の研究も目につくようになった。その前提としては、高度成長期の経済発展を経て、日本的な経営や組織のあり方が、肯定的に捉え直されるようになった、いわば「公（共）」のひそやかな復権とでもいうべき七〇、八〇年代の状況があるだろう。九〇年代半ば以降は、そうした状況も揺らぎ始めたが、現在もなお「公共」が、国家の範囲内の議論にとどまりやすいのは、この前提が伏線となっていよう。

(12) 網野は「無縁」を積極的に縁を切った自由な境地と見るが（『平凡社世界大百科事典』の「自由」項目の網野執筆部分）、その積極性は、縁の強固さに対するものであり、縁を切った後の「〜への自由」という点での積極性ではない。また網野は、平民（公民）・百姓の租庸調・年貢などの負担は、共同体の成員になるために自発的に担われたとし、無縁・公界・楽の共同体からの自由と対比させるが、このような「〜への自由」よりも「〜からの自由」をむしろ重視するような捉え方は、一定の意味は認められるものの、結局「自由からの自由」に陥る危険性を避けにくいだろう。

(13) 室町末に成立した御伽草子などに登場する（水林彪「わが国における「公私」概念の歴史的展開」九二頁）。同様に、「公」も集団を指すだけでなく、集団の代表者の個人を指す場合もある（『有賀喜左衛門著作集Ⅳ 封建遺制と近代化』未来社、一九六七年、二三三頁）。

(14) 「公」が天皇を指すのは平安前期の『竹取物語』、「公方」の人格的実体化は十三世紀末以降（水林彪「わが国における「公私」概念の歴史的展開」九二頁）。

(15) なお、“private”はラテン語の“privatio, privare”（奪う、奪われた）に由来すると言われるが（三戸公『公と私』未来社、一九七六年、二五二頁）、アンリ・ルフェーブルは、本来「共同生活」から「わたし」によって奪われたものであるにもかかわらず、その私的生活が、ふたたび国家ないしは体制という擬制の共同性のなかに回収され、奪われる過程を“re-privatisation”（再私的化＝再剝奪化）という造語でよんでいると言う（安永寿延『日常性の弁証法』筑摩書房、一九七二年、一五頁）。

(16) この点については、石母田が次のように述べていることが参考になろう。「「一揆」という在地領主の形成する「連合体」は、法制定の主体であるとともに、一つの権力の主体であった。その権力は、一揆がその構成員にたいしてもつ独自の命令権または「沙汰」権であり、この集団はたんなる「一味同心」や「水魚の思」という理念だけによって結合しているのではない（なおこれらの理念はいわゆる惣領制的結合にも存在する。）この命令権による強制力なしには、いかなる一揆契約も有効とならず、集団として共通の行動もあり得ないだろう。この命令権をささえているのは、集団がもつ制裁権または刑罰権であり、「衆中成敗」権がそれにあたる。それは「擯出」または「衆中を放つ」という共同体からの排除または追放を基本とし、事情によっては死罪以下の重罪をも科し得るし、また「神宝を振る」という特殊な形もあり得る」（『石母田正著作集』八、岩波書店、一九八九年、二三四頁。初出は『中世政治社会思想 上』日本思想大系21〈岩波書店、一九七二年〉の「解説」）。

（17）たとえば朝鮮半島における新羅の麻立干を中心とした合議制（五世紀以前）、それをうけた統一新羅の「和白」、高麗の「都評議使司」（一二七九年）、それを承けた朝鮮王朝の「議政府」（一四〇〇年）の伝統などが考えられる。

（18）早くは「憲法十七条」第十七条の「大事不可独断。必与衆宜論」なども挙げられる。

【参考文献】

網野善彦『無縁・公界・楽――日本中世の自由と平和』平凡社選書、一九七八年
石母田正『日本の古代国家』岩波書店、一九七一年
勝俣鎮夫「相良氏法度についての一考察」（『戦国法成立史論』東京大学出版会、一九七九年）初出一九六七年
加藤周一『日本文学史序説』上下、筑摩書房、一九七五年・一九八〇年
中村元『決定版中村元選集4 チベット人・韓国人の思惟方法』春秋社、一九八九年
東島誠『公共圏の歴史的創造――江湖の思想へ』東京大学出版会、二〇〇〇年
尾藤正英「明治維新と武士」（『江戸時代とはなにか』岩波書店、二〇〇六年）初出一九八五年
丸山眞男『日本政治思想史研究』東京大学出版会、一九五二年
――『日本の思想』岩波新書、一九六一年

水林彪「わが国における「公私」概念の歴史的展開」（歴史と方法編集委員会編『日本史における公と私』青木書店）一九九六年
安永寿延『日本における「公」と「私」』日本経済新聞社、一九七六年
湯浅泰雄『身体――東洋的身心論の試み』創文社、一九七七年（『身体論』講談社学術文庫〈一九九〇年〉は、原著を改訂英訳した *The Body: Toward an Eastern Mind-Body Theory*, State University of New York Press, 1987にもとづく）
――『日本人の宗教意識』名著刊行会、一九八一年
――『和辻哲郎』ミネルヴァ書房、一九八一年（改訂版ちくま学芸文庫、一九九五年）
――『日本古代の精神世界』名著刊行会、一九九〇年（『古代国家の倫理思想』理想社〈一九六六年〉と『古代人の精神世界』ミネルヴァ書房〈一九八〇年〉を一つにまとめて大幅改定）
吉田孝『律令国家と古代の社会』岩波書店、一九八三年

Ⅱ　方法の諸相

方法としての「擬古」

澤井　啓一

一、問題の所在

筆者が依頼されたのは、「近代以前」の日本における思想的方法論についてである。「近代以前」ということ、現在の日本史では古代・中世・近世・近現代という時代区分が採用されているから古代から近世までということになるが、これをひとまとめにして語ることは容易なことではない。きわめて一般的な説明をすると、古代から中世にかけては仏教が、近世にかけては儒教が日本における思想的展開において重要な位置を占めてきた。そしてこれら「外来」の思想が受容される過程でさまざまな土着的な要素が関わって神道とか国学という「日本的」な思想も生みだされてきた。とすれば、日本における「近代以前」の思想的方法論を語ることは、外来思想の受容とその日本化の過程について語ることであり、さらにはいかなる外来思想をも日本的なものに変容させてしまう強固なバイアスの存在について語らなければならないのかもしれない。あの丸山眞男の「歴史意識の「古層」」のように、である。

だが、私はこの種の議論が日本思想のあり方を単純明快に描き、また多くの日本人読者に心地よい陶酔感を与えられるということに魅力を感じながらも、ここではあえて封印することにした。なぜならそこで取りだされた「日本的」なるものは「結果」にすぎず、そこに明確な「方法意識」を認めることは難しいからである。もちろん最初から「日本的」であることを追求するという思想的営為もまったくなかったわけではないが、多くの場合その当時の普遍的な思想と格闘する過程で、現在からみて「日本的」と評されるような地平へと結果的に到達したにすぎない。つまり近世を例にとれば、本居宣長のように最初から「日本」について語ることを強く意識した思想家もたしかに存在したが、伊藤仁斎や荻生徂徠のように、古代中国で成立した儒教に普遍的な思想を見いだし、それが当時の日本社会の人々にとっても理解可能かつ実践可能なものであることを明確に示そうとしたがゆえに、東アジアの他の地域には見られないような、その意味できわめて「日本的」な儒教を生産するに至ったという事態の方が一般的だったと見てよい。思想的な営為を実践する際につねに「日本」を意識して、普遍か、特殊かという枠組みを介在させなければならないという状況が生じるのは、むしろ欧米から多大な影響を受け、それに対する憧憬と憎悪とが複雑に交錯する近代になってからのことである。

さらに言えば宣長の場合、「日本」について語るという目的意識は明白であったが、その方法論はかならずしも宣長の独創とはいえなかった。もちろんこう述べたからといって宣長の思想家としての価値を貶めるつもりはない。宣長が生産した議論は日本思想史上きわめて重要であるし、とくに同時代よりも近代以降の「日本」に関わる言説を検討するためにもかならず参照しなければならないといってよいほどである。しかし『源氏物語』や『古事記』を解読する過程で宣長が発見した「日本語」や「日本人の情感」に関するさまざまな議論は、近代になって「文献学的考証」として高く評価されたように実証的で科学的な研究方法と言える側面も認められるが、なぜ古代に生産されたテキストを標準としなければならないのかという宣長におけるもっとも肝腎な「方法意識」をきちんと説明するものではない。遠い過去に生産されたテキストが、あるいはそうしたテキストこそが現在の私たちにとってもっとも意義あるものだということを立証するためには、中国や日本といった空間的布置ばかりでなく、過去から現在への時間的な布置をも解消するための方法論が要請されるはずである。そしてこのことは宣長においても同じであった。私見によれば、宣長はその根幹をなす方法論を徂徠などから「領有（appropriate）」したうえで、「日本」という舞台で実演して見せたのである。

では、宣長に方法的示唆を与えた徂徠――もちろん徂徠は宣長のためにその方法論を考案したわけではなく、宣長の方で勝手に領有しただけであるが――はどうかと言えば、本来は儒教の本質に関わるほどに重要ではなかったのだが、日本という東アジアの周縁地域に儒教を持ち込もうとするときに大きな障壁となっていた「中華中心主義」を脱色するために、時間と空間をともに超えるような方法論を考案したのであった。それが「古文辞学」と呼ばれる方法論であるが、徂徠もまたその方法論を考案するにあたっては中国で成立した「文学」的方法論を領有していた。しかしそれはここでの議論にとってさほど重要な問題ではない。さらには徂徠の方法論がはたして成功したかどうかも重要ではない。方法論を論じるにあたっては、目の前にある課題がいかなるものであるかを明確に捉え、それを解決しようとする志向性こそが重要だからである。

二、「擬古」以前の方法意識

徂徠の登場を一つの契機とし、それ以前の古代から近世前半までを徂徠以前という形でひとまとめにすることはきわめて乱暴であるが、本稿で扱いたいと考えている問題構制においては仏教にしろ、朱子学に代表される徂徠学以前の儒教にしろ、ある共通した「方法意識」に基づいていたと見なせる。それは技巧的な意味での方法というよりもっと根柢的なレヴェルにおける方法であり、「真理」の存在を前提とするがゆえに成立したものであった。当たり前のことではあるが、真理が真理であるためには時間も空間も超越されていなければならない。特定の時空間のみに有効な真理は真理とは言えないからだ。もちろん仏教でも朱子学でも空間的移動や時間的推移にともなうある種の変化や変容は想定されている。しかしこの変化や変容は本質に関わるものではなく、真理を根柢から脅かすことはないと考えられていた。真理は、その時代の人々からは見失われているものの、時空を超えてつねに存在しているはずだという確信があった。そのうえでそうした現時点では見えなくなってしまった真理をいかに認識するか、またそれをどのようにしてつねに顕在化させていけるかが学習（修養）上の、そしてその後に続く実践上の課題とされていた。

こうした真理の存在を前提とする方法論は、一般的に言えば世界中のどこにでも、またどの時代にでも存在するのだろうが、近代以前の東アジアに関して言えば、それは仏教によってはじめて明確に方法化された。その方法化の過程において東アジアの仏教は土着的なものへと変容せざるをえなかったが、一方で仏教の方法意識を領有しながらそれ以前に生産された土着的なテキスト群を解釈し直したのが朱子学などの、いわゆる「儒教」――古代中国の儒教と区別するために、欧米の研究者によって「新儒教」という術語が一般に使用されているが、本稿が近世を中心に論述するということから、以下では「古代儒教」と「儒教」という術語を用いる――であった。時空を超えて真理はつねに存在するという仏教の方法意識を領有することによって、はじめて朱子学の「理」という概念は確立されたのである。より正確に言えば、もともとインドで成立した「空」論によれば、あらゆる存在はそれ自身の働きによってではなく、すべては関係性に基づくしかないということが「真理」として認定されるべきことであったのだが、中国に移入されるとやがて現象の背後に真理が潜むという構造化された理解へと転換され、そうした変容＝土着化が進行する中で「理」という術語も用いられるようになった。それゆえ朱子学の「理」については華厳教学の「理事無礙」という術語との関連が早くから指摘されてきたし、またこの「理」を瞑想的な修養によって体感するという狭義の方法論が仏教、とりわけ禅の身体技法によるという指摘もすでになされている。

近世東アジアの儒教の大きな動向は、この朱子学によって提唱された「理」をめぐって展開されてきたといっても過言ではない。朱子学の「理」の認定をめぐって、心を対象とした直覚的な修養だけでなく古代儒教が生産したテキスト群に還元しながらそれを認識しなければならないという、その方法論が煩瑣に過ぎるという批判は儒教を新たに体系化した朱熹が生きていた頃から提起されていた。その後、朱熹とその批判者の代表であった陸象山の議論を調停しようとする朱陸異同論を経て、ついには陽明学が成立するという過程が元代・明代に展開される。しかし陸象山や、かれを顕彰しながら朱子学批判を徹底させた明代の王陽明、さらには二人の門下にいた人々が、朱子学の側からつねに仏教的とか禅的という形容をもって異端視されていたことは、かえって儒教の「理」がどこから領有したものであったかという、その出自を露にしていたのである。

本稿は近世東アジアの儒教全般の動向について語ることを目的としていないが、多少必要なことをつけ加えるならば、中国で陽明学が成立し大流行していた時期に、韓国では「(朝鮮)性理学」が成立する。韓国に朱子学がもたらされたのは高麗後期、元に支配されていた十四世紀中頃であったが、それから約二百年ほどを経過して社会に広く儒教が行き渡った十六世紀中頃に李滉や李珥といった人物が登場して、朱子学を継承し、陽明学に対抗しつつ、朝鮮社会で実践可能な儒教、すなわち「(朝鮮)性理学」が確立されたのである。もちろん中国でも陽明学が登場する以前から、朱陸異同論、とりわけ最初は朱・陸の見解が異なるとしても晩年に至って両者の見解は一致したという早異晩同論に対する批判は根強くあり、早異晩同論を継承する形で陽明学が登場してからは、陸象山以上に王陽明の見解を強く否定することによって朱子学を擁護するといった議論も提起されていたのであるが、李滉などはそうした明代朱子学の議論では不十分だと考え、直接朱熹に帰るべきだという原理主義的主張を標榜しながら、自分たち独自の儒教を作りあげたのである。十五世紀末頃から本格的に広がる日本の儒教は、林羅山のように陽明学を批判する明代朱子学から多くを学んだ者や、中江藤樹のように朱子学側からの批判を知りながらも陽明学を選択した者、さらには山崎闇斎のように李滉の「(朝鮮)性理学」に強い刺激を受けて、やはり朱熹への回帰を主張する者もいたが、ほとんどは朱子学と陽明学が折衷されたような、その意味では中国の明代社会によく適応した儒教を受け入れていた。

日本の徳川初期の儒学者たちが苦労したのは、仏教から領有された儒教の「理」をめぐる議論を理解することもさりながら、それ以上に儒教のさまざまなことがらに色濃く染みついていた中国固有の文化的様式の扱いであった。それは抽象的な議論よりも具体的な実践規範において著しく、生活様式すべてを「中国化」しなければほとんど実践不可能と言えるほどである。たとえば「孝」という実践規範は、生きている親に対する行為だけでなく、祖先祭祀という「宗教」的行為と強く結びつけられていたから、親から生まれない人間がいない以上、教えを待たずして誰でもが実践できるはずだと儒学者がうそぶくほどには、その実践は用意ではなかった。死んだ祖先と生きている子孫との交流は祭祀における「気の感応」として理気論によって一応裏づけられてはいたが、祭祀におけるさまざまな儀礼やそこで使用される諸々の用具類こそが「感応」の具体的な担保である以上は標準的規範とみなされた『朱子家礼』の厳格な実践が要求されることになる。だが、すでに当時の日本社会に浸透していた仏教的な祖先祭祀を根柢から変換するのは不可能に近かった。生活様式というのはそれほどまでに保守的で強固なイデオロギーを構成しているのである。ついでに言えば、「忠」という実践規範になるとさらに難しく、儒教に基づく理念をそのまま適用しようとすれば、中世以来の武家社会において徐々に形成されてきた「イエ」的な主従関係を破壊しかねないほどであった。

三、古文辞学の方法意識

さて話を徂徠に戻すと、中国の明代で「擬古」的な詩文の制作運動が流行した際に模範とされた古代の詩文に対する呼称であった「古文辞」という術語を徂徠は領有し、詩文の制作ばかりでなく儒教テキストの解釈にも適用できる方法論として提唱する。近代以前の学問が、現在では思想と文学とに分割されていることばかりでなく、政治や経済、さらには自然科学に属する領域までをも総合的に対象としていたことに留意すれば、詩文制作の方法とテキスト解釈の方法とに区別がなかったこともそれほど不思議ではない。ただそうであるにしても「擬古」という方法意識がきちんとした方法論へと昇華するためには、模範とされる詩文が優れているという理由だけでは不十分で、模範とされるべき古代と現在との間に架橋となりうるような論理を作りだす必要があった。実際のところ、明代の「古文辞」運動は、古と今の人間では情感などが大きく異なるはずから、現在は現在の心情をうたうべきだという批判にさらされ衰えざるをえなかった。

徂徠の古文辞学についてはすでにいくども論じているので（澤井啓一「〈方法〉としての古文辞学」、同「十八世紀日本における〈認識論〉の探究」）、ここでは要約して述べるが、言語と人間の認識能力との関係を時間と空間の差異と結びつけて方法化したものである。まず言語への関心であるが、儒教テキストの解釈においてはごく一般的なことと言えよう。しかし徂徠の特徴は、言語を「物」と「名」との関係性という観点から捉え、その成立と乖離という議論によって「道」の形成・崩壊という儒教の歴史、ひいては文明史とも言える世界史の変遷過程を描いた点にある。徂徠は、古代中国の聖人（先王）たちによって「道」、すなわち社会総体が作られてきたとするが、この作為（制作）は、具体的な事物の創造ということ以上に、「物」に「名」を付与するという「命名行為」によって達成されたと理解していた。社会の安定と繁栄はまさしくこの「命名」行為によってもたらされたのだが、徂徠は、その根拠を「物」と「名」の対応関係、すなわち言語の秩序性に求めたのである。「物」と「名」とは、現代言語学の用語を使えば指示対象と指示記号ということになるが、その関係性の確定は古代中国の「聖人」たちだけに賦与された特殊な能力によるもので、そこに法則があるのかないのか、それすら当時の一般人や後代の人間には量り知ることはできないというのが徂徠の説明であった。現代言語学のように指示対象と指示記号の関係を恣意的なものに過ぎないと断定したわけではないが、「聖人」を「不可知」とすることによって、徂徠はそれに似た議論を提出したことになる。秩序ある言語体系の始まりが不明である以上、その後の展開をもたらす要因もまた不明とせざるをえない。したがって徂徠は時間の経過とともになぜ「物」と「名」の対応関係、すなわち言語の秩序が失われてゆくのかについて明確に説明しない。老荘などの異端に対する反論を試みたがゆえの誤認とか、詩文の様式の変化など、断片的に語るだけである。

言語に直接関わることではないが、徂徠は一方で「人情」による変化について語っている。徂徠の言う「人情」とは、感情や感覚にとどまらず、人間におけるありのままの姿(実情)という意味であり、たとえば「華美を好むのが人情」と述べるような説明である。「人情」による変化とは、「華美を好む」がゆえに文化が発展し、それがゆき過ぎることから退廃が生じ、やがて文明それ自体の衰退へと向かうというのである。もちろんこの理解は、儒教に一般的な王朝交替史の枠組みにとどまるとも言えるが、同時に徂徠固有の人間観によってもたらされていた。徂徠は、朱子学が主張する、宇宙生成の原理と同一で人間のもっとも根源的な根拠としての「性」を否定し、それは人間に本来的に内在する個別的で多様な何かを表現したもの——当然にもこの命名は聖人によって行われた——にすぎず、その表出されたレヴェル——これが徂徠の言う「情」である——においてしか把握できないと述べる。徂徠は、それ以前に一般的であった人間観にしたがって人間の心の働きを認識能力と感覚機能とに分けたうえで、認識能力はともかく、感覚機能については、人間はそれを統御する力を内在していないと考えた。内在する何ものかの表出である

「情」は、外在的な装置――礼楽――による制御を受けないかぎり、止まるところを知らずに溢れでるしかないのである。「人情」とは、人間が本来的に持ち、そして自己統制の不可能な感覚機能に基づく行為・行動の総体にほかならず、文化の発展という面ではプラスに、衰退をもたらすという面ではマイナスに働くものとされた。こうした徂徠の「人情」理解を、近世中期の都市において問題化しはじめた、欲望による過剰な消費への恐怖感と見ることは短絡にすぎるかもしれないが、徂徠は統制しがたい「人情」というものに歴史における変化の要因を発見したのである。朱子学のように普遍的な原理ではないが、ほかならぬ人間自身が作りだした「情動」のようなものに突き動かされているのが徂徠が見た人間のありのままの姿であった。

ところでこの「人情」はまた、徂徠のような理想古代から遥かに時間が経過し、しかも地理的にも遠く離れた日本に生きる人々であっても、古代中国に成立した「古文辞」が習得できることを保証するものでもあった。「擬古」的な詩文制作が可能なのは、古代においても、また現在においてもさきに述べたような意味での「人情」に大きな相違がないからである。理想古代の世界とそこに生きた人々を描いた詩文を模倣的に作ることを繰り返すうちに、言語における「物」と「名」の乖離が再び修復され、社会全体が理想古代へと回帰することもまた可能になると徂徠は確信していた。もちろんここには明らかに論理的な飛躍があり、とりわけ「物」と「名」という言語に関する議論は人間の認識能力に関わっているのに対して、「人情」は感覚機能に関わることがらであるから、人間の持つ認識と感覚という二つの領域についてはもっと突っ込んだ議論が必要であった。そうであるにしても「擬古」はたんに文学の領域に限定された技法ではなく、むしろ歴史観や世界観に関わる思想上の方法論そのものであったのである。そして徂徠は「擬古」という方法論を導入することによって、朱子学のような「自然の理法」を前提とした議論、言い換えると「真理」を前提とした議論とは異なる新たな方向へと歩みだしたのである。

四、宣長における「擬古」

徂徠の思想がそれ以前と大きく異なることを最初に指摘したのは丸山眞男であった。丸山は初期の徂徠を論じた二つの論文、とりわけ「近世日本政治思想における「自然」と「作為」」と題する論文で、朱子学と徂徠学の思惟様式の相違を「イデー」と「ペルゾーン」の関係を逆転させた哲学上の重大事件であると述べている（この主張は、丸山眞男『日本政治思想史研究』に、第二章「近世日本政治思想における「自然」と「作為」――制度観の対立としての」として収録された論文全体のテーマであるが、とくに第三節「徂徠学における旋回」２項において詳しく述べられている）。超越的な「自然」に論拠づけた朱子学の「道」と特定な時空間の産物とする徂徠学の「道」とが、思想的に根本から異なることを明言した点で、丸山の指摘は鋭く、また魅力的であった。そのために丸山の議論に対しては、徳川中期における徂徠学と同じように絶賛と批判とが多く寄せられたが、徂徠の思想史上の位置づけに関しては今なお見るべきものがある。ただ丸山の問題点は「近代化」の進行が世界史的な、ある意味では「普遍」的な展開であるという前提のもとに、徂徠学の登場を東アジア、より正確には日本の思想史における明瞭な指標として認定したところにあった。近世東アジアにおける朱子学から徂徠学への移行が何を意味するかという問題が、世界史的な時代区分における中世（近世）から近代への転換という問題にすりかわってしまったのである。

丸山が見落としていたのは徂徠の古文辞学という方法論であり、さらに言えばそれを可能にした「擬古」主義であった。機能主義的な言語分析ではなく「言説」という問題構制から思想を読み解くことが西欧で盛んになったのは一九七〇年代以降――その萌芽は、丸山の方法論的基礎となった知識社会学やフランクフルト学派が流行していた二〇年代〜三〇年代であったにしても――のことであるから、丸山が古文辞学について当時の常識程度にしか関心を示さなかったのも仕方がないだろう。さらに当時の「文学」理解は西欧近代の価値観に依拠していて、「擬古」などは「文学」以前の遊びか、せいぜいのところ町人の「反骨精神」が諧謔の衣をまとって表れたものという評価でしかなかったから、そこに思想的な意味を見いだそうという志向性などは望むべくもなかった。しかしそれによって丸山は徂徠の評価以上に、宣長の評価において大きな過ちを犯すことになった。

丸山の「日本思想史」の構想において、宣長は徂徠以上に重要な役割を担わされている。丸山は宣長の思想が徂徠学の論理を踏襲しながらそれを逆転させて成立したものと理解していたが、そうした成立過程ばかりでなく、もっと本質的なところで、いわばポジとネガの関係にあると理解していた。すなわち徂徠が日本の「近代化」における重要な指標だとすれば、宣長はその対極にある「反近代主義」の源泉的な指標として位置づけられていた。近代日本では、「近代化」が進行すると同時に宣長に代表されるような論理が繰り返し浮上してきたというのが、丸山の基本的な図式であった。こうした図式は、「近代化」の進行という、ある意味でリニアーな思想史的展開を、その中に二項対立的な要素を設定することによって明解に説明するという構想からもたらされていたが（丸山における二項対立的な構図の問題点については、澤井啓一「丸山眞男と近世／日本／思想史研究」、また近世・近代日本における二項対立的な発想の問題点については、同

「訓読から「辺境」を考える」参照）、そこでは徂徠と宣長に「共通」する思想的課題があったという仮説は当初から排除されていた。

周知のように、宣長の方法論は「言」「事」「意」――宣長は「ココロ」を「意」とも「心」とも書き、また「言」を「コト」ないし「コトバ」、「事」を「ワザ」ないし「コト」と言う――の対応関係から「古の道」を解明するというものであり、さらにそこから「古言」「古歌」の習得によって「古の道」の再現が可能になるという「擬古」主義が主張された。この方法論は言うまでもなく徂徠の「物」と「名」の対応関係という議論を領有したものである。ただ、すでに述べたように徂徠の「物」と「名」の対応関係は人間の認識能力に関わることに限定されていて、「情」といった感覚機能については、「礼楽」といった外在的な装置による働きかけを除けば、いかんともしがたいものとして放置されていた。これを「公」と「私」という西欧的な価値観に基づく二項対立によって説明すれば、たしかに「私情」の確立という解釈も成り立つだろうが、それでは宣長における「ココロ」の問題を十分に解明したことにはならない。宣長の方法論における「意」とは、徂徠が「自然性」の領域に放置せざるをえなかった感覚機能の制御という問題に取り組むがための重要な項目なのである。

徂徠の場合、人間という予測不能な存在――この認識は普遍的な原理の否定によってもたらされた――は、「擬古」という個的な修養によるだけではなく、統治機構の確立という別の迂回路を経ることによって始めて統御が可能になるとされていたが、宣長は、感覚機能を含めた「ココロ」の働きという議論――「もののあはれ」論がそれである――を確立し、古代日本の和歌や物語を対象とした「擬古」的な修養だけで理想古代への回帰が可能だと主張した。それは同時に徂徠のような「政治」技術をまつことなく、古代日本にたしかに存在していた神々の不可思議な力に基づく社会の安定が回復されることにほかならなかった。徂徠があらゆる社会的混乱の根源と位置づけた人間の感覚機能を統御するための方法を考案することによって、宣長は徂徠が直面していた同時代的課題を継承し、それを克服するために新たな一歩を踏みだしたのである。もちろん宣長が課題の克服に成功したわけではないが、なぜ宣長が「擬古」という方法を徂徠から受け継いだのかという問いへの一つの回答にはなるだろう（徂徠および宣長の「擬古」については、澤井啓一「近世国学と歴史意識」参照）。

五、「擬古」の終焉

たしかに宣長には「漢意《からごころ》」に代表される仮想の敵を設定し、その対極に「日本的」なものを置くという戦略が採用されている。こうした議論の選定方法が現代日本にまで大きな影響を与えてきたのはたしかであるが、宣長が主張した「日本的」なものは、当時の社会において中心を占めていた儒教や武士にまつわる価値観の「裏返し」に過ぎず、まったく異質な新しいものがそこで提起されたわけではないことに留意しておく必要があろう。そもそもこうした二項対立という発想自体が古代中国で成立した陰陽論という「対《つい》」の応用とも言えるが、本来は相互補完的であった「対」という構図に優劣の価値判断を加えたところに宣長の創意があった。最初にも触れたように中国儒教に深く染み込んでいた「華夷論」には二項対立的な要素が組み込まれていたが、近世日本の儒学者にとってそれはきわめて大きな桎梏となっていて、「華夷論」を調停するための試みも数多く提示されていた（近世日本における「華夷論」の問題については、澤井啓一「「水土論」的志向性」参照）。徂徠の「擬古」という方法もまた「華夷論」を無効化するために、地理的（空間的）なものであった「華夷論」を歴史的（時間的）なものへと転換させたものである。宣長は、徂徠の「擬古」という方法を継承しながら、それ以前に生産されたさまざまな議論を「内（日本）」と「外（中国）」の対立項目として集約し、それらの価値を「裏返し」にしたのである。近代日本は、宣長の議論を「内（日本）」と「外（西欧）」の対立へと転移させながら、いわゆる「国民国家（Nation-State）」の言説を形成させてきた。宣長の議論を「国学（National Learning）」と呼ぶのもここに由来するが、それは宣長の議論の一面を「近代化」という観点から切り取ったものに過ぎない。

近代以前の方法論が対象であるにもかかわらず丸山眞男について言及してきたのは、彼のように「近代化」や「日本化」という脈絡で近代以前の日本思想史を構想することが依然として優勢であるからにほかならない。もちろん、近年では丸山批判も盛んであるが、そしてそれによって丸山における問題点は露になってはきたが、「近代化」や「日本化」に代わる方向性が示されているわけではない。古代や中世を対象とする場合はまだしも、儒教を対象として近世の思想史的展開を構想しようとすると、どうしても「近代化」や「日本化」という図式に絡めとられることになってしまう。そこからの脱却を図ろうとするとき、徂徠や宣長が方法化した「擬古」に関心を向けることは一つの打開策になると思われる。「擬古」という方法を文学という領域に限定せずに広く思想全般の方法として扱うことは、現在の私たちが暗黙の内に受け入れてきた近代的な学問領域を解体することであり、あらゆるものごとを分かりやすく二項対立的に整理するという衝動を断念することである。近代以前の方法論が何かを考えることは、すでに過ぎ去った時代の人々がどのように思想的な課題と取り組んだのかを明らかにする以上に、現代に生きる私たち自身の思想的営為について反省的に問いなおすことにほかならない。

〔付記〕

筆者に与えられたテーマが「近代以前」であったので近世中心の叙述となったが、「擬古」的な歴史意識のその後について、筆者の簡単な見通しをもう少し述べておいた方がよいと思われる。

洋学の受容によって、幕末頃から西洋の「歴史」意識、すなわち単線的（リニアー）で不可逆的な時間の推移を前提とした理解が日本を席捲するようになる。文明史的な万国史（ユニヴァーサル・ヒストリー）、優勝劣敗を強調するような社会進化論、それにマルクス主義の唯物史観などが代表的な例と言えよう。明治から昭和にかけての日本思想は、この西洋近代が生産した「歴史」意識の内に潜む「絶対的な他者」という時間との格闘だったと見ることもできる。そうした動向の中で近代の日本人は、絶対的な「時間」へと組み込まれながらも、そこにおいて可能な限りの「人為」を追求することが人間の「実存」的な使命であると認識するに至るのだが、それは同時に「過去」を二度と取り戻すことのできないものとして放棄することでもあった。つまり近代的な「歴史学」の確立とは、新しい学問領域の誕生という以上に、あらゆるものごとを不可逆的な時間の推移の中に位置づけ、それぞれに「限定された」意義を付与するという認識行為が一般化されたことを意味していたのである。

かくして「擬古」的な歴史意識は思想的な方法としての命脈が絶たれる。もちろん近代においても過去を理想化し、そこに戻ろうとする意識や活動が存在しなかったわけではないが、それらは現実に疲れ果て、そこから逃避したいという衝動にかられた「ノスタルジー」の表出に過ぎないと片づけられた。それゆえ「擬古」的な歴史意識は、「文学」などの想像力に基づく活動領域においてほそぼそと生き延びるしかなかったのである。

【参考文献】

澤井啓一「〈方法〉としての古文辞学」（『思想』七六六、岩波書店）一九八八年

――「十八世紀日本における〈認識論〉の探求――徂徠・宣長の言語秩序観」（百川敬仁他『江戸文化の変容――十八世紀日本の経験』平凡社）一九九四年
――「「水土論」的志向性――近世日本に成立した支配の空間イメージ」（大貫隆編『歴史を問う3 歴史と空間』岩波書店）二〇〇二年
――「丸山眞男と近世／日本／思想史研究」（大隅和雄・平石直昭編『思想史家 丸山眞男論』ぺりかん社）二〇〇二年
――「近世国学と歴史意識――「擬古」と「復古」のはざま」（兵藤裕己他編『岩波講座文学9 フィクションか歴史か』岩波書店）二〇〇二年
――「訓読から「辺境」を考える」（中村春作・市來津由彦・田尻祐一郎・前田勉編『続「訓読」論――東アジア漢文世界の形成』勉誠出版）二〇一〇年
丸山眞男『日本政治思想史研究』東京大学出版会、一九五二年
――「歴史意識の「古層」」（丸山眞男編『歴史思想集』日本の思想6、筑摩書房）一九七二年

対話と論争としての思想史研究——儒教思想史に即して——

高橋　文博

はじめに

思想は人の生の表現であり、そして、人の生は人と他者との実践的行為的連関のうちにある。人と他者との実践的行為的連関は相互の理解を契機として展開するが、この理解の内包する機微が実践的行為的連関の内実を形作る。

人が他者を理解するとは、他者を自己と異なる存在として把握することであり、しかも、他者を自己のうちに同化することである。この異他なるものの同化あるいは同化する異他という矛盾をはらむ理解のあり方は、実践的行為的連関を対立・緊張と合一・親和の転換する過程とする。思想は、対立・緊張と合一・親和の転換する実践的行為的連関において展開する生の表現であるから、人と他者との対話と論争の言説であるほかはない。

思想が対話と論争の言説であるという認識は、思想史研究について重要な方法論的意義をもつ。それは、思想史研究自体が、研究者における思想的営みとしてあるが故に実践的行為的連関のうちにあるのだということである。

わたくしは、ここで、思想史研究が実践的行為的連関としてあることの全面的意義ではなく、研究者と研究対象としての思想とが対話と論争のうちにあることのもつ問題の一端をみることとする。それも、日本思想史における儒教思想史研究の二、三に即してみるのである。

予めいえば、そこであらわになることは、思想史研究が、研究者と研究対象としての思想との間には、何ほどかすれ違いを含む邂逅を生ずるのだということである。

一、伊藤仁斎の「熟読精思」

伊藤東涯《とうがい》（一六七〇—一七三六）の著した『古今学変《ここんがくへん》』は極めて明確な方法によって構成された儒教思想史である。それが、東涯の父伊藤仁斎（一六二七—一七〇五）の古義学にもとづくことはいうまでもない。『古今学変』をみる前に、仁斎の古義学の方法的態度をみることとしよう。古義学の方法的態度は、次のようなものである。

予嘗て学者に教ふるに語孟二書を熟読精思して、聖人の意思語脈をして能《よ》く心目の間に瞭然たらしむるときは、則ち惟《た》だ能く孔孟の意味血脈を識るのみに非ず、又能くその字義を理会して、大いに謬る

に至らざることを以てす。（『語孟字義』巻之上、序。原漢文）

仁斎は、「学者」つまり道を求め学ぶものに対して、『論語』『孟子』二書の「熟読精思」を勧め、それによって「聖人の意思語脈」の理解に至ることを求める。『論語』『孟子』の二書の「熟読精思」によって「聖人の意思語脈」「孔孟の意味血脈」を理解することが、仁斎自身の態度であった。

この仁斎における『論語』『孟子』の「熟読精思」は、朱熹《しゅき》の『論語集注《しっちゅう》』『孟子集注』との対話、対決を通してなされたのであり、『論語』『孟子』本文を読み解くだけのことではなかった。彼は、『論語』『孟子』二書に道を求めることを「学者」に説き、この二書以外に道を求めようとすることは「集註章句」の「註脚」に妨げられることだと述べるのだが、その後に、次のように述べている。

初学の若きは、固《まこ》とに註脚を去りて、能く本文を暁《さと》すこと能はず、苟も集註章句、既に通ずるの後は、悉く註脚を棄て去り、特に論孟の正文に就いて、熟読佩服、優游自得せば、孔孟の本旨に於て、大寐《たいび》の頓《にわか》に寤《さ》むるが猶《ごと》く、自ら心目の間に瞭然たらん。（『童子問』巻之上、第二章）

仁斎は、『論語』『孟子』本文の理解のために、まず「集註章句」という「註脚」に「通ずる」ことを求めている。彼自身、『論語集注』を参照しつつ『論語古義』を書き進めた。そのことは、『論語古義』には『論語集注』の語句をそのまま記述しているところのあることからもわかる。仁斎の古義学は、朱子学を不可欠の契機として成立した。仁斎は、朱子学との対話と対決を通して、朱子学と異なる思想を形成した。

彼は、その過程を次のように述べている。

積疑の下、大悟有り。大悟の下、奇特無し。夙《つと》に興《お》き夜《よわ》に寐《い》ね。夏は葛。冬は裘。君は君たり。臣は臣たり。夫は夫たり。婦は婦たり。士農工商。各其の業に安んじ。言は忠信、行は篤敬。此に従ふの外。更に至理無し。（『仁斎日札』一七五頁。原漢文）

仁斎における朱子学との対話、対決は「積疑」を伴い、その果てに「大悟」に至った。朱熹も「豁然感通」（『大学章句』伝五章）をいうから、彼らは、至り得た境地がいかに異なろうとも、悟りの形で、自らの理解を全うしたのである。

仁斎と朱子学の差異を四書にかかわる限りでいえば、朱子学が『大学』『論語』『孟子』『中庸』を共通の思想的脈絡で捉えたのに対して、仁斎は『論語』『孟子』を共通の思想的脈絡で捉えたことである。仁斎は、『大学』『中庸』を『論語』『孟子』と異質なものとした。

朱熹《しゅき》も『論語』『孟子』を「熟読精思」しなかったのではない。彼は、しかし、『論語』『孟子』だけでなく、『大学』『論語』『孟子』『中庸』を、この順序段階で学ぶべきとして、思想的統一性ある四書として「熟読精思」したのである。

仁斎も、はじめは、朱子学にならって、四書の統一性を認めていたが、それを疑って朱子学から離れた。注目に値することは、仁斎が朱子学を不可欠の契機としつつ、『論語』『孟子』を「熟読精思」することにより、「孔孟の本旨」を理解し得たとすることである。

仁斎は、「蓋し天地の間は一元気のみ」(『語孟字義』天道、第一条) という。だが、『論語』『孟子』には、「一元気」あるいは「元気」の語はない。『孟子』に「我善く吾が浩然の気を養ふ。その気たるや、至大至剛、直を以て養ふときは、則ち天地の間に塞がる」(「公孫丑」上、第二章) とあるが、「天地の間は一元気のみ」とは相当に違う。

仁斎は、『論語』『孟子』の「熟読精思」によって「孔孟の本旨」を把握したとするが、それによって、孔孟のいわないことをいうことになったのである。

仁斎の語る「孔孟の本旨」を仁斎の思想であるということもできよう。だが、仁斎自身は、決してそういうことはなく、「孔孟の本旨」であるというのである。

さて、仁斎は「孔孟の本旨」を、朱熹のそれとは異なるものとして提示する。仁斎は「凡そ天地の間、皆一理のみ」(『童子問』巻之中、第六十九章) という。だが、これは「宇宙の間、一理のみ」(「読大紀」、『晦庵先生朱文公文集』巻第七十) という朱熹の言葉と酷似する。二人のいう「一理」の内実はまったく異なる。だが、このようにいうことで、両者は聖人の道の真実・真理と普遍性という認識を共有することを示している。聖人の道の真実・真理を承認しながらも、聖人の道についての異なる意味内容を提示したことで、仁斎は朱子学者との論争の場に身を置くのである。

二、伊藤東涯の『古今学変』

仁斎は、朱熹と対話、対決し、朱熹とは異なる「孔孟の本旨」を理解し、それによって儒教の諸概念を朱熹とは全面的に異なるものとして規定し直した。仁斎の嗣子東涯にあっては、「孔孟の本旨」を理解する上で、朱子学を不可欠の契機とすることはない。彼は、父仁斎の『論語古義』『孟子古義』『語孟字義』等を「紹述」することで、「孔孟の本旨」を理解することができたからである。

東涯は、仁斎から「孔孟の本旨」を学んだ後、孔孟以後の儒教が「孔孟の本旨」から離れてゆく経緯を詳細に明らかにする儒教思想史として『古今学変』を著した。その序にいう。

三代聖人の道、変じて今日の学となり、その由来するところの者漸なり。あにただ一朝一夕の故ならんや。漢に一変し、宋に再変し、千有餘歳の間に潜移黙奪して、もって今日に至る。しこうして今日の学、復《ま》た古の学と同じからず。（『古今学変』三〇〇頁）

東涯は、『古今学変』で、唐虞《とうぐ》三代の道から王陽明の学に至る学問の変遷を克明に辿る。だが、彼は、聖人の道についての学問に歴史的変化はあっても、聖人の道そのものに変化はないと考えている。聖人の道は、人としての真実・真理であるが故に普遍的なのである。

古より聖人衆し。能くその道を尽くして万世人倫の極則とする者は、ただ尭舜を然りとす。能くその道を祖述してこれを万世に詔《つ》ぐる者は、ただ夫子《ふうし》を然りとす。（同前、三〇四頁）

東涯にあって、聖人の道は、歴史的変化にもかかわらず普遍的に妥当するとともに、地理的差異を越えて妥当する。

聖人華夷の弁無し。華夷の弁を為す者は。後儒の偏見なり。夫れ地に華夷の別有るは。猶お時に古今の変有るがごとし。華の文を執り。以て夷の野を斥け人に非ずと為すは。何ぞ以て今の詳を以て古の略を笑い。以て国に非ずと為すに異ならんや。……中国は已に開くるの蛮夷なり。蛮夷は未だ開かざるの中国なり。（「聖人無華夷弁論」。原漢文）

東涯にあって、聖人の道についての普遍性の認識が、人文的諸事象における歴史的地理的な差異の認識を敏活にしている。このことが、法制・経済・生活様式など諸般にわたる、中国と日本とにおける制度の歴史的社会的差異を明らかに比較文化論的ともいうべき考察を可能にしている。東涯に『制度通』のあるゆえんである。

仁斎・東涯において、聖人の道が普遍的な人としての真実・真理である。彼らは、日本における特有な道を求めない。むろん、中国と日本の人文的諸事象の相異は意識されている。しかし、それらは、普遍的な聖人の道を基準として評価されるべきものであった。

仁斎・東涯が、人の真実・真理として求めたものは、聖人の道であり、「孔孟の本旨」であった。それが、後に「日本的」と評価されることになるにしても、彼ら自身においては、「日本的」ではない。仁斎を「紹述」した東涯が著した『古今学変』という儒教思想史は、日本の思想にまったくふれることはないのである。

日本の儒教思想史が主題化されるには、別の対話と論争の場が必要となる。

三、井上哲次郎の「日本哲学に関する史的研究」

日本においてはじめて日本儒教の思想史を記述したのは、井上哲次郎である。井上の儒教思想史とは、『日本陽明学派之哲学』（一九〇〇年〈明治三十三〉刊）、『日本古学派之哲学』（一九〇二年〈明治三十五〉刊）、『日本朱子学派之哲学』（一九〇五年〈明治三十八〉刊）の三部作のことである。

『日本陽明学派之哲学』は、初版序によると、次のような経緯で成立している。

明治三十年余官命を蒙り、仏国巴里《パリ》府開催の万国東洋学会に赴き、「日本に於ける哲学思想の発達」を講述し、帰朝以来益々日本哲学に関する史的研究の必要を感じ、聊《いささ》か徳教の淵源を闡明《せんめい》し、学派の関係を尋繹《じんえき》せんことを務めたり、其稿亦積んで簏底《ろくてい》に充つるに至る、就中陽明学に関するものは、別に自ら一部を成す、因りて之れを「日本陽明学派之哲学」と名づけ、姑《しばら》く稿本のまゝ、之れを世に公にし、現今に於ける社会的病根を医するの資となさんと欲す、（「日本陽明学派之哲学序」一頁）

この書は、「日本哲学に関する史的研究」の成果であり、儒教を哲学として扱い、哲学の立場をとる。哲学の立場をとるとは、真実・真理を、特定の権威にしたがうことなく、論理的に語り得る普遍的な知の対象とすることである。聖人の道を普遍的な真実・真理とするものではない。

井上が、儒教を哲学として扱っていることは、例えば、中江藤樹《とうじゅ》の思想を、次のように論評するところにもあらわれている。

蓋し良心は先天的 transcendentales Gewissen のと経験的 emprisches Gewissen 即ち後天的のと二種に分ちて之れを考察するを得、倫理学者の良心は経験的の者に止まる、然るに藤樹の良知は両者を兼ぬるものなり、（『日本陽明学派之哲学』七四頁）

井上が、日本における儒教を哲学として扱い、儒教思想史の三部作を著した主要な目的は、日本儒教が国民道徳の形成展開に資する哲学であるとするところにあった。彼は、次のように述べている。

凡そ国民的道徳心は発達進歩するものにて、又発達進歩せしむべきものなるは言ふまでもなし、然れども亦決して一代の産物にあらず、其の由りて来たる所極めて遠く、実に千世万世の遺伝なり、匹夫にして之れを覆さんこと、思ひも寄らざるなり、若し我邦に於ける国民的道徳心のいかんを知らんと欲せば、其の国民の心性を鎔鑄陶冶《ようちゅうとうや》し来たれる徳教の精神を領悟するを要す、即ち此書叙述する所の日本陽明学派の哲学の如き、豈に此に資する所なしとせんや、（「日本陽明学派之哲学序」二頁）

同書は、「我邦に於ける国民的道徳心」を涵養してきた「日本陽明学派の哲学」を明らかにすることで、「我邦に於ける国民的道徳心」の「発達進歩」の方向を示すことを目ざしている。

維新以来世の中の学者、或は功利主義を唱道し、或は利己主義を主張し、其結果の及ぶ所、或は遂に我国民的道徳心を破壊せんとす、是れ固より其学の徹底せざるに出づると雖も、亦国家の元気を挫折し、風教の精髄を蠹毒《とどく》するものならずんばあらず、功利主義の如き、国家経済の主義としては固より可なり、但ゞ之れを個人に関する唯一の道徳主義とするは不可なり、何んとなれば、其場合には道徳は他律的となりて毫も心徳を養成するに効なければなり、蓋し功利主義は人を私慾に導くの教にして、我邦の従来神聖とする心徳を汚衊《おべつ》するものなり、（同前、三頁）

井上にあって、「我邦に於ける国民的道徳心」は、「従来神聖とする心徳」である。これに対して、明治維新以来の、主として西洋思想に由来する「功利主義」「利己主義」が、それを破壊しようとする。彼は、その破壊の危険をしりぞけるために、持続する伝統のうちにある「神聖とする心徳」を明らかにするのである。

井上が、日本陽明学派の哲学のうちに「神聖とする心徳」として見出すものは、「国家の元気」「風教の精髄」である。それは、また「他律的」でない自律的道徳心といえるものである。彼は、道徳を自律性に認めるカント的な倫理学の立場を踏まえて、日本儒教のうちにある自律的な道徳心をみるのである。

このとき、井上にとっての対話と論争の相手は、儒家ではない。西洋文明に学ぶ哲学的知識人である。彼は、哲学的知識人に対して、日本の伝統のうちに普遍的な論理的探求に耐え得る哲学の存在を示すのである。彼は、三部作において、日本儒教が哲学であり、日本の伝統に根ざす特殊な国民道徳であることを示すのである。

これは、道徳における普遍性と特殊性との関係如何という問題を惹起する。この問題について、当該の三部作に立ち入った論述はない。道徳の特殊性と普遍性こそが、井上における重要な論題である。

四、「教育勅語は明治の聖典であります」

井上は、三部作を完成して七年の後に、『国民道徳概論』（一九一二年〈大正一〉）を公刊している。ここで、彼は、道徳の普遍性と特殊性について、次のように述べている。

> 道徳といふものは、元来古今東西に依つて何等の差別も無いけれ共、道徳を実行する手段方法に至つては、境遇に依つて随分違ふ、（『国民道徳概論』一四―一五頁）

井上は、道徳は普遍性をもつとする。それは、「道徳の由つて起る本源」（同前、一四頁）という道徳の成立根拠としての意味において、また、嘘をついてはいけないというような現実に妥当性をもつという意味においてである。他方、道徳は特殊性があるとする。それは、個人、集団の境遇の相異によって道徳の実行上に差異が生ずるからである。道徳は普遍的であるが、具体的な場面で特殊な形をとるというわけである。

井上は、道徳に普遍性と特殊性があることを、必ずしも十分な論証ではないにせよ、確認する。それによって、日本国民に特有な国民道徳を同時に普遍性を有する道徳として語り得ることになった。この道徳に普遍性と特殊性があるとする論理は、異質な要素を自在に混融することを可能にするとともに、特殊なものを特殊なまま普遍的であるとすることを導く。

井上は、「国民道徳は民族的精神の顕現であります」（同前、四頁）として、明治維新以前の国民道徳を、次のように述べる。

第一は日本固有の精神、即ち日本の民族的精神であります。これが国民道徳の真髄骨子となつて居る。是れが一番重もなる要素であります。此民族的精神といふものはナカ〳〵強大な実行的の精神でありますけれ共、内容は段々外部から借りて来て居ります。即ち儒教と仏教、此二つのものが此内に次第に包摂されて、日本の従来の国民道徳といふものが出来て居ります。……儒教は支那文明を、仏教は印度文明を代表したものでありますが、是等が皆日本に輸入されて、さうして日本の国民性に同化されて、日本文明の要素となり、此国民道徳の内容として摂取されて来て居ります。（同前、六―七頁）

井上は、明治以前の日本における国民道徳について、固有の民族精神があり、そこに外来の儒教と仏教が包摂されて同化して日本文明を構成しているとする。儒教は、日本文明の一部であるから、徳川時代の儒教は「日本哲学に関する史的研究」の対象となるのである。

先にもみたように、井上の対話と論争の相手は、儒家ではなく、西洋文明を基盤とする近代の知識人である。彼は、明治維新以後の西洋文明の日本文明に対する意義を重大なことと受け止めている。

第三番目に、日本の社会に大変化を齎しましたのは西洋文明の輸入でありますが、此変化は儒教、仏教の輸入、即ち支那印度の文明の輸入に比べますると、一層偉大なる変化であります。……要するに西洋文明の影響は、維新以来引続いて全く永久の関係となつて来たので、其結果国民道徳の上に非常な影響を齎しつゝあるのであります。（同前、八頁）

西洋文明が、日本文明にとって「永久の関係」をもつものであるとするところに、井上の立場がよくあらわれている。日本儒教を哲学として評価するのはその立場から来る。

朱子学派の道徳主義は今の所謂自我実現説と仮令《たと》ひ其形式を異にするも、其精神に於ては、殆ど同一轍に出づるものにて、英国の新韓図《カント》学派グリーンミュルヘッド諸氏の言ふ所と往々符節を合するが如し。／乃ち道徳主義の古今を通じ、東西を貫いて易はらざるものあるを知るべきなり、（「日本朱子学派之哲学序」三頁。／は改行）

井上は、日本儒教における普遍性を、そこに含まれている問題性への批判とともに、明らかにしている。というより、批判すべきものであるにせよ、特殊な民族精神のうちにある日本儒教に哲学としての普遍的なるものを見出すのである。彼における日本儒教の研究は、そのような仕方で、日本国民の「国家の元気」「風教の精髄」の理解に向かう。

今や日露戦争已に終結を告げ、我邦の威光、大に宇内に発揚するに随ひ、欧米の学者漸く我邦の強大なる所以を究明せんとす、斯の時に当りて、徳川氏三百年間我邦の教育主義となりて、国民道徳の発展上に偉大の影響を及ぼしゝ朱子学派の史的研究、豈に亦一日も之を忽にして可ならんや。（同前、五頁）

井上にあっては、道徳は普遍性をもち、それが朱子学として日本の国民道徳を涵養したところに「我邦の強大なる所以」があったのである。このとき、東涯が「孔孟の本旨」からの逸脱とみた朱子学も陽明学も、特殊としてある普遍としての日本の国民道徳の構成要素となっている。

ここで改めて確認する必要のあることは、井上にあって、国民道徳の真髄は「教育勅語」であったことである。彼は、「教育勅語は明治の聖典であります」（『国民道徳概論』一三頁）と述べている。

明治二十三年に賜はつた教育勅語は我邦に於ける国民道徳の粋であると考へらるゝ。あの中は総て国民道徳の要点と思ふものが列挙してあります。（同前、一一頁）

井上は、陽明学派、朱子学派、古学派という異なった日本儒教の学派のうちに、日本の国民道徳を見出した。それは、西洋文明に対抗し得る日本民族のなかにある普遍性である。日本儒教の思想史の成立は、特殊な日本の国民道徳の立ち上げと相関している。だが、そこに見出される国民道徳は、畢竟、「教育勅語」に「国民道徳の枠」として「列挙」されてある類のものである。井上の儒教思想史は、彼の理解した「教育勅語」を基準として発見され、それを投射したものである。

おわりに

思想史研究は、研究者による過去の思想との対話と論争である。

この対話と論争は、過去の思想の側からする研究者の視座の転換を促す類のものであり得る。そのことは、伊藤仁斎における『論語』『孟子』の「熟読精思」が教えている。他のもろもろの契機があり得たにせよ、『論語』『孟子』の側からする仁斎への衝迫をもった語りかけなしには、朱子学における四書の統一的把握からの脱却は、彼に生じ得なかったであろう。そして、仁斎と同様に、東涯においても、『論語』『孟子』の語りかけに身をひらく聴従が、『古今学変』のような、孔孟こそが普遍的な人の道であるとする儒教思想史を可能にしたのである。深い普遍性の感覚が、歴史的地域的な特殊性を敏活にし、細密な思想史と行き届いた比較文化論的な知見を導いている。

だが、人が他者を他者としてでなく、もう一つの自己として対する限り、対話と論争は、他者のうちに自己を見出すだけの独話となりかねない。井上哲次郎の儒教思想史は、そうした傾きを強くもつ。それは、日本儒教を哲学としての普遍性において評価するものであるが、その視座は、予め日本という特殊な場に形成された儒教について普遍性を評価するものである。井上にあっては、日本が日本であることは明治の日本国家として成立しているのであり、そうであるが故に、評価の基準も「明治の聖典」とならざるを得ないのである。

井上は、明治の日本国家と自らを重ね合わせつつ、「明治の聖典」を基準として、日本における伝統と文明をはかり、そこに日本と重ね合わせた自己を見出すのである。彼において問題となるのは、「明治の聖典」という日本的特殊が普遍的な哲学としての基準たりえるのかというところにあろう。

仁斎・東涯に、むろん、問題がないではない。彼らが「孔孟の本旨」として語ることは、孔孟の語らないことであった。これは、次のことを教える。過去の思想を理解することは、その思想の語り手の「本旨」を把握することであるにしても、理解されたとする「本旨」は語り手自身の語ったことと異なり得る。仁斎・東涯らにおいても、独話への傾きをまったく免れているわけではない。

思想史研究は、研究者における生の表現であり、それ故、自他の実践的行為的連関の一環のうちで、過去の思想の理解としてなされる。理解は、人による他者の把握であるが、その把握が他者そのものにとどくことの確実な担保はない。いささかの担保があるとすれば、理解に際しての、他者へ身を開いての聴従と問いかけという、単純ではあるが、至難な態度であろう。

思想史研究は、人と他者の実践的行為的連関がそうであるように、理解における至難の故に、対話と論争として遂行されていくのである。

【引用文献】

伊藤仁斎『語孟字義』宝永一年（一七〇四）頃（林景范写本。天理図書館古義堂文庫蔵）
伊藤仁斎『童子問』宝永四年（一七〇七）（同前）

伊藤仁斎『仁斎日札』(『日本倫理彙編』五、育成会、一九〇一年)
伊藤仁斎『古今学変』(吉川幸次郎・清水茂校注『伊藤仁斎 伊藤東涯』日本思想大系33、岩波書店、一九七一年)
伊藤東涯「聖人無華夷弁論」(『経史博論』巻第二、関儀一郎編『日本儒林叢書』八、鳳出版、一九七八年〈復刻版〉)
井上哲次郎『日本陽明学派之哲学』富山房(第六版)、一九〇八年(初版一九〇〇年)
井上哲次郎『国民道徳概論』三省堂、一九一二年
井上哲次郎『日本朱子学派之哲学』富山房、一九〇五年

訓　読

中村　春作

一、訓読とは何か

訓読とは何か。日本で学校教育を受けた人であれば、みなそれを実際に体験してはいるが、定義するとなると案外に難しい。ましてや漢文が大学入試問題から急速に消え去りつつある現在、教育現場においてもその意味、必要性は見えにくくなっている。一般社会においてはなおさらである。中国古典文（文言文）の読み方としては時代遅れの、古くさい、いわば盲腸のような「読み方」であるが、しかしそれ無しには私たちの文化もまた語れない、そんな位置にあるのが訓読である。

ではそもそも、訓読とは私たちの文化、私たちの「知」の歴史のなかで、どのような役割を果たしてきたのか。そして、日本思想史研究の「方法」として、いまあらためて訓読を論じることに、どのような意義があるのか。

まずは一般的な定義から見てみよう。訓読について手近な辞典を引けば、「①漢字をその意味に当てた日本語の読み方で読むこと。「春」を「はる」、「夏」を「なつ」と読むなど。訓読み。②漢文に訓点をつけ、日本語の文法に従って読み下すこと」（『明鏡国語辞典』大修館書店、初版）と定義されている。このうち、①は「音訓」の「訓」の説明、②は伝統的技法としての「訓読＝訓読み」の説明となる。②について他の辞書では「漢文を日本語の文法に従って、語の順序を変えたりしながら直訳的に読むこと」（『大辞林』三省堂、初版）と説明する。古代における漢字音の和語への置き換えと、漢文の和文化、その双方をあわせて訓読と称してきたことが、ここには示されている。

もう少し専門的な用語辞典、『岩波 日本語使い方考え方辞典』（初版）では、「本来古典中国語の文章である漢文を、漢字ごとに音や訓を当てはめ、助詞や助動詞を補って、日本語の語順に読み直すこと。漢文を中国語としてそのまま字音で読むことを「音読」と呼んだのに対して「訓読」と呼んだもので、一種の翻訳であった」と説明し、その歴史を概観した上で、江戸期に「蘭学者たちがオランダ語を理解し、翻訳する際に、漢文訓読の方法にならって」学習したことを例に、「現代の中学高校で行われている、英和辞典で単語を引いて訳を確かめながら読み進めていく英文解釈の方法も、基本的には漢文訓読の方法と同じといってよい」と結ばれている。要約すれば、訓読とは、中国古典語（漢文）を日本語（和語）に合わせて読む日本独自の手法、翻訳の技法、といった定義になるだろうか。本来中国の文言（古典語）で記された文章を、日本語化（翻訳）して読む日本独自の伝統的な技法という意味で、ここではとらえられている。

ざっと見た限りだが、以上の例は、今日における訓読の一般的定義を代表するものと言っていいだろう。しかしながら、「漢文」とはそもそも、日本において何を指して言われてきたのか、漢文に訓をほどこす、その元となる「日本語」とは何か、そもそも漢字、漢文以前に「日本語」あるいは「日本語の文法」があったと前提することは果たして可能なのかといったことがらを考え出すと、問題が単純でないことに私たちは気づかされる。あるいはまた、前記『日本語使い方考え方辞典』に言うように、現代の翻訳（たとえば欧米文学の現代日本語訳）と訓読とを、同じレベルで議論することが妥当なのかといったことに考えいたると、問題はさらに不透明となる。原漢文の漢字をすべて用い（読み込み）、それに送り仮名を付して読みなおす〈翻訳〉（それ故、逆に送り仮名、訓点をもう一度取り除けば、元の漢文そのものに復原できる）は、明らかに現代の私たちが知る翻訳の姿とは、本質的に大きく異なるものだからである。あるいは、送り仮名の付し方によって、文意が大きく転換したり、新たな解釈が示されるのが、訓読という〈翻訳〉である。齋藤希史は、訓読と今日一般に共有される翻訳観念との差異を指摘し、「訓読を翻訳と捉えれば、それは意味の変換となろうが、訓読はむしろ文字列を契機とした意味の創出という行為」と見なすべきであることを言って、訓読を今日通常の翻訳として同列におくと「その（意味創出の）過程が見えにくくなるのではないか」と述べているが（『漢字世界の地平』）、まさにそうした、訓読独自の〈翻訳〉の問題を考える必要があるだろう。

そして、訓読法の中身、歴史的変遷を具体的に検証していくと、それが単に「技法」レベルの話題に止まるものではなく、すぐれて思想史の問題にほかならないことに、私たちは気づかされることになる。訓読法の歴史には、日本における異文化理解のありようが端的に表れており、その度重なる〈翻訳〉の過程で、いわゆる「和語」も「日本文化」も構成され続けてきたことが、明らかになってくるからである。実際、今日の日本語の書き言葉、すなわち漢字仮名交じり文体が、近世後期から明治期にかけての、いわゆる和漢混淆文を基盤に形成されたことは、すでに日本語学において明らかにされていることがらである。私たちがそれに依拠してものごとを考える今日の書記文体は、決して（「日本固有」の）『万葉集』や『源氏物語』に直接つながるものではなく、むしろ、近世期以降の漢文訓読体、書き下し文体に起源するものであり、その言語の論理を内包しつつ、成立したものなのである。

さらにまた、近代の「知」的制度と訓読との相関という問題がある。最初にも触れたように、私たちの多くは訓読（書き下し文）を学校教育のなかで学んできたわけだが、そもそも訓読（書き下し文）が、教科としての「国語」のなかに必須項目として入っているのはなぜなのか、そしてそれはなぜ、古代から唐代までの文章ばかりなのか、中等教育における「古文」と「漢文」は何をもって分けられ、それぞれ何を内容としてきたのかといった、近代の「知」の制度そのものの成立を問いなおすとき、訓読が思想史の問題たり得ることが、より一層了解されるのである。

二、訓読に向けられた視線

言うまでもなく、訓点・訓読の研究は、日本においてながい研究の歴史を有してきた。専門学会（訓点語学会）も存し、機関誌（『訓点と訓点資料』）が定期に刊行されている。国語史、音韻史の分野において、訓点・訓読はきわめて深く詳細に検討され、多くの研究成果が蓄積されてきた。そして、その先端に位置する小林芳規の角筆研究が示すように、日本語学史からなされる訓読研究の視線は、すでに日本を超えて、朝鮮半島から広く中国東北部にまで及びつつある。一方、書誌学の領域において、訓読は、中世五山の禅僧の業績から広く近世の訓点を網羅するかたちで、文献学的な資料蓄積と精緻な分析がなされ、五山版等、日本における経書版行の経緯とも関連して、その歴史的意義が川瀬一馬らにより研究されてきた。さらには最近の金文京による研究のように、古代の仏典翻訳とその東アジアへの伝播の過程とからめて訓読史を展望する研究も出現するにいたっている。

一方、漢文の専家たる中国学の領域においては、戦後も多くの大学で、訓読による文献講読の授業が一般的に行われつつ、それと並行して、倉石武四郎の議論に代表されるような訓読／音読論争が、明治、大正期以降ながく続いてきた状況がある。今日にいたって、現代中国音に最初から慣れ親しんだ研究者が多数を占めるようになったため、また中国古典文化の研究もグローバル化したため、訓読／音読論争自体は一見低調となったように見えるが、だからといって、問題が完全に解決したわけではないことは、門脇廣文や浅見洋二が指摘するとおりである。中国古典文理解上の効率を争う議論の歴史的意義は、たしかにすでに失われたかもしれないが、中国古典を自らのものとして体内化した日本人の言語文化の伝統のなかに存しつつ、中国古典を解釈する「自己の」問題として、研究者自身が自らの営為をとらえなおすとき、訓読をどう意味づけるかということは、それとはまた別の問題、すなわち、伝統の日本語・日本文化のなかに生きつつ中国を研究する、研究者自身の内なる課題であり続けるからである。

こうした日本語学、書誌学、あるいは中国学における議論に比して、日本思想史の領域における訓読への言及はといえば、実は、最近やっとまともに議論されだしたと言っても過言ではない。中等教育における教科書において、各教科により訓読史料が、実にさまざまな読み方で便宜的に記述され、その差異の由来には視線がとどかないという状況が続いているのと同様、日本思想史研究者も、自らの分析対象とする原典史料（訓読文）を、しばしば無反省に、便宜的に引用、処理してきたのが事実である。そうしたなかで近年、近代の知的として「国語」の成立が問いなおされ、また、仏典の和文化の姿そのものが日本仏教の本質に関わることが指摘され、また、荻生徂徠の訓読否定論が再検討されたりするなかで、ようやく、訓読が私たち自身の内なる「知」の形成に直接関わる問題であるとことが、意識されだしたのである。しかしながら、思想史という学問が「知的制度」そのものの形成過程を問いなおす学問であるならば、上記の国語学、書誌学、中国学等の問題提起を総合して、「思想の問題」として訓読をとらえなおす格好の地点にいることは間違いないだろう。

では、訓読が、私たち自身の内なる「知」の形成と直接関わっているというのはどういうことか。

三、訓読法の変遷は何を物語るか

私たちは昔から、仏教を古代サンスクリット語によってではなく、すでに漢字に〈翻訳〉された姿、漢訳仏典を通して受容してきた。そしてそれは、特に鎌倉期以降、訓読され、和語化されることを通じて、民衆宗教として多様に、かつ深く定着した。日本最古の史書『古事記』もまた、漢字を表記の手段とすることで、初めて大和王朝の歴史を語り出し得た。中世末期以降、知識層に本格的に受容された儒教は、論理の言語としての漢文を愛用し、その読み方について多く議論が展開された。訓読法は絶えず変遷し続け、江戸期に議論の全盛を見せた後、明治期、漢文訓読体の近代日本語の文体成立へとつながる。そのながい変遷過程で、訓読法は実にさまざまに変容してきたのである。私たちが今日学校教育で習得する訓読法は、その結果の一つに過ぎない。そしてそのながい歴史上の、訓読実践のそれぞれの場面において、私たちの言語そのものも継続的に形成され、私たちの思想もまた、そこで創り出され、鍛えなおされてきたということができる。

いわゆる「助字」の一つ、「則」の読み方を例にとってみよう。今日私たちは、学校教育の成果で、それを「…レバ則」と覚えるのが通例である。この字が文中にあると、前文条件節を承けて言うときの「すなはち」だから、というわけである。『角川新字源』（改訂版）は巻末に「助字解説」欄を設けて、「則」を「…レバ則。…そのときには」と説明し、「弟子入則孝、出則弟」［論語・学而］を引用して「弟子入りては則ち孝、出でては則ち弟」と訓読例を示している。こうした説明が学習者に必要になるのは、もちろん、日本語で「すなはち」と読む助字には、他に「乃」「即」「輒」等があって、それぞれの間の区別が必要となるからであり、その源には和語と漢語で相異なる意味分節機能が存するからである。

ところで、この「レバすなはち…」という読み方、いまでは一般化したこの読み方は、実は、歴史的経緯のなかで形成された「一つの」読み方でしかない。この「レバ」と前文に送り仮名を付す読み方は、江戸後期の儒者、佐藤一斎による訓点（一斎点）に由来する読み方であり、時代を遡ると、近世期前まで博士家ではもっぱら「トキンバ」と訓じられていたものである。それが、近世訓読の起点に位置するとされる林羅山の訓点（道春点）で「トキハ」と訓じられて以降、それを踏襲する訓点（江戸後期、一斎点を批判した日尾荊山『訓点復古』など）と、一斎点と同様の読み方を主張する貝原益軒、後藤芝山（後藤点）の二流派に分かれてきた歴史がある。そして、こうした訓読法二流派の分岐の起点に存したのが、先王の道の理解における「廻環顚倒」による読み方（訓読）の害を説き、華音直読、そして独自の「訳学」を言い出した荻生徂徠の議論があったことは、言うまでもない。

それが今日通常の読み方（いわゆる「レバ則」）になったのは、明治期の訓読法の制度化を経てからであり、明治四十五年（一九一二）、文部省の委嘱による服部宇之吉らの調査「漢文教授ニ関スル調査報告」が、『官報』に掲載されて以降、徐々に公教育内に制度として定着してきてからであった。そして、こうした訓読法変遷の文献史料をひもといていくと、前に述べた徂徠以後の訓読への視線の転換のほかに、方法の対立の背景に、漢学派と国文派の対立が、江戸後期から明治期にかけて存してきたこともまた明らかになってくる。そこには当然、「漢文」を日本文化のなかでどう位置づけるかという思想的立場が反映していた。「和語・和文」をどう主題化、特権化するかという、国学者が抱えた課題もまた、そこにおいてあらわになってくるのである。

ところで、今日、前掲の『新字源』のように、漢和辞典が何れも巻末に「助字解説」を載せ、その〈使い分け〉を事細かに類型化しているのは、遡れば、中世末、桂菴玄樹『桂菴和尚家法倭点』等における「置き字」重視の主張（置き字を決して飛ばし読みしてはならないという主張）に起源し、そこには朱子学の流入に際して当時の知識人に意識された、論理・分析言語具現化の欲求が大きく反映したことを、指摘することができる。紙幅の都合上その詳細は省くが、朱子学（特にテキストとしての「朱子集注」）との邂逅があったが故に、訓読法にも大きな変化が生じたのであり、そこには十八世紀以降、東アジアの知的世界を主導した朱子学的思考、論理（朱子学の言語）がもたらした課題が胚胎していたことが指摘できるのである。

「朱子カ文章ノ、一字ニテモステ筆ノナキハ、カヽル処ニテシルヘシ。本注ニハ、而ノ字、之ノ字ナトヤスメ詞ヲハ、訓ニハヨマス。新注ニ点ヲ加ハ、語ノ助ノ字マテモ、ヨマルヽ、辞ヲハ、悉ク読ヘキ也」

（『四書童子訓』「大学」）とする一条兼良（一四〇二―一四八一）の発言は、朱子学の言語／思想を、一体のものと意識したが故の、訓読法への言及であったであろう。「置き字」にいたるまで「正確に」訓ずべしとする姿勢は、朱熹の言語＝思想に直面した、当時の知識人の先鋭的な問題意識の表れだったのである。すなわち、読み方（訓読法）の差は、個々の儒者の趣味嗜好の問題としてではなく、大きく思想史の展開のなかでの出来事としてとらえなおされる必要があるのである。

あるいは、また別の切り口を提示してみよう。漢文訓読体、書き下し文体が、近世後期から明治期にかけての、知識人の「思考の型」、「教養」の形成と深く関わってきた事実については、前田愛から近年の齋藤希史にいたるまで、多くの議論がなされてきたが、いわゆる書生など狭義の知識人を超えて、詩吟や朗詠の習慣の一般化も伴う、明治期以降の近代日本ナショナリズムにも関わるものであったこともまた指摘できるだろう。たとえば、江戸末期のベストセラー、頼山陽『日本外史』における、後白河法皇幽閉に際し平重盛が父清盛に諫言する場面の叙述、「忠ならんと欲すれば則ち孝ならず、孝ならんと欲すれば則ち忠ならず。重盛の進退、此に窮まれり」もまた、原話『平家物語』の叙述（「悲しき哉、君の御ために奉公の忠をいたさんとすれば、迷盧八万の頂より猶ほたかき父の恩忽ちに忘れんとす。痛ましき哉、不孝の罪をのがれんと思へば、君の御ために既に不忠の逆臣となりぬべし。進退、惟谷《これきはま》れり」巻第二）によってではなく、「…ナラントスレバ…ナラズ」と繰り返し畳みかける頼山陽の語り口、〈忠孝〉二者択一のジレンマをことさらに強調する、切迫した語り口、音読のリズムによってこそ、幕末期から明治期にかけて、広く人口に膾炙して近代日本の〈忠孝〉感覚、大衆的エートスの醸成に関わるものになったのだと言うことができるだろう。江戸末期以降の訓読、書き下し文体は、明治期書生（壮士）の議論の文体・意識を形作り、また、近代日本語の文体の母型を形成すると共に、大衆的ナショナリズムを形成する言語の母体ともなってきたのである。

また、訓読文体が近世後期にいかにして成立したか、そして並行して、日本全国に広範に普及した、「素読」といった学び方が、近世後期から近代にかけての「知」の質に、また近代知識人の「教養」の中身にどう関わってきたか、そしてそれが近代日本の文体（＝思想の質）にいかに関わったかという問題には、さらに解明すべき部分が残されている。明治期、西洋文明との邂逅のなかで、西洋新思想の翻訳場面で、訓読体、漢文体があえて使用されたことも（中江兆民など）、古代から中世、近世を通じて、〈文化の翻訳〉として機能してきた訓読の問題を基盤にせずに考えることはできないだろう。

〈読み方＝訓読〉は、ながく大陸の（そして西洋の）圧倒的文化を承けつつ形成された、日本における思想形成の各場面で、まさしく思想の具現、思想そのものとして立ち現れたとみることができるであろう。訓読を論じることは、日本における思想の形成過程を論じることにつながるのである。

四、訓読論への視座

以上述べてきたような観点から、日本思想史研究の〈方法〉あるいは〈課題〉として、あらためて訓読を問いなおすとき、以下の、四つの具体的な視座を設定することが可能ではないか、と筆者はいまのところ考えている（ここでは特に、訓読が知的な言語運用の手法として一般化され、近代から現代の「私たち」の問題にまでつながる、近世以降の訓読の場面を中心に考えている）。

それは、(1)中世伝統家学から近世儒学思想への転換点に位置した訓読法の変容、すなわち「開かれた」

知の技法として訓読をとらえなおす視座、朱子学的世界の東アジア全域への展開の下での、訓読法成立の意味を考える視座、(2)日本において古代から、明治期にいたるまで、〈文化の翻訳〉として機能し続けた訓読の思想的意味を考える視座、(3)近代日本の「知」や「教養」の質に直接関わるものとして、訓読をとらえる視座、そして、(4)訓読（あるいは訓読的漢語・漢文読解法）を一つの方法論的投企として、東アジアにおける漢文世界形成の実相を明らかにする視座、すなわち、漢文テキストが東アジア世界に拡散し、相異なる〈読み方〉を形成すると共に、それら運動の集成が、多様な「東アジア世界」そのものを形づくったとする視点から、共通の書記言語、漢字・漢文の受容／変容過程を考える視座、以上の四つの視座である。ここでは、個々について詳しく論じる余裕がないので、問題領域の所在と視座を記すにとどめておきたい（そのうちのいくつかについては、参考文献中の拙稿、拙著等を参照していただければ幸いである）。

【参考文献】

浅見洋二「学界展望（文学）」（『日本中国学会報』六四）二〇一一年
門脇廣文「学界展望（文学）」（『日本中国学会報』五七）二〇〇五年
川瀬一馬『日本書誌学之研究』大日本雄弁会講談社、一九四三年
金文京『漢文と東アジア――訓読の文化圏』岩波新書、二〇一〇年
小林芳規『角筆のひらく文化史――見えない文字を読み解く』岩波書店、二〇一四年
子安宣邦『漢字論――不可避の他者』岩波書店、二〇〇三年
齋藤文俊『漢文訓読と近代日本語の形成』勉誠出版、二〇一一年
齋藤希史『漢文脈の近代――清末＝明治の文学圏』名古屋大学出版会、二〇〇五年

――『漢文脈と近代日本』角川ソフィア文庫、二〇一四年
――『漢字世界の地平――私たちにとって文字とは何か』新潮選書、二〇一四年
鈴木直治『中国語と漢文――訓読の原則と漢語の特徴』光生館、一九七五年
高島俊男『漢字と日本人』文春新書、二〇〇一年
陳培豊『日本統治と植民地漢文――台湾における漢文の境界と想像』三元社、二〇一二年
東京大学教養学部国文・漢文学部会編『古典日本語の世界――漢字がつくる日本』東京大学出版会、二〇〇七年
中村春作『江戸儒教と近代の「知」』ぺりかん社、二〇〇二年
――「「訓読」再考――近世思想史の課題として」(『文学』季刊六―六、岩波書店)二〇〇五年
――「訓読、あるいは書き下し文という〈翻訳〉」(『文学』季刊一二―三、岩波書店)二〇一一年
――「日本思想史研究の課題としての漢字、漢文、訓読」(『日本思想史学』四四)二〇一二年
――「近世日本儒学の言語と論理」(『日本の哲学』一三、昭和堂)二〇一二年
――「訓読と翻訳――原典との間をつなぐ」(佐藤弘夫他編『岩波講座日本の思想2　場と器――思想の記録と伝達』)二〇一三年
――「五山のゆくえ――思想史研究の視点から」(島尾新編『東アジア海域に漕ぎだす4　東アジアのなかの五山文化』東京大学出版会)二〇一四年
中村春作編・小島毅監修『東アジア海域に漕ぎだす5　訓読から見なおす東アジア』東京大学出版会、二〇一四年
中村春作・市來津由彦・田尻祐一郎・前田勉編『「訓読」論――東アジア漢文世界と日本語』勉誠出版、二〇〇八年
――『続「訓読」論――東アジア漢文世界の形成』勉誠出版、二〇一〇年
北京対外貿易学院中国日語教学研究会『日語学習与研究』一五九(特集・訓読与東亜漢字文化圏)二〇一二年
前田愛『近代読者の成立』(岩波現代文庫、二〇〇一年)初版一九七三年

書物と民俗のはざまで

若尾　政希

はじめに——史料としての書物・蔵書

今、人文科学研究において、書物への関心が高まっている。とりわけ歴史研究では、書物を史料として歴史を叙述しようという機運が盛り上がってきている。

周知のように、戦後（二十世紀半ば以降）の歴史研究、とりわけ日本史研究は、日本各地の蔵に眠っていた文書の掘り起こし、整理、目録の作成、そして分析によって、新たな境地を開いてきた。ところが、そこでは手書きの文書のみが重視され、文書と一緒に書物が出てきても、複製物（印刷あるいは書写による）である書物は史料的価値を見出されず、「邪魔もの」扱いにされ整理の対象とならなかったり、目録の「雑」の部に入れられ分析の対象となってこなかったりした。

それに対して、書物に着目して書物を史料として歴史を叙述しようとする研究動向が出てきたのは、二十世紀の末、一九九〇年代半ば以降のことである。その先駆的なものをあげれば、横田冬彦は、畿内をフィールドにした蔵書調査から、一七〇〇年前後には畿内村落において知的読者層が成立していること、そして近世の政治支配はそのような在地社会の知の水準を踏まえた上での支配であったという刺激的な論点を提起した（横田冬彦「近世村落社会における〈知〉の問題」）。また能登時国家の膨大な蔵書の整理に直面した橘川俊忠は、奥能登や関東をフィールドに蔵書の掘り起こしを行い、家・地域の総合的調査研究に蔵書研究が重要な位置を占めるという問題提起を行った（橘川俊忠「在村残存書籍調査の方法と課題」）。思想史研究では、三宅正彦が、安藤昌益の思想的風土をさぐるために北奥羽地域をフィールドにした蔵書研究を行った（三宅正彦『安藤昌益と地域文化の伝統』）。史料論としては、藤實久美子が「書籍史料論」（書物の史料論）を提示した（藤實久美子『近世書籍文化論』）。こうした動向を受けて二〇〇〇年には、『歴史評論』（六〇五号）が「書物と読書からみえる日本近世」という特集を企画した。その反響は大きく、書物に関心をもつ研究者が増加し、歴史学研究会、歴史科学協議会、関東近世史研究会、そして日本思想史学会などの諸学会でも書物史料を扱った報告が組まれた。ようやくにして歴史研究は、文書に加え書物をも史料として歴史を叙述できる段階に到達したのである（近年の研究動向については、『書物・出版と社会変容』二〇〇六年〜を参照）。

このように書物・蔵書は、その史料的価値に気づかれることもなく、戦後半世紀にわたって放置されてきた。その間、書物・蔵書は散逸してきた。悲しいことであるが、現在もなお散逸し続けている。蔵書・書物をもつ家の子孫も、先祖の肉筆で書かれた文書は大切にするが、紙魚《しみ》に食い荒らされ埃《ほこり》をかぶった書物を嫌い、家を建て替えるときや、地震・台風等の災害に襲われたときに、処分したり、骨董商に引き取ってもらったりと散逸し続けているのである（若尾政希「書物・出版と日本社会の変容」、同『近世の政治思想論』）。

たとえば、古書展や骨董市にいくと（最近はネットのオークションをのぞいても同様の光景に出会うが）、江戸時代の版本や写本が売られている。私たちはそれを購入できるので、ありがたいことであるが、喜んでばかりはいられない。というのは、あるとき私が手に入れたものを見ると、本のはじめや末尾に「羽州荘内　熊野田村　〇〇氏蔵」とか「熊野田村〇〇氏所蔵印」等という蔵書印が押してある。もともと、庄内の〇〇家（もちろん原文には名字が書かれているが、ここでは〇〇家としておく）に所蔵されてきたものが、最近、持ち出されて、バラバラにされて古書展で売買され、私がその一部を購入したことになる。バラで売られることによって、この家の蔵書の全貌を復元することは永遠に不可能となってしまった。ちなみに私が入手したのは、享保二十一年（一七三六）三月須原屋新兵衛開板の太宰春台の『聖学問答』上下二冊、春台の『産語』上一冊（文刻堂蔵板）、春台の『弁道書』の写本一冊、尊号一件を題材にした写本『空言中山夢中問答』（文化三年丑十月書写）の、あわせて五冊である。古書展には、他に、虫喰いだらけの数十冊の和刻本『史記評林』等、同じ蔵書印を押した書物がいくつもあったが、それらは見捨てざるを得なかった。なんとか救うことができた五冊のうち、最後のものを除く四冊は、荻生徂徠の高弟太宰春台の書物で、春台の学問が庄内藩の農村で（庄内藩の武士層に徂徠学の受容者がいたことはよく知られているが）受容されていたことがわかり興味深い。しかし、この家の蔵書の全体がわからないので、蔵書のなかで春台の著作がどのような位置を占めていたのか、考察することはできない。この家の誰がどういう目的で書物を読み、蔵書を形成したのか、庄内のその村にとってこの家の蔵書がどのような意味を持っていたのか、等々、蔵書が残っていればわかるであろうことが、まったくわからなくなってしまったのである。この事例は、蔵書印があるからまだしも、蔵書印や署名がなければ（実はこういう事例の方が多い）、もともとの所蔵者とのつながりはまったく切れてしまう。蔵書がもっていたはずの史料としての価値はなくなってしまう。近世の書物が比較的安価に手に入るのはありがたいが、貴重な史料がどんどん消失している。いまや、研究者は総力をあげて、一般の人々に対して蔵書・書物の重要性をわかりやすく説明して、蔵書・書物を散逸の危機から救い出さねばならないのである。

一、思想形成の契機としての書物——書物の時代のはじまり

具体的な事例から話を始めよう。武蔵国入間郡川越（現、埼玉県川越市）の榎本弥左衛門は塩商人として成功した人物であるが、その彼が晩年、若い頃を回顧して次のように述べている（大野瑞男校注『榎本弥左衛門覚書』平凡社）。正保二年（一六四五）、二十一歳のとき、「弥《いよいよ》正直ニ、おごりなき様ニ可仕と存候へども、わかき故、人々取上げうすし」と、正直に奢らないように努めたけれども周囲から評価されず、悶々とした日々を過ごしていた。そんななかで、『可笑記』という書物と出会い、「『可笑記』をよみ候て心おち付申候」と、『可笑記』を読んで心を落ちつけたという。『可笑記』とは、如儡子《にょらいし》と名乗る者が著した随筆集であり、全五巻、寛永十九年（一六四二）に刊行されている。弥左衛門はこれを入手し、その読書によって心を落ちつけたというのである。

弥左衛門の事例は特異なものではない。十七世紀は、日本列島で初めて商業出版が成立し発展した時代、

版本と写本とが流通し読まれ書写された時代である。塚本学によれば、知恵や情報の媒体として書物が世に普及していったのは、「十六世紀末以来の大きな変革であった」。書物の普及により、本来は書物とは関わらなかった口誦による知、村落指導者層が担うオーラルな知も、書物による知を受けたものへと変質したという（塚本学『生きることの近世史』）。前述の横田冬彦は、大坂冬の陣の講和から一カ月もたたない時期に刊行された、大坂冬の陣を描いた軍書『大坂物語』を取り上げ、「江戸時代は、その初発から〈書物の時代〉、情報と知が大衆化されてゆく時代であることが予告された」と述べる。また十七世紀末に出された宮崎安貞の『農業全書』を取り上げ、かつては「経験的に父から子へ、あるいは村の古老の知恵として伝えられてきた」農業技術を〈書物の知〉として学ぶことの画期性を指摘している（横田冬彦『日本の歴史16　天下泰平』）。さらに小池淳一は、版本や写本で流布した『東方朔秘《とうほうさくひ》伝置文《でんおきぶみ》』や近世を通じて出版され続け内容も増幅していった『大雑書《おおざつしょ》』や、岡本一抱の『年中運気指南』などが、民衆の生活に大きな影響を与え民俗（日和見の民俗）となったという指摘をしている（小池淳一『陰陽道の歴史民俗学的研究』）。書物の登場とその普及は、十七世紀から現代までを書物の時代として括ることができるほどの、大きな変革であった。上は幕藩領主から下は民衆までが、同じ書物を手に取る時代、民衆の思想形成にまで書物が大きな役割を果たすようになった時代、それが日本の近世だといえるのである。こういうわけで私は、書物が個々人の思想形成にどのような意義を持ったのかを解明する、書物の思想史研究を提起したのである（若尾政希「「書物の思想史」研究序説」）。

二、書物と現実体験とのはざまで

ここで考えてみたいのは、書物に着目するだけで、果たして思想形成の過程がわかるのかということである。ずいぶん前になるが、私は「安藤昌益の本草学――肉食をめぐって」といういささか長い――四百字詰め原稿用紙で百二十枚程の――論文を書いたことがある。昌益は、鳥・獣・虫・魚類の「四類は四類の食物也。故に人の食物に非ず。之れを食ふことを停止す。人に備ふる食は穀・菜種の類也」(稿本『自然真営道』巻二五)と述べ、肉食を停止し穀・菜を食べよと説く。このような肉食禁止の思想を昌益がどのように形成したのか、肉食をめぐる昌益の思索の跡をたどろうとしてかなり苦労したことを覚えている。その考察がどのような歴史叙述として結実したかについては、直接、その論文に当たっていただくことにして、以下では、考察のプロセスを振り返っておきたい。

まずは安藤昌益について少し説明しておこう。昌益は、高校の日本史の教科書に「八戸の医者安藤昌益は『自然真営道』をあらわして、万人がみずから耕作して生活する自然の世を理想とし、武士が農民から収奪する社会や身分社会を否定し、封建制を批判した」(『詳説日本史』山川出版社、一九九八年版)と特筆される思想家である。E・ハーバート・ノーマンの『忘れられた思想家――安藤昌益のこと』により、戦後よく知られるようになり、教科書にも載せられるようになったこの思想家の生涯は、実はまったく謎に包まれている。一九七〇年代以降、地域に密着した研究者による地道な史料掘り起こし作業により、その生没年が元禄十六年(一七〇三)～宝暦十二年(一七六二)であること、秋田藩領出羽国秋田郡二井田村(現、秋田県大館市二井田）の上層農民の出身であること、生涯の一時期八戸藩領陸奥国三戸郡八戸町（現、青森県八戸市）で町医者をしていたという事実がようやく明らかにされてきているのが現状である。昌益は経歴が不詳のため誰に師事して学問を学んだのかわからない。またどのような書物を読んで学問を学んだのかもわからない。昌益と既成の思想との継受関係は素朴な形ではなに一つわからず、昌益はいわば孤立した思想家として私たちの前に投げ出されているのである。ところが、当然のことながら昌益は読み書きの基本的な教育やなにがしかの医術の手ほどきは受けたはずであり、いくつかの書物を読んだはずである。したがって、昌益がどこでどのような教育を受けたのかという伝記的事実の発掘作業を行うとともに、それと並行して、昌益が残した著作類の語句を詳細に分析することによって、昌益がどんな書物を読んだのか確定していかなければならない。昌益の著作を見ると、昌益は儒学・仏教・神道・音韻学・医学・本草学等々の既成の諸学問を厳しく非難・否定している。昌益はそれらの諸学問についてなにがしかの知識をもっているのである。どのようにしてその知識を入手したのか、昌益自身はほとんど語っていないものの、何らかの情報源があったはずである。そこで著作のなかの一言一句に注目して、それを昌益が見ることが可能であった（昌益と同時代あるいは前代の）書物と比較対照する作業を根気強く積み重ねることによって、昌益が確かに読んだ書物を明らかにできる。昌益の読書歴を解明できれば、昌益がその書物から何を学んだのか、何を継承し何を否定していったのかという昌益の思想形成の過程に肉薄できる。こうして私は、これまで昌益が確かに手にとり、読んだ書物をいくつも明らかにしてきたのである。

さて、話しを戻すと、内科医であった昌益は当然のことながら薬物に関する知識を持っていた。私が昌益の『自然真営道・甘味諸薬自然気行』（八戸市立図書館蔵）を分析した結果、昌益が医学修得過程に学び非常に大きな影響うけた本草書は、李時珍編『本草綱目』であり、また香川修徳著の『一本堂薬選』も読んでいることがわかった。肉食についていえば、中国の本草書である『本草綱目』には肉食を禁止する記述はない。一方、『一本堂薬選』の香川修徳は、肉食が体に良いとして肉食奨励の論陣を張っていた。とすると、肉食奨励の本草書を読んでいながら、昌益はまったく逆の結論を出したことになるのである。どうしてこのようなことが可能となったのか。

中国の創世伝説の一つに、聖人神農が農業を民に教えたというものがある。李時珍が『本草綱目』にこれを引き、「神農異前の人は毛を食ひ血を飲みて生を持つ」と述べたことを、昌益は厳しく批判する。もし五穀を食べず「獣鳥の肉のみ食ふ則《とき》は、三十日にして腫れ毒の悪病発し廃腐して死す也。予近く例して之れを視る所也」（稿本『自然真営道』巻四）、獣や鳥の肉ばかり食べるときは三十日で腫れ毒の悪病にかかり、腐って死ぬ、私はそれを間近く目撃したのだ、と述べる。昌益が体験したのは、「今世にも寒歳に耕穀登らず。米穀絶無なる」（『統道真伝』）状況、すなわち一七四〇年代半ばから五〇年代にかけて北奥羽地方を襲い多くの餓死者を出した大凶作・大飢饉であった。昌益はこの大飢饉の体験を踏まえて、人は五穀を食べるべき存在であり肉食すべきでないと説き、五穀を食べる人は「五穀の精」から生成したのだという独自の生成論を形成していくのである。

三、民俗という契機

以上のように、一方で書物の知識の享受、他方で現実体験のなかの思索、この両方があいまって、上述のような肉食を忌避する昌益の思想が形成されたと言うことができる。しかしながら、これで一件落着としていいのか。昌益の思想形成の過程の全体を捉えたことになるのか。気になるのは、肉食の禁忌の存在である。

鳥肉と獣肉は維新前までは四足二足と称へて、食べると身体が穢れるか、口でも曲るかのやうに思つたものだ、若し薬用にでもする者があつて食べる場合は何処かに隠れて狐鼠々々《こそこそ》と食べて、後では切火などしたものだ（佐藤源八「南部二戸郡浅沢郷土史料」）

これは北奥羽の二戸郡浅沢（現、岩手県八幡平市岩木向）で戦前採集された民俗資料であり、江戸時代における当地域の肉食の状況を伝えている。肉食は「身体が穢れる」「口が曲がる」と忌避され、食べる場合は合火を避け人目につかないようにこそこそと食べたという。同様の禁忌は北奥羽の多くの地域で報告されており、肉食は忌避されている。

肉食の禁忌は、特にカミ（神仏）祀りと関わって説かれる。吉田三郎が収集した資料「男鹿寒風山麓農民手記」（現、秋田県男鹿市）には、「オガネ様の日にナマクサ物を食ふと口が曲がる。オガネ様とは庚申様のことです。又ナマクサ物とは魚や肉や卵その他葱類一般のことです」という「言伝へ」を載せている。実際、庚申講で読誦された庚申の「縁起」には精進すべきことがうたわれる。たとえば、秋田県大館市二井田の一関家に伝わる享保九年（一七二四）の年記をもつ『庚申之御縁起』（『大館市史四』）では「庚申を待申人ハ寿命長して子孫はんしやうす。一切の生有ものころさす。五辛、二足、四足をくらわす、ねむる事なし。此夜ハ心を静に致、看経お《（ママ）》して余念なく守り申せは、三年の内にハ諸願叶もの成り」と肉食は禁忌とされている。窪徳忠による庚申信仰の全国調査によれば、肉食をすれば「口が曲がる」というような伝承や習俗は「概して東北地方に厳格」だという。窪が紹介している弘前市の事例では「小生の生家における庚申信仰の模様申上候、家内四足二足及び鶏卵は平素ともに食はず、庚申の日には特に精進いたし候」（大正四年〈一九一五〉書簡）と、肉食の禁忌は庚申の日に限らず平素にも及ぶのである（窪徳忠『庚申信仰の研究』）。

　肉食を忌むカミは庚申だけではない。北奥羽にはオシラサマ、オコナイサマなどと呼ばれるカミ（以下、オシラサマ）が分布しており（楠正弘『下北の宗教』）、このカミを祀る家では「四足二足の肉は一年中食べてはいけないとされている」（及川和子「岩手県南地方の養蚕信仰とオシラサマ」）。この禁を犯し肉食した場合には、庚申と同じく、「口が曲がる」と言い伝える（三崎一夫「オシラ神」）。庚申とオシラサマは、祀る地域・家によって、農神、養蚕の神、福の神、病気平癒の神、諸願成就の神、漁業の神等の多様な属性を持つカミとされ、現世利益を求める民衆に受け入れられた。村落レベルで庚申の祭礼を担ったのは村を掠《かすみ》として支配する修験（山伏）であり、同様にオシラサマの祀りを指導・執行したのは、主として巫女（イタコ、オガミサマ、ゴミソなどと呼ばれる）であった。このように北奥羽地域では、カミ信仰と密接に関わって、肉食を忌避する意識が浸透して民俗（「伝承」とも。英語ではfolklore）となっていたのである。

　このように、肉食の忌避は庶民の信仰生活に深く関わっていた。だが、母屋の竈《かまど》を使わないで別火で煮炊きして食べるのはかまわないとか、兎は一羽二羽と数えるから「二足」に属するとこじつけて食べていたというようなさまざまな便法が伝えられていることが示すように、肉食をまったくしなかったわけではない。くわえて北奥羽地域は過酷な自然条件にも災いされて凶作が続き、大凶作年には飢饉になった。特に太平洋沿岸地域は現在でもやませによる冷害に悩まされており、技術水準が低い江戸時代には慢性的といってもいいほど凶作に襲われた。八戸藩の勘定頭を勤めた北田忠之丞は、安藤昌益の弟子としても知られる人物であるが、彼が書いた飢饉誌『天明凶歳録』に次のようにいう。

在々次第に食に労れて、犬猫鶏様の物をも喰仕廻、其後は馬を殺して食事とし、或は人の馬を盗み、又は買調ひ食するもあり

大凶作の年には、稗・大豆などの雑穀を食い果たすと飢餓者は犬・猫・鶏などの肉を食べ、それも尽きると持馬を殺したり人の馬を盗んだり買ったりして馬肉を食べたという。凶作下では生きるために肉食を余儀無くさせられたのである。飢饉誌のなかには「我等は羽黒湯殿山大峯も駈候而、四足、弐足を禁候故、譬肉食不致餓死仕るとも不喰と我を張通し喰不申候」（松橋治三郎『天明卯辰簗』）と、修験の教えを守り肉食を拒否した人の話もみえる。だがそれは少数であり、多くの飢餓者は家畜である馬肉を食うところまで追い込まれ、さらには「馬も次第にくひ果し、詮方なき余りにや死したる人の肉を食するもの在々所々に多し」（『天明凶歳録』）、人肉食いまであったと書き記している。忌避しながらも、肉食抜きでは食生活が完結しない現実があったのである。

昌益に話しを戻すと、昌益の肉食忌避の思想は、北奥羽の民俗を継承しているようにみえる。実は昌益は「米は神也」（『統道真伝』万国巻）、「唯心の弥陀、己身の浄土と云ふは米穀也」（『統道真伝』糺仏失巻）と、

米穀を神仏視するが、これについて、安丸良夫は昌益が「米をボサツと呼ぶような民俗的観念をふまえて」いると指摘している（安丸良夫「生活思想における「自然」と「自由」」）。三宅正彦も、昌益が生まれた二井田村枝郷四羽出《しのはい》に伝わる「念仏」と呼ばれる御詠歌に「水田稲作のイメージと仏の救いのイメージが、みごとに複合している」として、この観念と昌益との関連を指摘している（三宅正彦「安藤昌益の思想形成と風土的基盤」）。昌益の米・五穀に関する思想についても、米の再生産過程にたずさわる農民の米にまつわる民俗に相通じているのである。

こうして昌益は、民俗の継承者としての相貌をもって私たちの前に立ち現れてくる。民俗が思想形成の重要な契機として浮上してきたのである（なお、民俗が昌益の思想を生み出した重要な基盤であると主張し、生涯にわたって大館市二井田に通い民俗誌を編んだのは、三宅正彦であった〈三宅正彦編『安藤昌益の思想的風土・大館二井田民俗誌』〉）。

四、民俗との葛藤、その形成の背景

では、昌益は肉食を忌避する民俗をストレートに踏襲したとみてよいのか。昌益に次の発言がある。

山伏の子孫、肉食を為す則《とき》は口枉《ま》がると云ふ。己れ心思の疑迷・恐着、他に非ず（『統道真伝』）

肉食をすれば口が曲がると信じるのは、心の迷いによるもので、それは何の根拠もなく迷信に過ぎない。

このように昌益は修験が獣肉忌避を説いていたこと、それが当時の社会通念となっていたことを知っており、それを批判しており、昌益は民俗への批判者としての顔もみせている。すなわち、昌益が民俗にどっぷり浸かって思想形成をしたと見るのは正しくない。昌益の思想形成の過程を考えるときに、その生活圏の民俗をどう継承しどう克服していったのか、という視点が不可欠となるのである。

くわえて考えておかねばならないのは、民俗もまた時代のなかで形成されるということである。たとえば、日和見の民俗も、小池淳一が明らかにしているように、近世に出版された『東方朔秘伝置文』『大雑書』等の書物の知が、民衆の生活に大きな影響を与えて民俗になっていた。肉食の忌避についても、先には昌益の生活圏であった北奥羽地域の民俗としたが、実はこれは北奥羽限定ではなく、九州から東北までに共通の民俗であった。この民俗の形成には、近世に出され続けた『神祇（道）服紀令《ぶっきりょう》』等の仮名書きの服忌書の影響も大きいが、直接には十七世紀末〜十八世紀にかけての権力者の施策が果たした役割が大きい。すなわち、五代将軍徳川綱吉の生類憐みの令と服忌令が、民衆レベルにまでケガレ意識を定着させ、獣肉を扱うことを義務づけられた被差別民への差別的見方が社会に浸透していった（高埜利彦『日本の歴史13 元禄・享保の時代』、若尾政希「享保〜天明期の社会と文化」）。昌益は、獣肉を忌避する意識が社会通念となり民俗となった十八世紀に生きたのである。私が、拙稿「安藤昌益の本草学」の歴史叙述を、幕府の被差別民政策から書き始めたのは、幕藩領主の施策まで視野に入れないと、昌益の思想形成の意味が見えてこないと考えたからである。

以上、昌益の肉食忌避の思想がいかに形成されたのか、を検討していく作業を通して、書物の知、民俗、そして現実の諸体験が近世人の思想形成の大きな契機であったことがわかった。これを昌益個人から離れて敷衍して整理すると次のようになろう。すなわち近世人の思想形成の過程を解明するには、(1)その人がどのような書物を読んだのか、その学問的基盤を掘り起こし、書物の知との出会いと葛藤の様相を明らかにする。あわせて、(2)その人の民俗的基盤を掘り起こして、生活圏の民俗との関わり合い（継承と葛藤）を具体的に明らかにする。その上で、(3)現実の諸体験が思想形成にどのような役割を果たしたのかを検討する。このようにして、近世を生きた多様な人々の思想形成の過程を解明することによって、近世という時代がどのような時代であったのか、という課題に迫ることができるのである。

【参考文献】

及川和子「岩手県南地方の養蚕信仰とオシラサマ」（岩崎敏夫編『東北民俗資料集』九、万葉堂書店）一九八〇年
橘川俊忠「在村残存書籍調査の方法と課題」（『神奈川大学日本常民文化研究所論集　歴史と民俗』四）一九八九年
――「近世文人・名望家の教養」（『神奈川大学日本常民文化研究所論集　歴史と民俗』一〇）一九九三年
楠正弘『下北の宗教』未来社、一九六八年
窪徳忠『庚申信仰の研究――日中宗教文化交渉史』日本学術振興会、一九六一年
小池淳一『陰陽道の歴史民俗学的研究』角川学芸出版、二〇一一年
小花波平六「庚申のまつり方の地方別諸相」（小花波平六編『庚申信仰』民衆宗教史叢書、雄山閣出版）一九八八年
佐藤源八「南部二戸郡浅沢郷土史料」（『アチックミューゼアム彙報』）一九四〇年（『日本常民生活資料叢書』八、三一書房、一九七三年再録）
高埜利彦『日本の歴史13　元禄・享保の時代』集英社、一九九二年
塚本学『生きることの近世史――人命環境の歴史から』平凡社選書、二〇〇一年

ノーマン、E・ハーバート『忘れられた思想家――安藤昌益のこと』上下、大窪愿二訳、岩波新書、一九五〇年
藤實久美子『近世書籍文化論――史料論的アプローチ』吉川弘文館、二〇〇六年
三崎一夫「オシラ神」（五来重他編『講座日本の民俗宗教3　神観念と民俗』弘文堂）一九七九年
三宅正彦「安藤昌益の思想形成と風土的基盤」（『民族芸術研究所紀要』三）一九七七年
――『安藤昌益と地域文化の伝統』雄山閣出版、一九九六年
三宅正彦編『安藤昌益の思想的風土・大館二井田民俗誌』そしえて、一九八三年
安丸良夫「生活思想における「自然」と「自由」」（相良亨・尾藤正英・秋山虔編『講座日本思想1　自然』東京大学出版会）一九八三年（『文明化の経験――近世転換期の日本』岩波書店、二〇〇七年所収）
横田冬彦「近世村落社会における〈知〉の問題」（『ヒストリア』一五九）一九九八年
――『日本の歴史16　天下泰平』講談社、二〇〇二年
吉田三郎「男鹿寒風山麓農民手記」一九三五年（『日本常民生活資料叢書』九、三一書房、一九七二年所収）
若尾政希「安藤昌益の本草学――肉食をめぐって」（『日本文化研究所研究報告』二五、東北大学）一九八九年（若尾政希『安藤昌益からみえる日本近世』東京大学出版会、二〇〇四年所収）
――「享保～天明期の社会と文化」（大石学編『日本の時代史16　享保改革と社会変容』吉川弘文館）二〇〇三年
――「近世人の思想形成と書物――近世の政治常識と諸主体の形成」（『一橋大学研究年報　社会学研究』四二）二〇〇四年
――『安藤昌益からみえる日本近世』東京大学出版会、二〇〇四年
――「「書物の思想史」研究序説――近世の一上層農民の思想形成と書物」（『一橋論叢』一三四―四）二〇〇五年
――「書物・出版と日本社会の変容」（『歴史評論』七一〇）二〇〇九年
――『近世の政治思想論――『太平記評判秘伝理尽鈔』と安藤昌益』校倉書房、二〇一二年

【引用文献】

『庚申之御縁起』（『大館市史四　民俗・文化編』大館市史編さん委員会、一九八一年）
北田忠之丞『天明凶歳録』（『青森県叢書七　南部津軽藩飢饉史料二』青森県学校図書館協議会、一九五四年）
松橋治三郎『天明卯辰簗』（『青森県叢書七　南部津軽藩飢饉史料二』）

やまと言葉の発想――「おのずから」と「みずから」の「あわい」で考える――

竹内　整一

一、やまと言葉で考えるということ

さきごろ、『やまと言葉で哲学する――「おのずから」と「みずから」のあわいで』という本を出した。本講座の「方法」にも関わることであるので、今度の本で書いたこと、これまでにも書いてきたことを確認しながら、「やまと言葉で考える」ということについてまとめて考えておきたい。

『やまと言葉で哲学する』を書いたのは、「哲学」という学問が、まずもって「反省以前の自己理解を明らかにしようとする学問」（和辻哲郎「日本語と哲学」）であるとするならば、そうした学問を、われわれがごくふつうの日常語として使い続けているやまと言葉で考えてみることはそれ自体意味のあることであるだろうと考えたからである。

あらためておさらいをしておけば、日本語は、ながらく音声言語・話し言葉であったやまと言葉に、大陸より伝えられた漢字から「仮名《かな》」という書き文字をつくり当て、また表意文字としての漢字そのものも取り入れて、その複合体（漢字を「真名」とし、みずからの文字を「仮名」とするコンプレックスの意をふくむ）のうちに形成されてきた言葉である。

さらに明治近代になっては、漢字の表意性を利用しながら、おびただしく造語された翻訳語や、現代においては、外来語を音そのままにカタカナに移し替えてきたカタカナ用語も、これまたおびただしく用いられるようになってきている。

今度の本でいささか考えてみようとしたのは、こうした現状のなかで、あらためてやまと言葉に立ちもどりながら、その言葉遣いのあり方、そこにふくまれている発想のあり方を検討することであった。そうすることによって、漢語や翻訳語・カタカナ用語の抽象性や概念性に固定され今ではあまり意識されることもなくなってしまった、他者や事物への、より具体的・より直接的な結びつきや関わりのあり方を確かめてみたかったということである。

具体事例として、医療・介護の現場の問題として見ておこう。

ここでは漢語というより、カタカナ用語の問題として顕著である。今は、ひとむかし前のように、カルテを英語やドイツ語で書くことはなくなったようであるが、それでも専門用語でカタカナ用語は異様に多い。「インフォームド・コンセント」「ノーマライゼーション」「カンファレンス」「ソーシャルワーカー」「QOL」等々といった、中には素人にはちょっとの想像力では追いつかない言葉もたくさんある。

病名や器具・治療法が外国から来たものであるという事情や、あえて患者にわからないようにするための配慮だということもあるのだろうが、病状や治療法など、患者により直接に関わる言葉が外国語（カタヵナ用語）のままというのでは、基本的なところでの齟齬が起こりかねないように思う。

病状などの表現は、患者が日常使っている言語で表現するのが最も適当である。とりわけ日本語には、擬声語・擬態語という、日常でもふんだんに使用されている格好の表現法が備えられている。「しくしく痛む」のか、「じんじん」なのか、「ずきんずきん」なのか、「ずーんと」なのか、は、微細な違いのままに、しかし、きわめて精確に言い表されうる表現なのである。

荒木博之『日本語が見えると英語も見える』は、対象世界を概念化・抽象化して切り取ろうとする傾向の強い英米語に対して、そうした手続きを経ないで対象世界を受け取ろうとする日本語のあり方と英語のあり方の違いを論じて、以下のように指摘している。

——たとえば、アヒルの歩き方は、英語ではすでに概念化を遂げていてただひとつの waddle という語によって表現されるが、日本語では、「よたよた歩く」「よちよち歩く」「ひょこひょこ歩く」等々と、目の前のアヒルのあり方に応じていくらでも表現しうる。

「このことは、日本人は対象世界をデリケートに、より微妙な違いをもって認知できるということを意味している。アヒルの歩くのを見れば、waddle という語しか思い浮かばない文化とは質的な違いがあるといわなければならない」（『日本語が見えると英語も見える』）、と。

むろんそれは、日本語の優位性なり、また劣位性なりを指摘するものではない。日本語がそのような特質をもち、日本人がそのような言葉を使いながら物事をとらえ、生きてきたということをあらためて認める必要があるということである。

「日本の言葉が日本人の考え方をどのように決めて来たか、また、日本人の考え、感覚がどのように言葉に反映しているかを具体的に見ること、それは歴史の表面に出て来ないで、しかも日本人の暮しの習慣や、それについている感情や、判断の仕方などの本当の姿を、私たちに見せてくれるかもしれない」（大野晋『日本語の年輪』）。

「やまと言葉で哲学する」ことは、「反省以前の自己理解を明らかにしようとする」ためにはどうしても不可欠の必要条件である。が、それは、かつて国学が目指したように、漢語やカタカナ用語を排除して、いわば純粋な日本語で考え、純粋な「日本精神」を取りだそうと努めることではない。そうした懐古・復古の営みではない。自己理解・自覚ということでいえば、やまと言葉だけではなく、すでに日本語として、とくに概念化・抽象化する働きを受け持って来た漢語（や翻訳語、またカタカナ用語）を抜きに、それはけっして十全には為しえないからである。つまり、「やまと言葉で哲学する」ということは、そのまずもっての必要条件にすぎない。今度の本は、そうした作業のひとつである。

二、「おのずから」と「みずから」という枠組み

以上ようなもくろみのひとつの試みとして、やまと言葉を考えるうえで基本的な枠組みになりうるものとして、「おのずから」と「みずから」という対の一組を取りあげ、そこでの言葉遣い、また、そこにはらまれている発想のあり方について考えてみよう。

江戸時代の儒学者・伊藤仁斎に、次のような文章がある。

蓋《けだ》し天下堯舜《ぎょうしゅん》に非ざれば祖述す可き無し。文武に非ざれば憲章す可き無し。故に其の当に祖述す可き者を祖述し、其の当に憲章し可き者を憲章す。其の之を祖述する者は、是れ自ら之を祖述す。憲章する者は、是れ自ら之を憲章す。（伊藤仁斎「中庸発揮《ちゅうようはっき》」）

孔子が『論語』に著した、その内容についての仁斎の理解を示した文章である。天下のあり方は堯・舜の治世でなければ「祖述」する意味がない、あるいは、文王・武王の治世でなければ「憲章（表彰）」する意味がない、ゆえに自分はまさに「祖述」すべきものを「祖述」し「憲章」すべきものを「憲章」するのだ、と。

問題はそこで、「其の之を祖述する者は、是れ自ら之を祖述す。憲章する者は、是れ自ら之を憲章す」という文章にある。文中の「自ら」と書き下したところ（原文漢文「自」）の読みの問題である。筑摩書房〈日本の思想〉の『伊藤仁斎集』は、これを「おのずから」と読んでいる。「祖述」「憲章」すべきものを、「おのずから」、自然にそうしたのだ、というのである。一方、岩波書店〈日本古典文学大系〉の『近世思想家文集』は、これを「みずから」と読んでいる「祖述」「憲章」すべきものを、「みずから」選んでそうしたのだ、というのである。

「祖述」という古学の方法を説いた仁斎の思想にとってはまさに肝心なところである。仁斎その人の原文では「自」と書かれており、そのかぎりで理解されていたこともそれ自体として問われるべきことであるが、「みずから」と読むか、あるいは「おのずから」と読むか、によって、われわれの仁斎理解も大きく異なってくるはずである。ここでは仁斎論そのものには立ち入らないが、ある思想のキーになるべき

「自」の理解が「おのずから」と「みずから」という、一見正反対に解しうる事態がかようなかたちであったことだけを確認するにとどめておこう。

もう一例挙げておけば、夏目漱石の代表作の一つに、『それから』という作品があるが、そこで主人公が大事な決断・覚悟を決める場面がある。昔別れた彼女ともう一度やり直そうとするところであるが、そこでの自己決断が、こういう言い方で表現されている。

「今日始めて自然の昔に帰るんだ」と胸の中で云った。こう云い得た時、彼は年頃にない安慰を総身に覚えた。何故もっと早く帰る事が出来なかったのかと思った。始めから何故自然に抵抗したのかと思った。彼は雨の中に、百合の中に、再現の昔のなかに、純一無雑に平和な生命を見出した。その生命の裏にも表にも、欲得はなかった、利害はなかった、自己を圧迫する道徳はなかった。雲の様な自由と、水の如き自然とがあった。（夏目漱石『それから』）

自己決断が「自然の昔に帰る」こととしてなされているのである。あるいは、「天意に従う」という言い方でも表現されている。漱石のおなじみの標語を使っていえば、自己をこそ本位本分として生きよという「自己本位」ということが、私というものを去って大いなる天（自然、「おのずから」）の働きに則《のっと》れという「則天去私」ということに繫がり重なるという問題がそこにはあるだろう。

つまり、こうしたところには、「みずから」決意・決断して為すことが、自然や天の「おのずから」に従うことだという考え方があるということである。「我々の行為は、我々の為すものでありながら、我々にとつて成るものの意味をもつてゐる」（三木清『哲学入門』）というような考え方である。

あらためて考えてみると、今でもふつうに、われわれは、「みずから」なしたこと、努力し、決めたことでも「おのずから」そうなったと表現している。結婚や就職、引っ越しなど、人生の大きな節目であればあるほど、そうした表現が用いられる。「今度、結婚することになりました」「就職することになりました」、と。

さきにもひいた荒木『英語がわかると日本語がわかる』という本には、次のような面白い例が紹介されている。

――大学の英語教育の時間で、電話口などで言う「弟と代わりますから」という、ごく簡単な文章を英作させたがほとんどできなかったという。みんな"I will change..."と始めてしまい、そう始めてしまうと、その先が出てこない。それは、「代わる」という自動詞を、「代える」という他動詞 change で考えているのであって、「弟と代わる」という表現では、空気がかわるように、いつの間にか弟に「代わる」という言い方になっているからだというのである。われわれは、あきらかに、「みずから」「代える」と言うべきところを、「おのずから」「代わる」と表現しているのである。

あるいは、「できる」という言葉にも同様の事情をうかがうことができる。「出来《でき》る」とは、もともと「出《い》で来《く》る」という意味であり、ものごとが実現するのは、「みずから」の主体的な努力や作為のみならず、「おのずから」の働きにおいて、ある結果や成果が成立・出現することによって実現するのだという受けとめ方があったがゆえに、「出《い》で来《く》る」という言葉が「出来《でき》る」という可能の意味をもつようになったとされているものである。

自発の「れる」「られる」の助動詞が、そのまま受身でもあり可能でもあるところにも同じ発想を見出すことができるが、そもそも、この「自発」という表現自体が、文法用語では、「おのずから」発する、起こるという意味で用いられていながら、平安のむかしからそれは同時に、「自分から進んでする」という、「みずから」発するという意味でも用いられてもいる。

三、「おのずから」と「みずから」の相即・撞着

こうした言葉遣いをしているところには、さまざまな問題点が指摘されうる。

「結婚することになりました」という言い方を、文字通り「おのずから」の成り行きでそうなったと使ったとするならば、もしその結婚がうまく行かず離婚することになったとしても、それもまた「今度離婚することになりました」と語られてしまう。そこには、事の当事者は不在である。それではいかにも無責任な成り行き主義である。

「罪？　罪といふことはできない。……実際如何なる縁か、彼女と自分との間にかういふ複雑した運命がつくられた感情が感情を生み、運命が運命をつくつて行くのは、果してその当事者の罪だらうか」（田山花袋「縁」）といった自然主義文学の考え方には、その典型を見ることができる。

むろん、近代日本のある種の「誠実」の表現でもあった自然主義文学をこうした側面だけで断罪することはフェアではないし、またそれは自然主義文学だけが負うべき責めではないだろう。自然主義文学を真っ向から批判した白樺派文学にしても、その高邁・楽天的な姿勢を支えていたものが、自己と自然とのあ

っけらかんとした連続性であるかぎり、また事実そうであったがゆえに結果的には自然主義文学とほぼ同様の事態に陥らざるをえなかったのであるが、その意味では同罪である。そしてそれはまた何より、そもそもそうした文学を享受し共感してきたわれわれ自身のうちなる問題でもある。

つまり、そこには、「みずから」と「おのずから」、自己と自然、またひいては自己と他者との暗黙のうちでの通底性・連続性が前提されているのであって、そうしたあり方が、「甘え」（土居健郎）とも「空気」（山本七平）とも、また「無責任の体系」（丸山真男）とも、さまざまに批判されてきたところのものである。福島第一原発事故の国会事故調査委員会は、事故の根本原因を、日本に染みついた悪しき慣習や文化にあったと批判しているが、そうしたものの表れのひとつであろう。――何とかなるという「甘い」想定と、危機対処への容易に口に出せない同調圧力・「空気」、こうした事態に「なってしまった」というような当事者性不在の「無責任の大系」。

しかし、かといって、「～することになりました」という言い方は、すべてそうした無責任な成り行き主義で語られているわけではない。たとえば、結婚ということについていえば、どんなに「みずから」努力しても、結婚する相手に出会うということにはならない。出会いは、基本的に「みずから」を超える出来事である。自分以上の、あるいは自分以外の働き、縁とかあるいは偶然とかそうしたものの中で、人は人に出会い、さまざまな出来事をくりかえしながら結婚という事態にやっといたる。それをわれわれは「結婚することになりました」と表現しているのである。そのような感受性を、そこに見いだすことができる。

すぐれた思想、思想の名に値する思想は、むしろそうしたところに自覚的であり、以上のような日本人が陥りやすい傾向を批判することによってこそ創出されているのである。

わかりやすい例として、親鸞の思想について見ておこう。

日本の自然主義文学は、その基本発想のあり方が親鸞と似ているとよくいわれる。たしかに親鸞は、われわれの煩悩の、いかんともしがたいことを嘆き見つめ、それを持ったまま、絶対的な阿弥陀如来の働きにおいて救われると説く。

親鸞によれば、われわれがそれを信じそれによって救われるという阿弥陀如来の働きとは「自然《じねん》」の働きのことであり、その絶対的な働きによってわれわれはこの現世においてその身のままに、如来と「等しい」存在となることができるというのである。晩年の「自然法爾《じねんほうに》」とは、まさに自然のままに、と説くものであった。

こうした点において、親鸞の考え方と自然主義文学の考え方とに似ているところがあるとされるし、また事実、共通するところを多く持っているが、しかし、両者の決定的に異なるところは、親鸞においては、こちら側の「みずから」のはからいは、けっして、阿弥陀如来の「おのずから」の働きと重なるものとしては受けとめられていないということである。

自然主義文学では、「みずから」と「おのずから」は基本的に連続すべきものとして考えられていたのであるが、親鸞の「自然」思想においては、「みずから」のはからいはあくまでも自力のそれとして、「おのずから」の働きはどこまでも他力、絶対他力のそれとして説かれているということである。この、「おのずから」が絶対他の力・働きとしての「おのずから」であるということは、親鸞思想のきわめて大変なところであって、「信」、信ずるということの途方もない難しさがそこに出てくるのである。

「おのずから」という言葉は、古語では、自然の成り行きのままで、当然に、という現代の使い方と同時に、万一・偶然に、という無常の意味でも使われていた。「おのづからのことあらば」とは、もし万一死んだならば、という意味である。

そこには、人間の側からすれば万一・偶然と思われる事態も、より高い次元である宇宙的地平から見れば当然の成り行きなのだという説得でもある（相良亨「「おのずから」としての自然」）が、同時にそれは、「おのずから」の出来事は、「みずから」の営みにはいかんともしがたい他の働きとして働いているのだという説得が込められている。死とは、まさにそうしたこととして納得する以外にない事態のことだったのである。

死をはじめとする「自然」の「おのずから」なる働きとは、われわれも確実にその働きの内にありながら、しかしわれわれにはどうにもならない、他の働きとして働いているということを示している。

親鸞思想とは、こうした「おのずから」と「みずから」を生きるあり方をきびしく見すえた宗教・思想なのである。「おのずから」の側から見たときには、われわれの「みずから」の働きはその中にある。しかし、「みずから」の側から見たときには、「おのずから」の働きはあくまでも外である、われわれにはどうにもならない外・他の働きとしてあるということである。

こうした、「おのずから」と「みずから」のパラドキシカルな関係と距離は「あわい」というやまと言葉で考えることができる。「あはひ」とは、「アヒ（合）アヒ（合）の約。相向う物と物との間の空間。転じて、二つのものの関係」が原義で、「向いあった二つのもののあいだの空間、間隔や、相互の関係（配色、釣合い、衣装の色合い、また、人と人との関係、仲）」などを表す言葉である（『岩波古語辞典』）。

四、「おのずから」と「みずから」の「あわい」

「おのずから」と「みずから」の「あわい」の問題として考えるということは、「自然」と「自己」、「自然」と「作為」といったような、ある決まった概念としての名詞と名詞の二項対立として考えることではない。そもそも、「おのずから」と「みずから」とは、もともと実体を指す言葉ではない。形容語としての副詞であり、その両者を「合ひ合」う「あわい」として相関させたときに見えてくるものをあらためて考えようということである。

柳田國男の、以下のような思索は、まさに、「おのずから」と「みずから」の「あわい」で考えようとする営みである。

戦後になって柳田は「近頃やゝ久しい間、人生を自然の現象と観ずる練修を、われわれが怠つて居た」と反省し、それに続けて次のように語っている。

如何なる生活が自然のまゝ、おのづからなる在り方といふべきかについては、をかしい程さまざまな考へ様が今まではあつて、それを一つに決するのが煩《わずら》はしさに、寧《むし》ろ我々はこの問題を避けようとして居た。しかし静かに見て来ると、自然そのものも亦成長して居る。時と内外の力のかねあひに由つて、変るべきものは変らずには居なかつた。強ひて其《そ》れ以前の状態に復《かえ》らうとすることが、自然の道で無いことは是《これ》だけでもわかるのである。境涯経歴も全く異なるものゝ中に、手本の無いことも始めから知れて居る。何が我々のおのづからであつたかといふことは、やはり辛苦《しんく》して是から捜《さが》し出すの外は無いやうである。（柳田國男『婚姻の話』）

ここでの「おのずから」とは、「如何なる生活が自然のまゝ、おのづからなる在り方といふべきか」という意味における「おのずから」である。つまり、それは生活するわれわれ「みずから」が「辛苦《しんく》して是から捜《さが》し出すの外は無い」という「おのずから」である。そこには、一義的な「手本の無いことも始めから知れて居る」。自然をかくなるものと安易に想定し、それへの復帰・同化を求めるといったたぐいの「自然主義」ではない。

それゆえそれは、草木鳥獣が「おのずから」であるような、いわゆる〝自然〟の「おのずから」のことではないが、とはいえ、「人生を自然の現象と観ずる練修」というかぎりにおいては、そこには、いわゆる〝自然〟の「おのずから」のようなものが眼差されている。この間の微妙な消息については、同じ『婚姻の話』にこうも述べられている。

私は其の伐採《ばつさい》の一つの上に立つて、北西一帯の山腹を見おろすと、そこは一面の杉の林に覆はれ、それも悉《ことごと》く立派な大木であつた。穂先枝振りに些《いささ》かの衰老の兆《きざし》も無く、整然として末遠く列立する有様は、人が計画して植林をしても、中々斯《こ》うまではなるまいと思ふやうであつた。さうして此の中には一本の変り種も無く、悉く頂上の老樹の児孫であることは疑ひが無かつた。自然の絶大なる意図にまかせ切つて、人間の作為を塵《ちり》ばかりも加へずとも、なほ斯《か》くまでの壮観を見ることを得た時代が曾《かつ》ては有り、又現に其の事業の蹟《あと》は、まざまざと保存せられて居たのである。能《あた》ふべくんば是を今一度、吾人の努力と誠実とによつて、再現して見たいと切望する者が有つても、それも亦少しも不自然なことではない。ただ果して可能であるか否かが、又新たなる一つの問題であつて、文化進展の理法を明らかにする学問が、もう少しは成長しないと何とも断言し難いが、悲しいかな最近百年足らずの我々の経験は、とても出来ないだらうといふ推定の方に、人を導いて行かうとして居るのである。仮にさうだときまつたとすれば、如何なる活《い》き方又集《あつま》り方が、一ばん多く同胞を楽しませ安んぜしめるであらうか。（同前）

ここには、一種の断念がある。この未練がましい執拗な文体で語られていることは、「人間の作為を塵ばかりも加へず」に「自然の絶大なる意図にまかせ切」ることへの「切望」と、それは「とても出来ないだらうといふ推定」である。その「推定」通り、「仮にさうだときまつたとすれば」、と、そこで問われてくるのが、「如何なる活《い》き方又集《あつま》り方が、一ばん多く同胞を楽しませ安んぜしめるであらうか」という問いである。

つまり、柳田のいう「おのずから」とは、かぎりなく〝自然〟の「おのずから」を「切望」し、またそれへの志向を保持しながらも、なおそうとなりえないだろうと断念し自覚したところでの、「みずから」との「あわい」においてある「おのずから」である。「一ばん多く同胞を楽しませ安んぜしめる」家や村や共同体は、そうしたところに形成されるというのである。「何が我々のおのづからであつた」かを「辛苦」して求めるという、この逆説めいた営みが柳田のいわゆる「学」であった。それゆえその捜索は、人々の生きてきた歴史の堆積に向けられたのである。

なお柳田は、「あわい」という言葉について、この言葉は「あばい」「あんばい」の音変化であり、「本来、合う・逢うなどという動詞からこしらえた、上品な古語」であったとし、「こういうよい言葉」は、「将来使い方によってはどんなにも精確に、学問上の用語にもなりうる一語」である、と述べている（『毎日の言葉』）。その意味でも、柳田の「学」とは、すぐれて「おのずから」と「みずから」の「あわい」の学であったということができる。

【参考文献】

荒木博之『日本語が見えると英語も見える』中公新書、一九九四年
大野晋『日本語の年輪』新潮文庫、一九六六年
木村英一編『伊藤仁斎集』日本の思想11、筑摩書房、一九七〇年
相良亨「「おのずから」としての自然」（『相良亨著作集6 超越・自然』ぺりかん社、一九九三年）初出一九八七年
清水茂他校注『近世思想家文集』日本古典文学大系97、岩波書店、一九六六年
親鸞『末燈鈔』（増谷文雄編『親鸞集』日本の思想3、筑摩書房、一九六八年）
竹内整一『やまと言葉で哲学する――「おのずから」と「みずから」のあわいで』春秋社、二〇一三年
田山花袋「縁」（『田山花袋全集』一、文泉堂書店、一九七四年〈復刻〉）初出一九一〇年
土居健郎『「甘え」の構造』弘文堂、一九七一年
夏目漱石『それから』（新潮文庫、一九九二年）初版一九一〇年
丸山真男『日本の思想』岩波新書、一九六一年
三木清『哲学入門』（枡田啓三郎編『三木清全集』七、岩波書店、一九六七年）初版一九四〇年

柳田國男『婚姻の話』(『定本柳田國男集』一五、筑摩書房、一九六三年)初版一九四八年
――『毎日の言葉』(角川文庫、一九六四年)初版一九四六年
山本七平『空気の研究』文藝春秋、一九七七年
和辻哲郎「日本語と哲学」(安倍能成他編『和辻哲郎全集』別巻二、岩波書店、一九六二年)一九二八年講演

宗教と学術

林　淳

一、ヨーロッパにおける「仏教」の誕生

十九世紀のヨーロッパにおいて仏教について語った思想家は、少なくなかった。ヘーゲル、ショーペンハウアー、ルナン、ニーチェなどがその代表であろう。彼らは、仏教をヨーロッパの外側にある未知の宗教として眺め、仏教の涅槃を魂の消滅として理解し、ヨーロッパの世界観とは異質の虚無の宗教として恐れを抱き、反発するか、反対にショーペンハウアーのように深く魅了されることさえあった。こうしたヨーロッパの知的な環境のなかで「仏教（ブッディスム）」（「ブッダの思想」という意味）という概念は、一八二〇年頃から使われだした（ロジェ＝ポル・ドロア『虚無の信仰』二五頁）。フランス語、英語、ドイツ語において、ほぼ同じ頃から「仏教」が使われたことは、興味深い事実である。それ以前に、「仏教」という言葉がなかったことから、仏教という事象も存在していなかったと言うことにも一理ある。

仏教は、十九世紀前半にヨーロッパで発見されたものであった。サンスクリット語、パーリ語で書かれた経典が、ヨーロッパに伝来し、それらを解読する学者が現れた。フランスのインド学者であったウージャーヌ・ビュルヌフは、ヨーロッパ仏教学の出発点をつくった人であった（ドナルド・ロペス「ビュルヌフと仏教研究の現在」）。というのは、仏教のインド化、サンスクリット化、テクスト化、人間化という四つの方向をビュルヌフが打ち出したからである。すなわちビュルヌフは、仏教の起源をインドとし（エジプト起源説もあった）、独自の言語としてサンスクリット語を定め、仏教に正典を与え、ブッダを神々ではなく、英知を身につけた慈悲深い人間として描いた。ビュルヌフがつくった仏教のイメージは、その後のヨーロッパ、アメリカの仏教学者のみならず仏教信奉者にもひろがった。十九世紀後半に活躍したマックス・ミュラー、リス・デイヴィッズ、オルテンベルグなどの当時著名な仏教学者は、ビュルヌフを継承した人たちであった。

テクスト化と人間化とは、ヨーロッパ仏教学が後世に及ぼした影響の源になっている。テクスト化については言うならば、正典が仏教に与えられた点もあろうが、テクストのなかにこそ仏教の真髄が隠されていて、それを明らかにできるのはサンスクリット語、パーリ語を学び、文献学的な手法を身につけたヨーロッパの学者だと認識したことの方が意味は大きい。これは、テクスト化というよりもテクスト優越主義と言うべき態度である。これによって、ヨーロッパの学者は、アジアに生きている僧侶よりも、テクストに精通していることによって真の仏教について熟知していると自ら信じることができた。さらにこの態度を押し進めると、アジアの僧侶や信仰者は無知であって、アジアの仏教は堕落しているのだから、ヨーロッパ人が学術的な方法で、救出せねばならないという使命感にもつながった。

ヨーロッパの仏教学者によるアジアの現実の僧侶、仏教への軽蔑が、歴史的なブッダに対する憧憬と同じコインの裏と表の関係であったことを忘れるわけにはいかない。十九世紀にヨーロッパで生まれたブッダの人間化は、現地のアジアの仏教にはない、まったく新しいイメージの創出であった。ヨーロッパ仏教学が生み出した人間ブッダは、理性的で倫理的であって、非暴力を重視し、社会改革のため立ち上がった徳の高い人物でもあった。ヨーロッパの仏教学者、さらに仏教信奉者は、歴史に実在した人間ブッダを憧憬して、人生の師として、生きる模範として仰ぐことさえあった。ブッダのイメージも、当時のヨーロッパの知識人が理想とする人間像が反映していた。人びとは、ブッダをイエスのような人、ルターのような改革者、詩人、革命家と、さまざまな理想的なイメージを投影して語った（Philip Almond, *The British Discovery of Buddhism*, pp. 60–79）。

大乗仏教圏でも上座仏教圏でも、ブッダは通常の人間ではない。多種多様な仏像が、そのことをよく証明している。アジアでは、ブッタは長く信仰の対象であって、超人間的な容貌の像に形象化されることはごく自然なことであった。大乗仏教では、実に多くの仏菩薩に取り囲まれている。それに対してヨーロッパ仏教学者が語りだしたブッタは、歴史的に実在したブッタであった。サンスクリット語、パーリ語のテクストを使って、歴史的なブッダの思想に焦点をしぼり、それに関わらないものはすべて捨象しようとした。大乗仏教の経典は、歴史的なブッダの思想と無関係な後代に作られたものであって、価値なきものと見なされた。ヨーロッパの仏教学者にひろがった「大乗仏教は仏説にあらず」という見解は、日本では「大乗非仏説」と呼ばれた。

二、ヨーロッパ仏教学と日本人

真宗大谷派の門主となる大谷光瑩は、一八七二年にヨーロッパへ視察に行き、ヨーロッパの近代文化に触れ、教団近代化への知見をひろげた。その一つの結果として、光瑩は、南條文雄、笠原研寿という若い秀才に白羽の矢を立て、最先端の仏教学を習うためにイギリス留学を命じた（林淳「近代日本の宗教」）。光瑩としては、サンスクリット経典を調査し、最新の学問的成果に照らして浄土教の起源がインドにあることを確証したかったのであろう。

一八七六年に南條、笠原はイギリスに赴く。ロンドンに着いた二人は、リス・デイヴィッズに面会した。リス・デイヴィッズは、彼らにパーリ語の学習を奨める。パーリ経典こそがブッダの本当の言葉を伝えていると、リス・デイヴィッズは考えていたからであった。しかし浄土教のサンスクリット経典を学ぶために留学していた二人は、その助言に従うことはなかった。二人は、オックスフォード大学のミュラーのもとに行き、そこでサンスクリット語を学ぶようになる。最初の面会の時にミュラーが、二人に留学の目的を尋ねたが、二人は、質問にまともに答えられなかったという。それは致し方なかったかもしれない。彼らの留学は、自分から望んで来た留学ではなく、真宗大谷派という教団からの派遣であったからである。

一八七九年にミュラーは、南條に依頼して日本から梵語で書かれた阿弥陀経を送ってもらうことがあった。ミュラーはそれを読み、ブッダの教えとは食い違うことに驚き、激怒した。「日本で見つかった梵語経典」という論文において、ミュラーは、日本人に向けて早く浄土教を捨てて、本当のブッダの教えに戻るように勧めている。

この経典〔阿弥陀経〕は、元来ブッダが説いた教えとはことごとく異なることは、疑いもない。にもかかわらず日本ではもっとも人気があって広がっている経典なのである。国民の大多数の宗教は、この経典に基づいているといわれている。できるだけ多く阿弥陀の名前を唱えよ。そうすればすぐに浄土へ行き安らぎが得られる。日本人が信仰させられているのは、こういう教えである。これがブッダの説いたことだと教えられる。この経典の一文は、もともとのブッダの教えとはまったく反しているように見える……「東洋のイングランド」になると言われてきた東洋の島国〔日本のこと〕には、偉大な未来が待ち受けている。宗教を純粋化して改革すること——即ち元来のブッダの教えの戻ること——が、何よりも先に為されなくてはならない。(Max Muller, *Selected Essays on Language, Mythology and Religion*, pp. 365-366)

アメリカから日本に来たプロテスタントの宣教師ゴードンは、浄土真宗の僧侶との論争で、ミュラーの論文を利用した（指方伊織「M・L・ゴードンの大乗非仏説」）。とくに浄土真宗の僧侶による拝耶論がさかんな時代であったので、ゴードンは、ヨーロッパ仏教学の成果を引用して、日本人信者を獲得しようとした。京都における演説会で、ゴードンは「阿弥陀仏は造物主にあらず、全知全能にあらず、人を救う力をもたない」と述べた後で、「阿弥陀仏はブッダの教えにはない」と論じた。「阿弥陀仏は造物主ではない」と批判されても、浄土真宗の僧侶には、まったく堪えなかった。僧侶は、「造物主とは何か。そのような存在は認められない」と反論すれば、それですんだ。だが「阿弥陀仏はブッダの教えにはない」と批判されれば、僧侶として黙っているわけにはいかなかった。ミュラーの発言が仏教界に与えた打撃は、致命的であった（同前）。日本の仏教的知識人は、ヨーロッパの仏教学の権威、ミュラーが説いた大乗非仏説を遠くの対岸の火事として座視することはできなかった。

仏教が信じるに足る理由は、ブッダが説いたからではなく、哲学として優れているからだと論じたのは、井上円了であった。井上にとっては、大乗仏教が仏説か非仏説かという問題は、瑣末なことに過ぎなくなる。井上は、ヨーロッパの仏教学者には小乗仏教の情報のみが伝わり、本来の仏教のことが知られていないとしきりに嘆いた。

わが日本にては大乗を真実の仏説なりとして伝えきたりし故に、日本仏教を講ずるには、もとよりその見地に立ちて観察しなければならぬ。これに反して近時西洋に入りし仏教は、南部派たるセイロンやビルマの系統に属するをもって、その源がすでに小乗なれば、欧米人はいまだ大乗をしらず、したがって大乗の名を聞きてただちに非仏説と速断するがごとき有様である。これ余が年来大いに遺憾とするところなれば、ここに日本仏教を講ずるも他日、西洋に日本の大乗教を紹介するの端を開かんとする微意なることをあらかじめ断りおかねばならぬ。（井上円了「日本仏教」二六頁）

大乗仏教に関する正確な知識が欠けていたために、大乗非仏説という速断が広まったのだから、ヨーロッパに向けて大乗仏教を紹介しようというのが、井上の戦略であった。しかしこの戦略では、すでに日本で起こってしまった大乗非仏説の脅威と混乱を打ち消すことにはならなかったと思われる。

三、仏教学と仏教史学

イギリスからの帰国後の一八八六年に、南條は、講演会に呼ばれて話をする機会があったが、それを聞いた匿名の人物から葉書が来て、大乗非仏説をどう考えるのかと詰問された。匿名の人物は、南條がミュラーの弟子であったことを知った上で質問をしてきたのであった。南條は、つぎにように回答している。そのなかで、ミュラーが阿弥陀経を読み始めた時に、これは仏説ではないと怒ったことを思い出している。称名念仏で往生できるという説に、ブッダの教えとは異質なものを感じて、ミュラーはつぎのように語った。

少善根少福徳にては往かれず名号の所由を聞きて信ずる者はみな往くとあるは、是れ釈迦の説に違ふものと感じたりと見え、顔赤らめて是を仏説なりと思へるか言われたることあり、其事日本に聞え日本にては某などが之を喋々して雑誌に載せ英国へ送りし者もありし程なり、博士も予の一言よりして大事を引起しては気の毒なりなど言れたれとも、支那日本の仏教豈に博士の一言により混乱を生ぜんや、況や大乗非仏説の論の如きは古来珍らしからぬ事なれは予と笠原とは別に驚きもせずに宗旨上に於ては毫も信を動かすことなかりし、然るも馬博士は文学上の師にして宗教上の師にあらざる事は勿論なれは、毫も其の懸念はなきことなり（「南條文雄師梵文阿弥陀経講義大要」、『明教新誌』二一〇九号、

一八八六年十一月十一日)

文中にある「日本にては某などが」とあるが、これは先に挙げた宣教師ゴードンのことであろう。大乗経典のサンスクリット語文献を研究するために、イギリスへ留学した南條、笠原であったが、ミュラーからは大乗仏教、なかでも浄土教は仏説ではないと言われる。ミュラーの一言で、日本や中国の仏教徒に混乱を生じることはないと南條は強調するが、日本における大乗非仏説の反響の大きさから見て、脅威、混乱、反発を招いたことは疑いえない。南條は、ミュラーを称して「文学上の師にして宗教上の師」ではないと弁じる。彼は、「文学」(学問のこと)と「宗教」を分割し、学問では大乗非仏説に従うが、それは「宗教」とは別なことだという。たしかに宗教上では南條は、大乗仏教は仏説だと固く信じ、浄土真宗の信仰に揺らぎはなかった。しかし南條の弁明にもかかわらず、ミュラーの大乗非仏説は、日本の仏教界に戸惑い、混乱、怒りをもたらした。

つぎに見る村上専精は東京帝国大学教授であったが、ヨーロッパ留学の経験はなく、サンスクリット語、パーリ語を読むことはなかったが、漢訳経典の造詣が深かった。一九〇一年に出た村上の『仏教統一論』は、各宗派に分かれた仏教宗派が統一され、キリスト教やヨーロッパ哲学に対抗できる仏教の構築がめざされた。このなかで、村上は大乗非仏説に言及した。歴史的立場からブッダを人間として見るならば、大乗仏教は非仏説ではあるという見解である。

余は大乗非仏説なりと断定す、余は大乗非仏説と断定するも開発的仏教として信ずる者なり(村上専

精『新編仏教統一論』一七五頁）

この村上の大乗非仏説は、真宗大谷派で問題化して、村上は、真宗大谷派の僧侶資格を失うことになった。一九〇三年に村上は『大乗仏説批判』を出版して、再度、自説を補強する。大乗が仏説か非仏説かという問題は、歴史問題であって、教理・信仰問題ではないことを村上は明言して、歴史問題としては大乗非仏説であるが、教理・信仰問題では、大乗仏説であると述べている（村上専精『大乗仏説論批判』七頁）。一見すると大乗非仏説が正しいと語っているが、教理・信仰の問題で大乗仏教は仏説だと肯定したところに意義がある。学問／宗教、歴史問題／教理・信仰問題と二つの次元を区分して解決を図った点で、南條と村上は同一の対応をとった。仏教学者でありながらも同時に僧侶であるという日本の仏教学者の二面性が、南條、村上の説明のしかたを生み出したと想定できよう。大乗仏教は「開発的仏教」であって、小乗仏教よりもはるかに価値のある存在であると断言し、村上は、ヨーロッパ仏教学の大乗非仏説を止揚した。

村上の学術的な貢献は、それだけではない。ヨーロッパ仏教学と一線をひいた「仏教史学」という新たな分野を創設し定着させたことでも、意味は大きい（村上専精については、オリオン・クラウタウ『近代日本思想としての仏教史学』の第一部第二章「「日本仏教」の誕生――村上専精とその学問的営為を中心に」参照）。村上は、境野黄洋、鷲尾順敬とともに『仏教史林』という雑誌を刊行し、ヨーロッパの仏教学とも伝統的な宗乗・余乗とも一線を画した、仏教教理を対象にした「仏教史学」を立ち上げた。彼らの「仏教史学」は、歴史的な方法を用い各宗派の教理をまとめてあげ、包括的な総合性を与えようとするものであった。それはまた、仏教を国別に叙述するスタイルを作り出したのであった。日本仏教のみならず、インド仏教、中国仏教なども対象化して、それぞれの歴史や文化的背景によって独自に形成されたものと見るのである。インド仏教は、規律と哲学が発展したものであり、中国仏教は、哲学が発展し、日本仏教は、信仰的な面が発展しているという。やや図式的である難はあるものの、大乗仏教／小乗仏教、北方仏教／南方仏教という既成の二分法を使わずに、国別に仏教史を叙述するスタイルをつくった点に意味がある。国別の仏教史は、歴史的な展開を進化の過程として見る点で、歴史的ブッダ一人の思想に絞ったヨーロッパ仏教学の狭隘さとは異なるものであった。日本仏教がインド仏教や中国仏教と異なることは、国家の歴史や文化的背景が違う以上、当然な結果であって、優劣の比較は意味をなさない。村上たちの提唱は、それ以降、辻善之助『日本仏教史之研究』、さらに『支那仏教史学』『日本仏教史学』という雑誌に継承された。

ヨーロッパ仏教学導入に貢献した南條、南條の紹介でミュラーのもとに留学した高楠順次郎は、浄土真宗の篤信者であり、ヨーロッパ仏教学者の大乗非仏説に追従することはなかった。彼らは、ヨーロッパ仏教学の文献学的手法を取り入れながらも、伝統的な宗派仏教が養ってきた信仰を手放さなかった。東京帝国大学の印度哲学講座の設立が、釈宗演、安田善次郎による寄付で設立したという事実もある。つまり仏教界がバックアップして、仏教学は自立した学問になったのであった。仏教学と仏教界は、互いに協力していく体制ができつつあった。一九一八年の大学令以降、龍谷大学、大谷大学、駒澤大学、立正大学などの宗門大学が設立されるが、宗門大学の教授と帝国大学の教授と協力して、『大正新脩大蔵経』を編集して、一九二八年には日本仏教学協会を創設した（林淳「近代日本における仏教学と宗教学」）。

四、宗教学と神道学

日本では、ミュラーは南條、高楠の恩師として知られ、間接的に日本の仏教学の確立に寄与した人物であった。日本における宗教学の創設者とされる姉崎正治は、ドイツでドイッセン、オルテンベルグに仏教学を学び、インド仏教を専門にしていた。姉崎は、ミュラーとの交際はなかったようである。しかし皮肉なことに、今日では世界的にはミュラーが宗教学の学祖であり、日本では姉崎が日本の宗教学の学祖になっている。言語学、神話学に精通し、「一つの宗教しか知らない人は、およそ宗教なるものを知らない」と説いたミュラーは、比較宗教学の元祖に最もふさわしい。南條、高楠も、姉崎もヨーロッパでインド仏教を研究した点で共通しており、帰国した後、仏教学と宗教学という分野に振り分けられた。南條、高楠は、ミュラーの弟子であったのだから、宗教学者と称してもよかったはずである。

そうはならなかったのは、日本ではすでに仏教学と宗教学とが別な学問として始まっていたからである。日本には僧侶、寺院という生きた仏教の形があって、各宗派には宗乗、余乗という形態の「仏教学」があった。日本には、ヨーロッパ仏教学の受容前に、すでに「仏教学」が成り立っていたのである。南條、高楠がもたらしたサンスクリット語、パーリ語を使った文献学は、江戸時代以来の宗乗、余乗の「仏教学」を排斥することはなく、共存の道を見つけることができた。大乗非仏説をめぐる過程は、ヨーロッパ仏教学が日本の仏教界に着地しようとし、紆余曲折しながら軟着陸した物語であった。

仏教界のバックアップがあればこそ、仏教学は宗教学から自立することができた。他方で宗教学講座を担当した姉崎は、しだいにインド仏教からキリシタン、聖徳太子、日蓮などの日本宗教史へと専門を転換させた。仏教学と宗教学は、役割分担を模索した。姉崎の弟子になると、加藤玄智、宇野円空、原田敏明、古野清人、杉浦健一、棚瀬襄爾など多士済々の研究者が生まれてきた。一九二〇年には、東京帝国大学に神道講座が設置されて、宗教学講座から加藤が移った。翌年から講座は開始され、加藤、田中義能が助教授となり、宮地直一が講師をつとめた。加藤は、神道の起源と発達の授業を持ち、田中は、復古神道の授業を担当し、宮地は、神祇史の通史を教えていた（藤井健志「東京大学宗教学科年譜資料（大正時代）」）。宇野、原田、古野、杉浦、棚瀬は、民族学、民俗学を専門とし、フィールド調査を実施し、文献学の仏教学との距離は、ますます遠くなった（林淳「近代日本における仏教学と宗教学」）。

五、世界宗教の発生

十九世紀ヨーロッパにおける仏教の発見が、仏教学や宗教学を生み出したのみならず、ヨーロッパ人の世界観を揺り動かしたことは事実であった。ヨーロッパの宗教的な知識人は、ユダヤ教、イスラムをセム系の宗教として遠ざけながら、仏教をアーリア系の文明的な宗教として親しく遇した。キリスト教とは異質であるが、あるいは異質ゆえに、キリスト教と対等な宗教として仏教が認知されるようになった。さきに引用した「一つの宗教しか知らない人は、およそ宗教なるものを知らない」というミュラーのセリフも、十九世紀の知的状況のなかでキリスト教のみを奉じた神学者や教会関係者に対する痛烈な皮肉として読むことができる。彼らは、一つの宗教しか知らない人たちであったからである。ミュラーであれば「もう一つの宗教」は、仏教かバラモン教かであった。「世界宗教」という概念は、キリスト教と仏教を包含して十九世紀後半に発明されたという増澤知子の指摘は、ミュラーを念頭におくと説得力がある（Tomoko Masuzawa, *The Invention of World Religions.* ミュラーの「セム」「アーリア」の概念については、奥山倫明「アーリアとセム」参照）。その意味でいうと、十九世紀ヨーロッパの人文学の確立にとって仏教やアーリア人という「好ましい他者」の存在は欠くことのできない条件であったのかもしれない。

仏教の発見は、ヨーロッパのみならず非ヨーロッパでも大きな思想的・宗教的な事件となった。イギリスは、インドを植民地化していたが、そのはるか前に仏教はインドから姿を消していた。ヨーロッパの仏教学者が、ヨーロッパにもたらされたテクストのなかにブッダの言葉を探し、想像力にまかせて自由にブッダのイメージを語ることができたことは、すでに述べたとおりである。そのようなことができたのは、第一に、仏教の故郷インドから異議申立てが来なかったからである。ヨーロッパで仏教という言葉ができて、仏教学が成立した後も、ヨーロッパ仏教学者による真理独占について、インドのみならずアジアからの異議申立てもなかった。とはいえオックスフォード大学でミュラーに仏教学を習った南條、笠原の内面には、仏教徒の立場からミュラーの言動への違和感が累積された可能性は高いが、表出されることはなかった。もし彼らの違和感、さらには批判が英語で表明されていたならば、おそらくアジアの仏教徒からのヨーロッパ仏教学への最初の異議申立てになっていたはずである。日本国内における大乗非仏説への反発や対応は、ヨーロッパ仏教学への異議申立ての交響する声のこだまであった。残念ながら、ヨーロッパにまではその交響のこだまは届かなかったが。

日本の仏教徒もまたインドに仏教が不在である事実を利用しようとした。そこではインドにはすでに仏教はなく、アジアの国々の僧侶は腐敗・堕落して、見るべきものが何もない、だからわれわれ日本仏教徒が、アジアに行って仏教を教え直し、復興につとめる義務があるという論理が出てきた。日本の仏教徒がアジアに進出しようとした時に、この論理がまず立ち上がってくる。ヨーロッパに対しては大乗仏教を堅持し抵抗を示したが、ことアジアの国々に面する時には、日本の仏教徒は、ヨーロッパの仏教学者とそっくりな強面の顔つきをしたのであった。

【参考文献】

井上円了「日本仏教」(『井上円了選集』六、東洋大学井上円了記念学術センター、一九九〇年)初出一九一二年
奥山倫明「アーリアとセム――19世紀カテゴリーの再検討」(市川裕他編『宗教史とは何か』上、リトン)二〇〇八年
クラウタウ、オリオン『近代日本思想としての仏教史学』法藏館、二〇一二年
指方伊織「M・L・ゴードンの大乗非仏説――宣教師がもたらした近代仏教学」(『近代仏教』一五)二〇〇八年
末木文美士他編『ブッダの変貌』法藏館、二〇一四年
ドロア、ロジェ＝ポル『虚無の信仰』島田裕巳・田桐正彦訳、トランスビュー、二〇〇二年(原著一九九七年)
南條文雄「南條文雄師梵文阿弥陀経講義大要」(『明教新誌』二一〇九)一八八六年
林淳「近代日本における仏教学と宗教学」(『宗教研究』三三三)二〇〇二年
――「近代日本の宗教――仏教を中心に」(『日本思想史学』四三)二〇一一年
藤井健志「東京大学宗教学科年譜資料(大正時代)」(田丸徳善編『日本の宗教学説II』東京大学宗教学研究室)一九八五年
村上専精『新編仏教統一論』(群書、一九九七年)初版一九〇一年

——『大乗仏説論批判』光融館出版、一九〇三年

ロペス、ドナルド「ビュルヌフと仏教研究の現在」（末木文美士編『近代と仏教』国際日本文化研究センター）二〇一二年

Almond, Philip. *The British Discovery of Buddhism*. Cambridge: Cambridge University Press, 1988.

Masuzawa, Tomoko. *The Invention of World Religions: Or, How European Universalism Was Preserved in the Language of Pluralism*. Chicago: University of Chicago Press, 2005.

Muller, Max. *Selected Essays on Language, Mythology and Religion*. London: Longman, Green and Co., 1881.

日本とアジア・西洋

山室　信一

はじめに――「メトーデなき伝統」という言説とヨーロッパ像

「日本の伝統は、メトーデが絶対ないことを特色とする」「西洋の歴史はメトーデの伝承の歴史だね。日本ではそうではない」（安部公房・三島由紀夫「二十世紀の文学」、『文藝』一九六六年二月号）――これは日本の伝統を尊重すべきことを力説していた三島由紀夫が安部公房との対談で述べたものである。

三島は、能や武道における秘伝書や短歌における古今伝授などの事例を挙げながら、アリストテレス以来、メトーデ（Methode）の伝承が重視されてきた西洋との違いを強調している。確かに、四百年以上も続いてきた楽焼の宗匠・楽家十五代楽吉左衛門氏によれば、調合などの伝書もなく、「一子相伝で親から子へ伝えるということは、教えない」ことを家訓とし、むしろ「法を識《し》る者は懼《おそ》る」として法＝メトーデそのものの伝承は厳しく斥けられてきたとされる。そこでは「写しを作ることの愚かしさを、懼れをこそ知らなければならない」として楽焼の始祖・初代長次郎を模倣するのではなく、歴代の一人一人が長次郎の精神そのもの、思想そのもの、生き様そのものに思いを寄せて自らの長次郎を摑み取る「守破離」といった精神こそが尊重されるというのである（「五代宗入を語る」、『淡交』二〇一四年九月号）。

また、一子相伝八五〇年の小笠原流礼法三一世宗家の小笠原清忠氏によれば、「家業を生業にしない」のが家訓であり、礼法の本質は「心正しく、体直く」という基本を日常生活の中で行う「鍛錬」にあり、「手順」＝マニュアルを教え込む現代の作法やマナーとは質的に大きく異なるとされる（「日本の心、ここにあり。仕事に役立つ「武家の礼法」」、『プレジデント』二〇一四年五月五日号）。ここでもメトーデを伝承することよりも、個人が体得し感得することが重視されるのである。こうした伝承の形式をもって「一子相伝」というのは、言葉としては矛盾ではある。だが、「芸は盗め」と言われるように、技芸とりわけ身体に係わるものに関しては、メトーデそのものを言語によって伝承しても意味がないのかも知れない。ちなみに、芸道における「家元」という言葉の初出は、一七五七年刊行の『近世江都著聞集』だとされるが、その後に一子相伝の秘伝を伝える家元を世襲とし、その他の全てを修得した弟子に皆伝として独立を許す「完全相伝」が制度化されていくことになる。

それでは、言語によって伝えられるはずの学術や科学におけるメトーデについてはどうであろうか。

これについて村岡典嗣は「日本精神史方法論」において、本居宣長が初学者に学問の精神と研究法を説いた『宇比山踏』から、「実はただ其人の心まかせにしてよき也」「詮ずるところ学問は、ただ年月長く倦ずおこたらずして、はげみつとめるぞ肝要にて、学びやうはいかようにてもよかるべく、さのみかかはるまじきこと也」との一節を引用して賛意を表している。村岡自身もまた一般論理学の範疇に属する研究法としての方法論は別として、それぞれの学問分野における研究法は、「所詮各人各様で、研究者自らが、実際の研究のうちに自得工夫して発明すべきものであり、随って甚だしく過重されてはならぬ」との前提をおいた上で、精神史の方法論を説いていたのである。

他方、ヨーロッパの哲学史を顧みると、ソクラテスとプラトンの対話篇である『ソクラテスの弁明』などの主題は知識を求める能力や資格などの方法についての省察であったし、デカルトの『方法序説』やジョン・ロックの『人間悟性論』そしてフィヒテの『全知識学の基礎』、ヘーゲルの『精神現象学』なども方法論に重きを置くものであった。カントの『純粋理性批判』も、体系化をめざすための「方法論 Traktat von der Methode」を整序することを主要課題としていた。そして、コレギウムやウニウェルシタスなどの研究組織においては、体系化された学知が修正や補足などによって変更されていくことを前提とする学習システムが整えられており、それによって学知の専門家としての基準が公開されていた。それは秘儀伝授という方法とは異なったものであった。また、三島が指摘するように、マイスター制度では親方の下での徒弟修業を経て親方試験に合格して資格認定を受けなければならないために、メトーデは公のものになって伝承されていくことになった。このようなヨーロッパにおける学術方法論としてのメトーデについて、『植学啓源』（一八三三年）では「黙多徳、猶言学法」として紹介されている。

こうした事例を挙げる限り、三島の主張は正しいかのようにみえる。だが、これに対して安部は、そもそも伝統という観念がいつ生まれ、それを尊重するという意識それ自体がどのように普及したのかという時代性を問題にする。つまり、「メトーデが絶対ない伝統」という特性を語るにしても、それがどの時代の、いかなる職業や階層の人々に伝承されたものであるのかを明示しない限り、「日本の伝統」として論定することはできないのではないかとの疑念を呈する。さらに、安部は自らのヨーロッパ体験として建築技術を伝承させせないために大工の棟梁の手首を切り落とした彫刻が屋根に飾ってある寺院を見た例を挙げ、それは「メトーデがある伝統」なのか「メトーデがない伝統」なのか、を問う。これについての三島の答えは「どうなんだろうね。西洋のことはわからないけれどもね」というものであった。この答えは、「日本の伝統」を「西洋の歴史」に対比して提示したはずの三島の断言を自ら否定するものとなっている。これを承けて、安部は「ヨーロッパ観念というものについて、日本でいろいろ言われたり、書かれたりしたものを読んだけれども、中部ヨーロッパに行くと、あのヨーロッパという観念が非常に壊れるね。われわれが考えていたヨーロッパというものは、ようするにわれわれのアンチ・テーゼにすぎなかったのだよ」として、日本の特性を導き出すために対蹠的に想定されるヨーロッパ像の仮構性について反省を促していたのである。

以上の事例は、偏ったものであるのかもしれない。だが、日本人のヨーロッパ像ないしアジア像そしてそれに対置される日本像は、安部が指摘したような問題点をどのように意識し、克服してきたのだろうか。その問いへの答えは措くとしても、方法と伝統をめぐるこうした議論の一例を挙げるだけでも、本稿で論ずべきテーマは明らかになってくる。すなわち、日本の思想を対自的に検討するにあたってアジアや西洋という一体性をもった時空間など有り得ないにも拘わらず、それがどのような「方法」として捉えられ、そのことがいかなる意義をもってきたのかを検討しつつ、さらに今後の研究の方向性とは何であり、そこでの方法論とはいかなる意味をもつかを探ること、これである。

一、論争的概念としての時空間──「日本とアジア・西洋」の思想史的位相

さて、本稿に与えられたテーマは、「日本とアジア・西洋」であるが、その時空間の区切り方や名称に関しては、それ自体が論争的なものであるため一義的に定義できるものではない。

何よりもアジアに対応する地理的概念としては、五大州に即して考えれば西洋ではなく、ヨーロッパないしアメリカが対となるはずである。また、西洋の対概念となるのは、常識的に考えるならば東洋であろう。他方、そのヨーロッパないし西洋における自称は、ウエストあるいはオクシデントやアーベントラントなどであり、日本の英和辞典ではウエストを「西洋・欧米」、オクシデントを「西洋・西欧・欧米」などと訳すものが多い。そして、これらに対応する概念はイーストあるいはオリエントとされ、日本では東方・東洋・極東などと訳されることになる。いずれにしても西洋とは、広義では欧米を指し、狭義では西欧を意味すると思われるが、そこでのアメリカや西欧の空間的範域がどこまでであるのかは確定されているわけではない。

おそらく、アジアや西洋について、それぞれの人が想定する空間的範域は同一ではなく、その時空間についてのイメージも各人各様であろう。いや、そもそもアジアや西洋に対応するものとしての日本という時空間についても、それが確定しているとは言えない。網野善彦が最晩年に『「日本」とは何か』を著して、七世紀末に確立した「日本国」だけが「日本」ではないことを強調したことは、通念への反省を迫ってくる。網野は東国と西国の異質さを摘示し、北海道や沖縄などが十九世紀半ばまで「日本国」の外にあ

ったことに注意を喚起したが、私の問題関心からすれば一八九五年の台湾・澎湖諸島の領有、一九一〇年の韓国併合、一九一九年の南洋諸島の委任統治領化、一九三二年の満洲国建国などによって「国民帝国」となったはずの日本に係わる認識において、それらの空間的範域がみごとに欠落したままに「日本」が論じられていることもまた不可解な事態である。そしてまた、「日本」が一貫して等質の空間として一つのものではなかったと同様に、アジアも西洋も一つのものではありえなかったはずである。

要するに、日本とアジア・西洋とを関連づけて論じるにあたって、主体としての日本も対象としてのアジア・西洋も、その空間範域や内実は時代と共に変容しているし、人によっても捉え方が異なっている。そこにおいて「日本とアジア・西洋」の係わりの関連性をみるということは、アジアと西洋という伸び縮みする物差しを使って、しかもその物差しを動いている日本に宛《あ》てながら測るというアクロバチックな思想的営為にならざるをえないということを確認しておかなければならない。

そして、主体に設定される空間も対象とされる空間も共に多様性をもち、流動性をもっていることが、時空間を単なる自然空間にとどまらせることなく、文化的意義が重ねられた空間として現れる要因となってきた。さらに、そこに侵略と支配という要因が絡むことによって、その空間はアジア主義やオリエンタリズムなどの政治的概念そのものに転化する。こうした空間的な区分けの概念とそこに込められた内実の時間的変容が、それ自体、思想史として追求すべき課題となる。その際、本来の中国語では東洋とはアジアではなく日本を指しており、それゆえに日中戦争時などに日本人兵士が「東洋鬼」と称されたことなど、同じ漢字語であっても全く異なった意味をもって使われたことなどにも十分留意しておく必要がある。

そのことを前提として概括的にみれば、日本で「西洋の衝撃」に対置して東洋が論じられるときには、舶来と土着、近代と伝統、形而上と形而下、物質文明と精神文明などの二項対立と重ね合わせて見られていたといえるであろう。それは新井白石『西洋紀聞』上巻における「ここに知りぬ、彼方の学のごときは、ただ其形と器とに精《くわ》しき事を、所謂形而下なるもののみを知りて、形而上なるものは、いまだあづかり聞かず」との論断に始まって、佐久間象山の「東洋道徳・西洋芸」という見解そして第二次世界大戦中の「近代の超克」や「世界史の哲学」などの言説に見てとることができる。こうした東洋の道徳や精神性の優位を説く言説に対して、福沢諭吉が「東洋の儒教主義と西洋の文明主義を比較してみるに、東洋になきものは、有形において数理学と、無形において独立心と、この二点である」とみなし、これなしには「さしむき国を開いて西洋諸強国と肩を並べることはできそうにもない」(『福翁自伝』)として数理学と独立自尊の精神を重視したことも、よく知られている。他方、中国や朝鮮においては儒教主義が批判の対象となるのには時間を要した。中国で「人を喰う」教えとして「打倒孔家店」が喧伝されたのは、一九一〇年代に陳独秀や胡適らが唱導した新文化運動において「科学と民主」を軸とする「全盤西化(全面的西洋化)」を達成するに当たって儒教が障碍となると考えられたからであった。しかし、中国ではこれに対抗して儒教を国教化しようとする清末以来の尊孔保教の運動も根強かったし、ラッセルやベルクソン、ジョン・デューイやホワイトヘッドなどの哲学を受容して儒学の再生を図った熊十力《ゆうじゆうりき》や馮友蘭《ふうゆうらん》らの新儒家も現れるなど、儒教が全面的に排斥されたわけではなかった。

その反面、中国においては日本に先駆けて一八六〇年代から洋務運動に着手しており、江南製造局や福州船政局などでは工業生産や武器製造だけでなく自然科学書などの翻訳も積極的に進められていた。ただ、中国においては「中体西用」という概念に示されているように、西洋と「西学」に対峙する主体は、中国と「中学」そのものであったため、日本と違って東洋やアジアを対蹠概念として掲げる必要もなかったのである。これに対し、清朝の中国よりも儒教の正統な継承国であるとして「小中華」を自ら任じていた朝鮮では、大院君の下で「斥和碑」が建てられ、衛正斥邪思想が支持を得て「西学」も排斥されていた。しかし、朴珪寿《パクキュス》や劉大致《ユデチ》らを先駆として金玉均《キムオツキュン》・朴泳孝《パクヨンヒョ》・徐載弼《ソジエピル》などの開化派は、中国と日本の動きを併せ見ながら西洋文明継受の方法を探っていったが、そこでは「東道西器」論などが唱えられた。言うまでもなく、「東洋道徳・西洋芸」「中体西用」「東道西器」などの提唱は、いずれも西洋の文物を受容するための論理であって拒絶するための論理ではない。そこでは比較のできる形而下の科学技術や経済などでは西洋に劣っていることを認めた上で、実際に比較することはできない無形の形而上の道徳や精神においては、自らが優位に立つとの心理的補償によって西洋と自文化（東洋）とのバランスを取ろうとしたのである。

しかしながら、日本が富国強兵政策によって東アジアでのプレゼンスを高め、外交上も欧米との対立を深めていくと、物質的に劣位にあることが明らかなだけに、むしろアジアや東洋との精神的な一体性と日本の優位性を誇示する主張が高まってくる。「拡張された日本主義」とでもいうべきアジア主義や東洋主義などの言説が、それである。もちろん、アジア主義にも日本が独立さえ危うかった時期の「振亜主義」や「興亜主義」から始まって、アジア・モンロー主義さらには大アジア主義へと至る時代的変遷がある。ただ、そこでも「亜細亜」や「東洋」が何を指し、なぜ一体化できるのかは明確ではなかった。津田左右吉が『支那思想と日本』などにおいて力説せざるをえなかったのは、日本が中国と連携し、アジアにおける盟主となるための前提として「東洋文化」や「東洋思想」があるという言説には根拠がないということであった。津田の考えでは、中国とインドは文化的交渉が希薄であり、日本人と中国人もまた全く異なった思想世界と生活世界に生きてきたために「一つの東洋という世界」など歴史的に存在しなかったし、そのことと日本と中国とが提携しなければならないという政策課題とは別次元のことでなければならなかった。その意味では岡倉天心の「アジアは一つ」（『東洋の理想』）というテーゼも自ら認めていたように願望に過ぎなかった。しかし、天心の「アジアは一つ」は戦時中に高唱されただけでなく、戦後に日本が東南アジアに経済的に進出するにあたっても再び唱えられた。そのため津田は敢えて「アジヤは一つではない」（『心』一九五五年一月号）ことを訴えたのである。

　このようにみてくれば、ヨーロッパにおけるオリエントに対する知識が植民地獲得と統治のための手段となったというエドワード・サイードのいう「オリエンタリズム」と同じ眼差しが、アジア主義や東洋主義として日本から東洋（アジア）へ差し向けられていたことは否めないであろう。そして、アジア主義と東洋主義を自らの研究に従って一貫して否定し、西洋文明こそが近代日本の骨格をなしていることを主張した津田においても、「力と権威の無いところには、支那人は決して心をよせない。……支那人に対しては常に強い威力を日本人が有《も》っていることを知らせねばならぬ」（「支那再建の指導精神について」）として「甘やかしたり、つけあがらせたりする」ことを戒める「指導精神」を説いたことにも留意しておく必要がある。もちろん、国際政治の場において時空間が「イズムとしての空間」として発現するのは、オリエンタリズムや日本におけるアジア主義・東洋主義などに限定されるわけではない。ナポレオン戦争以後のヨーロッパとりわけドイツにおいては、神聖ローマ帝国において存在していたはずのヨーロッパとしての一体性の再現をめざすアーベントラント主義がカソリックを中心に唱えられ、第一次世界大戦後には独仏宥和の意味合いも込めて広がりをみせた。また、一九一七年のロシア革命後にはトルベツコイやフロロフスキーらの亡命知識人が、ロシア国民をヨーロッパ人ともアジア人とも異なるユーラシア人であるとする立場からヨーロッパ文明を批判してロシア独自の文明発展の道を希求するユーラシア主義を唱えた。さらに、ソ連崩壊後にはレフ・グリミリョフらがこれを継承した新ユーラシア主義を主張している。日本でも「東アジア共同体」論に関連して天心の「アジアは一つ」という言説が取りあげられるなど、今後ともに時空間をめぐる言説が政治的含意をもった論争的概念として現れることは必至であろう。

二、方法としての時空間

それでは、そもそも時空間が思想史研究の対象となるのは、なぜであろうか。

それは人間が生きていくためには、自分以外の何か他のものとの関係なしには存在できない「対他存在(Sein-fur-Anderes)」であるしかないことに因っている。サルトルが指摘するように、「私が私であるところのものであるためには、他者を媒介にしなければならない」（『聖ジュネ』）からである。思想史研究においても自らを知るためには、自らと異なる他者の存在が不可欠であり、その異他性をもった存在は多くの場合は異質の時空間の中に認識されることになる。そうした他者性をもった時空間として、日本においてはアジアや西洋が立ち現れてきたが、もちろん日本内にも求められてきた。

そうした他者の中から何を対象としてテーマ設定するかは、思想史における方法を規定することになる。「日本とアジア・西洋」という関係性を設定するのは、日本とアジアないし西洋の思想家や思潮との類似点と相異点を明らかにするためであり、それが一般的に「比較思想」研究と称されているが、厳密に言えばそこには差異も見いだされる。

例えば、本居宣長をアウグスト・ベックやヘルダーと、安藤昌益をルソーや李《り》卓吾《たくご》などと比較する場合、そこには直接に影響関係があるわけではないという条件の中で、対比（類比）がおこなわれることになる。福沢諭吉が「東洋のヴォルテール」と称されるのも、時空を越えた社会的機能の類似性に着目したもので影響関係によるものではない。これに対し、中江兆民が「東洋のルソー」と呼ばれるのは、ルソーの『社会契約論』を『民約訳解』として漢訳し、その思想を自家薬籠中のものとしたことによっている。このケースでは時空を越えてはいるものの、影響関係の有無を論じることができる。さらに中国清末にルソーの『社会契約論』が紹介されたことによって、黄宗羲《こうそうぎ》の『明夷待訪録』（一六六三年）が類似の社会契約説を説いたものとして注目され、辛亥革命に思想的影響を及ぼしたような事例もあげることができる。

他方、日本と中国や朝鮮との文化交渉は古来から続いてきたし、西洋との相互作用もキリスト教伝来とともに始まっていた。また、利《り》瑪《ま》竇《とう》（マテオ・リッチ）などの宣教師によって漢訳された西学書が朝鮮や日本そしてヴェトナムなどに流布したことによって、中国を結節環とする西洋からの思想連鎖という現象も生じていた。このような直接的な継受関係がある局面においては、何が受容され、何が受け容れられなかったかという連鎖と断鎖を明らかにすることによって当該時空間の固有性を逆証することができるはずである。要するに、こうした対比・影響・連鎖などを解明する方法によって明らかになるのは、何がその時空間において固有なものとみなせるかということである。思想史研究の目的の一つが思想や文化における普遍性と固有性とを弁別することにあるとすれば、比較の対象をアジアと西洋にもつことができる日本の思想史研究は、豊穣な沃野としてあることを意味している。

加えて、思想史研究の目的をそれによって自らの文化や社会のあり方を反省し、歩むべき針路を指し示すことに置くとすれば、日本はアジアからも西洋からも示唆を引きだすことができる。丸山眞男や大塚久雄や川島武宜らが、市民革命と産業革命という二重革命によって達成された西洋の市民社会と産業構造そして人間類型を理念型として設定し、それを引照基準として日本近代の問題点を摘出したのは、まさに「方法として西洋近代」を使うということであった。もちろん、フランツ・ボルケナウやウエーバーなどの方法論に学んで析出された西洋近代像が、全て虚構であったわけではない。ただ、市民革命といってもイギリスの名誉革命が一六八八年、アメリカ独立革命が一七七六年、フランス革命が一七八九年であり、名誉革命とフランス革命には、およそ百年の距たりがあり、イギリスとフランスの社会構造に相違があることなどは再確認しておく必要があるだろう。しかしまた、「近代主義」との批判も生んだ丸山らの発論は、日本を壊滅的状況に追いこんだ近代日本の歩みへの厳しい反省と自らがそれを阻止しえなかった悔恨から絞り出されたこともまた改めて確認しておかなければならない。

同様に、竹内好が「方法としてのアジア」で提示しようとしたのも「中国の近代」を理念型として「日本の近代」の現実を腑分けするという方法であった。ここでもアジアは現実のアジアそのものではない。何よりも、そのアジアには朝鮮もインドも含まれてはいないし、「中国の近代」とされるものも魯迅の著作から導き出された観念像とみなすべきであろう。また、竹内は時に誤解されているように、西洋近代を否定するためにアジアを対置させたわけでもない。確かに、西洋近代が植民地支配や侵略そして奴隷貿易などによって非西洋世界にもたらした災厄に対しては指弾を続けた。しかし、竹内にとって人種や民族の違いはあっても、人間類型や文化価値は西洋もアジアも日本も等質であることが前提となっている。その前提があるからこそ西洋近代の達成した文化価値を評価したうえで、「西欧的な優れた文化価値を、より大規模に実現するために、西洋をもう一度東洋によって包み直す、逆に西洋自身をこちらから変革する、この文化的な巻き返し、あるいは価値の巻き返しによって普遍性をつくり出す」(「方法としてのアジア」)ことが課題となるのである。アジアが真に普遍的なものを創り出せるとすれば、アジアもまたその普遍性を分け持ち、西洋とも共有されていなければならない。問題は、そうした普遍性を構想し、実現する主体の独自性をいかに形成するか、である。それについて竹内は「その巻き返す時に、自分の中に独自なものがなければならない。それは何かというと、おそらくそういうものが実体としてあるとは思わない。しかし、方法としては、つまり主体形成の過程としては、ありうるのではないかと思った」、だが「それを明確に規定することは私にもできないのです」と記していた。ここでは、そもそも西洋もアジアも実体であることが要件にはなっていない。アジアに限らず、アフリカからであれ、イスラーム世界からであれ、より普遍性の高い文化価値や人間類型に鋳直す主体を「形成する過程そのもの」が「方法としてのアジア」と定義されている以上、アジアという時空間が直接的に問題にならないのは当然である。しかし、実はこのことによって竹内の提示した方法概念は、中国がいかに変容したかという現実とは離れて、有意性をもち続けている。主体形成は、「逃げ水」のように永遠に達成できない課題としてあるからである。

このような竹内の提示した方法は、研究というよりも実践にかかわるものであり、その選択は個人に委ねられている。だが、そこからは方法的自覚や課題意識も不明確なままに、実証という方法にのみ存在理由を求めようとする玩物喪志の研究への鋭い批判の光が放たれている。竹内は、胡適《こせき》がデューイからプラグマティズムを学んだことに関して、「与えられた学説として受け取ったのではなく、方法として身につけた、ということである。かれは「哲学」を学んだのではなく「哲学すること」を学んだのだ」（「胡適とデューイ」）と指摘したが、思想の解釈者は生み出せても、思想そのものを生み出す主体を形成できない方法とは何なのか、という問いを私たちは突きつけられているのである。

三、課題としての時空間

このように「方法としての時空間」は、実体としての時空間を無化するという逆説を孕みながらも、固有性から普遍性を巻き返すという、その可能性に賭けるものであった。

しかし、ここで翻って考えなければならないことは、丸山眞男や竹内好らが「方法としての時空間」を設定したのは、近代西洋がもたらした人間類型や文化価値が普遍性をもつと考えたからであったが、その普遍性とは果たして真に普遍的なものであるのか、という問題である。少なくとも、近代西洋という限定づきで提示された普遍性は、西洋に生まれた資本主義と主権国家体系を世界的に普及させたことによって普遍的とみなされたものであった。それらを拒絶すれば、武力による攻撃と植民地化の脅威にさらされるために否応なく受け入れざるをえなかった側面もある。そのようにして世界的に受け入れられていった人間類型や文化価値は、単なる平準化の結果であるに過ぎないのかも知れないのである。あるいは、これまで地域的偏差をもつに過ぎないとして無視ないし軽視されてきた人間類型や文化価値こそが、来たるべき時代においては普遍性をもつと見なされるかも知れない。そうであるとすれば何が普遍性をもち、何が固有性であるかは、常に検証に付され続けなければならないはずの問題である。逆に言えば、固有性の絶えざる検討を潜り抜けることによってしか、新たに切り拓かれる普遍性の地平は見えてはこないのである。それゆえにグローバル、リージョナル、ナショナル、ローカルという四つの時空間を対象とする思想史研究の試みに、終わりはない。それは固有性と普遍性をめぐる止まることのない円環運動となる。

そこで問題となるのは、思想史あるいは文化史・社会史などが対象とする時空間と自然環境としての時空間の関係であり、そこにおける人間と動植物などの生き物や生態系との相互連関性である。ドイツの生物学者ヤーコブ・ユクスキュルが「環世界（Umwelt）」と名づけ、生きものの営みと、その営みがなされる自然と人間の環境世界との相互関係を究明しようとしたような試みが、今や「課題としての時空間」となってきている。

もちろん、こうした問いかけ自体は、陳腐なものである。時間論も空間論も古代ギリシャ哲学以来、飽くことなく続けられてきている。そして、二十世紀においては「現存在（Dasein）」としての人間存在を「世界内存在（In-der-Welt-sein）」として探求したハイデガーの未完の著作『存在と時間』を私たちは思想遺産としてもっている。そして、この『存在と時間』に触発されながら、「しかし時間性がかく主体的存在構造として活かされたときに、なぜ同時に空間性が、同じく根源的な存在構造として、活かされて来ないのか、それが自分には問題であった」（『風土』）という批判から、「空間性に即せざる時間性はいまだ真に時間性ではない」として空間性と時間性を相即的に捉える概念として「風土」を提示したのが和辻哲郎であった。和辻は、ここでハイデガーの「現存在」を西洋の個人主義的な「人」概念に止まっているとして人と人そして自然との「間柄」という相互連関性において捉える「人間」概念を提示し、それが同時に「風土」にも二重に規定されていると考えたのである。しかし、ハイデガー自身、けっして空間論を軽視していたわけではない。また、和辻が「我々はかかる風土に生まれたという宿命の意義を悟り、それを愛しなくてはならぬ」としたことから、そのナショナリズム論や環境決定論への批判を生んだことにも注意しておく必要がある。

しかし、地理学と哲学の知見を踏まえながら、空間性と時間性とを相即的に捉えようとする和辻の時空間論としての風土論は幾多の批判を受けたが、その代案が示されたわけでもなく、人間存在と自然・社会の相互規定性を問う「課題としての時空間」を考える際には今なお有意性を失ってはいない。時空間のトポスによる違いとそこにおける人間の生き方の相違――それを問うことはグローバリゼーションの昂進のなかでローカルなものが逆に顕現するグローカル化に着目するとき、古くて新しい課題となっている。そこではウイーン学派のW・シュミットなどの「文化圏」説に学んだ岡正雄や石田英一郎らの文化人類学や民俗学などの知見も顧みる必要がある。また、梅棹忠夫がフィールドワークによる実感からアジアや西洋といった区切りではなく、「生態圏」によって第一地域や第二地域などの時空間を設定したことは、中国が経済的に台頭した現在ではそのまま有効性をもちえないとしても、方法そのものが意味を失ったわけではない。その視角からは東南アジアにおけるフィールドワークの中から国家に代わる時空概念として生態型・ネットワーク型・コスモロジー型という三類型から成る「世界単位」という捉え方を高谷好一が提案しているような展開もある。ナショナルな次元での時空間も、西洋に起源をもつ主権国家や国民国家という固定観念で発想し続ける必要は毫もない。時空間そのものの区切り方や基軸となるものが何なのかを問い直すことこそ、二十一世紀の研究に課せられた問題なのではないだろうか。既成概念や思考方法の足かせを自ら外してみる、それこそ「思想史における方法」が常に立ち帰るべき原点なのである。

おわりに――「盲信の体系」からの自己解放

十九世紀以後のヨーロッパを近代文明の中心とする世界認識においては、アジアや東洋は単に地理的観念というにとどまらず、後進性や停滞性を刻印された認識概念でもあった。マルクスは『経済学批判』（一八五九年）で「アジア的生産様式」を生産様式の最古の段階として提示し、エンゲルスもまた『反デューリング論』（一八七八年）で奴隷制の残存する共同体が最も粗野な国家形態である東洋的専制政治の基礎となったとみていたのである。さらにウィットフォーゲルは、治水を不可欠とする農業社会において大規模な灌漑工事を組織化するための統治形態を「東洋的専制主義」とみなしていた。こうした見方は「世界史発展の基本法則」という普遍性を追求する試みの一環であり、日本や中国における古代国家のあり方を世界的な比較視点において検討する方法となったことは否定できない。また、「アジア的生産様式」論争を通じてアジアにおける共同体や奴隷制などについての認識も深まった。だが、歴史的段階差という時間軸を、地域的偏差という空間軸に置き換える方法は、単線的な発展段階論に基づくユーロセントリズムを免れなかったことも間違いない。それはモンテスキューの『法の精神』から始まってアダム・スミスの国際経済論そしてヘンリー・メーンの『古代法』などの東洋社会論に通底する視角であった。飯塚浩二が指摘したように、アジア研究の一般理論そのものに「西欧的偏向」があったことは否めないのである。

しかし、ここで忘れてならないことは、「遅れたアジア」という言説を最も強調したのは、「進んだアジア」としての先導性をもって「アジアの盟主」たらんとした近代日本であったということである。竹内好が告発し続けたのは、そのような日本人の先進意識が悲惨な敗戦をもたらしたにも拘わらず、戦後においても日本は近代化においてアジアで最も成功したと信じて疑うことさえなかった日本人の歴史への「無意識過剰」であったと思われる。竹内が、中国の近代化が保持すべき自己をもつがゆえに根底からの問い直しをもって進められた苦衷を伴ったものであったことを殊更に強調し、それに対して日本の近代化が疑いをもたない優等生が植民地支配まで行ったドレイの近代化であったと断じたのは、そのためであった。もちろん、一九八〇年代以降の改革開放路線によって、GDPで世界第一位を争う経済大国となった現在から振り返った時に中国の近代化（現代化）が、果たして竹内の見立てたようなものであったのか否かについては再考の余地がある。

いずれにしても、その中国やインドさらには東南アジア諸国が経済的発展を加速化させていくなかで、二十一世紀は「アジアの世紀」とも呼ばれている。そこには、「アジア的停滞性」「東洋的専制」などとして、西洋近代の先進性や民主制などの対極に位置づけられたアジアや東洋は、最早ない。それでは文化価値としては時空間によって差異がないとすれば、「日本とアジア・西洋」といったテーマで追究されるべき課題と方法とは、いかなるものとなるのであろうか。昨今、喧しく高唱されているグローバル史という課題と方法であろうか。私自身に即して言えば、グローバル史に魅力は感じられない。これもまた遠からず借り物の意匠として、消費されて流行は終わるであろう。むしろ、ここで考えたいことは、空間学という視座と方法を着実に固めていくことである。それによって初めて日本という時空間に軸足を置いて、「人類史を描く」という思想課題を立て、それに応じた方法を案出していくことができるのではないだろうか。言うまでもなく、対象を分析していく中から課題が生まれ、その課題を解くために方法が生み出されていくのであって、対象や課題に先立って適切な方法がアプリオリにあるわけではない。にもかかわらず、日本ではマルクス主義歴史学であれ、アナール派の社会史であれ、ウォーラーステインの世界システム論であれ、方法を学び取ることが先行し、そこから課題や対象を見つけるという逆立ちした研究が時代を彩ってきた側面がある。それゆえに「当てはめゲーム」が覇を競った後では、方法も無意味となって忘れ去られ、研究として蓄積されるということがなかった。その意味では三島由紀夫が指摘したように、日本の「メトーデなき伝統」といわれる事態は、研究という分野にこそ当てはまるのかも知れない。

最後に、思想史研究において「人類史を描く」ということについて触れておけば、それは一人で全人類の歴史を書くということを意味するわけではない。あくまでも、ある時代や空間における人間の存在の根拠を問う――そのことにおいて対象とした時空間において、人は人としてどのように在り得たのかを明らかにし、それを人類史という文脈の中に位置づけていくという志向性を指すものである。ではなぜ、そうした志向が必要となるのかと問われれば、それは「無知の知」（ソクラテス）という自覚を前提に、自らを知るためだと答えるしかない。なぜなら時空間が物質として把握できないものである以上、それに対する思想やアイデンティティは、「盲信の体系」であるとの自覚が必要となるからである。つまり、「私の世界像は、私がその正しさを確信したから私のものになったわけではない。私が現にその正しさを確信しているという理由で、それが私の世界像であるわけでもない。これは伝統として受けついだ背景であり、私が真と偽とを区別するのもこれに拠ってのことなのだ」（『確実性の問題』九四節）とウィトゲンシュタインが告白しているように、私たちの言動や生活は必ずしも自分で「正しさ」を確認できないままに受け入れている世界像の上に成り立ち、それに基づいて真善美などを判別している。私たちがアジアといい、西洋というとき、その実態を知悉したことによって発話しているわけでもなく、伝承された言説として受け入れているだけに過ぎない面が多い。だからこそ、その盲信をいかに自らが検証したうえで確信へと転化していくかが課題となるのである。そして、もちろん、時空間の実態は時々刻々と動いているものであるがゆえに、確信を得ようとすることも、まさに流れゆく雲を捉えるような所為であるしかない。

しかし、そうした認識の不確実性の上に立ちながらも、誰も真空の中に生まれ出るわけではなく、いずれかの時空間の中で日々生きている。そして、否応なく、その生まれ育った時空間に伝承されている世界像を確信もないままに受け入れている。そのことに疑いを持たなければ、そこからの問いは生じない。だが、もし自らが抱かされている世界像とは何かを知りたいと思えば、他者の世界像について知ることが必要となる。ここに「盲信の体系」から自らを解き放ち、自らを知ることが、思想史研究の課題となって現れる。その時、自らを知るための方法は、自らが課題と考える対象から引きだしてくるしかないという逃れようもない事実に私たちは改めて直面することになるのである。

【参考文献】

網野善彦『「日本」とは何か』講談社、二〇〇〇年
飯塚浩二「アジア研究について——いわゆる一般理論の西欧的偏向」（『東洋文化』二八）一九五九年
ウォーラーステイン、イマニュエル『近代世界システム —— 農業資本主義と「ヨーロッパ世界経済」の成立』Ⅰ・Ⅱ、川北稔訳、岩波書店、一九八一年（原著一九七四年）
梅棹忠夫『文明の生態史観』中央公論社、一九六七年
サイード、エドワード『オリエンタリズム』今沢紀子訳、平凡社、一九八六年（原著一九七八年）

高谷好一『世界単位論』京都大学学術出版会、二〇一〇年
ハイデガー、マルチン『存在と時間』一〜四、熊野純彦訳、岩波文庫、二〇一三年（原著一九二七年）
古屋哲夫編『近代日本のアジア認識』緑蔭書房、一九九六年
松浦正孝編『アジア主義は何を語るのか――記憶・権力・価値』名古屋大学出版会、二〇一三年
マルクス、カール『経済学批判』大内兵衛他訳、新潮社、一九五九年（原著一八五九年）
山室信一『思想課題としてのアジア――基軸・連鎖・投企』岩波書店、二〇〇一年
山本有造編『帝国の研究――原理・類型・関係』名古屋大学出版会、二〇〇三年

【引用文献】

本居宣長『宇比山踏』（『本居宣長全集』一、筑摩書房、一九六八年）
村岡典嗣『日本思想史研究　第三』岩波書店、一九四八年
新井白石『西洋紀聞』（平凡社東洋文庫、一九六八年）
福沢諭吉『福翁自伝』（松崎欣一編『福沢諭吉著作集』一二、慶應義塾大学出版会、二〇〇三年）
津田左右吉『支那思想と日本』岩波書店、一九三八年
津田左右吉「支那再建の指導精神について」（『津田左右吉全集』別・五付録、岩波書店、一九八九年）
竹内好「方法としてのアジア」（松本健一・飯倉照平・橋川文三編『竹内好全集』五、筑摩書房、一九八一年）
竹内好「胡適とデューイ」（『竹内好全集』五）
和辻哲郎『風土』（『和辻哲郎全集』八、岩波書店、一九六二年）
ウィトゲンシュタイン、ルートヴィヒ『確実性の問題』（黒田亘訳、『ウィトゲンシュタイン全集』九、大修館書店、一九七五年）

社会認識

山泉　進

はじめに

社会認識は、「社会」についての認識である。したがって「社会」が存在しないところに社会認識はない。私たちは、「社会」という言葉が発明されて以後、事後的に「古代社会」や「昆虫社会」について語ることが当たり前になっている。しかし、「社会」という言葉がつくられる以前には、「古代社会」や「昆虫社会」は存在しなかったことになる。同様に、「恋愛」という言葉が生まれる以前に「恋愛」はなかった。それは、「鉄道」や「銀行」という言葉がつくられる以前に、「鉄道」も「銀行」もなかったことと同じである。いま、日本思想史の方法として社会認識を考える場合、日本人の生活共同体の誕生と同時に、社会認識が生まれていたと考えることは間違いである。少なくとも、「社会」という言葉が生まれる以前において、日本人の社会認識を考察するとしたら、それは、「社会」という言葉がつくられて以後の概念を、方法的にて通史化し、そして外挿的に過去に適用したものであるという自覚は必要である。本稿では、社会認識の誕生の現場にたちもどって、その日本的な特質がどこにあったのかを検証してみたい。

一、翻訳語としての「社会」

「社会」は、明治初年、近代日本がつくりだした翻訳語である。それまで用いられてきた「世」「世の中」「世間」とは、決定的に異なるものとして、society の翻訳語として発明された。その発明の苦労を室田充美は、ギゾー原著『西洋開花史』（一八七五年）のなかで次のように述べている。「俗間ナル語ヲ用ルハ原語ソシエテーノ訳ナリ、コノソシエテーナル一字ハ衆人相交ル所ソノ民俗ヲ称シテ言フ辞ナリ、支那人ハ会ノ一字ヲ以テコレヲ訳スレドモ簡ニシテ意ヲ尽サズ、又余カツテ試ニコレヲ俗化ト訳シタレドモ未ダ適切ナラザルヲ覚フ、又人間世俗又衆民会合等ノ訳アリトイヘドモ、暫《しばら》ク俗間アルヒハ世俗若クハ俗化等ノ訳ヲ用ユ」（傍点は引用者）と。つまり、society の訳語として、「俗間」を用いたが、それ以前、「会」「俗化」「人間世俗」「衆民会合」を考えたというのである。西周は『百学連環』（一八七〇～七一年）のなかで、「相生養《あいせいよう》之道」、中村敬宇はミル原著『自由之理』（一八七一年）のなかで「仲間会社」「仲間連中」と訳している。それでは、誰が society を「社会」と訳したか。それについては諸説がある。有力な説としては、幕臣から政論家に転じた福地源一郎が、一八七五年一月の『東京日日新聞』の論説で「社会」に「ソサイチー」とカナルビを付したとされるもので、以後、箕作麟祥、福沢諭吉、西周たちが使用し、訳語として定着したとされるものである。少なくとも一八八一年に井上哲次郎等によって編纂された『哲学字彙』では、society には「社会」と訳語があてられているので、この頃には、翻訳語としての「社会」が定着したと考えてよいであろう。

ところで、このような society に対応する日本語の欠落が意味するものは何であるのか。もちろん、当時の日本において society がなかったということである。先に引用した室田の文章でみると、society は、「衆人相交《しゅうじんあい》ル所ソノ民俗ヲ称シテ言フ辞ナリ」と理解されている。ここで室田を悩ませたものは、いうまでもなく、従来用いられてきた「世の中」や「世間」とは違うものとして society が存在しているという認識であった。封建的な身分秩序のなかで「分」をわきまえることを最高道徳の一つとして教育された、明治初期の知識人たちにとって、society を訳することのむつかしさは、そのなかに含意されている個人を前提とする「ヨコ」の人間関係をいかに表現するかということにあった。いま少し、西欧における「ヨコ」の人間関係の歴史的背景をみると、それが「市民社会」の理論に裏づけられていることを知ることができる。「市民社会」（civil society）という用語は、ホッブスの『人間性』（一六五〇年）において初めて用いられたとされているが、この「市民社会」論を基礎づけたものは自然法的人間観であり、人間の自己保存をはかるものとして社会契約が想定された。他方では、聖書を媒介として、個人の内面と神とが直接的に向き合うことによって、教会の軛から解放された個人が前提とされた。つまり、自己責任のもとにある、独立した自由で平等な個人がもつ自己保存という自然権の一部を放棄することによって社会契約は成立し、そうして生まれる「市民社会」は、当然にも「ヨコ」の人間関係を前提とするものであった。そして、イギリスにおいて確立された「市民社会」は、同時に commonwealth あるいは civitas として国民国家の枠組みへと収斂されるものでもあった。このように国家的規模に拡大された「市民社会」は、部分的な人間集団の意味ではなく、自由で平等な個人という実在のうえに成立する全体的な人間関係を表している。ファーガスン、スミス等を経て、ヘーゲルによって国家によって止揚されるべき「欲望の体系」とされた「市民社会」は、その端的な表現でもあった。

もちろん、このような「ヨコ」の人間関係を表すものとしての「社会」を理解することは容易ではなかった。まして、「市民社会」の理論を背景として、「社会」を理解することなど、明治初期の知識人たちにとって不可能であった。ちなみに、植村邦彦著『市民社会とは何か』（二〇一〇年）によれば、日本で最初に「市民的社会」（bürgerliche Gesellshaft）が登場するのは、佐野学によるマルクス『経済学批判』の訳文であって、一九二三年のこととされている。ところで、society を「世間」や「世の中」と置き換えることへの違和感があったとしても、その理解には、様々な曲折があった。たとえば、西周が訳語とした「相生養之道」は、「人間ハ虎狼ノ如ク独居独栖《どくせい》ノ出来ルモノデハナク、矢張鴻雁牛羊《こうがんぎゅうよう》ナド、同ジク為群《いぐん》ノ性アレバ必ズ相生養ノ道ガ起ラネバナラズ、相生養ノ道ハ夫婦トイフモノニ始マリ、父子トイフモノニ半《なか》バシ、君民政府トイフモノニ成リテ」云々というように理解されていて、儒教道徳的な「タテ」の人間関係のなかに押し込められている。このような状況について、一八七一年に横浜港を出発した「岩倉使節団」に同行し、帰国後、その公的報告書『特命全権大使米欧回覧実記』を編纂した久米邦武は、五十年後に「社会観念は日本歴史になし」（『解放』一九二一年四月号）を書いて、次のように証言している。

社会といふことは五十年前まで全く思想になく、「ソサイチー」の翻訳に困る程であつた。（中略）西洋で社会といふは生活が本になり、神より享《う》けた此身体をば相互に大切に生存する為めに相交はつてゐる、其中に男女配偶して夫婦となり、子を養育して天職を果すが大切な務めと、斯ういふ筋《すじ》で、即ち身ありて夫婦あり、而して親子があり、親子からが他人の始まり、是で社会ができて、其積成《せきせい》が国家となる、故に西洋では国民は単に口数のみを計ふ、若し悲運で二つなき場合には、他よりも我が生命を保存することになる、結局個人主義につまるのである。然るに是まで東洋では、身体は父母に受け、家族が本になり、子孫繁昌が祖先に対する務めといふ筋になつて居た、故に、社会といふことは知らなかつた、即ち父母あつて我も兄弟もあり、成長して夫婦あり、子孫繁昌し、其家族の積成が国家となる、故に国民は戸数を数へ、口よりも戸を重んじ、二つなき場合は妻子共に死しても家名を汚《け》がさぬ決心であつた。

ここで、驚くことは、半世紀前には、日本においては「社会」についての観念がなかったという事実を指摘している点であるが、しかし、実のところ、もっと驚くべきことは、そういう指摘よりも、久米邦武ほどの西洋文明に明るい知識人が、その理由を「個人」主義と「家族」主義の対立に還元して理解している点にこそある。つまり、自由民権運動のなかで、自然権思想（天賦人権論）が紹介され、ルソーの社会契約論が中江兆民によって「民約」論として紹介されながら、明治維新後の日本においては、「市民社会」についての認識はまったく定着することがなかったという事実である。それでは、このような認識上の制約は何に起因するのであろうか。その第一は、幕末における「西洋の衝撃」(western impact) 以後、いちはやく対外的意味における「国家」観念が確立し、commonwealth 的な「社会＝国家」観が成育しえなかったということである。幕府時代には、「国家」という言葉は、もっぱら自藩を意味するものとして使われていたが、幕末においては日本全体を指す言葉として用いられるようになり、その内実は、国学や水戸学において儒教や仏教などの外来思想を排除した日本独自の「国体」論によって埋められることになった。こうした歴史的経緯は、「国家」観念の枠組みのなかに、「社会」観念を閉じ込めることに繋がった。つまり、「社会」は、「国家」のなかにある、部分的な人間集団として理解される傾向をもった。もちろん、societyには実体的な人間集団をあらわす「学会」「組合」等の意味が含まれていて、「仲間連中」などの訳語はそれに対応するものであるが、横山源之助が「下層社会」という言葉を用いたように「職人社会」「労働社会」「農業社会」「生産社会」などの多くの用例に出会うと、「ヨコ」の人間関係を表現する「市民社会」的な理解からは相当に離れてしまう。次に認識上の制約としてあげられる第二の理由は、維新後の「富国強兵」政策のなかにあった。たしかに、四民平等や被差別民の解放は、士農工商という封建的身分からの解放をめざしたものではあった。しかし、それに代わって「万世一系」というアルカイックな天皇を頂点とする、権威のヒエラルヒーが新たに導入されることによって、新しい階層差別を生み出すことになった。華族制度と貴族院の創設、「帝国大学」を頂点とする官僚体制の形成と学歴序列、政商・財閥形成と市場経済のもとでの経済格差、都市化と農村の寄生地主化などは、自由で平等な個人を基礎とする「市民社会」の形成とはほど遠い新たな「タテ」の社会秩序をつくりだしたのである。

二、「社会」認識と「社会問題」

社会問題は、字義のとおり「社会」という領域における問題である。それでは社会問題はいつ頃から議論されはじめたのであろうか。日刊『平民新聞』に連載された石川三四郎執筆の「日本社会主義史」によれば、一八九〇年代初頭のこととして次のように述べられている。「社会問題は漸く世人の注目するところとなれり。『国民之友』の如き、『国民新聞』の如き、『自由』の如き、その他著書訳書に又雑誌に、社会主義或は社会問題の論ぜらるるもの頻りなるに至れり」と。「社会問題」が注目されるに至ったきっかけとしては、産業化の発達にともなって高島炭鉱問題など、苛酷な労働環境をめぐる非人道的な個別事件が起こって、それが新聞紙上で取り上げられたということがあった。そして、その背景には帝国憲法の制定と議会開設という、民権運動が要求してきた政治プログラムが、まがりなりにもスケジュール化され実現されるという歴史的経過があった。いわば、国内的イッシューが政治から社会へと領域転換されたということである。とりわけ、「文久」生まれの青年、徳富蘇峰が創刊した『国民之友』は、この問題を積極的にとりあげた。酒井雄三郎は、パリから投稿して「社会問題」への喚起をうながした。いわく、「今日において大に欧州社会の前途を却《しりぞ》かし、政治家、道徳家、法律家、経済家、若くは農商工業家に論なく、十九世紀文明の進路に就いて無数の憂懼《ゆうく》と無量《むりょう》の心配とを抱かしむる者は、其れ唯社会問題なるか」（「社会問題」一八九〇年五月号）と。

酒井雄三郎による「社会問題」紹介の特色は、西欧においては現実問題となった「社会問題」が、日本においてはいまだ注目されていない将来の問題として把握されていること、さらに「社会主義」との関連において「社会問題」が紹介されたこと、この二つである。日本において「社会問題」が、現実的問題として知識人たちによって認識されるようになるのは、日清戦争後のことである。先の「日本社会主義史」は次のように言及している。「日清戦争終結を告げて、社会運動の舞台は開かれぬ。曰く企業熱の勃興《ぼっこう》、曰く大工場の新建設、賃金労働者の激増、而して曰く軍備拡張、曰く租税増徴、曰く物価の騰貴《とうき》、曰く細民労働者の困窮。労働問題は世に宣伝せらるるに至れり、社会問題は識者の意を注《そそ》ぐ所となれり」と。こうして、「社会問題」への認識と対応が求められることになった。『国民之友』（一八九二年十月号）は社説「社会問題の新潮」において「社会問題研究会」の設立を呼びかけて、次のようにいう、「今や貧富の懸隔《けんかく》益甚しく、社会的の罪悪漸《ようや》く長《ちょう》ぜんとせり。思ふに他日階級間の大論争起るの日、其調和権正《けんせい》に任ずるもの、豈《あ》に此種の会合にあらずや、此種の会日に待つ甚だ切《せつ》なるものあるや」と。この呼びかけに応えて、一八九二年十一月、「多数労働者の窮乏を救済し、その権限の扶立《ふりつ》するの方策」を求めて結成されたのが「社会問題研究会」であった。立憲自由党の機関紙『自由』の記者であった大和和一、佐藤勇作、それに中江兆民と交遊関係にあった酒井雄三郎や小島龍太郎らが参加した。同時に、酒井雄三郎は、「社会問題」と関連させて「社会主義」を紹介した。その紹介の仕方は、「社会主義」は、「我国人が鋭意して計画する器械《きかい》工業の発達と共に、物質文明の輸入と共に、……必ず海を渡て我内地に侵入」してくるであろうが、「予の愛する本国の領土内に氾濫《はんらん》せしめざんことを願ふて」というように、「社会主義」思想の侵入を防禦する必要があるという趣旨を含めたものであった。

それでは、現実的な出来事となってきた「社会問題」に対して、どのような対策が講じられるべきであるのか。「社会政策」と「社会学」、そして「社会主義」が名乗りをあげた。まず、「社会政策」について言及しよう。「社会政策」においても、「社会問題」は資本主義の発展にともなう「貧富の懸隔」に基づくものであるという認識に関しては、他と共通する。しかし、その上に労働者の自覚という問題を加える。つまり、「貧富の懸隔甚《はなはだ》しくなると同時に労働者自らも社会全体も是れを知覚するやうになつて来て」

（金井延「社会問題の研究」、『六合雑誌』一八九三年八月）、そうして初めて「社会問題」が成立すると理解する。このような理解の背景には、欧米における労働運動の高揚、とりわけストライキ（「同盟罷工」）、あるいは労働者の解放をめざす「社会主義」運動などを、いかにして未然に防ぐかという問題意識があった。「社会政策」は、ドイツにおける社会政策学会や「講壇社会主義」の主張にならって、資本主義という経済制度を維持することを前提にして、労働者と資本家との「調和」や「協調」をめざそうとするものであった。しかし、このような労使の対立それ自体が「社会問題」であるとする認識からは、「社会」の内部において最終的な解決策を見出すことは困難である。つまり、「社会政策」は「社会」の外部、「政府」や「国家」という権力に最終的な解決者をもとめざるをえないことになる。こういう理由から「社会政策」は、社会主義者たちからは「国家社会主義」という批判をうけることになる。一八九六年四月、帝国大学教授であった桑田熊蔵、山崎覚次郎、高野岩三郎、金井延などによって「社会政策」についての研究会が結成され、翌年に「社会政策学会」と名づけられた。趣意書には、「現在の私有的経済組織を維持し、其範囲内に於て個人の活動と国家の権力とに由つて、階級の軋轢《あつれき》を防ぎ社会の調和を期す」と掲げられた。

一八九六年三月、布川孫市によって創立された「社会学会」もまた、「社会問題」への対応から生れた組織である。その設立趣旨には、「今や我国貧富漸く懸隔し来りて貧民問題起り、地主と小作人との関係穏かならずして土地問題起り、資本家と労働者と相《あい》衝突して労働問題起らんとするの現象少なからず」と認識され、「社会学の原理を究め、他方には実際社会生活を調査し、之を未然に予防し、之を既発《きはつ》に調整すること」を目的とした。加藤弘之、高野房太郎、佐久間貞一、巌本善治、島田三郎、三宅雪嶺などが参加し、翌月、機関誌『社会雑誌』が創刊された。一八九八年十一月には発展的に改組され「社会学研究会」となった。加藤弘之を会長、元良勇次郎、有賀長雄、小川滋次郎、戸水寛人、呉文聡、高木正義の六名を評議員とした。翌年一月に機関誌『社会』（一九〇二年二月より『社会学雑誌』と改題）が創刊された。創刊号には「社会の粉々たる現象を討尋《とうじん》して理法を発見し社会の動く所以《ゆえん》、進む所以、立つ所以を暁得《ぎょうとく》す」とあるように、社会学のより学理的研究をめざすことになった。そもそも社会学は、「社会」についての学として、サン・シモンとコントによってフランスで確立され、イギリスにわたってスペンサーに継承され、再びフランスにもどってデュルケームによって科学的な基礎を固めた学問である。この場合の「社会」は、十七、十八世紀の啓蒙思想によって形成された「市民社会」を意味していた。明治初年、西周によってコントの社会学が紹介されて以後、自由民権運動においては、J・S・ミルとスペンサーがバイブル的な存在となった。帝国大学に初めて社会学講座が開設されたのは一八九三年で外山正一が担当し、以後、アカデミズムのなかで定着していくことになった。

　ところで、社会学は、これらとは全く別なルートからも日本に輸入され、「社会主義」に結びついた。南北戦争後のアメリカにおいて、資本主義の急速な発達にともなって、ピューリタニズムのなかにソーシャル・ゴスペル（社会福音）運動が勃興してくる。一八八〇年代になるとこの運動は、社会科学、とりわけ「社会学」や「経済学」を動員する。その代表者は、R・T・イリーで、彼の著作『キリスト教の社会的側面』（一八八九年）は大きな影響力を与えた。他方、一八八八年にはエドワード・ベラミーの未来小説『ルッキング・バックワード』がベストセラーとなった。「社会問題」が顕著になり、労働運動が高揚するなかで、ベラミーが描いた新しい社会への平和的移行のプログラムは、ソーシャル・ゴスペル運動にも影響を与えた。一八八九年にボストンにおいて「キリスト教社会主義者協会」が創立され、ソーシャル・ゴスペル運動のなかに「社会学」や「社会主義」をとりこんでいく。片山潜、村井知至はアンドーヴァ神学校でタッカー教授の「社会学」に触れ、さらにアイオワ・カレッジにおいて、その思想的な影響下にあったジョージ・ヘロン教授から「応用キリスト教」の講義をうけた。また安部磯雄はハートフォード神学校において「社会学」の講義をうけている。そして、安部は一八九三年夏に、『ルッキング・バックワード』を読んで、突然に「社会主義者」になることを決心する。

三、「社会問題」の解決法としての「社会主義」

社会主義や共産主義の思想が日本に紹介されたのは、明治初年のことである。一八七〇年に刊行された『真政大意』において、加藤弘之は「ソシアリスメ」や「コムミユスメ」を「貧富ノ差」をなくすための「救時ノ一法」として紹介した。貧富の格差の問題が、「社会」認識のもとで「社会問題」として把握されるようになるのは、先に述べたように、その二十年後ということになる。その「社会問題」の解決手段として「社会主義」が主張されるようになるのは、アメリカでソーシャル・ゴスペル運動に触れた、片山潜、村井知至、安部磯雄らの帰国後のことである。一八九八年十一月、村井を会長として「社会主義研究会」が結成され、「社会主義の原理と之を日本に応用するの可否を考究する」ことを目的とした。ただ会員については「社会主義」への賛成者であることを要件とはしなかった。そして、一九〇〇年一月、「社会主義研究会」は発展的に解消されて「社会主義協会」と改称され、安部磯雄を会長として「社会主義」への賛同者を会員とした。ところで、アメリカにおいてソーシャル・ゴスペル運動の影響をうけた安部磯雄の

「社会主義」理解の特色は、「社会主義」を「社会問題」を解決する手段として理解したことであった。『社会問題解釈法』（一九〇一年四月）は、その集大成である。この書において、安部は、「社会問題」とは、労働問題、土地問題、教育問題というような個別的な諸問題ではなくて、単数の the Social Problem であって、それは経済領域における「貧困問題」であると定義する。そして、「貧困」の原因として、「生財の不完全」「浪費」「不公平なる分配」の三つを指摘する。また、これを激成しているものとして「器械の発明」と「都会の膨張」があるとする。安部は、これらの三つの原因のうち、第三番目の「不公平なる分配」に注目し、それは「現社会組織の不完全」に基因するものであるとする。安部の主張の新鮮さは、これまでの現象的な「貧富の懸隔」論をこえて「社会組織」の問題として、この問題を捉えたところにあった。そして、この不完全な社会組織を動かしている基本原理こそは「自由競争主義」であるとする。したがって、「貧困」という「社会問題」を解決するためには、この「自由競争主義」にかわる「社会」についての新しい原理が必要とされることになる。もちろん、「社会問題」の解決法（「解釈法」）としては、「慈善事業」「教育事業」「自助的事業」「国家的事業」などもある。しかし、これらでは根本的な解決にはならない。そこで、安部は第六番目の解決法、つまり「根本的改革」として「社会主義」を主張するのである。「社会主義」こそは、「博愛主義」と「共働主義」を柱として、「自由競争主義」にかわる新しい社会組織についての基本原理を提示するものであると。

ところで、前に言及した「社会」認識の問題へともどれば、「社会」を「市民社会」という関係性としてではなく、実体的な人間集団として理解したことは、「社会主義」理解のうえでどのような傾向をもたらしたのであろうか。一つには、実在化された「個人」に対立するものとして、実在化された「社会」が措定されたことである。ここから、「社会主義」は「社会」の主義として、「個人」の主義に対立するものとして捉えられることになる。つまり、「個人主義」に対立する原理としての「社会主義」である。そして、この集団の原理は、「孤立主義」や「放任主義」と対立し、さらには「個人」をベースとする「自由主義」とも対立する。もう一つの傾向は、スペンサーらの「社会」有機体論や進化思想の影響をうけて、部分化や全体化がなされることである。たとえば、「都市社会主義」は部分的集団が都市の段階にとどまった時に成立し、また、「国家」へと拡大されると容易に「国家主義」に癒着してしまうことである。安部磯雄は『社会問題解釈法』のなかで、「社会主義」について、マルクスの学識を根拠として、ラサールにより政治運動化され、ベーベルやリープクネヒトらによって率いられているドイツ社会民主党をモデルとして考えていると表明する。しかし、彼の主観的な意図とは別にして、安部の「社会主義」理解は、「社会問題」に対する解決手段として理解するものであって、「社会」を輪切りにして富の平等な分配をはかろうとする、脱歴史的な分配論的な理解であったといわざるをえない。つまり、階級闘争を理論と運動の主柱とするドイツ社会民主党とはまったく異なった、キリスト教的博愛主義に基づく平和主義的な活動を、安部の「社会主義」は求めたということである。安部磯雄が「宣言書」を書いた、一九〇一年五月に結成された日本で最初の社会主義政党であった社会民主党は、まさしくそのような組織であった。しかし、それすらも治安警察法により弾圧されることになった。

日露の開戦を前にして、一九〇三年十月に結成され、週刊『平民新聞』を創刊して「非戦論」を唱えた平民社の活動は、日本で初めての社会主義者による合法的な運動であった。創立人となった堺利彦と幸徳秋水は、「宣言」において、自由民権思想を引き継いで「自由」「平等」「博愛」の理念を掲げ、具体的な方策として、それぞれに対応する「平民主義」「社会主義」「平和主義」を主張した。このような主張は、社会民主党の「宣言書」に書かれた「社会主義」と「民主主義」の主張を踏まえたものであったが、開戦を前にして戦争反対の意思を明確にした「平和主義」（非戦論）を全面へと出したところに特色があった。「社会主義」理解という点では、堺利彦においては、身近な「社会改良」の主張から、和楽に満ちた「家庭」を社会的に拡大されたものとして「社会主義」を構想し、幸徳秋水においては、ダーウィンとマルクスを受け容れて、社会進化の必然性として「社会主義」を捉えたところに特色があった。彼らは、「社会問題」という共通の認識枠を前提にして「社会主義」を主張したが、「社会主義」理解の根本においては多少のずれがあった。とりわけ、幸徳秋水の歴史的な「社会主義」理解は、安部磯雄の脱歴史的な公平な分配論とは、かなり異なった様相を帯びている。

おわりに

ここまできて、認識の問題を認識主体の問題へと転換させる必要があろう。安部磯雄の「社会問題」の解決手段として考えられた「社会主義」は、そもそもアメリカ留学以前、同志社在学中にキリスト教徒としての洗礼をうけ、「基督教を以て人類を精神的に救ひ、何等かの方法を以て人類を物質的に救はなければならぬ」と決意したところの延長線上に理解されたものであった。それに対して、堺利彦や幸徳秋水は、儒教的な「仁」の素養に基づいて、自由民権思想の「自由」や「平等」の思想を受け容れ、いわば社会的な理想として「社会主義」へといきついた。堺利彦は、両親や兄弟という近親者の死からくる、精神的

「不安」からの脱却として、夫婦と子供を中心とする親愛にあふれた平穏な「家庭」（ホーム）を求め、その延長線に「社会主義」を構想した。幸徳秋水は、幼少時に父親をなくしたことにより家産が傾いたこと、また病弱によって十分な教育が受けられなかったことによる「不平」から、また土佐に生れて、民権運動家たちの自己犠牲の精神を受け継いで、「志士仁人」の生き方として、理想としての「社会主義」を選択した。もちろん、彼らの間には、制度的変革という、「社会主義」を支える「社会」認識についての共通性が根底にあったことはいうまでもない。

【参考文献】
秋元律郎『日本社会学史――形成過程と思想構造』早稲田大学出版部、一九七九年
植村邦彦『市民社会とは何か――基本概念の系譜』平凡社新書、二〇一〇年
齋藤毅『明治のことば――東から西への架け橋』講談社、一九七七年（講談社学術文庫、二〇〇五年）
山泉進『社会主義事始――「明治」における直訳と自生』社会評論社、一九九〇年

治癒と臨床

本村　昌文

一、死を前にした人間

私は、現在胃がん患者としての身体的な診断と治療は十分に受けており、年に十数回の検査と化学療法が続けられています。しかし今、私が最も求めているのは私の心のケアです。私の心は、まさに植物状態になっているのです。心を癒してくれるものは何ひとつされていない。これをぜひ出席の皆様方、特に医師は考えてほしい。（鈴木荘一『死を抱きしめる』）

ここに引用した資料は、昭和五十一年（一九七六）一月、開業医を中心とした自主的な研修団体である実地医家のための会の例会において、ある医師が語った言葉である。この例会では安楽死がテーマとして取り上げられており、死に臨んだ患者のケアに対するさまざまな報告やフロアからの発言の中で、とりわけ著者の心を打った言葉として記されている。

日本思想史という学問分野には、多様な研究対象が存し、またその研究方法も多彩である。しかし、日本思想史という名称が端的に示すように、その研究対象は過去の歴史的な素材である。哲学・倫理学・宗教学・社会学などの人文学系の学問分野に比して、ストレートに現代的な問題を扱っているわけではない。たとえ各々の研究者の問題意識が現代的な問題に立脚したものであっても、研究の対象はあくまで歴史的な資料であり、まずはその精確な解釈や時代的な位置づけの当否が問われるといっていいだろう。

では、先の資料に象徴されるような死を前にした人、さらにはその家族や医療従事者・介護従事者が直面する諸問題――換言すれば現代日本の医療・介護の臨床において生じる問題――に対して、日本思想史という学問分野は何ができるのであろうか。このような問いかけを出発点として、本稿では臨床に根ざした日本思想史研究について考えてみたい。

二、「死生学」が目指すもの

冒頭に引用した発言がなされた昭和五十一年（一九七六）、日本では病院と診療所で死を迎える割合が在宅で死を迎える（在宅死）割合を上回り、翌昭和五十二年には病院で死を迎える（病院死）の割合が在宅死のそれを逆転した。その後、病院死の割合は増加し、現在では八〇％以上の人が病院で死を迎える（次頁の図参照）。ここ三十年ほど、日本社会は死と看取り、ときに介護も病院に委ねてきた。この間、多くの人々は介護や看取りの体験を喪失し、また少子高齢化社会の進展に伴い、家族で介護や看取りを担う人的

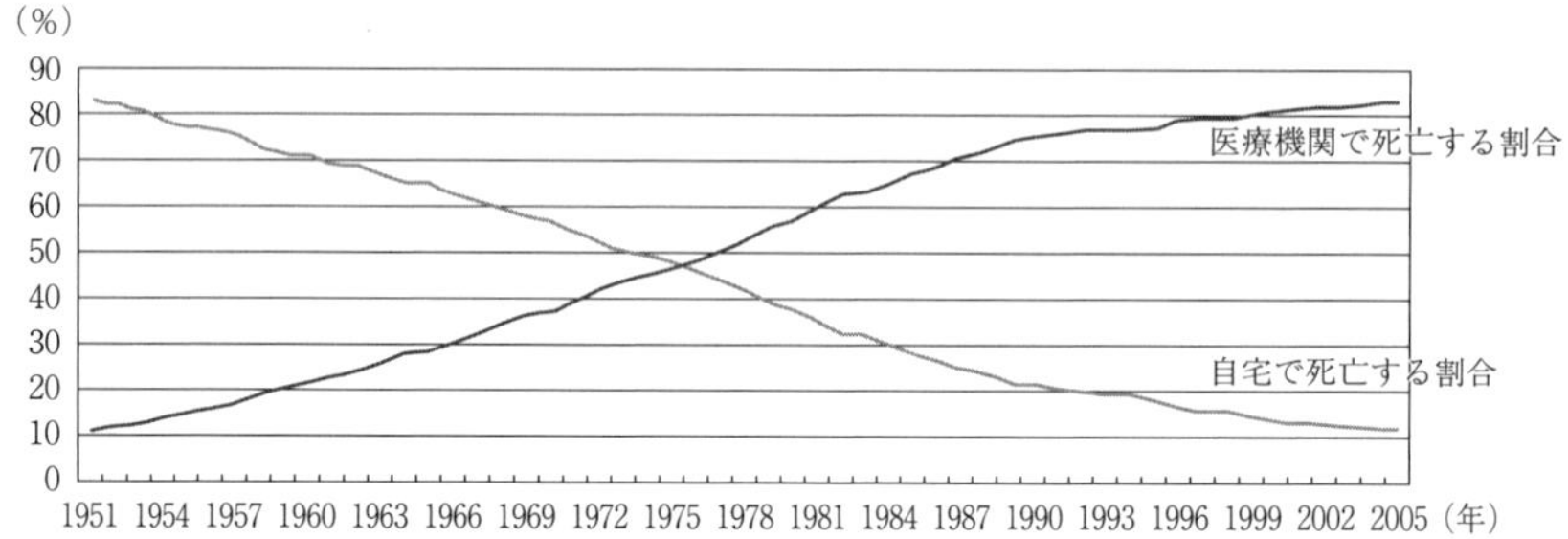

図　医療機関における死亡割合の年次推移
（厚生労働省大臣官房統計情報部「人口動態統計」。「平成19年版厚生労働白書」より転載）

パワーも減少していった。

こうした状況において、多くの日本人は病院で死を迎えることに違和感をもつことはなく、また在宅死を望みつつもそれが実現困難であると感じている。平成二十年（二〇〇八）に実施された厚生労働省の「終末期医療に関する調査」における「自宅で最期まで療養できるか」との問いに、六六％の人が実現困難と答え、その理由のトップが「介護してくれる家族に負担がかかる」（約八〇％）、第二位が「症状が急変したときの対応に不安である」（約六〇％）であることが、それを物語っている。

しかし、近年の医療制度改革により、病院は看取りの場ではなく、治療の場として機能するように舵がきられている。平成十七年（二〇〇五）を境に、病院と診療所における死亡率はわずかであるが減少傾向にあり、かわりに自宅と施設（とくに施設）での死亡率が増加している（表参照）。今後、日本では高齢人口の増大により死亡数は増加、死亡率は上昇の一途を辿り、二〇四〇年には死亡数は百六十万六千人を超えると推計されている（「平成二二年版高齢社会白書」）。〈病院死の時代〉ではなく、〈病院では死ねない時代〉の到来である。

自宅でも、病院でも死を迎えるのが難しいのであれば、施設への入所や緩和ケア病棟を選択する道もある。しかし、その選択肢もそう簡単に

年	病院	診療所	病院＋診療所	介護老人施設	老人ホーム	自宅	施設＋ホーム＋自宅	その他
2000	78.2	2.8	81	0.5	1.9	13.9	16.3	2.8
2001	78.4	2.8	81.2	0.6	2	13.5	16.1	2.7
2002	78.6	2.8	81.4	0.6	1.9	13.4	15.9	2.7
2003	78.9	2.7	81.6	0.6	1.9	13	15.5	2.8
2004	79.6	2.7	82.3	0.6	2.1	12.4	15.1	2.6
2005	79.8	2.6	82.4	0.7	2.1	12.2	15	2.5
2006	79.7	2.6	82.3	0.8	2.3	12.2	15.3	2.4
2007	79.4	2.6	82	0.8	2.5	12.3	15.6	2.4
2008	78.6	2.5	81.1	1	2.9	12.7	16.6	2.3
2009	78.4	2.4	80.8	1.1	3.2	12.4	16.7	2.4
2010	77.9	2.4	80.3	1.3	3.5	12.6	17.4	2.3
2011	76.2	2.3	78.5	1.5	4	12.5	18	3.5

表　日本における死亡場所別にみた年次別死亡数百分率
（厚生労働省「人口動態調査」より作成）

実現できるわけではない。厚生労働省から発表された「特別養護老人ホームの入所申込者の状況」（二〇一四年）によれば、特別養護老人ホームの入所申込者は、全国で五二・四万人であり、前回の調査（二〇一〇年）よりも十万人ほど増加している。希望すれば、誰でもすぐに施設へ入所ができるという状況ではないのである。

　また、緩和ケア病棟もまずは予約をして順番を待つというのが一般的である。日本全国の緩和ケア病棟入院料の届出受理施設は、二〇一一年には二二二病棟、四四一三床（佐藤一樹「日本ホスピス緩和ケア協会の調査データからみた緩和ケア病棟の現況」）、その一方で全国における一年間の死亡数は一二五万三〇六六人、そのうち悪性新生物（がん）での死去が三五万七三〇五人ということを考えれば（「平成二三年人口動態統計（確定数）の概況」「結果の概要」）、緩和ケア病棟の数は圧倒的に少ない。

　このような医療・介護環境の中で、私たちはいかなる価値観をもって、どこで、どのような形で死を迎えるのか、また家族を看取るのか――こうした問いに対して、多くの人々は介護や看取りの体験を通して獲得される経験知を持つことなく、明確な道標もわからぬまま向き合わねばならないのである（本村昌文「一七世紀日本における「死生観」小考」）。

　平成二十一年（二〇〇九）八月から十二月にかけて、『週刊朝日』で計四回にわたり「現代終活事情」という記事が掲載された。この記事が引き金となり、学生の「就活」(就職活動)に擬えて、「終活」(自分の死について考え、準備をすること)という言葉が広がり、平成二十四年の「ユーキャン新語・流行語大賞」では、トップテンに選出されている。介護・死・看取りの道標を見失い、それを模索する現代日本の象徴といえる事例の一つであろう。

以上のような状況をふまえて、医療や介護の臨床に根ざした新たな学問領域の構築を目指しているのが、「死生学」といわれる分野である。「二一世紀COEプログラム」(二〇〇二年〜二〇〇七年)の「生命の文化・価値をめぐる「死生学」の構築」(東京大学)、「グローバルCOEプログラム」(二〇〇八年〜二〇一三年)の「死生学の展開と組織化」(東京大学)は、その代表といってよいだろう。

ところで、この死生学をめぐる「二一世紀COEプログラム」の事後評価において、アジアの文化、アジアの伝統的な死生観からの研究の深化、それと既存の欧米中心のそれとのすりあわせが課題として指摘されている。この評価が端的に物語るように、介護・死・看取りの現場に根ざした研究は、哲学・倫理学・宗教学・社会学など欧米の理論をもとにした研究が先行ないし中心となって進められ、日本思想史を含むアジアの伝統的な思想・文化に関わる学問分野の参画は立ち遅れている。

「二一世紀COEプログラム」の事後評価の後、日中国際研究会議「東アジアの死生学へ」をはじめとしたさまざまな試みがなされ、「グローバルCOEプログラム」の中間評価では「欧米の死生学を考慮し、日本・アジアの伝統を踏まえた独自の国際的に卓越した死生学の研究拠点形成に向けて着実に成果を積み重ね」ていると評価されている。しかし、こうした死生学研究の中で、日本思想史研究は「重い役割を担う」と指摘されながらも(島薗進「思想史からの死生観研究は死生学教育の礎石の一部である」)、医療と介護の臨床に根ざした研究はきわめて少ないのが現状である。

三、死生学と日本思想史研究

「死生学」という語が日本で使われはじめたのは一九七〇年代であり、死生学を学ぼうとする最も早い動きは、「日本死の臨床研究会」であると指摘されている（島薗進「死生学とは何か」）。同研究会は奇しくも在宅死と病院死が逆転する昭和五十二年（一九七七）に発足している。同年には淀川キリスト教病院ではじめられた末期のがん患者へのチームアプローチの成果が『死にゆく人々のケア――末期患者へのチームアプローチ』としてまとめられ（岡安大仁『ターミナルケアの原点』）、また実地医家のための会のメンバーがイギリスの聖クリストファー・ホスピスを訪ね、「死をみとる医療」の実態にふれ、帰国後に医師や看護師など有志二三名で「死をみとる医療」について話し合いの場が設けられた（鈴木荘一「死を抱きしめる」、『朝日新聞』昭和五十二年七月十三日・二十二日）。

昭和四十五年（一九七〇）、日本は高齢化社会（六十五歳以上の高齢人口比率が七％をこえる）に突入し、同年十二月五日の『朝日新聞』に「一人で寝たきりの老人が一五万人もいる」という「厚生省」の発表が報じられた。昭和四十七年（一九七二）には有吉佐和子の『恍惚の人』が新潮社より出版され、「爆発的な売れゆき」をみせ（『読売新聞』昭和四十七年十二月二十五日）、翌年に映画化されている。そして、先述した「死をみとる医療」をめぐるさまざまな動きが生まれた昭和五十二年に、日本は平均寿命で世界第一位の座に着くことになる。こうした状況の中で、「三十六万人いる寝たきり老人、六十四万人いるひとり暮らしの老人介護をどうするかなども大きな問題」と指摘され（『朝日新聞』昭和五十三年七月四日）、昭和五十五年に呆け老人をかかえる家族の会（現在の公益社団法人認知症の人と家族の会）が発足した。

以上のように、日本において死生学への関心が芽生えはじめた時期は、在宅死と病院死の比率の逆転する画期的な時期であるとともに、死にゆく人へのケアやホスピスへの関心の高まり、日本の平均寿命世界第一位、老人介護の問題の表面化という現象のみられる時期でもあった。まさしく死生学は「医療やケアの現場に密接に関わる知の様態として登場」したのである（島薗進「死生学とは何か」）。

一方、同時期の日本思想史研究に目を転じると、一九七〇年から岩波書店より〈日本思想大系〉が刊行されはじめ、従来に比して日本思想史に関係する基本資料が簡便に入手できるようになった。同書の解説には、日本思想史研究に隣接する諸分野の研究者も執筆にあたり、日本思想史研究の質・量ともに拡大・深化した時期といえる。なお、雄山閣出版より『日本思想史講座』が刊行されたのも、昭和五十年（一九七五）から昭和五十三年（一九七八）のことである。

在宅死と病院死の比率の逆転、死生学への関心という点で注目すべき昭和五十二年（一九七七）には、奇しくも日本人の死生観に関する二つの著書が刊行されている。

一つは、加藤周一、M・ライシュ、R・J・リフトンの共同執筆による『日本人の死生観』（岩波新書、一九七七年）である。同書は近代日本の知的エリート六名（乃木希典、森鷗外、中江兆民、河上肇、正宗白鳥、三島由紀夫）を取り上げ、歴史的・社会的な立場（加藤）と心理学的・精神歴史学的な立場（リフトン）をすりあわせつつ、彼らの死に対する態度を分析し、日本人の死生観を展望した国際的・学際的な研究成果である。終章で戦後日本社会の変化により、「共同体は死の世話をみることが少なくなり、死ぬ者にとっては死の恐怖が増した。日本人にとっての死はより劇的で、より非日常的なものになってゆくかもしれない」と予見されているように、その後の日本では病院に死が囲い込まれ、死や看取りが非日常的な体験になっていったことはすでに述べた通りである。同書の刊行時ではまだ予見でしかなかった事態が招来した現在、新たに医療や介護の分野を含めて学際的な研究を進めていくことが課題として浮き彫りになってこよう。

もう一つは、田村芳郎・源了圓編『日本における生と死の思想――日本人の精神史入門』である。同書は、執筆者一六名のうち、日本思想史学会会員が一〇名を占めており、当時の日本思想史研究を牽引する研究者による共著であるといえる。年代は古代から現代までをカバーし、その対象も神道・仏教・儒教・キリスト教などの諸宗教はもとより文学作品や現代メディアなど幅広い。同書は「現代文明のゆきづまり」に直面し、「日本文化・日本思想」を「現代という時、世界という場にひたして、いかなる点が価値あるものとして賞揚されるのか。逆に、いかなる点が改められ、捨てられるべきか」という検討を目的とし、人類にとって根源的・普遍的な問題である「生と死の問題」に着眼することによって、日本人の精神構造や思想の特色を明らかにしようとしたものであった。

ちなみに、『日本思想史講座　別巻一　日本人論』（雄山閣出版）が刊行されたのも昭和五十二年のことであり、そこに「死と日本人」（久野昭）が収録されている。この論文もまた「日本的な、死へのかかわりかた」の「一面の性格」に迫ろうとしたものであった。

しかし、注意しておきたいことはこれらの書において死生観が注目されるのは、医療や介護の臨床に根ざした関心からというわけではなく、日本人の精神構造や思想の特色を明らかにするために有効な着眼点と理解されていたという点である。

四、日本思想史研究と現代社会とのつながり

一九八〇年代後半以降、医療や介護の現場のみならず、死生をめぐる問題は拡大していった。ここでは、本稿と関係のある範囲で、脳死・臓器移植に関わる問題、老い・高齢者をめぐる問題に言及しておきたい。

平成元年（一九八九）十二月八日に「臨時脳死及び臓器移植調査会設置法」が公布され（平成二年二月一日施行）、調査会は平成四年一月に脳死を「人の死」と認め、また脳死体からの臓器移植については一定の条件下で認めるべきであるという答申を提出し（『平成三年版厚生白書』）、平成九年に「臓器の移植に関する法律」が制定された。この法律は平成二十一年の改正を経て、現在では本人の臓器提供の意思が不明な場合にも、家族の承諾があれば臓器提供が可能となった。このような脳死・臓器移植をめぐる問題は、一九八〇年代後半から現在に至るまで、死とは何かという難問を投げかけている。かかる問題に対して、哲学や倫理学はもとより、日本を含むアジアの伝統的な宗教や学問に関する研究分野からも積極的な発言がなされていった（加地伸行『沈黙の宗教』、安蘇谷正彦『現代社会と神道』、小松美彦・土井健司編『宗教と生命倫理』など）。しかし、日本思想史という学問分野として、この問題に取り組んだ研究は決して多くない（たとえば、佐々木馨『生と死の日本思想』）。

また一九八〇年代後半以降、現代日本の高齢化の進行を背景とし、歴史学の分野では老いや高齢者問題への関心も高まっていった（柳谷慶子『近世女性相続と介護』）。昭和六十二年（一九八七）十一月に比較家族

史学会が、「〈老い〉の比較家族史」を共通テーマとする大会を開催し、歴史学においてこれらの問題への関心が高まる契機となり（同前）、新村拓は通時代的に老い・病・死・看取り・介護の諸相を明らかにする一連の業績を発表していった（『死と病と看護の社会史』『老いと看取りの社会史』『ホスピスと老人介護の歴史』『医療化社会の文化誌』）。

平成六年（一九九四）、日本は高齢社会（六十五歳以上の高齢人口率が一四％をこえる）を迎え、平成十二年に介護の社会化を目指す介護保険制度が施行されるに至る。その間、歴史科学協議会編『歴史評論』では、五六五号（一九九七年）に「老いと歴史と女性」、六〇八号（二〇〇〇年）に「歴史に「老い」を追う」という特集が組まれ、多くの研究成果が積み重ねられていった。

なお、新村が現代社会において解決を迫られている課題に根ざした研究を目指すようになった理由の一つとして、「世界恐慌時に始まったフランスのアナール派の歴史家たちが抱いている意識を大事にしたいと思う」と述べているように（『医療化社会の文化誌』）、アナール学派をはじめとするフランスにおける「死」をめぐる新たな研究の潮流が、こうした研究に少なからず影響を与えている。こうした研究の潮流に関しては、すでに昭和五十四年（一九七九）に福井憲彦が紹介し（「クリオとタナトス」）、代表的な研究であるフィリップ・アリエスの『死と歴史』『死を前にした人間』が、それぞれ昭和五十八年（一九八三）、平成二年（一九九〇）に翻訳・刊行されている。

このような社会史と日本思想史の接点を探るべく、日本思想史学会平成八年度大会（一九九六年）では「思想史からみたライフサイクル――思想史と社会史の接点」というシンポジウムが開催されている。その趣旨説明の中に「私たちは、今日、思想史を通してこの問題に取り組むのです。誕生、成長と老い、病気、そして死、こうしたそれぞれの生涯の階段についての思想の歴史に着目し、ひいては私たちの人生の意味を考えたいのです。これは明らかに新・思想史に属する仕事です」とあるように、本シンポジウムは新しい歴史学の潮流である社会史から提起された老い・病気・死などのテーマに対し、思想史がどのように向き合い、いかに新たな思想史を構築していくかということを検討する試みであった（ウィリアム・スティール「日本思想史の新しい可能性」）。ただし、こうした新たな試みは、その後の日本思想史の分野においては、老いや死に関する研究よりも、書物や読書をめぐる研究を中心に展開していった。

一九八〇年代後半以降、日本思想史研究において「死生観」に関する研究が停滞していたわけではない。神道・儒教・仏教の死生観、個別の思想家の死生観、日本人の死生観の歴史的変遷、さらには葬送儀礼や戦死者の追悼・顕彰に関する研究が積み重ねられていった（高橋文博『近世の死生観』、佐藤弘夫『死者のゆくえ』、『季刊日本思想史』七一〈特集・「靖国」の問い方〉、『季刊日本思想史』七三〈特集・霊魂観の変遷〉など）。

一方、日本思想史とは異なる分野でも、日本人の死生観が注目されている。「〝原・神道的〟や仏教あるいはキリスト教に影響を受けた」伝統的な日本人の死生観を「もう一度確かめ、そことのつながりを回復し、何らかの着地点を見出していくこと」の必要性が指摘され（広井良典「生と死の時間」）、また老人介護の論理と規範の基底を日本人の死生観から問い直そうという試みもある（大岡頼光『なぜ老人を介護するのか』）。

これまでの日本思想史研究は、いわば伝統的な死生観を「もう一度確かめ」ることに心血を注いできた。しかし、これからは伝統的な死生観を「もう一度確かめ」ることだけに終始せず、それらの成果と現代社会との「つながりを回復し、何らかの着地点」を見出していく必要性があるのではなかろうか。その際に、医療や介護の現場と距離を置き、現代とは異なる過去のさまざまな死生観を提示し、思索の材料を提供することも一つのスタンスであろう。しかし、医療や介護の臨床の場に乗りだして、問題意識を共有し、成果をすりあわせるという試みもまた必要なのではなかろうか。

五、医療・介護の現場との共通基盤の設定

医療・介護従事者、また死を前にした人とその家族と向き合い、問題意識を共有し、成果を生みだしていくという具体的な営みを以下に述べて本稿の結びとしたい。

筆者がこうした問題関心を抱くきっかけとなった宮城県医療法人社団爽秋会グループでは、二千名を超える患者を在宅で看取ってきた実績をもつ。そうした経験をもとに、爽秋会グループの岡部健氏によれば、現代日本人の看取り意識は、以下のような三層からなる重層的な構造をもっているという（本村昌文・桐原健真「在宅ホスピスの現場における日本思想史研究の可能性」）。

(1)病院から在宅への移行時（近代的な科学的な価値観に基づく病院への過度な信頼）
(2)在宅への移行後（日常生活を維持するための価値観に基づく行為や言動）
(3)死を迎える直前（あの世とこの世が連続的に捉えられ、すでに亡くなった親しい人が「お迎え」にくるという感覚）

さらに、この世とのつながりの中であの世を捉え、「お迎え」を待つという体験によって、死を前にした本人と家族は死への不安が和らぎ、穏やかな気持ちで最期を迎えることが可能となると指摘している

（岡部健・相澤出「大量死時代を乗り越えるために」、諸岡了介他「現代の看取りにおける〈お迎え〉体験の語り」）。

しかし、問題となるのは、現在の医療は⑴の意識を形成している近代科学的な価値観に拠ってたつため、⑶のような死への不安を和らげ、心を穏やかにする鍵となる意識を退けてしまうということである。その結果、適切な緩和ケアを提供することが困難となるというのである（岡部健・相澤出「大量死時代を乗り越えるために」）。以上は、単に欧米の緩和ケアのモデルを借りてくるのではなく、過去から現代に至る日本人の死と生の観念や意識に根ざしたケアの方法を構築する必要性を唱えた臨床の現場からの声である。

こうした問いかけをもとに、これからなすべきことは、研究者の個々の関心だけで研究を進めていくのではなく、異なる研究分野、また医療や介護の現場との間で共有しうる議論の基盤を整備していくことである。その共通基盤を形成する仮設的な視点として、先述の看取り意識の構造――⑴病院に関わる問題、⑵日常生活を維持する価値観、とくに家族関係の問題、⑶死生観に関わる問題――に注目し、論点を整理していくことは有効な方法ではないかと筆者は考えている。

⑴に関しては、「病院」という存在とそれが日本人の意識に与えた影響を思想史の立場から検討する必要がある。これについては、西洋式の病院が紹介された十六世紀後半から幕末維新期における理解と受容のありようを跡づけ、近代日本における病院の誕生に関わる諸問題を検討する試み（桐原健真「「病院」の思想」）がある。また二十世紀を「病院の世紀」と捉え、イギリス・アメリカ・日本に誕生した理論を比較しつつ、長期的展望に基づく医療システムを見通そうとする試み（猪飼周平『病院の世紀の理論』）、昭和三十年代半ばに確立した国民皆保険制度の意義と問題点を歴史的に問い直す研究もあり（新村拓『国民皆保険の時代』）、今後のさらなる研究の深化が望まれる。

(2)に関しては、日常生活を維持する多様な価値観の中で、とくに「家族に迷惑・負担をかける」という意識が重要である。これは先にあげた厚生労働省の「終末期医療に関する調査」において、自宅で最期まで療養することが困難である理由のトップに、「介護してくれる家族に負担がかかる」ということが位置していることからも首肯されよう。「自分の親を介護し看取るのはいいが、自分の子供に自分の介護や看取りで迷惑をかけることはしたくない」という意識は、歴史的にどのように形成され、私たちに影響を与えているのだろうか。井上勝也は、昭和五十二年（一九七七）と昭和五十三年に「ポックリ寺」と呼称される清水山吉田寺（奈良県）で参詣動機の調査を行っている（「ポックリ信仰の背景」）。その調査によれば、参詣の動機の大多数は「中風などの病気で寝たきりになり、ひとに迷惑をかけたくないから」である。しかし、家族が少しも迷惑がらず、看病をしてくれるとしても、「やはりポックリ往きたい」という回答が多数を占めている。ここから、井上は「迷惑をかけたくない」という意識の深層に、「自立して、自由と責任をもち、社会的な役割を負い、期待に応えることができる」という「個人の尊厳」、「人間としてのプライドに満ちた生」への指向を指摘している。筆者は平成二十四年（二〇一二）に宮城県と東京都で「迷惑をかけない終わりとは何か――死を迎えること、介護を受けること、それは迷惑なのか」というテーマで座談会を開催した（参加者は介護経験者、介護・医療職など十名前後）。そこでは、「迷惑をかける」という意識をめぐって、「人間としてのプライド」に加え、「相手への思いやり」という意見が出された。しかし、こうした意識は現代のみならず、近世の資料にも類似するものをみることができ（本村昌文「一七世紀日本における「死生観」小考」）、過去から現代までこうした意識の変遷について思想史の立場からアプローチする必要がある。

(3)については、現代の「お迎え」体験を宗教と無宗教の狭間に位置するものと捉え、そうした現代日本の死生観の「宙ぶらりん」な状態を近世・近代に遡及して検討する試みがある（岡部健・竹之内裕文編『どう生き どう死ぬか』第八章）。こうした試みに加え、今後の研究においては、筆者は死・死後のみに注目するのではなく、人が年齢を重ね、老い、そして死を迎えるプロセスにおいて本人とその周囲の人々が何を考え、意識したのかという点にもスポットをあてる必要があるのではないかと考えている（本村昌文「林羅山の死別体験」）。老いから死に至るプロセスにおいて生じる意識、死・死後に対する意識の総体を〈死生観〉と捉え、さまざまなアプローチを行うことで医療・介護の現場との共通基盤が形成されていくのではないか。こうした試みを具体化していく上で、日本思想史研究が果たすべき役割は決して小さくない。

【参考文献】

安蘇谷正彦『現代社会と神道』ぺりかん社、一九九六年
アリエス、フィリップ『死と歴史――西欧中世から現代へ』伊藤晃・成瀬駒男訳、みすず書房、一九八三年
――『死を前にした人間』成瀬駒男訳、みすず書房、一九九〇年
猪飼周平『病院の世紀の理論』有斐閣、二〇一〇年
井上勝也「ポックリ信仰の背景」（『ジュリスト増刊総合特集』一二、有斐閣）一九七八年
大岡頼光『なぜ老人を介護するのか――スウェーデンと日本の家と死生観』勁草書房、二〇〇四年
岡部健・竹之内裕文編『どう生き どう死ぬか――現場から考える死生学』弓箭書院、二〇〇九年
岡部健・相澤出「大量死時代を乗り越えるために」（清水哲郎・島薗進編『ケア従事者のための死生学』ヌーヴェルヒロカワ）二〇一〇年

岡安大仁『ターミナルケアの原点』人間と歴史社、二〇〇一年

加地伸行『沈黙の宗教――儒教』筑摩書房、一九九四年

加藤周一、M・ライシュ、R・J・リフトン『日本人の死生観』岩波新書、一九七七年

『季刊日本思想史』七一（特集・「靖国」の問い方――戦後史再考）ぺりかん社、二〇〇七年

『季刊日本思想史』七三（特集・霊魂観の変遷）ぺりかん社、二〇〇八年

桐原健真「「病院」の思想――幕末維新期における西洋社会事業観念の展開」（陶徳民・姜克實・見城悌治・桐原健真編『東アジアにおける公益思想の変容――近世から近代へ』日本経済評論社）二〇〇九年

久野昭「死と日本人」（『日本思想史講座 別巻一 日本人論』雄山閣出版）一九七七年

小松美彦・土井健司編『宗教と生命倫理』ナカニシヤ出版、二〇〇五年

佐々木馨『生と死の日本思想――現代の死生観と中世仏教の思想』トランスビュー、二〇〇二年

佐藤一樹「日本ホスピス緩和ケア協会の調査データからみた緩和ケア病棟の現況」（「ホスピス緩和ケア白書」編集委員会編『ホスピス緩和ケア白書二〇一二』（公財）日本ホスピス・緩和ケア研究振興財団）二〇一二年

佐藤弘夫『死者のゆくえ』岩田書院、二〇〇八年

『死生学研究』特集号（日中国際研究会議――東アジアの死生学へ）東京大学大学院人文社会系研究科、二〇〇九年

島薗進「思想史からの死生観研究は死生学教育の礎石の一部である」（『年報日本思想史』六）二〇〇七年

――「死生学とは何か――日本での形成過程を顧みて」（島薗進・竹内整一編『死生学1 死生学とは何か』東京大学出版会）二〇〇八年

新村拓『死と病と看護の社会史』法政大学出版局、一九八九年

――『老いと看取りの社会史』法政大学出版局、一九九一年

――『ホスピスと老人介護の歴史』法政大学出版局、一九九二年

――『医療化社会の文化誌』法政大学出版局、一九九八年

――『国民皆保険の時代――一九六〇年代、七〇年代の生活と医療』法政大学出版局、二〇一一年
鈴木荘一『死を抱きしめる――ミニ・ホスピス八年の歩み』人間と歴史社、一九八五年
スティール、ウィリアム「日本思想史の新しい可能性」(『日本思想史学』二九)一九九七年
第一回終末期懇談会（平成二〇年一〇月二七日）資料二「終末期医療に関する調査概要」厚生労働省（厚生労働省ウェブサイト http://www.mhlw.go.jp/shingi/2008/10/s1027-12.html）二〇〇八年
高橋文博『近世の死生観――徳川前期儒教と仏教』ぺりかん社、二〇〇六年
田村芳郎・源了圓編『日本における生と死の思想――日本人の精神史入門』有斐閣、一九七七年
「特別養護老人ホームへの入所申込状況調べ」(厚生労働省ウェブサイト http://www.mhlw.go.jp/stf/houdou/2r98520000003qxc-att/2r98520000003qz3.pdf）二〇一〇年
「特別養護老人ホームの入所申込者の状況」(厚生労働省ウェブサイト http://www.mhlw.go.jp/file/04-Houdouhappyou-12304250-Roukenkyoku-Koureishashienka/0000041929.pdf）二〇一四年
広井良典「生と死の時間――〈深層の時間〉への旅」(島薗進・竹内整一編『死生学1　死生学とは何か』)二〇〇八年
福井憲彦「クリオとタナトス――フランスにおける「死」をテーマとした歴史研究をめぐって」(『思想』六六三、岩波書店）一九七九年
「平成三年版厚生白書」(厚生労働省ウェブサイト http://wwwhakusyo.mhlw.go.jp/wpdocs/hpaz199101/b0144.html）一九九一年
「平成一九年版厚生労働白書」(厚生労働省ウェブサイト http://wwwl.akusyo.mhlw.go.jp/wpdocs/hpax200701/b0040.html）二〇〇七年
「平成二二年版高齢社会白書」(厚生労働省ウェブサイト http://www8.cao.go.jp/kourei/whitepaper/w-2010/zenbun/html/s1-1-1-02.html）二〇一〇年
「平成二三年人口動態統計（確定数）の概況「結果の概要」」(厚生労働省ウェブサイト、http://www.mhlw.go.jp/

toukei/saikin/hw/jinkou/kakutei11/dl/02_kekka.pdf）二〇一二年
本村昌文「一七世紀日本における「死生観」小考」（『東北大学臨床死生学研究会研究報告』）二〇一〇年
——「林羅山の死別体験」（東北大学日本思想史研究室＋冨樫進編『カミと人と死者——佐藤弘夫先生還暦記念論文集』岩田書院）二〇一五年
本村昌文・桐原健真「在宅ホスピスの現場における日本思想史研究の可能性——「病院死」を選択する日本人」（『日本思想史学』四二）二〇一〇年
諸岡了介・相澤出・田代志門・岡部健「現代の看取りにおける〈お迎え〉体験の語り——在宅ホスピス遺族アンケートから」（『死生学研究』九、東京大学大学院人文社会系研究科）二〇〇八年
柳谷慶子『近世の女性相続と介護』吉川弘文館、二〇〇七年

性とジェンダー
――方法としてのジェンダーの視点――

川村　邦光

一、性／性差をめぐる物語と思想

ヤマト（大和）で語られ編纂された神話『古事記』には、神々の発生や男神と女神の性行為について記され、そこにははっきりと性・性差の概念が刻印されている。始まりには「成れる神」と「生める神」が出てくる。前者はアメノミナカヌシノカミ（天之御中主神）からイザナキ（伊邪那岐）・イザナミ（伊邪那美）まで一七柱の神々であり、そのうち二柱の神については「葦牙《あしかび》の如く萌え騰《あが》る物によりて成れる神」とある。葦の芽が自ずから萌え出るように、勢いのあるモノ＝霊的な力によって、神々が生成している。

後者はイザナキとイザナミの「みとのまぐはひ」、すなわち男と女の性交による国生みによって生まれた神々＝国土である。国生みの最初、イザナミが「あなにやし、えをとこを」と先に言い、次にイザナキが「あなにやし、えをとめを」と言ったのに対して、イザナキは「女人先に言へるは良からず」と、いわば婦唱夫随を難じたが、性交して、水蛭子《ひるこ》と淡島《あわしま》を生む。この二人は子として認められず、夫唱婦随で国生みをやり直して、男女からなる子ども神＝大八島と六島の国土を次々と生んでいく。さらには、海の神や風の神、木の神、山の神、野の神、火の神などを性交して生んでいく。

この記紀神話から、日本人の歴史意識・思想の基底を探っているのが、丸山眞男である。丸山は「はじめに「いきおい」ありき」であり、「生成のエネルギー自体が原初点になっている」とし、「「いきおい」の歴史的オプティミズム」と名づけ、「非歴史的な、現在の、そのつどの絶対化」へといたる歴史意識、非歴史的な現実主義を、いわば没歴史的に超歴史的な思想的基底として指摘している（丸山眞男「歴史意識の「古層」」）。この非歴史的な現実主義はともかくとして、丸山の指摘した「いきおい」や「生成のエネルギー」は抽象的なものではなく、ある種の観念もしくはイデオロギーに彩られているのではないか、別の異なった思想史的な解釈もできるのではないかと考えられるのである。

「成れる神」は「葦牙の如く萌え騰る物によりて成れる」という比喩から、性交によらずに、霊的な生成力によって自然発生的に神々が生まれたと解釈できる。また、葦の芽が自ずから萌え出るという表現は、男根が勢いよく勃起していく様を性的隠喩によって表象しているとも解釈できる。葦の芽はたんに生命力に溢れた生成のエネルギーばかりではなく、女よりも卓越した勢いのある支配力をもつ男の性＝男根のエネルギーをシンボル化しているといえる。さらには、暴力的で威圧的で権威的な男の性エネルギーをも表象しているかもしれない。すなわち、「成れる神」には、社会の男性観、男性性のイメージが濃厚に帯びている一方で、女性性はまったく排除されていると解釈できるのである。

イザナキとイザナミの国生みの場面では、過剰／過小、充実／欠如などと、男女の性別・性差が非対称的に差異化また差別化され、男を優位とし、女を劣位とする男女の支配と服従の関係、また男女関係の秩序が明示されている。この男女二神は天の御柱を巡って性交する。この天の御柱は神を招き降ろす依代《よりしろ》であるとともに、男根のシンボルとして見立てられていたと解釈できる。そして、生殖・生産・再生産の体制、ひいては社会体制において、男女の序列が規定されている。自然なものと自明視され前提された性別・性差という観点を通じて、イザナキとイザナミの国生みの神話は繰り返し語られ記述され、儀礼として演じられることにより、思想的・宗教的・イデオロギー的に男と女の非対称的な支配関係が権威づけられ、強固な性支配体制を構築し存続させていった（川村邦光『ヒミコの系譜と祭祀』）。

記紀神話には、神々の発生と国土の生成が語られているが、人間の創造は記されていないのが特徴である。この神話は天皇の支配するテリトリーの成立を根拠づけた国土創造神話であったばかりでなく、非対称的な性差の起源神話として読解できるのである。丸山眞男の指摘したように、記紀神話的な歴史意識を通じて、非歴史的な現実主義が形成されてきたということができるかもしれない。だが、あらかじめ男と女の性差が前提とされ、それを意味づけ、性支配を正当化する思想が古くから生み出され、それが儒教や仏教の思想を通じて、強固な覇権的なイデオロギーとして維持されて存続し、骨絡みにしてきたのである（田中美津『いのちの女たちへ』、井桁碧「「血」の結界」）。

二、性／性差をめぐる視点

身分や階級、民族などと並んで、あるいは別個に、もしくは対抗して、女性自身や男女の性差そのもの、それにもとづく差別に眼が向けられたのは、フェミニズム運動から展開された女性学（womens studies）が明確に歴史研究の領域に現われてからである。それまで女性に関する、思想史も含めた歴史研究がなかったわけではない。女性の歴史学的研究の理論的な基盤もくしは思想史的な構成、歴史学のいわばメタ理論を少し見てみよう。

女性史という分野が高群逸枝や井上清などによって敗戦後間もなく開拓されている。民主化の潮流のもとで、男女平等を求め、歴史記述においては女性が排除され、男女不平等であるという問題意識に基づいている。一九四八年に出版された、井上清の『新版 日本女性史』「はしがき」（一九六七年）によると、「人民を支配する少数男性の歴史」から「日本人民男女の歴史」を目指して、「女性解放」のための女性史が構想されていた。そして、五三年の「改版にさいして」では「女性解放は、女と男とを問わず、全民族の外国支配からの解放、祖国の独立のたたかいの一部としてのみ、発展できるものである」と記されているように、女性解放は民族解放と祖国独立の闘いの一部として位置づけられていた。民族解放・祖国独立という大きな目標に、女性解放は従属させられていたのである。

こうした人民史では、「社会の歴史全体とのつながりのもとに」（井上清『新版 日本女性史』）、その一部として女性の歴史が叙述され、女性史は歴史全体、いわば〝正史〟を補完するものへと帰結していった。そこでは、民族や階級、また人権をめぐる闘争に力点が置かれ、性別の歴史研究は行なわれても、女性固有の歴史的展開に対する性差に基づいた視点は欠けていたのである。それは現在でも、「女の問題」によって、民族や階級の問題が矮小化されるといった、批判が露骨に行なわれているところからもうかがい知ることができ、「女の問題」が運動論のみならず、思想史的テーマとしても意識されずに欠落していたことを示している（鄭柚鎮「軍隊のある社会で凝視すべき身体の言葉」）。

一九六〇年代末から、世界的に女性解放運動が起こり、第二波フェミニズムが始まる（第一波フェミニズムは二十世紀初頭の婦人参政権運動期）。一九七〇年、日本ではウーマン・リブが登場する。新左翼の運動・組織・思想に対して、性差別の問題を提起し根底的に批判した。田中美津が「男＝人間で成り立っての社会において、女が、個人の主体においてどのように己れを求めようが、女ながら、女だてらに、女のくせにという罵倒は、メスとして生かされてきたその歴史性は、こびついて離れない」（傍点は原文）、「メスに居直るのではなく、女が、まっとうに己れの性（＝生）と真向かえる社会を創り出す中で、あたしたちは私怨ばかりを胎まされてきた己れの子宮を解き放つのだ」と挑んだように、女性自身の性や身体、実存を歴史的・思想的かつ実践的に問うなかから、その歴史的な政治性を問題提起し、女性性の認識に対する思想史的転換をもたらしたのである（田中美津『いのちの女たちへ』）。

七〇年代以降、第二波フェミニズムの潮流から、女性学が現われてくる（大越愛子『フェミニズム入門』）。水田珠枝は『女性解放思想の歩み』（一九七三年）のなかで、階級差別・矛盾とは別の次元に性差別があり、家父長制のもとで女性が「階級支配と性支配の二重の抑圧」に歴史的に晒されてきたと指摘し、階級闘争史に女性史を従属させることを否定し、女性史の自立を主張したのである。階級支配と性支配、そのいずれかが決定的な抑圧の要因か、両者の交錯するところにその要因があるのかをめぐって論争が闘われるが、家父長制による性支配が歴史的にも思想的にも貫通していたとする認識が共有されていったことは、女性学の大きな達成であったのである。

女性史としては、一九八〇年代から九〇年代にかけて、女性史総合研究会編『日本女性史』（全五巻）、脇田晴子編『母性を問う』（全二巻）、大隅和雄・西口順子編『シリーズ女性と仏教』（全四巻）、女性史総合研究会編『日本女性生活史』（全五巻）などが刊行され、政治経済史や文化史のみならず、社会史の影響から民衆生活に眼が向けられ、思想史や宗教史、民俗史などの論点も組み込まれ、多岐にわたる分野が開拓されていった。

女性史総合研究会編『日本女性史』は、原始・古代から現代までを研究領域とする意欲に満ちた「歴史学界初めての試み」（関口裕子「編集後記」『日本女性史1』）である。『日本女性史1』に載せられた「刊行にあたって」（女性史総合研究会、一九八二年）から、女性史の問題構成、また思想的位置づけをみてみよう。現代日本が「発達した近代国家」でありながらも、「女性差別を含む複雑な社会問題をかかえた社会」において、「女性の解放とはいかにあるべきか」を「歴史のなかに探らねばならない」というのが問題意識である。そして、女性史研究は歴史学のなかで「孤立した存在」であったという認識のもと、従来の婚姻史や運動史を中心とする女性史研究を乗り越え、「歴史のなかの女性」の実像に迫るために、「各時代における女性の地位、性別役割分担などを、その社会構造との関連において考察しようとした」と目的が示されている。

女性の解放には差別・抑圧が前提にされているとはいえ、それが階級闘争を通じて解決されるという、唯物史観的な考えはない。また、女性の解放の運動史を女性史として叙述しようとする意図もない。歴史研究を女性史へと特化させ自立させ、女性の解放を命題とした歴史学が構想されている。社会の女性観、女性自身の意識変遷、市民運動・組合運動などの女性の解放運動、そして「解放の基礎条件をなす」とする家事・育児の問題、女性自立のための教育問題、学術・文化における社会的貢献の問題といった課題、さらには国際比較研究も課題として設定されている。今日に連なるテーマが網羅され、一国主義的歴史学ではなく、トランスナショナルな歴史学が目指され、実質的に実現されている。

上野千鶴子によると、女性史総合研究会編の著書は、(1)井上・高群女性史以降、非マルクス主義的なアプローチによって書かれた初めての通史、(2)単独の著作ではなく、共同研究の成果として評価される(上野千鶴子『差異の政治学』)。しかし、他方では、八〇年代に成長していった女性史に対する批判が現われている。鹿野政直は第一に「実証力や論理構成の弱さ、聴き取りの流行によるお手軽さ、円筒型女性史ともいうべき視野の狭さ」などの欠陥によって「足腰が弱いという点」、第二に女性史がある程度アカデミズムへ進出した結果、「〝冷たい〟科学へと離陸させる役割を果し」、「女性史に息づいていた〝痛覚〟」が消滅したことを指摘する(鹿野政直『婦人・女性・おんな』)。

また、荻野美穂は「研究数の増加とは裏腹に、歴史学そのものに対する女性史の潜在的衝撃力は中和され、失われていった」と指摘しながらも、視野の狭い「円筒型女性史」ではなく、「性差という荒野」を切り拓いていくことによって、フェミニズム女性史研究を発展させることを提起している(「訳者あとがき」『ジェンダーと歴史学』)。荻野のいう「性差という荒野」とは「性と生殖の歴史」、そして男と女の関係史であり、そこに「解剖学的、生理学的特性、すなわち性差と、それに人為的に付随する社会的、文化的、宗教的規範」が実存的・思想的な状況を規定し続けたという認識のもとに、ジェンダー史への回転が提起されるのである。

三、ジェンダーという視点

女性をめぐる研究が歴史学において始まったのは、女性史の領域がその傍流としてすでにあったばかりでなく、これまでの歴史学を批判しつつ、女性の過去から現在へといたる歴史的・思想的プロセスを明らかにすることがなによりも不可欠だと認識されたとともに、女性史研究と「女性の解放」を求めるフェミニズムの実践的運動とが連携していたからである。ここに、女性史・女性学の思想史的な意義があろう。

しかし、先に述べたように、女性史がかなり発展し、また女性の社会的地位がある程度は向上しながらも、歴史学全体のなかでは特殊で周縁的な位置に隔離された状態のままに留まって、「ゲットー化現象」にある（荻野美穂「訳者あとがき」『ジェンダーと歴史学』）。そこには、荻野の提起した「性差という荒野」の開拓がいまだ欠けていたということができよう。この性差・性差別を問題視し、研究領域のなかへと切り拓いていく契機となったのが、ジェンダーという視点にもとづく研究であった。

女性史からジェンダー史への転回、それは欧米のフェミニストの間で一九七〇年代に女性史の「ゲットー化」に抗して起こった。ジェンダーはもともとフランス語やドイツ語、イタリア語などの性別を表わす文法用語である。各国語で語の指し示す対象と性別との関連はないばかりでなく、性別が異なっていることもあり、ある対象に対するジェンダー観はかなり恣意的なものであることが分かる（荻野美穂『ジェンダー化される身体』、牟田和恵「はじめに」『ジェンダー・スタディーズ』）。トランスナショナルな視点から見ると、ジェンダー概念は既成の性差の観念を相対化し批判するのに戦略的に有効であったのである。

フェミニズム理論では、性・性別が生物学的・生理学的・解剖学的な差異＝セックスによってのみ決定されるのではなく、社会的・文化的さらに政治的に歴史的プロセスにおいて構築された性差の観念をジェンダーと捉え、性役割・規範は自然でも自明でもない歴史的所産・イデオロギーだと批判し、社会における性支配を戦略的に分析する概念として用いるとともに、性の支配体制を解体するフェミニズム思想を発展させていった。性、男女の性差・性差別、性的な現象としてのセクシュアリティを批判的に論ずるうえでは、ジェンダー概念を欠くことができない。というのも、ジェンダー概念は歴史学をはじめとして、社会学や人類学、政治学、美術史などのあらゆる学問領域で思想史的に認識論的な転換をもたらし、ジェンダー研究（gender studies）を成立させていったからである。

今日では、セックスは生物学的な性差、ジェンダーは社会的・文化的な性差を指す用語として広く浸透し、学問研究の領域ばかりでなく、政府や自治体の政策用語としても使用されるようになっている。しかし、性差をセックス／ジェンダーの二元論で捉えることに対しては疑義が提示されている。この点については後に見ることにして、ジェンダー概念を内容、またその視点のもつ意義について述べてみよう。

フェミニストの歴史家ジェーン・スコットは『ジェンダーと歴史学』（日本語版一九九二年）において、「ジェンダーを歴史化する」ことによって、歴史学のジェンダー化を企図し、歴史学それ自体が「ジェンダーについての知を生み出す場としてどのように作動しているかを批判的に理解するための方法となる」としている。ジェンダー概念を歴史学に導入することによって、歴史分析・研究を行なうとともに、歴史学の根底に潜んでいる、思想性・イデオロギー性、もしくは知のパラダイムの批判を遂行しようとしているのである。

スコットは、ジェンダー概念について「性差にかんする知」「性差についての歴史的に特殊な知」「肉体的差異に意味を付与する知」などと規定している。ここでいう「知」とは、ミシェル・フーコーの『性の歴史』に依拠し、さまざまな文化や社会で、人間と人間の関係、男と女の関係について生み出される認識・言説であり、男女の間に「固定的で自然な肉体的差異」があるといった意味ではない。

ここには、男と女の性差や関係、性別役割、男らしさ・女らしさの規範・観念は、男女の身体的な差異を反映した、非歴史性を前提とする自然で自明のものではなく、歴史的・文化的に構築され、神話的・宗教的にも、また思想的にも科学的にも権威づけられてきたとする認識がある。すなわち、「フェミニズム的実践の学」樹立を志向して、「自明の前提とされている女と男という性差のカテゴリーそのものを問い直す、認識論のレヴェルでの新しい戦略」（荻野美穂「訳者あとがき」『ジェンダーと歴史学』）を提起したのである。

スコットは、ジェンダーという性差に関する知の実践、またその意味するところは「政治的抗争の対象となり、権力関係――支配と従属――を構築するための手段」ともなり、「たんに観念ばかりでなく制度や構造とも関わっており、特殊化された儀礼であると同時に日常の慣習でもあり、それらすべてが社会的関係を作りあげている」と説き、「性差の社会的組織化」がジェンダーを通じて遂行されていることを指摘する。

スコットにとって、ジェンダーとは分析概念であるとともに、「文化的構築物」として分析の対象ともなるのである。スコットのジェンダーという知は「第一にジェンダーとは両性間に認知された差異にもとづく社会関係の構成要素であり、第二にジェンダーとは権力関係を表す第一義的な方法である、二つの命題」にまとめられる。性差の観念のみならず、その言説と実践の知を通じて構築される、社会関係と権力関係を考察の対象とすることを提起し、スコットはジェンダー論の新たな地平を切り開いたのだ。

こうしたジェンダーの歴史学、またジェンダー研究では、女性の歴史的な経験や生活にのみ焦点を絞って研究すれば事足りるとしたのではない。「女の世界は男の世界の一部であり、男の世界のなかに、男の世界によって創り出された」のであり、「女だけを別個に研究することは、一方の領域、一方の性の経験は他方の領域や経験とほとんど、あるいはまったく関係がないというフィクションを長らえさせることになる」というのがスコットの構えである。こうしたスコットの日指す歴史学では、ジェンダーの生物学的決定論に与しないため、セックスは問題視されていない。セックスよりも男女の性差・性差別、性支配の歴史、ジェンダーという知の構築されていく社会関係と権力関係が歴史学のテーマとなり、フェミニズムによる／のためのジェンダー言説解体と変革実践の学なのである。

四、セックス／ジェンダー観の転回

セックス・ジェンダー二元論に対して疑義を呈したのは、ジュディス・バトラー（『ジェンダー・トラブル』）である。セックス／ジェンダーを二分化することによって、生物学的な性＝セックスを男／女という性の基盤として本質主義的に実体視してきたと批判するのである。

スコットの場合、「ジェンダーとは生物学的な性をもった身体のうえに押しつけられた社会的カテゴリー」であり、「性的な活動と男女に割り当てられた社会的役割とを区別する道がひらけた」とするが、「生物学的な性」なるものが前提にされ自明視され、また「性的な活動」を本能的なものとする考えもある。バトラーはセックスもジェンダーと同様に、社会的に構築されたカテゴリーであり、「セックスは、つねにすでにジェンダーなのだ」として、つぎのように述べている。

> セックスそのものがジェンダー化されたカテゴリーだとすれば、ジェンダーをセックスの文化的解釈と定義することは無意味となるだろう。ジェンダーは、生得のセックス（法的概念）に文化が意味を書き込んだものだと考えるべきではない。ジェンダーは、それによってセックスそのものが確立されていく生産装置のことである。……ジェンダーは、言説／文化の手段でもあり、その手段を通じて、「性別化された自然」や「自然なセックス」が、文化の前に存在する「前-言説的なもの」――つまり、文化がそのうえで作動する政治的に中立的な表面――として生産され、確立されていくのである。……セックスを前-言説的なものとして生産することは、ジェンダーと呼ばれる文化構築された装置がおこなう結果なのだと理解すべきである。（J・バトラー『ジェンダー・トラブル』。傍点は原文）

セックスとジェンダーの概念を認識論的に転倒させ、ジェンダーという「生産装置」「言説／文化の手段」を通じて、自然とみなされる「前-言説的なもの」としてセックスが遡及的に仮構され産出された、とバトラーは語るのである。このバトラーの所説からどのような展望が切り拓かれるのか。

確かに性をめぐる、可視的に自然とされてきた身体・肉体的な特徴による言説の編成、後には生物学的・生理学的・科学的な決定論による言説の編成そのものが、男女の性差の知＝ジェンダー概念もしくはジェンダー・イデオロギーを基盤にしたものではないということはありえない。セックス・ジェンダー二元論は、起源を想定して自然的・生得的とするセックス観を前提とし、性差の知の枠組みを温存させたままの思想なのである。

バトラーはこのような起源を求めて止まないセックス観の思想的・科学的な根底を批判し否定することによって、二項対立のジェンダー構造を攪乱する「女というカテゴリーを歴史的に検証するフェミニズムの系譜学」（『ジェンダー・トラブル』）を提唱する。そこでは、ジェンダーの視角から男／女のカテゴリーを歴史的系譜をたどり、歴史学それ自体、またその方法の再検討を通じた再審、そしてあらためて歴史学の脱構築が課題として設定されよう。

フェミニズムの生み出したジェンダー概念は、確かに歴史研究に変革をもたらした。とはいえ、階級や身分、民族、労働者などといった抽象的な用語が主体となっているものが多く、ジェンダーの視角はいまだに散見する程度が現状だ。宗教や思想、政治、美などを論ずるものでも、それは変わるところがない（渡辺浩「序論――なぜ「性」か。なぜ今か。」『年報政治学 2003』）。ジェンダー構造を攪乱すること、それは思想や歴史への視角を転換させるとともに、研究する構え、また当事者性の問い直しをも迫ることになる。

さて、初めにあげた記紀神話を振り返ってみよう。イザナキ・イザナミの国生み神話には、女を先とし、男を後にすることを過失とし禁止し、男の優位と女の劣位の起源が語られている。規範的なジェンダーの配置によって、言説において起源として禁止が捏造され、遡及的に設けられて産出され反復される場にこそ、ジェンダー構造を攪乱する可能性、非対称の関係を問い直し崩していく契機があろう。

とするなら、イザナミがイザナキに先立って、声をかけた場面に戻ってみる必要がある。女神が先に

「あなにやし、えをとこを」といったように、まずもって女が先に言葉を発するところに、異性愛や家父長制、性支配の構造を規範として成り立たせている、ジェンダー秩序が虚妄で虚構であり、共同幻想にすぎないことを露呈させているということができる。歴史学、また思想／思想史の解釈や方法として、ジェンダーの視角は、誰の歴史を誰が研究し叙述するのかという、ポジショナリティという位置が問われている現在、欠くことができなくなっていることは確かなのである。

【参考文献】

井桁碧「「血」の結界」（『列島の文化史』九、日本エディタースクール出版部）一九九四年
井上清『新版 日本女性史』（三一書房、一九六七年）初版一九四八年
上野千鶴子『ナショナリズムとジェンダー』青土社、一九九八年
――「歴史学とフェミニズム――女性史を超えて」（『差異の政治学』岩波書店、二〇〇二年）初出一九九五年
大越愛子『フェミニズム入門』筑摩書房、一九九六年
荻野美穂「訳者あとがき」（ジェーン・スコット『ジェンダーと歴史学』荻野美穂訳、平凡社）一九九二年
――「性差の歴史学」（『ジェンダー化される身体』勁草書房、二〇〇二年）初出一九八八年
鹿野政直『婦人・女性・おんな――女性史の問い』岩波新書、一九八九年
川村邦光『ヒミコの系譜と祭祀』学生社、二〇〇五年
――「はじめに」（川村邦光編『セクシュアリティの表象と身体』臨川書店）二〇〇九年
倉野憲司校注『古事記』岩波文庫、一九六三年
女性史総合研究会「刊行にあたって」（女性史総合研究会編『日本女性史1 原始・古代』東京大学出版会）一九八二年

スコット、ジェーン『ジェンダーと歴史学』荻野美穂訳、平凡社、一九九二年
関口裕子「編集後記」（女性史総合研究会編『日本女性史1　原始・古代』）一九八二年
田中美津『いのちの女たちへ』（河出書房新社、一九九二年）初版一九七二年
鄭柚鎮「軍隊のある社会で凝視すべき身体の言葉——志願制への主張（韓国）と基地撤去論（沖縄／日本）をめぐる小考」（『日本学報』二八、大阪大学大学院文学研究科日本学研究室）二〇〇九年
バトラー、ジュディス『ジェンダー・トラブル』竹村和子訳、青土社、一九九九年
丸山眞男「歴史意識の「古層」」（『忠誠と反逆』筑摩書房、一九九二年）初出一九七二年
水田珠枝『女性解放思想の歩み』岩波新書、一九七三年
牟田和恵「はじめに——ジェンダー・スタディーズへの招待」（牟田和恵編『ジェンダー・スタディーズ』大阪大学出版会）二〇〇九年
渡辺浩「序論——なぜ「性」か。なぜ今か。」（『年報　政治学2003——「性」と政治』岩波書店）二〇〇三年

生活と自然——環境思想史の構想——

佐久間　正

はじめに

人類の存続をも危ぶませるに至った環境問題environmental problem＝生態学的危機ecological crisisは、従来の学問・科学のあり方をも鋭く問い直している。思想史学もまた例外ではない。それは、私たちが有限の惑星地球に他の様々な生命とともに生きていることを、私たちの生の前提とすることであり、生態系としての自然が私たちの生の根源的基盤であるという認識を思想的営為の基軸とすることであろう。そのような立場に立ったとき、思想史学はどのような相貌を持って私たちの前に現れてくるだろうか。

環境問題は私たちの身近な生活レベルから惑星地球のレベルに至る重層的な現象であるが、要約すれば、私たちの生に必須とされる衣食住に関わる資源の枯渇であり、私たちの生きる場である環境の劣化である。資源は原初的には自然に由来するものであり、私たちの生きる場は根源的には自然に支えられているから、

一九六二年のレイチェル・カーソン（Rachel L. Carson）の*Silent Spring*の刊行は、多くの人々によって現代の環境運動の始まりと考えられている。環境学も環境運動の進展に促され、現代の学問・科学を批判する中で出発したが、環境思想史研究は六七年のリン・ホワイト（Lynn White Jr.）の"The Historical Roots of Our Ecologic Crisis"から始まると言えよう。彼は、現代の生態学的危機の思想的淵源として、人間による自然の搾取を神の意志であるとするキリスト教的世界観の「人間中心主義 anthropocentrism」を剔抉する。このような主張に対して、ジョン・パスモア（John Passmore）の*Man's Responsibility for Nature*のように、環境破壊に対するキリスト教の二面性を指摘する見解もあるが、その場合でも、彼の指摘が全面否定されているわけではない。アメリカにおける環境問題への関心の高まりの中で、六〇年代半ば再発見され急速に注目されるようになったのが、アルド・レオポルド（Aldo Leopold）の*A Sand County Almanac*（1949）である。同書は現在では環境倫理学の古典と評されているが、倫理を、個人と個人との関係、個人と共同体との関係を律するものに止まらず、さらに、共同体という概念を、土壌、水、生物を総称した「土地」にまで拡大した「土地倫理 land ethic」へと拡張しなければならないとする主張は、一種の思想史的把握と言えよう。七三年に刊行され、日本でもベストセラーとなったエルンスト・シューマッハー（E.F. Schumacher）の*Small Is Beautiful*では、適正規模の消費で生の充足感を極大化しようとする、簡素と非暴力を旨とする「仏教経済学」の積極的意義が指摘されている。現代の環境思想への仏教の寄与という視点はまさに彼から始まると言ってよい。これらでは、生態学的危機すら引き起こすに至った「人間中心主義」が厳しく指弾され、「土地倫理」が新たな倫理として示され、欲望を解放する消費の拡大ではなく欲望を抑制し消費を適正化する方向が主張されているが、まさに、人間と自然との関係を再定義しつつ新たな自然観—人間観を確立していくことが模索されているのである。「人間中心主義」は、その後の環境思想（史）研究において、自然や人間以外の生物に対する人間の行動を正当化するイデオロギー性を指して用いられる。それに対するものとして「自然中心主義 physiocentrism」「生命圏平等主義 biosphere-eqalitarianism」等が指摘される。

一九八〇年代に入ると欧米において重厚な思想史的研究が現れてくる。キャロリン・マーチャント（Carolyn Merchant）の *The Death of Nature*（1980）は、現代の生態学的危機をもたらした西欧の科学技術の歴史を遡り、機械論的世界観と家父長制に基づく近代の価値体系を批判する。同書はエコフェミニズムの立場からの浩瀚な思想史的研究であり、現在ではエコフェミニストの古典と評されている。彼女によって明確に把握された近代的世界観—自然像の問題性はその後の環境思想研究に大きな影響を及ぼした。キース・トマス（Keith Thomas）の *Man and the Natural World*（1983）は、十六世紀から十八世紀に至るイギリスにおける自然観の変遷を論じた重厚な思想史的研究である。関連文献の博捜を踏まえた徹底した実証主義、現代の文化人類学や文化記号学の成果を踏まえた方法的自覚など学ぶべき点が少なくない。ハンス・イムラー（Hans Immler）の *Natur in der Ökonomischen Theorie*（1985）は、マルクス経済学を含む近代経済学において重要な位置を占める労働価値説に対して、自然価値説を唱えた重農学派、特にケネーの主張を再評価しようとしたものである。彼は、ロック、スミス、リカードゥらイギリス古典経済学及びマルクス経済学における自然は労働に従属しており、具体的で有限な社会的生産力として把握されず、抽象的で永遠に存続するものとして捉えられていたと批判する。労働価値説が近代的人間観を根底から支えていた価値意識の一つであることを考えると、このような理解もまた自然—人間関係の再定義に基づく新たな人間観を要請するであろう。ロデリック・ナッシュ（Roderick Nash）の *The Rights of Nature*（1989）はアメリカにおける革命思想としての環境倫理思想の形成過程について思想史的に概観したものである。人間の権利の拡大の延長上に動物をはじめ自然の権利を捉える彼の立場には異論が提出されているが、欧米の環境思想史（著書・思想・運動）を学ぶ上では極めて有益である。

「本邦初の「環境倫理学」の入門書」という宣伝文句を帯にした加藤尚武の『環境倫理学のすすめ』（丸善ライブラリー）が刊行された一九九一年、長年にわたって反公害運動―環境運動に取り組んできた宇井純の編集した「エコロジーの源流」という副題を有する資料集『谷中村から水俣・三里塚へ』が刊行された。ただし、同書に抄録された資料は多くが明治以降の文献であり、それ以前のものとしては『百姓伝記』（十七世紀後半に成立した農書）、『農業全書』（一六九七年刊）、琉球王国の『農務帳』（一七三四年）、幕末に成った大蔵永常の『広益国産考』の四のみである。翌年、ベストセラーとなった中野孝次の『清貧の思想』が刊行された。著者は「まえがき」で次のように指摘している。「日本には、現世での生活はできる限り簡素にして、ひたすら心の世界を重んじる文化の伝統があり、それこそが日本の最も誇りうる文化である。いま環境保護やエコロジーが強調されているが、そんなことは私たちの文化の伝統から言えば自明の理であった。人々は自然との共存の中に生きて来たのであり、大量生産＝大量消費社会の出現や、資源の浪費、環境破壊は別の文明の原理がもたらした結果なのだ。それに替わる新しい文明社会の原理は、この文化の伝統「清貧の思想」の中から生まれるだろう」。そして同書では、本阿弥光悦、鴨長明、吉田兼好、芭蕉、良寛、池大雅、与謝蕪村らの「清貧の思想」が紹介されている。『谷中村から水俣・三里塚へ』は資料集であり、『清貧の思想』は研究書とは必ずしも言えないものであるが、両書はその問題意識、扱っている史料などからまさに日本環境思想史研究の先駆と言ってよい。これらが日本思想史の専門研究者ではない人々によって成ったことは、日本思想史研究の側からの環境思想史研究が立ち後れていることを端的に示している。

漸く欧米でも一九九一年、環境思想の文献を抄録したアンドリュー・ドブソン（Andrew Dobson）編の*The Green Reader*が刊行された。一九九五年、六〇年代以降の英語文献を翻訳した小原秀雄監修『環境思想の系譜』が刊行された。この頃から現代社会の諸問題に実践的関心を持つ哲学研究者の共同研究が現れてくる。また九〇年代後半から中国をはじめとするアジアの研究者との環境思想に関する共同研究も現れてくる。九九年に刊行された日中両国研究者によるシンポジウムの記録である農山漁村文化協会編『東洋的環境思想の現代的意義』では、孟子、荀子、老子、荘子、墨子、風水等における環境思想が考察されており、史料的に教えられる点が多い。日本の思想では、神道、熊沢蕃山、安藤昌益、二宮尊徳、南方熊楠、今西錦司等が取り上げられている。同書はこのような包括的研究の嚆矢と言えよう。同年、日本仏教学会編『仏教における共生の思想』が刊行され、日本関係では、叡尊、忍性、明恵、法然、親鸞、道元、日蓮及び椎尾弁匡が取り上げられている。仏教を環境思想としてどのように捉えていくのかは極めて重要な課題であるが、同書はそのような取り組みへの本格的な一歩と言えよう。また同年、源了圓「熊沢蕃山における生態学的思想」が発表された。「エコロジー的発想を可能にする思想が形成されるのに必要な思想的条件」を指摘し、明確な思想史的方法を踏まえ、日本さらには東アジア儒学世界でも初めてエコロジー的発想を示したと評する熊沢蕃山に至る日本のエコロジー思想を概観し、蕃山の生態学的思想を分析した同論文は、本格的な日本環境思想史研究の嚆矢と言えよう。

二、儒教の環境思想

日本環境思想史の構想について述べる前に、ケース・スタディとして儒教の環境思想について述べておこう。儒教には資源の適切な使用と生物の保全の意識が明瞭に認められる。そして適切な利用による生物資源の持続的確保こそ「王道政治」の前提であるとされる。生物資源の適切な利用の基本は、生物のライフ・サイクルを踏まえた利用（「以時」）である。『論語』述而篇では「子釣而不網、弋而不射宿」と述べられ、稚魚まで捕獲してしまう細かな目の網などは用いず、帰巣した鳥は狙わず、過剰な漁獲や狩猟をしない孔子の行動が示されている。また『孟子』梁恵王上篇では「不違農時、穀不可勝食也。数罟不入汚池、魚鼈不可勝食也。斧斤以時入山林、材木不可勝用也。是使民養生喪死無憾、王道之始也」（類似の表現は『荀子』王制篇にも見られる）と述べられ、季節の推移に応じた適切な農作業や山林の作業を行い、稚魚は捕獲しないように配慮することによって、穀物や材木、漁獲を十分に得ることができることを指摘している。孟子はこのような適切な自然資源の利用によって得られる生活に必要な資源の安定的な供給こそ人民が満ち足りた生活をおくる前提であり、「王道之始」だと言うのである。だからこそ、梁恵王上篇や滕文公上篇で民生の安定を第一とする「恒産・恒心」論が述べられるのである。「牛山の木の喩え」としてよく知られている告子上篇の一節では、かつては緑なす山であった牛山が過放牧や濫伐によってはげ山になってしまったことを述べ、牛山のこのような変化を心のあり方に関連させて、自然と心のあり方における「養」（自然の保全、「良心」の涵養）の決定的重要性を指摘する。朱子の『孟子集注』では「山木人心、其理一也」と注する。私はこのような論理における自然を、〈思想的範型としての自然〉と捉えている。『礼記』は、月令篇や王政篇など適切な自然資源の利用についてふれる箇所が少なくないが、祭義篇では曾子と孔子の問答が「曾子曰、伐樹木以時、殺禽獣以時。夫子曰、断一樹殺一獣、其不以時、非孝也」と述べられている。この「以時」という自然資源を利用する際の原則は、既に見たように『礼記』に限らない。そのような理解の前提には、四季の移り変わりを基軸とする自然の循環への深い関心と、生活―労働はそれに則るべきであるという認識があると言えよう。

儒教では「天地」は「万物之父母」とされ（『書経』泰誓上）、万物の母胎としての自然の根源性が指摘されている。そして人もまた他の生物と同じように「天地」によって生み育まれた存在であるが、他の生物にもまして「天地」に厚く育まれているが故に、「万物之霊」（『孝経』聖治）あるいは「天地之子」（張載「西銘」）などと称される。このような人間把握は徳川日本にも深い影響を及ぼし、「ばんみんはことごとく天地の子」（中江藤樹『翁問答』）、「高キモイヤシキモ皆同ジク天地ノ子」（貝原益軒『五常訓』）、「万民はことごとく天の子」（石田梅岩『倹約斉家論』）などと述べられ、人間の尊厳性を自覚させ人間の価値的平等の意識を支えるものであった。

この世界における人のなすべきことは何か。『孟子』尽心上篇では、自らの道徳的修養を前提に「親親」「仁民」「愛物」が示される。それら三者は明確に区別され、「親」（血縁の人々）、「民」（一般の人々）、「物」（人以外の生物）に対するいわば愛の差等性（「差等」の語は『孟子集注』に拠る）が指摘されているのである。「愛物」について朱子は『孟子集注』で「物、謂禽獣草木。愛、謂取之有時、用之有節」と述べ、時季を考え禽獣草木を資源として適切に使用することであると指摘している。朱子が「言天道」章とする『中庸』第二十二章では、この世界において人のなすべきことは「尽性」とされ、人は我・他の人々・物の「尽性」をなし得れば、「天地之化育」を賛助することになり、「天地」と並び立つ存在になるとされる。人の営為は自然的秩序の内に包摂して捉えられているのである。まさに「天地」は人に対して規範的意味を持っていると言ってよい。

以上指摘した儒教の環境思想を管見の限りで最もまとまった形で示しているのは徳川日本の朱子学者貝原益軒（一六三〇—一七一四）である。彼は『大和俗訓』や『五常訓』において次のように言う。人は天地の「万物をうみそだて給ふ御めぐみの心」を本性として賦与されており、仁がそれである。したがって、天地の絶対的根源性は次の二つの点から捉えられることになる。すなわち、天地は、万物、特に人を厚く養い育む大父母であるとともに、万物を生み育むという「天地の心」（仁）が本性として人に賦与されており、このような天地のあり方が人のあり方の範型となると言うのである。そして、この仁の実践こそ「人の道」である「天地につかへ奉る道」の内容であり、具体的には、仁を保持する、人倫を厚く愛する、鳥獣虫魚草木（生物）をあわれむ（詳述は略するがここには生物の保全という主張が明確に認められる）ことであり、後二者をまとめて言えば、天地の化育の働きを賛助し「天地の御めぐみのちからを助る」ことであった。天地の二重の意味における根源性を、いま、自然の根源性の自覚と欲望＝消費を抑制し生命や環境を配慮する人のあり方の規範的根拠としての自然というように翻訳すれば、それらは歴史を超えて現代の環境思想につながるものと言えよう。

三、日本環境思想史の構想

欧米の環境思想史研究に見られる問題意識は、第一に、現在の環境破壊＝生態学的危機の思想的淵源は何かというものであり、そこからキリスト教的世界観の「人間中心主義」、機械論的な近代的世界観や労働価値説などが批判された。第二に、第一の裏返しであるが、環境破壊＝生態学的危機をもたらすことなく社会を持続させ得る思想的基盤の構築に有効な過去の思想的遺産は何かというものであり、そこからアジアの諸思想、近代化される以前の伝統思想や植民地化あるいは同化される以前のネイティヴの思想に関心が向けられる。そして、これらの研究を通じて、環境哲学（広く現代哲学と言ってもよい）の重要課題の一つである自然―人間関係の再定義に基づく新たな人間観が探求されている。私は、相対的に進んでいる、以上のような問題意識に基づく欧米の研究に学びながら、日本環境思想史の研究課題をさしあたり次のように考えている。

第一に、日本における環境認識の発生から十六世紀頃までの環境思想の歴史的展開を明らかにすることである。この場合、自然観の観照的な考察に止まるのではなく、自然観と人間観の相互媒介に常に留意する必要があろう。また、列島の基幹的な生業である農業における生産力の発展は、耕地面積の拡大と単位面積当たりの収穫量の増大（集約化の方向）の二つによって実現されるが、特に前者の場合、耕地面積の拡大＝開発を促した自然観―環境認識を具体的に明らかにしつつ、神道・仏教等がいかなる思想的役割を果したのかが問われなければならない。平安期から室町期にかけては、数々の文学作品に見られるように、日本的自然観の形成に大きな影響を与えた審美的自然観が形成された時期であり、そのような自然観の特質についても従来の研究を踏まえながら環境思想という新たな視角から明らかにする必要があろう。

第二に、徳川日本の環境思想の解明である。開発が進むとともに農業技術の発展によって上述の集約化の方向が顕著になってくると、治山・治水論を含め農書をはじめとする生産技術に関する記述が現れ、新田開発に対する反省的認識も見られるようになる。それは十七世紀の熊沢蕃山（一六一九―一六九一）に明瞭である。また十七世紀以降、従来の神道・仏教に加え、儒教さらには南蛮学―蘭学―洋学的知識が自然観―環境認識に大きな影響を及ぼすようになる。こうして、日本環境思想史は新たな段階に入ると言えるが、徳川日本の環境思想を考える場合、次のような論点を指摘することができる。⑴儒教（朱子学）の影響の下に広く存在する、「天地」のあり方を基軸として人間のあり方を捉えようとする傾向に関してである。思想的範型としての自然をめぐる問題と言ってもよい。しばしば徳川日本の代表的エコロジストと評される安藤昌益も、私はこのカテゴリーに含めて理解している。⑵農書をはじめとする生産技術に関する文献に見られる自然観―環境認識についてである。徳川日本においては、前期を代表する刊本農書の嚆矢である『農業全書』及び後期を代表する大蔵永常の諸書など多くの農書が著され、さらに農書以外の多くの技術書（治山・治水も含む）が著されるようになる。それらについて、生産技術の進展という技術史的視角からのみではなく、個々の生産技術の前提にある自然観―環境認識の特質を把握する必要がある。そのような考察は、在来技術をどのように評価するかという問題とも密接に関連している。⑶徳川日本は、〈倹約の時代〉と言ってよいほどに、法律の条文から庶民の生活記録に至るまで倹約が強調されるが、その思想的意義に関してである。それを、低位の生産力段階に規定され、身分制的な支配秩序によって強制されたものとして捉えるだけでは不十分であり、石田梅岩（一六八五—一七四四）の思想に鋭く見られるように、物質的欲望＝消費の拡大ではなくその抑制を人間の基本的あり方として捉えるという問題に関わっている。(4)南蛮学—蘭学—洋学によってもたらされた世界知識により、従来の三国的世界像（日本・中国・インド）は大きく修正され、世界は著しく拡大し世界像は変容する。地球体説は知識人を中心に受け入れられ、恒星系や他の天体における人間の存在を想定する者さえ現れてくる（山片蟠桃『夢の代』）。そしてほぼ現代につながるような世界認識が登場してくる。(5)商品生産の拡大と商品流通の発達を前提に、都市を中心に消費社会が成立してくる。そのような社会的変化を背景として、鎖国下でありながら、海保青陵（一七五五—一八一七）、本多利明（一七四三—一八二〇）、佐藤信淵（一七六九—一八五〇）らの後期経世論に見られるように、明治以降の日本の歩みの先駆と言ってよい、徳川日本の政治社会体制とは齟齬する経済思想や国家構想が登場してくる。それらにおける自然観—環境認識をめぐる問題である。

第三に、明治以降二十世紀半ばに至る環境思想の解明である。私は、田中正造（一八四一—一九一三）、南方熊楠（一八六七—一九四一）、宮沢賢治（一八九六—一九三三）、金子みすゞ（一九〇三—一九三〇）が重要であると考えている。それは、以下に指摘するように、彼らの思想には現代の環境思想の論点のほとんどが既に含まれているからである。①環境保全の重要性とそれと関連する調査研究活動の意義。正造の足尾銅山鉱毒問題の取り組みと下野治水要道会（市民的調査研究団体）の組織、生物学者熊楠の神社合祀反対運動の取り組み（社叢の保全）や神島の自然保全。②国家権力への抵抗と人権の擁護。自由民権運動をくぐり抜け衆議院議員を務め、地域住民の生活を守る立場から国策に抗した正造には明確に人権意識が認められる。③地域生活の擁護と民俗の尊重。民俗の重要性を指摘しつつ神社合祀反対運動を戦い勝利した熊楠は、柳田國男と並び民俗学の創始者と評される。〕賢治はイーハトヴ観、民話や民俗に題材を取った作品から明瞭なように、地域と民俗には深い関心を寄せている。④非戦と軍備撤廃の思想。環境思想の重要な内容であり、正造に先駆的な主張が見られる。⑤仏教の意義。当時有数の学僧であった真言宗の土宜法竜と親交のあった熊楠は、中村元の名付けた「南方曼陀羅」なる認識論的枠組みの提示に見られるように、仏教的論理の新たな可能性を示している。また賢治がアクティブな日蓮宗信者であったことは周知のことであり、みすゞの詩には故郷仙崎で育まれた仏教の影響を認めることができる。⑥非「人間中心主義」。自然との交感を特有の表現でうたう賢治、代表作「大漁」をはじめ人間以外の生きものに鋭くまた温かい視線を注いだみすゞ、両者には「人間中心主義」とは異なる意識が明瞭に認められる。

おわりに

リン・ホワイトは、キリスト教の「人間中心主義」とは異なった自然—人間観を、ゾロアスター教を除くアジアの宗教などに見出していた。エルンスト・シューマッハーが、欲望を煽り消費拡大を促す現代経済学を批判し、「仏教経済学」に大きな期待を寄せていたことは既に指摘した。ジョン・パスモアは、日本には自然崇拝があり、最も繊細な仕方で自然を観想する（彼は西欧には見られないお月見を例として挙げる）ことを好む精神がありながら、どうして生態学的破壊がこれほどに顕著になったのかと疑問を呈する。キース・トマスも、日本人の自然崇拝を指摘しつつ、公害の大規模な発生を阻止し得なかったことを批判した。

私たちはこれらの西欧からの問いかけに、日本さらにはアジアの環境思想の具体的究明をもって答える必要があるだろう。私たちが取り組むべき日本環境思想史研究には大きな期待が寄せられているのである。

【参考文献】

イムラー、ハンス『経済学は自然をどうとらえてきたか』栗山純訳、農山漁村文化協会、一九九三年〔Immler, Hans. *Natur in der Ökonomischen Theorie.* Westdeutscher Verlag, 1985.〕
宇井純『谷中村から水俣・三里塚へ――エコロジーの源流』社会評論社、一九九一年
カーソン、レイチェル『生と死の妙薬――自然均衡の破壊者科学薬品』青樹簗一訳、新潮社、一九六四年（『沈黙の春』と改題し、新潮文庫、一九八四年）〔Carson, Rachel L. *Silent Spring.* Houghton Mifflin, 1962.〕
小原秀雄監修『環境思想の系譜』全三巻、東海大学出版会、一九九五年
小松裕『田中正造の近代』現代企画室、二〇〇一年
佐久間正「日本環境思想史の構想」（長崎大学環境科学部編『環境と人間』九州大学出版会）二〇〇四年
――「「天地」と人間――徳川日本の環境思想の特質」（『日本思想史学』三八）二〇〇六年
――『徳川日本の思想形成と儒教』ぺりかん社、二〇〇七年
――「儒教の環境思想」（『長崎大学総合環境研究』環境科学部創立一〇周年記念特別号）二〇〇七年
――「日本環境思想史研究の課題」（『環境科学会誌』二一―三）二〇〇八年
――「金子みすゞの世界」（『長崎大学総合環境研究』一五―一）二〇一三年
シューマッハー、エルンスト・F『人間復興の経済』斎藤志郎訳、佑学社、一九七六年（『スモール イズ ビューティフル』小島慶三・酒井懋訳、講談社学術文庫、一九八六年）〔Schumacher, E.F. *Small Is Beautiful: Economics As If People Mattered.* Blond & Briggs, 1973.〕
鶴見和子『南方熊楠』日本民俗文化大系4、講談社、一九七八年（講談社学術文庫、一九八一年）

ドブソン、アンドリュー『原典で読み解く環境思想入門——グリーン・リーダー』松尾真・金克美・中尾ハジメ訳、ミネルヴァ書房、一九九九年〔Dobson, Andrew. *The Green Reader: Essays Toward a Sustainable Society.* Mercury House, 1991.〕
トマス、キース『人間と自然界——近代イギリスにおける自然観の変遷』山内昶監訳、法政大学出版局、一九八九年〔Thomas, Keith. *Man and the Natural World: Changing Attitudes in England 1500-1800.* Oxford University Press, 1983.〕
中沢新一『森のバロック』せりか書房、一九九二年
中野孝次『清貧の思想』草思社、一九九二年（文春文庫、一九九六年）
ナッシュ、ロデリック・F『自然の権利——環境倫理の文明史』松野弘訳、ＴＢＳブリタニカ、一九九三年（ちくま学芸文庫、一九九九年）〔Nash, Roderick. *The Rights of Nature: A History of Environmental Ethics.* Univ. of Wisconsin Press, 1989.〕
日本仏教学会編『仏教における共生の思想』平楽寺書店、一九九九年
農文協編『東洋的環境思想の現代的意義——杭州大学国際シンポジウムの記録』農山漁村文化協会、一九九九年
パスモア、ジョン『自然に対する人間の責任』間瀬啓允訳、岩波書店、一九七九年〔Passmore, John. *Man's Responsibility for Nature: Ecological Problems and Western Traditions.* New York: Charles Scribner's Sons, 1974.〕
ホワイト、リン「現在の生態学的危機の歴史的根源」（『機械と神』青木靖三訳、みすず書房、第五章）一九七二年〔White, Lynn Jr. "The Historical Roots of Our Ecologic Crisis." *Science,* March 1967. White, Lynn Jr. *Machina ex deo: Essays in the Dynamism of Western Culture,* MIT Press, 1968.〕
マーチャント、キャロリン『自然の死』団まりな・垂水雄二・樋口祐子訳、工作舎、一九八五年〔Merchant, Carolyn. *The Death of Nature: Women Ecology and the Scientific Revolution.* New York: Harper & Row Publishers, 1980.〕

源了圓「熊沢蕃山における生態学的思想」（『アジア文化研究』二五、国際基督教大学アジア文化研究所）一九九九年
レオポルド、アルド『野生のうたが聞こえる』新島義昭訳、森林書房、一九八六年（講談社学術文庫、一九九七年）〔Leopold, Aldo. *A Sand County Almanac*. Oxford University Press, 1949.〕

Ⅲ　世界のなかの日本思想史

——海外からのアプローチ——

中国における日本思想史の研究

卞崇道
呉光輝

一般に思想史の研究とは、「思想の歴史」の研究として、歴史の地盤において思想の解釈を試みることである。西洋における思想史の研究は従来、「理性」のような概念に注目し、“unit ideas”に焦点を合わせることを研究の目標として求めてきた。日本における思想史の研究は、思想史的座標軸の樹立をより重視している。この両者に対して中国における思想史の研究は、「系譜」――思想・人物の脈絡を明らかにすること――と、「道統」――思想の正当性を顕彰すること――を最も強調している（葛兆光《かっちょうこう》「思想史為何在当代中国如此重要」）。ただし、世界がグローバル化に向って動いている今の時代、中国における日本思想史の研究は、「国家」という枠組みを突破し、世界の中の日本の研究という視野が現れてくる。その一方、「日本学」を目標とする特定の地域研究に向かおうとする傾向もある。言い換えれば、今の中国における日本思想史の研究は、「グローバル・ローカル」とも言える特徴を持つようになった。本稿では、中国の学者の研究成果に徴して、中国における日本思想史研究の道筋や実態を概観してみることにする。

一、研究史の変遷

周知のように、明治維新を経た日本は、相次いで清王朝、ロシア帝国との戦争に勝ち、一躍アジアの文明国の代表となった。この背景の下、一八九六年の清の政府による官費留学生の派遣をきっかけに、日本留学が中国近代史上の最大の「事件」の一つとなった。黄遵憲《こうじゅんけん》『日本国志』（一八八七年）、康有為『日本変政記』（一八九八年）と相次いで、日本留学の実践者らが日本の思想を正しく翻訳し、紹介し、「研究」の先駆となった。ただし、この時期における日本思想史のいわゆる「研究」は、多くは思想家の著作・文章の翻訳や紹介に止まり、資料収集、思想評価のような正式な研究、いわば「学問」的な研究には至らなかった。

一九五八年に、北京大学東方哲学研究室が成立した。これは、政府の主導によって創設された研究型の学科の一つであった。この「事件」は日本の哲学思想の研究の形式上の道標にすぎないが、中国における日本思想史の研究は最初から、近代の学科制度によって樹立され、哲学思想という名称で統一され、イデオロギー的批判という色彩を帯びるようなものであったことがわかる。しかしいずれにしても、朱謙之、劉及辰《りゅうきゅうしん》をはじめとする第一世代の研究者が、ようやく日本思想史の正式な研究の端緒を開いた。朱謙之（一八九九―一九七二）は「百科全書式の学者」といわれ、『日本的朱子学』（三聯書店、一九五八年）、『日本的古学与陽明学』（上海人民出版社、一九六二年）、『日本哲学史』（三聯書店、一九五八年）という三部作は、朱氏の代表的な著作であるだけでなく、中国における日本思想史研究の最初の成果でもある。それと歩を同じくして、劉及辰は西田幾多郎の哲学を研究対象とし、『西田哲学』（商務印書館、一九六三年）を著した。京都学派の研究としては、後に『京都学派哲学』（光明日報出版社、一九九三年）を出版している。この時期における日本思想史の研究の特徴としては、第一に、マルクス主義の立場から日本の哲学思想に批判を加え、しかも日本のマルクス主義研究者の研究成果をも紹介したということ、第二に、以後の研究の前進に便宜と利益を与えるように、第一次の文献資料を収集し、翻訳することに努めたということが挙げられる。

一九八〇年代になると、文化大革命による「停滞」以降の日本思想史研究が改めて出発し、王守華、王家驊、卞崇道、方昌傑、李甦平、金熙徳、劉金才、陳化北、崔世広、韓立紅、王中田らの研究者が大いに活躍する。この時期には、劉及辰を初代会長とする中華全国日本哲学会——最大の日本思想史の研究会——が設立され、日本思想史の翻訳や研究が全面的に展開し、多くの新しい研究領域が切り開かれた。そのなかで、王守華・卞崇道編著『日本哲学史教程』（山東大学出版社、一九八九年）、金熙徳『日本近代哲学史綱』（延辺大学出版社、一九八九年）、王家驊『儒家思想与日本文化』（浙江人民出版社、一九九〇年）、方昌傑『日本近代哲学思想史稿』（光明日報出版社、一九九一年）、卞崇道『戦後日本哲学思想概論』（中央編訳出版社、一九九六年。日本語版は本間史訳、農山漁村文化協会、一九九九年）などの総合的研究の著作が世に出された。多くの著作は、外来思想と伝統思想との衝突という背景の下で日本思想史をとらえ、過去の歴史学的研究方法を守り、新しい資料を発掘し整理することに努める一方、日本文化の根本特性と関連させ、日本思想史の軌跡を辿りながら、日本思想史の連続的「体系」や時代的「位置づけ」を試みた。

この時期には、多くの専門研究がなされている。江戸思想の研究という分野においては、王守華編『安藤昌益・現代・中国』（山東人民出版社、一九九三年）、王中田『江戸時代日本儒学研究』（中国社会科学出版社、一九九四年）、李甦平『石田梅岩』（台湾東大図書公司、一九九七年）、畢小輝《ひつしょうき》『中江兆民』（台湾東大図書公司、一九九八年）、韓立紅『石田梅岩与陸象山思想比較研究』（天津人民出版社、一九九九年）などの研究成果が挙げられる。この時期にはまた、日本の唯物論者研究やアジアの視野から見た日本思想史上の重要な人物の研究、比較思想の立場からの日本思想の研究なども試みられている。マルクス主義思想の研究においては、一九八〇年代以来、学術交流会あるいはシンポジウムという形を利用して、中国の研究者は日本人の研究者と一緒に、日本におけるマルクス主義哲学の展開、あるいは戸坂潤、三木清、河上肇、永田広志を代表とするマルクス主義研究者の共同研究を進めてきた。日本の宗教哲学に関して言えば、王守華は一九九七年に東京の農山漁村文化協会を介して『日本神道の現代的意義』という書を公刊したが、中国における神道の研究を切り開いた先導的業績として高く評価されている。なお、二十一世紀に入ると、範景武『神道文化与思想研究』（内蒙古人民出版社、二〇〇一年）、王宝平編『神道与日本文化』（北京図書館、二〇〇三年）、王維先『日本垂加神道哲学思想研究』（山東人民出版社、二〇〇四年）、牛建科『復古神道哲学思想研究』（斉魯書社、二〇〇五年）などの神道研究の著作が相次いで出版され、王守華教授を中心とする神道研究のグループが形成される。要するに、この時期における日本思想史の研究は、多くの文献資料を翻訳し、思想史の研究方法をも提示し、二十一世紀における日本思想史の研究に基礎付けを与えたと言えるであろう。

二十一世紀になると、中国における日本思想史の研究が、未曾有の活況を呈するようになり、日本留学を経験した多くの若手研究者が、日本思想史研究の第三世代となってきた。この時期には、第一世代はすでに歴史的舞台から退き、第二世代は学術研究の「指導者」の役割を果たし、著作の翻訳や出版に努め、両国間の学問的対話を積極的に推し進めている。韓東育、郭連友、王青、劉岳兵、龔穎《きょうえい》、呉光輝らを代表とする第三世代は、日本における日本思想史の研究方法を援用し、日本研究の最新の成果を紹介する一方、独自な研究方法を模索している。その結果、日本思想史研究は、学問の性格や志向においてはもちろん、その研究方法においても、「多様性・多面性・複雑性」をもって展開されている。

中国の研究者による日本思想史研究の問題意識は一体どこにあったのであろうか。上述した三つの世代が歩んできた研究の道筋から多少とも考えることができる。第一に、日本を現代化（即ち近代化 moderniza-tion）の先駆として受け入れ、西洋の受容に成功した日本の思想的軌跡や文化の型の転換を明らかにし、東アジア文化圏の立場から東アジアと西洋の問題、あるいは東アジアの伝統思想の可能性や未来性の問題を求めようとすることである。実は、近代以来の中国知識人による変わらぬ文化の探求は、一つには日本を媒介にして近代西洋の科学技術を取り入れること、いわば「工具としての日本」を、今一つには現代化に成功した日本を摂取・模倣の対象とすること、いわば「方法としての日本」を求めている。このような問題意識は、二十一世紀の今の時代にも続いている。

中国における日本思想史研究の第二の問題意識は、日本思想史の研究を歴史的事実の実証的研究に還元させることに努めると同時に、文化の「本質」、即ち日本の特殊性、しかも中国と区別した「文化的他者」としての日本の特殊性の探求にかかわっている。たとえば、『日本的朱子学』の序言において第一世代の朱謙之は、「朱子学は中国の明、清の時代にすでに衰退に瀕しているが、日本においては百花斉放のように素晴らしき奇観を顕している。したがって、日本人がいかにして中国の学問を受容したのかを追求することは、中国の学者にとって、非常に重要な任務の一つ」であり、とりわけ歴史の文献資料に基づき、日本思想史の事実的研究をすべきである、と朱氏は主張している。

二、分野別の研究

上述のように、中国における日本思想史の研究は、学科の樹立によって端緒が開かれ、北京大学という学問の拠点によって独立の学問としての地歩を固められた。しかも、第一、第二の世代につぎ、第三世代がすでに登場したことによって、日本思想史の研究は、時代の移り変わりにしたがって、一つの大きな転換を迎えている。本節では、中国における日本思想史研究のそれぞれの分野に従い、二十一世紀の最初の十年だけに範囲を限って、中国人の新しい研究成果、とくに単行の著作を中心に――勿論、ここに掲出した著作で、この期間に出された関係論著のすべてが尽くされているわけではないが――、中国における日本思想史研究の方法や特徴に概括的な考察を加える。

1、江戸思想の研究

以前の江戸思想の研究においては、第一次の文献資料がより重んじられ、思想史研究の「系譜」あるいは「体系」がより強調されたのに対して、二十一世紀になってからの日本思想史の研究において大半を占めているのは、主題あるいは人物を中心とするものである。著書の出版年代の順に挙げれば、劉金才『町人倫理思想研究』（北京大学出版社、二〇〇一年）、韓東育『日本近世新法家研究』（中華書局、二〇〇三年）と『従「脱儒」到「脱亜」――日本近世以来「去中心化」之思想過程』（台湾大学出版中心、二〇〇九年）、王青『日本近世儒学者荻生徂徠研究』（上海古籍出版社、二〇〇五年）と『日本近世思想概論』（世界知識出版社、二

〇〇六年）、趙剛『林羅山と日本的儒学』（世界知識出版社、二〇〇六年）、郭連友『吉田松陰与近代中国』（中国社会科学出版社、二〇〇七年）、龔穎『「似而非」的日本朱子学——林羅山思想研究』（学苑出版社、二〇〇八年）、張崑将『徳川日本「忠」「孝」概念的形成与発展』（華東師範大学出版社、二〇〇八年）と『日本徳川時代古学派之王道政治論——以伊藤仁斎、荻生徂徠為中心』（華東師範大学出版社、二〇〇八年）、蔣春紅『日本近世国学思想——以本居宣長研究為中心』（学苑出版社、二〇〇八年）などの研究成果が、この時期の江戸思想の研究の代表作と言われている。

大雑把に言えば、これらの著作はそれぞれ、近世日本の町人、儒学者、古学派、新法家、新志士、日本朱子学者などの「身分」の問題に触れて研究を進めたものであるが、それらが真の意味での「事実的研究」に如何ほどの寄与をもたらしたかといえば、いくらかの疑問を感じずにはいられない。このような疑問はともかく、幾つかの特色ある研究を挙げることにする。まず、王青は「近世儒学者」荻生徂徠の専門的研究を行った最初の人物であり、荻生徂徠の思想に留まらず、さらに「近世思想」の総体性、系統性を求めようとする。それは中国の学者によく採用された研究方法の一つであった。次に、韓東育は朱子学の核心の一つである道徳主義、ないしは「合理主義」の体系が大いに懐疑された江戸時代の思想的状態をもとにして、「近世新法家」という概念で荻生徂徠、太宰春台、海保青陵の思想的軌跡を概観し、「脱儒入法」という近世思想の動きをより強調している。このような実証的・客観的な追究は、『従「脱儒」到「脱亜」』という書に至ると、「脱儒」と「脱亜」という二つの思想を連続的にとらえることによって、日本文化の大きな転換における内在的連続性の探求へと向かう。第三に、これらの文献資料を重視する著書の中にあって、中国と日本との二重性の軌道の解釈を試みる比較研究も出現した。『「似而非」的日本朱子学——林羅山思想研究』において龔穎は、もし「他国・自国」という基準をもとにして「朱子学・林羅山の思想」を研究するならば、林羅山思想研究の二重性がおのずから現れてくると主張している。その二重性とは、一つは、「日本朱子学の鼻祖」林羅山の思想の独自性がいったいどこにあるのかということであり、もう一つは、朱子学の普遍性や可能性をいかにして反省すべきかということである。言い換えれば、旧来の研究が、朱子学の伝播と受容という観点から進められていたのに対して、近年の研究では、東アジア内部の多様性という「前提」を記述あるいは論証することに重点が置かれるようになっている。第四に、すでに述べたように、過去の研究においては、中国の学問が日本の思想にどのような影響をもたらしたかにもっぱら焦点が当てられていたが、近代になると、日本思想が中国の近代社会に多大な影響を与えるようになる。『吉田松陰与近代中国』において郭連友は、多くの文献資料を収集・整理し、中国における吉田松陰の思想の紹介と伝播を考察することによって、近代中国の知識人らがいかにして日本の思想を理解し、受容したかをも追究した。

2、明治哲学・京都学派の研究

明治期の哲学思想は中国の研究者にとって、終始注目されてきた対象の一つである。一九八九年、中日共同研究の成果として、卞崇道、鈴木正によって編纂された『日本近代十大哲学者』（上海人民出版社）という書が公刊された。二十一世紀になって以来、明治哲学、とりわけ京都学派の研究は一つの新しい局面を迎えてきた。呉光輝は『伝統与超越——日本知識分子的精神軌跡』（中央編訳出版社、二〇〇三年）のなかで、西田哲学の東洋的性格を検討した。刁榴《ちょうりゅう》は『三木清的哲学研究——以昭和思潮為線索』（社会科学文献出版社、二〇〇八年）のなかで、三木清の思想的過程を全面的に紹介し、三木清に関する中国における最初の研究著作として高く評価されている。代麗は西田幾多郎の名著『善の研究』（光明日報出版社、二〇〇九年）を新たに翻訳した。韓書堂は『純粋経験――西田幾多郎哲学与文芸美学思想研究』（斉魯書社、二〇〇九年）を公刊した。しかし、明治哲学・京都学派哲学の研究といえば、卞崇道の「三部作」の研究を特筆に値するものとして取り上げなければならない。

一九九六年、卞崇道は『現代日本哲学与文化』（吉林人民出版社）を刊行した。その中で卞は、日本の近代化のパターンについて考察し、それが西洋中心主義の神話を打破し、終始民族に固有の性格と結びついた独創性を守りつづけるものであったと主張している。さらに、日本の資本主義の精神は、「脱亜入欧」の産物でもなく、日本の伝統思想の単純な現代的「復刻」でもなく、あくまでも東西文化の融合によって形成された独特な精神であり、まさにそれこそが現代日本特有の民族的精神なのであるとも指摘した。卞崇道は二〇〇三年には、『日本哲学与現代化』（瀋陽出版社）を出版した。近代化という問題をめぐって、日本の近代化の基点、提出、推進、破滅、完成という各段階に即応し、それぞれの時代的要求に応える日本の哲学思想を一々論述し、「虚学から実学へ、倫理道徳観念の転換、多元的価値観の再構築、近代的自我の樹立、儒学の再構築及びその社会的機能」という幾つかの研究課題を提出した。さらに二〇〇八年には、卞崇道『融合与共生――東亜視域中的日本哲学』（人民出版社）という著作が出版された。この書の中で卞は、儒学という伝統からの転換、明治哲学の樹立、日本の哲学の出現などの問題を論述し、「多元的文化の共生」という根本的理念による東方哲学の再構築という研究課題を提出した。

もし、最初の二つの著作が日本の独特な近代化のパターンを模索し、近代化を目標とする東洋哲学の再構築を主張するものであるというならば、第三の著作はグローバリゼーションとローカリゼーションの公共哲学を根本的な立場にして、東西思想の融合と共生の事実に基づき、「多元的文化の共生」という世界の、未来の文化的構造に応える新しい哲学思想を樹立すべきであると唱えようとするのではないかと思われる。このような立場は同時に、卞崇道自身による「近代化」の研究の帰結とも言えるであろう。

3、儒学の比較研究

なぜ日本が近代化を成功裏に実現させせたかは、中国における日本思想史研究者の共通する関心の一つである。このような近代化の課題を模索する一環として、儒学の研究が大いに注目されている。王家驊は一九八八年、『日中儒学の比較』（六興出版社）を日本で出版し、後に『儒家思想与日本的現代化』（浙江人民出版社、一九九五年）、『日本の近代化と儒学』（農文協、一九九八年）をも出版し、儒学が日本の現代化においてプラス面・マイナス面の二重の機能を果たしたという評価を与えた。李甦平は『転機与革新――論中国崎儒朱之瑜』（中国人民大学出版社、一九八九年）、『聖人与武士――中日伝統文化与現代化之比較』（中国人民大学出版社、一九九二年）という二つの著作を刊行した。前者においては、儒学者の朱之瑜、すなわち朱舜水が如何にして日本の朱子学派、古学派、水戸学派に思想的影響を与えたかが論じられた。それに対して後者においては、日本の陽明学と中国の陽明学との比較研究を進めつつ、近代化が必ず伝統をもとにし、伝統が必ず近代化を目標とするということで、そして日本の近代化が伝統文化に対する変革・転換によって、はじめて実現されたものであるということが主張されている。

二十一世紀に入ると、儒学思想の研究においては、劉岳兵の三部作、即ち『日本近代儒学研究』（商務印書館、二〇〇三年）、『明治儒学与近代日本』（上海古籍出版社、二〇〇五年）、『中日近現代思想与儒学』（三聯書店、二〇〇七年）という一連の研究が出現した。劉氏は「儒学」という概念をとりまく近代日本の漢学者、とりわけ明治以降の人物を中心に、文献資料の発掘や整理に努力し、東アジアにおける儒学思想の比較研究を進めてきた。この三部作の表題から明らかなように、近代儒学、明治儒学、近現代思想という「背景」の設定を通して、劉岳兵は、儒学の比較研究から日本近現代思想の探究へと、自らの関心を逐次転換させたように思われる。劉氏の積み重ねた努力の結実として二〇一〇年に出版された『日本近現代思想史』（世界知識出版社）という著書は、中国最初の「思想史」と銘を打った、総合的な叙述である。

劉岳兵の『日本近現代思想史』という著作は、きわめて実証的・客観的な追究を進めた一大力作として高く評価されている。その性格として挙げられるのは、まず、「九〇年代以来の文献学的研究が極めて薄弱であった」という欠陥を補い、第一次の文献資料を重視することによって、思想史の豊富さと可能性とを証明しようとした点である。劉岳兵はこの書の序の中で研究方法として、文献資料の発掘や選別を最も重要な一環とする歴史学的方法論を主張している。言い換えれば、「日本近現代思想史」を研究するには、歴史学的方法論を徹底しなければならない、という主張である。次に、この書は近代思想の「萌芽」期、即ち江戸時代から、戦後の現代思想に至るまでの、「歴史」としての思想史の「枠組み」を顕にした。そこから、明確な「日本思想史」という学問の構想をうかがうことができるように思われる。第三に、劉岳兵は政治思想史を中心に、近代・現代の日本思想史を考察してきたが、「思想論争史」「庶民思想史」「女性思想史」といったもの、さらに、儒学思想、仏教思想、神道思想、マルクス主義思想、京都学派哲学、戦後の思潮なども取り上げている。言わば、日本という一視点の内部に、世界中の「近代的・現代的」な思想が互いに影響しあい、結び付きあう「多様性・多面性・複雑性」の「歴史的事実」を再現しようとしているのである。

4、啓蒙思想の比較研究

啓蒙思想の研究は、中国の研究者によって多くの思想的関心を寄せられたものの一つであるが、中国の学者は、多くは比較思想の立場から研究を進めている。一九八九年には、崔世広が『近代啓蒙思想与近代化――中日近代啓蒙思想比較』（北京航天航空大学出版社）を出版し、一九九一年には、王中江が『厳復与福沢諭吉――中日啓蒙思想比較』（河南大学出版社）を出版した。両者はともに、日本近代啓蒙思想の研究を通じて、近代思想の内在的脈絡を求め、さらに啓蒙思想と日本の文化、日本の近代化とのつながりを明らかにしようとしたものである。

陳秀武は『日本大正時期政治思潮与知識分子研究』（中国社会科学出版社、二〇〇四年）に続いて、『近代日本国家意識的形成』（商務印書館、二〇〇八年）を出版した。この書は、江戸時代の日本における「藩即国」という理念から近代国家意識への転換を歴史的に考察することによって、近代日本の国家意識及びその独自性を明らかにし、さらに、このような新しい国家意識が近代日本に与えた影響、あるいは役割を検討した。この陳氏による日本政治思想史の研究に呼応し、長年にわたって研究しつつ多くの研究成果を挙げた銭国紅は、『走近「西洋」和「東洋」』（商務印書館、二〇〇九年）という書を出版した。この書は、過去における佐久間象山と魏源の啓蒙思想の比較研究を続ける一方、「中国・西洋・日本――三点測量的視角」の研究方法を主張し、「西洋のインパクト」という共通の運命のもとで、東洋の日本と中国の知識人がいかにしてそれぞれの選択をしたかを考察した。

ただ、ここでさらに一つの著作に言及しなければならない。即ち、言語学者・翻訳学者王克非によって著された『中日近代対西方政治哲学思想的摂取――厳復与日本啓蒙学者』（中国社会科学出版社、一九九六年）という書である。この書において王氏は、西洋の政治思想の摂取をめぐって、中国の学者厳復と日本の啓蒙学者との比較研究を進めるとともに、「西洋・中国・日本」という大きなスケールのなかで西洋の受容のあり方について考究するという課題の重要性を説いている。このような比較研究、つまり、二元論的構造ではなく、いわゆる「三点測量」としての比較研究は、前述の銭国紅の著作によって正式に主張されるようになった。それは、思想史研究の「座標軸」の移入に新しい構想を提供したのみならず、方法論的な観点からも極めて大きな意義をもつものといえるであろう。

5、現代思潮の双方向的研究

ポストモダニズムの衝撃に伴って、政治学、歴史学という旧来の学問の枠組みが弱体化し、まさに“Interdisciplinary”という言葉によって言い表わされているように、多くの新しい研究方法が思想史研究という領域に入ってきた。中国における日本思想史の研究の新しい動きとしても、多くの研究はグローバリゼーションというコンテキストのもとでの双方向的な現代思想研究を体現しており、一つの共通の概念をめぐっても、多領域から、学科を越えた研究が行われるようになっている。その代表作として、林少陽『「文」与日本的現代性』（中央編訳出版社、二〇〇四年）、孫歌『竹内好的悖論』（北京大学出版社、二〇〇五年）、趙京華『日本後現代与知識左翼』（三聯書店、二〇〇七年）などが挙げられる。

林少陽は『「文」与日本的現代性』のなかで、言語・思想の核心である「文」という概念を手がかりにし、十七世紀から二十世紀にかけての日本の言語思想、文学理論及び文学的実践を改めて考察し、「現代性modernity」への反省という立場から批評理論の再構築の問題を追究した。孫歌は『竹内好的悖論』のなかで、竹内好が必ずしもアジア、中国を実体として捉えるわけではなく、それらを日本の現実的歴史に分け入る「方法」として利用していると指摘した。その上で、竹内好のアポリア、いわゆる「近代化」は確かに政治、経済、軍事上の「侵入」に由来するものであるが、アジアの外部に由来するものである。その根本原理は必ずアジアの内部から生み出されるはずのものであり、ただ、内部から発した否定のみが、「アジアとは何か」を語る主体を再構築することの意義や可能性を生み出すことができると主張している。趙京華は『日本後現代与知識左翼』において、柄谷行人、子安宣邦、小森陽一、高橋哲哉を代表とする、ポストモダニズムの傾向を持つ著作を取り上げ、これらの「知識左翼」の政治介入や文学批評が、世界で同時に起っているポストモダニストの「左翼化」という共通の現象を理解するために重大な意義を持っていると考えている。

現代思潮の研究が双方向的研究と言われるのは、これらの研究が日本の思想史研究と大体同じ歩みを保ち、互いに呼応しあっているのみならず、思想史の研究課題としても、これらの研究課題は、現在の中国が日本と同時に直面している課題と言えるからである。だから、このような双方向的な研究は、われわれがアジアの内部の「多様性」という立場から出発し、同じ時代的境位のもとでの思想史的諸問題や思想それ自身の「論理性」、あるいは「限界」をめぐる問題に取り組むために、共同研究を行う際に有益なのではないかと思われる。

三、「誰の思想史？　誰のために書かれた思想史？」

中国の学者葛兆光はかつて、「誰的思想史？　為誰写的思想史？――近年来日本学界対日本思想史的研究及其啓示」という論文を発表した（葛兆光「誰的思想史？　為誰写的思想史？」）。そのなかで葛氏は、日本の思想史研究者が終始「誰の思想史？　誰のために書かれた思想史？」という意識を持っていると述べている。では、中国の日本思想史研究者は如何であろうか。これまでに言及した諸研究を踏まえて、ここでは、中国の学界における日本思想史研究の対象、内容、方法を手がかりとして、中国における日本思想史研究の性格をまとめよう。

研究の対象についてはすでに述べたように、中国の研究者は多くの場合、日本を近代化のモデルとし、日本が成功した経験を生かすという目的をもって、日本思想史の研究を行い始めた。したがって、まさに日本思想史研究の事実から明らかなように、われわれは翻訳―紹介―解読（著述）―枠組みあるいは系譜の確立（「体系」的研究）という過程を経過してきた。この過程の中で、研究対象として日本は一向に変わっていないが、中国の学者は、日本としての日本とか、東アジアとしての日本とか、世界としての日本とかいうように、日本から東アジア、さらに東アジアから世界へと自らの視野を展開した。あるいは、より事実に基づいて言うと、日本、東アジア、世界という三者を一つに結びつけ、それを日本という存在の「背景」として理解することによって、日本思想史の研究を進めてきたのである。それだけではなく、日本という対象は、当初は「文化圏」という概念のもとで文化的な共通者として考えられていたのだが、

「文化的他者」として考えられるようになった。日本思想史の研究は、このような自己と他者との緊張関係のもとで展開されるようになったとも思われる。

研究の内容については、儒学研究が主導的な地位を占めている一方、日本哲学への関心がますます強くなってきている。すでに述べたように、中国の学者による江戸思想史の研究は、すでに多様性・多面性の性格を現し、しかも「身分」の問題をめぐって論争し合っているという活況を呈している。それと同時に、劉岳兵の儒学研究が、明治以降の知識人を中心にした新しい視点を提示するものとして非常に注目されている。劉氏の『日本近現代思想史』という書は中国における日本思想史研究の内容をいっそう豊かにし、多くの研究分野を切り開いた。ただし、儒学研究が多少とも中国人自身の文化的なこだわりに因んでいるように見えるのに対して、日本の哲学からの刺激を受けた一部の学者は、儒学の枠組みから離脱し、より普遍的な「知識」の立場から、あるいは「世界」を場として、あるいは「事件」としての思想史を考えるということを提唱するようになり、日本思想史に留まらず、思想史の研究に新しい対話の空間や対話の方式を提供しつつあるように思われる。

研究の方法については、多くの中国の学者は第一次の文献資料を重んじ、思想・人物の系譜か正統思想の研究を行っている。しかし、このような研究の方法は次第に変わっていく。言うまでもなく、現今の日本思想史の研究方法というならば、核心概念の研究史、パラダイム・チェンジの研究方法、「三点測量」の比較研究の方法、「日本学」という概念のもとでの研究方法、再構築の方法などが挙げられるが、それらの研究方法は――日本から由来したか、あるいは西洋から由来したかは問わないにしても――いずれも外来の研究方法をそのまま踏襲したものに過ぎない。この事実には遺憾の念を抱かざるを得ないが、ここにおいて留意しておきたい一点は、外来の理論から激しいインパクトを受けた後、中国の学者は「理論以後」（ポスト・セオリー）の反省を行い、第一次の文献資料を重んじる「歴史学」的研究方法を再び強調するようになった、ということである。すでに述べた「他国・自国」の枠組み、「脱・入」というパターンにおける中心・周辺の視野、「融合・共生」の文化の型の再構築といったあり方からも明らかなように、中国における日本思想史の研究は、もはや「過去」の思想的研究ではなく、固定した観念や枠組みに拘泥せず、歴史的意識を持つ事実的研究へと進んでいくのである。葛兆光の提出した「誰の思想史？　誰のために書かれた思想史？」という問いが、やはり今の研究者にも大きな刺激をもたらしているのである。

確かに中国における日本思想史の研究は、一つの未曾有の高潮を迎えているが、これらの研究の底に潜む問題点も指摘しなければならない。まず、「主体性」の問題である。葛兆光の問いを借りて言うならば、われわれは何のために日本思想史の研究を行うのか。文献資料の収集、翻訳、紹介を最も重んじる最初の日本思想史の研究から、「近代化」とか「日本文化の独自性」とかいった観念をより重んじる今の日本思想史の研究まで、確かにわれわれは数多くの研究分野の開拓に一生懸命努めてきたが、独自な方法論の樹立ということが十分に実現されなかったのは、一つの事実であるといわざるを得ない。現今の東アジア、あるいはグローバル化といった時代の情勢の中で、中国の日本思想史の研究ということが一つの「失語」の状態に陥ってしまったのもそのためであると考えられる。むしろわれわれにとって、独自な方法論の樹立をあせらず、第一次の文献資料の発掘、選別、解釈に着実に力を入れることは、一つの「捷径ならぬ捷径」なのである。

次に、われわれ自身が自ら積極的に「対話の立場」に立つことを強調しなければならない。日本思想史に内在している批判的意識は、思想的「座標軸」が不断に新たに出現するという点に顕著に現れている。それに対して、中国人の固有観念として、「和して同ぜず」という同一性への傾向、あるいは「求同存異」という意識がしばしば働いており、そのために、われわれはしばしば、「同を求める」という立場から日本の思想をあつかい、それを中国思想の「延長線」に位置づけようとする。その意味で、われわれには最初から思想史研究のために最も重要なもの、即ち批判的意識が欠如しているとも言えるかもしれない。たとえ、一定の批判的意識があっても、それは「知識」という地平からではなく、感情的表現になりやすいものとなってしまう。だから、われわれは、「知識」という根本的な立場に根ざし、科学的・客観的に「対話」することを主張し、それを積極的に実行しなければならない。

最後に、『融合与共生――東亜視域中的日本哲学』の序の文章を借りて本論の結論にしよう。「客観的に他者を認識するには、まず客観的に自己を認識しなければならない。自己の中に他者が入っており、他者の中に自己が入っている。他者の意識を樹立し、他者の立場から、日本の思想や文化を客観的に認識し、研究するということ、それが筆者が提示しようとする方法論である。中日両国の国境を超え、東アジア乃至は世界の立場から日本、或いは中国の思想や文化を認識することは、二十一世紀の東アジアの哲学を構築する前提でなければならない」。

【参考文献】
葛兆光「誰的思想史？　為誰写的思想史？――近年来日本学界対日本思想史的研究及其啓示」（『中国社会科学』二〇〇四年第三期）

――「思想史為何在当代中国如此重要――葛兆光教授在美国普林斯頓《プリンストン》大学的演講」(『文匯報』二〇一〇年五月二十二日)

＊本論の執筆、翻訳にあたっては、高坂史朗氏(大阪市立大学教授)、杉本耕一氏(愛媛大学准教授)からご助言とご協力をいただきました。お二人に感謝いたします。

韓国の日本研究と日韓の思想連関

趙　寛　子

一、研究環境の変化

金大中政権による日本文化の開放政策が進み、日韓の文化交流がもっとも活発となっていた二〇〇〇年の当時、『季刊日本思想史』（五六号）は、「韓国の日本研究」を特集として組んだことがある。ちょうど韓国で、一九九七年に「韓国日本思想史学会」が創立され、さらに二年後にその学会誌の『日本思想』が創刊された直後である。その特集号には、この学会の初代会長・故宋彙《ソンヒ》七《チル》氏が責任編集者をつとめ、会員ら六名が論文を掲載した（河宇鳳「朝鮮実学と日本古学の比較研究試論」、成海俊「貝原益軒の勧善思想」、朴奎泰「安藤昌益と「互性」」、呉二煥「日本哲学の訓詁的伝統と思弁的伝統」、朴晋雨「近代天皇制研究の検討と展望」、厳錫仁「理気論にみえる崎門学派の思想史的位置」）。また、韓国で研究休暇を送ったことのある澤井啓一氏が「韓国における「日本思想」研究の現状について」を紹介した。そこで当時の日本研究の「現状」を集約したかのような一言が目につく。「韓国の日本研究はこれからだ」という今後にたいする期待である。その特集号から、また十年以上の歳月が過ぎた。その間、韓国の日本研究はどのように進展したのだろうか。本論に入る前に、日本研究をとりまく環境の変化について確認しておこう。二〇〇〇年当時には、日本学をめぐる制度的な条件が拡充し、研究領域の多様化が始まっていた。そして二〇〇〇年以降にも、韓国の研究システム全般は著しく変わり、良きにしろ悪しきにしろ、日本研究の成果と動向に大いに影響しているのである。

韓国の日本研究は、一九六五年日韓国交正常化により始まったが、一九八〇年代末から民主化と経済発展とあいまって学術研究に集中できる雰囲気が助成された。ちょうどソウル・オリンピック後、日本における韓国イメージも明るくなって、韓国においても経済大国である「日本を学ぼう」とする意思が高まる。(1)このような流れに沿って一九九〇年代には日本研究の環境に二つの「進歩」があったといえる。

第一に、日本研究者を養成し、研究領域を拡張するための制度化が進んだ。その著しい現象は日本学科の増加にある。教育科学技術部の教育統計によると、一九九〇年に、人文学部を有する全国の四年制大学一〇七校のうち、日本語・日本文学学科は四四校あった。ところが一九九〇年代には、大学の増加にともなって日本学科の新設がつづいた。ちょうど、戦後世代の研究者が日本留学から帰還し、教育の現場にたつ時期とも重なる。そして二〇一〇年、日本関連の学科は全国的に一〇五校に増えている。これは人文系において数えられた学科の数である。日本語・日本文学を専攻とする学生数は、英文学、韓国文学、中国文学について四番目に多い。そのほかに日本研究所の増設もあるが、これについては後述する。

日本学科の増加とともに、かつて語学・文学を中心としたカリキュラムが再編成され、日本語の基礎と専門教育のバランスを図るようになった。また、日本学科のほかに歴史学・国際地域学・社会科学の分野においても比較研究や日本研究のコースがあるため、日本学の外延は実際に広まっている。ソウル大学の場合、二〇一二年にはじめて日本学コースのある「アジア言語文明学部」を新設したが、それ以前から学部ごとに日本研究者が所属している。ソウル大学人文学部には、日本史コースのある東洋史学科もある。一九八〇年から東洋史学科にはハーバード大学で一九七〇年代に地租改正論で博士学位を取得した金容徳教授が赴任したが、現在、日本留学帰りの歴史学者二人が所属している。朴秀哲教授は中世日本の国家権力の特質を研究し、朴薫教授は明治維新期の政治変化を東アジアの儒教的な思想文化と関連させて研究する。アジア言語文明学部には、夏目漱石論で博士学位を取った尹相仁教授と源氏物語を研究する日本人学者が所属している。二〇〇四年に開所した日本研究所を含めると、ソウル大学には併せて二十名ほどの日本研究者が所属している。

第二に、研究視点や研究活動の自由化、研究領域の多様化が進んだ。民主化運動は、一九八〇年代から九〇年代にかけて「親日派」批判の言説を量産するなど、反日的な民族主義の大衆的な高揚をうながした側面もある。ところが、経済・文化交流のグローバル化と消費文化の高度化が進むにつれて、過去の集団的な記憶や政治的なイデオロギーの規制が研究のスタンスや方向性を拘束する力は薄まってくる。思想史的な動向おいても、一九九〇年代の後半から、ポストモダニズムやポストコロニアリズムの問題意識が広まり、民族主義や近代主義の相対化が進むようになる。

そのような流れに沿って二〇〇〇年代以降、日本研究の対象や方法論の視点が多岐に開かれている。日本研究の重点が語学・文学・社会科学の分科学問から、文化研究・地域研究・学際的な共同研究へと移り変わったのも特記すべきである。現に日本研究は、日韓の二カ国関係をこえて、東アジア地域研究のレベルでも活性化している。かつ、日本研究の底辺が映画や漫画など大衆文化の領域に広まり、サブカルチャーを含めて日本文化研究が活発となっている。ここ十年間には保守・右翼研究、災害研究も行われ、日本研究は、多様な領域にかけて広がりつつ細分化しているのである。

1、人文学の振興策と日本研究

二〇〇〇年代から韓国では、英語圏の指標を規範とするグローバル化や、市場の需要や成果の可視化を重んじる市場主義の競争原理が、大学に急速に浸透してきた。大学の改革を迫るグローバル化と新自由主義の動向は、日本でも例外ではない。とはいえ韓国では、社会変動の速度が激しく、大学への進学率が八〇%もあるだけに、大学は世態の変化をただちに反映する場所である。そこで、実用性や効率性とは程遠い人文学の衰弱が予想された。そして二〇〇六年九月から、人文学の危機を叫ぶ世論に火がついた。高麗大学の文系の教授らが「人文学宣言」を発表したことをきっかけに、人文学のおかれた状況が社会的に喚起され、さまざまな議論が交わされたのである。その結果、浮き彫りになった課題は、人文学にたいする制度的な支援と、人文学者みずからが大衆との疎通に力を入れることであった。

二〇〇七年十一月、韓国研究財団（以後、研究財団と略称）は、人文学の振興をはかるため「人文韓国事業」（Humanities Korea Project）というものを立ち上げた。その支援の対象は研究所であり、支援の目標は研究所を中心に研究体制を確立することである。研究財団としては、教育と研究とを分化させ、学生の需要に応じる教育を行う一方で、学科とは別途に研究体制を造成するという方針であった。かつて韓国の大学では、もっぱら研究所に所属する専任教員を置いた前例がなかった。ところが新しいプロジェクトは、専任の研究者（ＨＫ教授・ＨＫ研究教授）を採用し、研究所を中心に人文学のインフラを構築することで、研究成果を国内外的に拡散させるというのである。韓国政府による人文学の振興策は、研究者の雇用と次世代の養成に大いに役立つ。ただし支援の方針は、いわば選択と集中にあり、比較優位にある研究所を体系的に長期（一〇年間）にわたって支援するが、途中で段階別に審査を行い脱落させることもある。

このような状況で各大学は、大学評価に対応し、かつ研究財団のプロジェクトに応募するために、まず研究所を設立する傾向にあった。したがって、アジア研究や比較研究まで含めて、日本学に関連する研究機関も急速に増えている。かつて「日本」または「日本学」のタイトルを前面に出している研究所は、一九七〇年代に二カ所、一九九〇年代に三カ所だけが新設された。ところが、二〇一一年現在、一五カ所の日本関連の研究所が看板をかかげている。(2) 地方所在の大学には実質的な活動のできない研究所もあろうが、それぞれの研究所が専門化と特性化に力を入れているといえる。

日本研究機関のなかで「人文韓国事業」に採択された研究所は、ソウル大学「日本研究所」と高麗大学「日本研究センター」である。そのほかにも研究財団は、中点研究所の支援制度を設けているが、現に国民大学「日本学研究所」と翰林大学「日本学研究所」が選ばれて支援を受けている。

2、学会と学術誌の動向

大学と研究者の増加は、研究発表の場や媒体の急激な増加をもたらした。それまでには、韓国日本学会（一九七三年）が人文学の分野を代表する学会として学術誌『日本学報』を発行していた。また、現代日本学会（一九七八年）が、社会科学の分野を代表する学会として『日本研究論叢』を発行してきた。ところが、一九九〇年代には、それぞれの専門領域に細分化され、独立の学会と学術誌に分化していった。一九九五年に日本史学会と『日本歴史研究』、一九九六年に韓国日本文化学会と『日本文化学報』、一九九七年に韓国日本思想史学会と『日本思想』などが新しく誕生したのである。

大学と研究者の増加にともない、学術論文や著書が著しく増加すると、量的な増加による質の低下が問題となる。とくに研究者の業績評価のさいに発表論文を定量化するため、業績の客観的な評価の基準を設ける必要があった。したがって研究財団は、学会と学術雑誌の審査制度を設けることで、論文を査証し業績を管理するシステムを考案した。一九九八年から研究財団は、学術誌の登載システムを立ち上げ、学術誌を支援・管理することにした。この制度（ＫＳＣＩ）では、研究財団に登録された学会と登載の学術誌だけが支援を受け、そこで発表された論文だけが評価の対象として公認されるのである。

その結果、人文学の登載誌や登載候補誌（二年間の審査を受けて登載誌になれる）だけをみても、一九九八年に九件あったものが、二〇一〇年には五三〇件まで増えた。二〇一二年一月現在、研究財団の登載誌と登載候補誌のうち、日本・アジア研究を遂行する研究誌はあわせて五三種類が検索された。そのうち、日本研究の学会で発行される学会誌が一八件、各大学の日本研究所で発行される機関誌が一〇件があった。登載誌は年二回以上の発行を条件とするが、二〇〇五年に登録誌となった『日本思想』（一九九九年創刊）の場合、二〇一二年に二三号まで発行され、あわせ二三〇本の論文を掲載したことになる。ほかの登載誌に発表された論文もいちいちレビューできないほど多くある。日本をタイトルに入れている学術誌だけでも二八種類あるため、日本研究の論文は、古代から現代まで、さらに文学・歴史・宗教・民俗・文化・政治・社会などの分野にいたって多量に生産されることになる。

ところが、業績の評価システムにおいて、一冊の研究書と一本のＫＳＣＩ論文が同等に評価されるため、単発の論文をまとめて書籍にする努力に励むような雰囲気ではない。研究の量的な増加に比べれば、まとまった大作や問題作が生まれにくいという問題が残るのである。幸い、研究財団の支援をうける研究所と研究者は、共同研究や個人研究を本に出すと約定しているため、研究成果の集成を促してはいる。本稿の最後では、その実例としてソウル大学日本研究所の共同研究の成果について述べることにしたい。それにしても研究の質的な評価はどうするのか。登録誌の量的な増加により優秀な雑誌が弁別できなくなり、むしろ平均的な質の低下をもたらすこともある。新しい代案は、年に四回以上発行する引用率の高い優秀な学術誌を重点的に支援することにある。ところが、引用率が研究の質を担保するともいいきれないのである。

韓国の日本研究は、国家的な支援を受けてかなり活性化している。しかし、国家の管理システムに頼らずに、研究者が自らの学問的な伝統を蓄積し、研究の自律性と社会的な責任を発揮することは今後の課題である。とくに研究財団の支援を受けている研究所では、国家の財政とその管理体系に縛られる構造的な力がより強く働く。税金が費やされただけに、国際化と社会的なサービスが重視され、数量的な評価を満たし成果を可視化しなければならない。しかしだからこそ、研究の内実性を長期的に見込むことが大事であり、国益や政治的な対立をこえて地域秩序を巨視的に展望するような視点が求められるのである。

二、韓国と日本の思想連環

韓国における日本をみる視線は、近代化のプロセスや冷戦時代の葛藤、そして現代文明にたいする批判意識と重なりつつ複合的に変化してきた。その態度は一般に、親日・知日・反日・克日といった言葉によって表現されている。ところで一九九〇年代から韓国では、日本語や日本文化に触れる学生が増え、かつ大衆的な文化交流が盛んになっている。とくに若い世代のなかでは、親日や知日のトレンドが優位となっている。現に東アジアでは、領土問題など政治的な衝突がたえず起こり、軍事的な防衛力の強化を促す声もあるが、もはや敵対的な感情や軍事政策が無限に疾走する時代ではなくなっている。

東アジアの地域秩序を考える人たちは、民族感情や国益の衝突をこえて現代のグローバルな社会問題に向き合うべきであると、共生・協働の思想を育んできている。ここに至るまで、韓国社会における日本学の思想的な位相はいかに変わってきたのか。以下では、東アジア地域秩序の変動に関わりあう日韓社会の思想連環について触れながら、日本研究の歴史的な変遷をたどることにしたい。

1、冷戦時代に連なる日韓の社会思想

日本帝国の敗戦後、東アジア諸国では、新しい国づくりの方向が分裂し、内戦の混乱まで生じていた。理念的な分断と葛藤は、日中修交や米中修交により緩和され、一九七〇年代には日本でも安保闘争が鎮まり、消費文化の成長による脱政治化が進んだ。ところが、自国の近・現代化を究明し、対米自立や社会変

革を講ずるマルクス主義の言説は、冷戦が崩壊する一九八〇年代までその存在感をアピールしていた。冷戦時代にはまた、日本人・日本文化・日本文明論のさまざまなヴァージョンが、近代的ないし近代批判的なアイデンティティの定立を啓蒙する思想力を有していたといえよう。

社会科学の影響力と思想的な主体確立の意欲は、東アジアの同時代に連なる思想的風景である。冷戦時代の韓国では、近代化と民主化を推し進める言説と、体制批判的な社会運動および民族主義の言説が競争的に現れている。韓国知識界に影響力をもった、一九五三年四月に創刊され一九六〇年代を代表した『思想界』は、岩波書店で出版された『思想』の学術的な性格と『世界』の正論誌的な性格を総合したような雑誌である。(3)『思想界』の筆陣の多数は、日本留学または京城帝国大学の出身である。

かつて韓半島の新しい国家づくりにあたっては、日本の植民地期に連続する知識人とテクノクラートが大いに活躍した。植民地から解放された国の性格を明らかにし、新しい社会変革や民族文化の建設を探るにおいても、日本の知識界にあった問題意識と研究方法を引き継いでいた。朝鮮戦争の時期まで左派知識人の多数は社会主義の建設をめざして越北したが、とりわけ民族・階級問題をめぐる日本資本主義論争など日本社会科学の争点は、社会変革の激しかった一九八〇年代の韓国でも現れた。(4)「戦後日本の民族主義は処女性を失った」（丸山眞男）が、対米自立の問題をかかげてきた講座派マルクス主義や社会主義の問題意識は、反共と親米の国であった韓国の知識界に密かに伝わっていたのである。

ただし、民族主体の確立と民族文化の回復をとなえる時代精神のなかで、自己確立の契機でもある日本との思想的・人的なつながりが露になることはなかった。韓国における植民地期の遺制や朴正熙政権の近代化における日本という影については、一九九〇年代に「親日派」批判の言説により周知のものとなっている。一九六五年の日韓国交正常化の後、日本は、韓国の近代化のモデルとなったが、かつて日本陸軍士官学校を卒業した朴大統領の近代化政策が、満洲国の計画経済や日本の戦後復興の経験に連続するものであったということは、一九九〇年代以降の研究で指摘されている[5]。ところが、進歩陣営と社会運動における日本との連環・連携についてはまだ明らかになったとはいえない。

一九六一年、韓国外国語大学に日本語学科が誕生したが、日韓修交により日韓の政治・経済的な親密性が深まるにつれて、アジアのなかでも特殊な日本の歴史や日本人にたいする関心が表出された。むろん日韓会談に反対する運動が激しく展開され、社会的通念のなかで日本は、なおも「民族的他者」として排除されがちであったことも事実である。日本との関係回復を「帝国主義の再現＝経済侵略」と見なす視線は、一九八〇年代に大学生らの必読書であった『解放前後史の認識』に貫かれていた。ただし、その民族主義的な韓国史研究や進歩陣営の社会運動においても、戦後日本の革新系の言説や第三世界の民族運動に影響力をもっていた毛沢東の思想などが入っている。

一九五〇年の韓国戦争（朝鮮戦争）により反共主義が広まったゆえに、一九六〇年に李承晩政権が倒れるまで韓国の社会思想の主流は、自由主義や社民主義に基づいていた。一九六〇年学生運動の「四・一九宣言文」をみても、「近代的民主主義の基幹は自由である」（ソウル大）、「解放後には人間の自由と尊厳を死守するため滅共戦線の前衛的隊列に立ったが、今日は真正な民主理念の争取のため反抗の烽火を立ち上げる」（高麗大）とある。ところが、翌年の「四・一九の第二宣言文」は急に変わり、「四月の抗争は政治指導組織の虚弱性と転換期理論の貧困などにより中止された。……今日、反封建・反外圧勢力・反買弁資本の上に立つ民族革命を実現するしかない。民族民主革命の遂行の前途には破れた祖国の民族統一という大きな宿題が置かれている」（ソウル大）とある。[6] 一九六一年の論調には、対米従属からの民族的自立を強調した日本共産党の革命路線や朝鮮総連系の統一運動論と民族革命の組織路線が入っていたのである。[7]

一九六一年韓国の学生運動が統一運動へと急進化し、社会不安が深刻化するなか、朴正熙の率いる五・一六軍事政変が起こる。一九六一年から民族民主革命を立ち上げた学生運動は、一九六五年まで日韓会談の反対運動に流れていく。そして一九八〇年代までの言説空間では、帝国主義批判と裏腹をなして近代化の自主的な発展を描いた民族経済論や解放前後史論、および社会変革を展望する社会構成体論などがメイン・ストリームを形成する。それらの議論は、日本マルクス主義の歴史学や経済学における半封建性論と国家独占資本主義論、帝国主義と民族解放論との間に相似性を有していた。[8] さらに一九八〇年代後半から「親日派」の歴史的な清算を訴えながら社会変革をねらう民族主義の言説が噴出したが、その形式と内容は、かつて一九四五年以降の左派の民族言説や在日朝鮮人運動でも現れていたものである。[9]

韓国の民主化運動では、自由民主主義・民族解放（National Liberation）・民衆民主主義（People Democracy）の諸思想と政治路線が軍事政権に抗して合流していた。ところが一九八〇年代後半、学生運動と労働運動において、民族革命を重視し北朝鮮の主体思想を信奉する勢力（主体思想派、現に従北勢力といわれる）が多数派を形成する。そして民主化の成就により、民族解放・民衆民主主義の革新系が制度圏の政治勢力として進出しようと試みると、かつての連帯に亀裂が明らかになる。自由主義者は保守陣営に回る。進歩陣営は、大きく民族派（NL）と民衆派（PD）に分かれながら統一戦線を結ぶ。こうして一九九〇年代の脱冷戦と民主化の時代にむしろ韓国では、保守と進歩の理念論争が国会や大学の政治空間やインターネットなどの大衆言説の場においてより激しくなってくる。

一九八〇年代の韓国社会は、保守系の民主化の願望と進歩系の民族統一・社会主義の志向性が可視的に分裂された時代であった。当時の思想的な原動力は、民主化と民族解放であっただけに、日本語・文学論を除いた日本研究においても、日本帝国主義の解明は主要な研究課題であった。一九八二年八月から日本の教科書問題に抗するデモが起こり、日本研究者としても帝国主義の侵略史を合法的な合併とする日本の歴史叙述を意識したとみえる。一九七〇年代にアメリカで博士学位をとった日本研究の一世代ともいえる韓相一の著書『日本帝国主義に関する一研究――大陸浪人と大陸膨脹』（一九八〇年）、『日本の国家主義――昭和維新と国家改造運動』（一九八八年）は、帝国主義研究の代表的な事例である。同様のテーマは、文化研究が成長した二〇〇〇年代に、漫画のヴァージョンとしても更新された[10]。当時の韓国学でも、帝国主義の侵略・収奪にたいして民族解放運動史を描く叙述が中心をなしていた。

以上のように、社会思想の連携は一九四五年以降にも続いていたことが確認される。そのなかで日本思想にたいする学術的な関心は、一九七〇年代に爆発的に増加したことがわかる。ソウル大学の中央図書館で「日本思想」という語句を検索すると、日本語の書籍は一九五〇年代に出版されたものが七件、六〇年代のものは一三件あるが、一九七〇年代から六九件に増える。日本の国際的な位相の回復と日韓の政治・経済的な協力関係を反映する現象である。一九八〇年代の出版物として二二件の日本思想関連の書籍が出てくるが、そのうち、韓国語の翻訳書が四件ある。やがて一九八九年に、柳田國男（『祖先の話』）、福沢諭吉（『文明論之概略』）、貝原益軒（『和俗童子訓』）の著書と『日本思想史』（守本順一郎）の翻訳書が同時期に出版されたのである。

2、脱冷戦と東アジア論の展開

それでは、一九九〇年代に日本学科が急増するなか、日本研究はどのように進んだであろうか。日本研究はしばらく、アジアにおいて特殊な文化的・歴史的な他者としての日本の発見に集中されていた。日本学の教科書の需要が増えたため、日本の政治・経済・社会研究・日韓関係史や日本の韓国認識に関する概説書と翻訳書の発行も活発であった。しかしながら一九九〇年代の半ばまで、アカデミズムの公論の場における日本学の発言権はまだ微弱なものであった。一九九三年に河野談話は、従軍慰安婦問題にたいする旧日本軍の責任を認めたが、日本の国家的な責任をめぐる政治的な摩擦はいまだに続いている。一九九七年には『日本はない』というジャーナリズムの書籍がノイズ・マーケティングに成功し、日本人と日本文化にたいするステレオタイプのイメージを広めるようなこともあった。

一九九〇年代後半、東アジア論の浮上は、脱冷戦の構図変動による新しい思想運動の展開を物語る。一九九二年中韓修交の後、東アジアにおける「歴史認識の敵対性」を解消すべく、アジアの協力者として日本を再認識する必要性が時代的な要請と重なってきた。これにより、日本研究者にも地域秩序の提案者、オピニオン・リーダーの役割が期待され、地域研究としての日本研究が重視される。とくに一九九八年以降の日本文化の開放政策により、日本研究者らは東アジアの新秩序形成のための政治的・文化的想像力を発揮しなければならず、韓国経済および大衆文化の成長に見合わせた新しい言説の形成が求められたのである。

一方、「一つの民族」を宣言する統一民族主義論は、一九八〇年代主体思想派の登場から二〇〇六年北朝鮮の核実験まで、脱民族主義のトレンドに抗して勢いをもっていた。二〇〇〇年代には、かつて朝鮮総連系であった在日朝鮮人の言説が合法的に出版され、在日朝鮮・韓国人の分断をこえる在日コリアン社会の形成についての関心や研究も深まった。また消費生活のグローバル化にともない、いっそう活発となった大衆的な日韓交流と日本研究の活性化は、反日感情のコントロールに役立ったとみえる。実際に、二〇〇五年に日本の神社参拝および国連安保理への参加問題で、韓国・中国・アメリカにおいて反日デモが激化した当時、韓国人の反日デモは、日本製品の不買運動にまで広がっていた中国に比べ、より落ち着いていたのも確かである。

東アジア地域主義は、理念や国境をこえて地域の平和と共生・共栄を守り抜く時代精神を生み出そうとした。しかし東アジア主義の多様な言説自体が、冷戦のパラダイムやナショナリズムにおける政治的な偏向を内面化しており、覇権に頼りがちな現実政治の慣行を乗り越えてはいないといえよう。金大中・盧武鉉政権の太陽政策・対北友好政策につながる東アジア論は、北朝鮮の改革開放を導くことに失敗し、保守的な李明博政権の誕生に寄与した。そして中国の大国化にたいする韓国社会の警戒心理は東アジア論の閉塞に流れ着いた。イラク戦争で反米意識が高まるなか、日本では、左右両派の民族主義がともに日米同盟を否定し東アジアの自立に重点をおく言説を生み出した。しかし、二〇〇六年から北朝鮮の核開発が争点となり、二〇〇九年から尖閣島・竹島／独島の領土紛争が再開されている。その結果、日米同盟はいっそう重視されるなか、さらに日本の憲法改正と自衛力の強化論がより強まっている。

中国の社会科学院をふくめ東アジアの左派陣営は、朝鮮戦争当時にGHQが警察予備隊による日本の再武装を許容した時から、日本の「右傾化」と「軍国主義化」をくりかえし批判してきた。暴力の行使は、左右の政治勢力に共通する問題であったが、進歩陣営では、日韓の保守勢力がアメリカの世界戦略に追従し、日本の軍事化を肯定するという論理ばかりを通用させたのである。武装闘争の暴力を肯定した共産主義運動史には、あいかわらず平和と民族解放の名分が当てられている。現に、韓国と中国の世論が日本の「右傾化」を反復することは、左右両派の分裂を可視化するだけである。そのレッテルの政治的な効果は、東アジアの左右両派がともに軍事的な競争の当事者として有する党派的な論理や責任の所在を隠すことにある。

現に、東アジアの領土紛争をみても、歴史認識の葛藤をくりかえし、国益の競争論理や近隣国家への不信感が積み重なるなか、日本の軍事的な自衛の問題が浮上している。ところで、つまるところ日本の軍事化を未然に防衛する能力と責任は、東アジアの他者にある。東アジアの歴史認識の争点や領土問題を解決するためには、それらの争点をかつての民族・国益・党派の論理から解放させ、より普遍的な共生の論理や未来志向的な秩序意識において読み直していく努力が大事である。日本が平和憲法の改正で防衛力の強化を図るならば、それはやはり東アジア地域秩序における協力関係の亀裂を意味するだけに、その変化を日本の右翼や日本人だけの責任に限定できないのである。

3、二〇〇〇年以降――日本研究の普遍化

日本研究のトレンドは二〇〇〇年から大いに変化したが、この現象は、韓国研究の新しい動向に連なるものである。まず、韓国の近・現代を自国史をこえて、グローバルな帝国・植民地の関係性のなかで読み直おそうとする研究が拡大された。韓国研究が民族史から普遍史の脈絡で議論されることにより、韓国と日本の関わりを明らかにする研究が増加する。この動向は、日本研究の密度を高め、さらに日本学の視野

を広めた。日本研究の焦点と領域が「特殊な日本」から「地域史・世界史のなかの日本」へとより普遍化するのである。(11)

韓国研究における日本という歴史的な存在の浮き彫りは、韓国がグローバル社会に編入し、民族主義と近代主義の視点が相対化されたということを物語る。(12)この思想史的な転換には、ポストモダニズム、ポストコロニアリズムの影響力が働いている。それらの思潮は、「自己のなかの日本」を見出し、支配と抵抗の二項対立的な視点をずらしていった。それまでの研究では、日韓の比較・対立・交流などが中心であったが、新しい研究では日韓の間にある模倣・抵抗・専有（appropriation）・逆流といった躍動的な関係性の把握に重きを置くように観点が変わったのである。こうして民族解放運動を重視する歴史観や、一国的な視点による自主的な近代化論が相対化される。さらに植民地期になされた近代の変容を制度史や日常生活史のなかでとらえる研究が増えてくるのである。(13)

いわば親日派にたいする民族主義的な批判も止揚されている。親日行為を民族反逆と捉えずに、その内なる民族主義的な性格を再考したり、知識人の親日を近代化のプロセスおよび転向論に再定立する研究が行われたのである。(14)日本との関連をさぐる知識史研究では、京城帝国大学研究と分科学問の学制史研究が試みられている。社会史や文化人類学では、移民研究・在朝日本人研究が進んでいる。日韓研究者の交流はより進み、帝国日本の植民地経営における近代化の性格を研究するグループや東アジアの歴史認識をめぐる対話がさまざまな形で深まった。(15)

日本研究は、いまや東アジア地域研究や人文学と社会科学の融合のレベルで行われるようになったが、語文学・民俗・歴史・宗教・人類学・政治・経済・社会学のディシプリンはやはり重視されている。ソウル大学の学制編成をみても、二〇一二年「アジア言語文明学部」が誕生する以前から、歴史学・政治学・社会学・文化人類学を専攻した研究者らが社会科学部と国際大学院などに所属している。各々の分科学問を土台にして、さらに近年の日本研究は、日本を世界史的な文脈で議論すべき普遍的な言説構図のなかで捉えているのである。近代性論・公共性論・帝国論・移民論・多文化社会論などがその関心の領域といえる。[16] 伝統的な日本思想論や近年の思想的な状況に独自の解釈を加え、大衆にわかりやすく伝えようとした学術書籍も刊行されている。[17]

戦後の関わりから戦前に遡って、帝国日本研究にも照明をあてるようになっている。なかでも満洲研究が浮上し、一九九八年に結成された満洲史研究会は、二〇〇一年から「満洲学会」として活動している。過去の満洲国での人的な経験や国家経営の方式が北朝鮮の計画経済、および韓国の開発経済に援用されたという歴史的な事実が再考されてから、満洲国への関心が高まり、さらに研究領域の拡大が行われたのである。[18] 台湾における植民地経営など東アジアの帝国史を比較する観点は、さらに世界体制に及んだ研究との結合を促している。[19] 政治学・経済学分野では日韓関係から日本と北朝鮮・米国・中国との関係をまたぐ研究も展開されている。[20]

日本文化に自由に触れることができた一九九〇年代後半から美術史・漫画・映画・アニメーション・メディア研究など、日本文化の研究ジャンルがより拡大された。成長期にJポップや日本のドラマなどにも触れた若い世代は、世界的に話題になった「クール・ジャパン」の文化現象にたいする関心を共有するにいたっている。こうした流れのなか、一国史的な視点を超えたトランス・ナショナル研究の観点は、いまや韓国学はもちろん美術史・音楽史・科学史などの分野に拡がっている。[21] 同時性の研究および多学際研究は、現に日本研究と関連して学問の国内交流かつ国際交流を促進させる役割を果たしているといえよう。

しかし、こうした研究領域の拡大と研究方法の多様化が、かならずしも研究の高い成果を保証するとは限らない。流行の理論や比較の視点に立脚しながらも、日本の現象を断片的に紹介したり、実証と分析に欠けている論文もみえる。それにしても、多様な専門分野で日本を見つめる視線が増えているだけに、日本研究の成果が着実に進展しているのも事実である。さらに政府の支援を受けている研究所では、専攻分野の異なる研究者が集まって共同研究を試みている。国内外の学術交流が増加しつつある現象も、研究成果を交差させ統合的な発展を図るには、好条件となっている。

4、学術誌『日本批評』の場合

ソウル大学校日本研究所は、現代日本社会にたいする総合研究を目指しているが、二〇〇九年八月から年二回、学術誌『日本批評』を刊行している。これは、現代の日本研究において、(1)専門性・適時性・大衆性の調和、(2)人文科学と社会科学の融合、(3)特殊な地域研究と普遍的学問研究の結合、(4)国内外にわたる研究者ネットワークの形成と社会的な言説場の形成を総合的に追求している学術誌である。ここでは、筆者が編集委員として参加している『日本批評』をとりあげて、韓国における日本研究の一端を確認してみよう。その創刊辞は、韓国の日本研究が「萌芽期から成長期を経て、いま成熟期に入っている」という慎重な判断を下している。韓国における日本研究の成熟を自賛するのではなく、成熟のための責任感を共有しようという提言だと見て取れる。次は『日本批評』の第一代編集委員長の言葉である。[22]

「日本」は、二一世紀を生きている韓国人の思考の容積を拡張させることのできる「訓練の場」である。日本社会や日本文化にたいする観察の結果物は、隣接の学問分野においても応用可能で、究極的には韓国人の生活と現実を広く深く展望できる思惟へと還元されるべきである。いいかえれば、「日本」という領土を脱しようとする志向と実践を通じてのみ、日本研究という「領土」の存在意義を確保しうるという逆説を、私たちはあえて見受けようとする。……

我々は二つの位相において「批評」という題号の意味を定めた。一つは、学術行為の臨界を拡張しようとする、柔軟ながらも能動的な思惟の記号としてである。もう一つは、「批判は自身の立場（根拠）によって他のものを攻撃するという意味であるが、批評はむしろ自身の根拠自体を反問するという意味で使われる」とした柄谷行人の定義を援用し、知識生産の倫理的規範として位置づけようとする。

この「編集者の言葉」は、日本研究を普遍的な学問領域に放し、自己省察の倫理的な規範とするという意志を見せている。この方針は編集委員会の構成と役割に反映されるが、現に編集委員会には、ソウル大学内外の日本学・韓国学・中国学の研究者が集まっている。人文学と社会科学の開放的な結合のみならず、トランス・ナショナルな地域研究を志向するのである。編集委員会は、毎号の編集責任者と特集のテーマや筆者を選定するが、韓国語の筆陣を探せない場合は日本語の筆者に依頼する。

『日本批評』は、二〇一四年十二月現在、登載誌に選定されている。登載誌になるまではＫＳＣＩの業績として数えられないため一般の投稿者にメリットはなかった。その代わりに日本研究所のＨＫプロジェクトとして原稿料を支払えるため、自由に特集を組み、優秀な筆者を発掘することができた。毎号の特集テーマは、日本研究の動向を表し、かつ今後の研究課題を先導することもできる。巻頭に掲載する「編集者の言葉」は、企画の意図と掲載論文の要旨のみならず、知識生産の社会的・倫理的な意味をより積極的に生み出す場として活用される。執筆の段階では、筆者と討論者を招き公開ワークショップを開く。それによって原稿の完成度と特集テーマの統一性を高める。最後に投稿された原稿にたいしては、三名の専門家による審査を依頼する。一連のプロセスは、研究者ネットワークを形成することにも役立つ。

二〇一五年二月現在、『日本批評』は第一二号まで刊行されている。その間の特集テーマは、「現代日本社会の形成とアメリカ」（一号）、「戦後日本における帝国の記憶」（二号）、「韓国人の日本認識一〇〇年」（三号）、「失われた二〇年と日本人の生活」（四号）、「現代日本を精神分析する」（五号）、「浮上する中国と日本」（六号）、「災害と日本人」（七号）、「日本社会のマイノリティ」（八号）、「天皇・自由・秩序」（九号）、「現代日本の保守、そして右翼」（一〇号）、「現代日本のジェンダーとセクシュアリティ」（一一号）、「韓日修交五〇年――葛藤と協力の進化」（一二号）である。アメリカや中国を取り上げた第一号と第六号には、トランス・ナショナルな地域研究の問題意識がみえてくる。第六号は、中国研究者と日本研究者の共同作業を試みるチャンスとなり、変化する日中関係を韓国人の立場から均衡的にとらえることの「思想課題」を提示している。(23) 第三号は、韓国人の日本認識の歴史を自己省察のプロセスとして再定位している。第一〇号は、韓国の世論で過剰に報道されている〝日本の右傾化〟という現象や問題の本質を分析し、地域秩序をともに作っていくための姿勢を堅持している。その他の特集テーマは、現代日本社会をみる視線の時空間を広げて、日本社会に特殊な歴史的条件と現代文明の普遍的な問題意識をつなげようとする。(24)

三、成長の欲求・思想の成熟

バブル経済期の日本は、韓国の大衆的な言説はもちろん学術的な領域においても、韓国人の「成長」の欲望を投射するモデルであった。その投射には、日本を模倣しながらも日本を否定する二重性が混在していた。その矛盾したスタンスには、反日や克日を煽る民族感情と、主体的なスタイルを堅持しようとする欲求が交ざっていたといえる。

しかし一九九〇年代には、日本が「失われた二〇年」を迎え、韓国が高度消費社会に入った。この同時代の変化をうけて韓国では、これ以上日本を「絶対的な他者」として排除できなくなり、視線の複雑な交差が起きた。まず日本は、成長以降（ポスト近代）の社会問題を示唆する「反面教師」として映されている。世論は、世界市場で韓国の大企業が日本に追いついたという報道を流し「克日」の成就感をも隠さない。しかし、日本の低成長を「他山の石」としようとする人々も、日本の底力（fundamental）を無視することはできず、韓国の成長エンジンに陶酔する人々も、バブル経済以降の不確実な未来にたいする不安感を隠せずにいる。

たしかなことは、日本が韓国の現在と未来を映しだせる鏡であり、韓国人の自己省察に欠かせない問題が国境をこえて起きていることである。高齢化、少子化、青年の失業、格差、財政赤字、地域経済の衰退、福祉行政の危機、防災と社会安全システム、資源とエネルギー、国際社会での地位と未来志向的な役割は、すでに韓国社会が直面している問題でもある。日韓に共通する社会問題は、「日本のなかの我ら」なのか、

「我らのなかの日本」なのか、その内外を区別することが無意味な「メビウスの輪」のような様相を呈している。日本が抱えている危機は、グローバルな文明社会とローカルな地域社会が共有している問題である。

賢明な人々は、経済成長や領土確保のための紛争より、成熟と共生を追求する。「成熟」は高齢化社会の現象を肯定的に装ったり、資本主義的競争を回避して生産性の向上を拒否するような論理ではない。また、社会体制の革命的な変化を追い求める突破力でもない。それは人間的な感性の満足を通じ、環境に親和的な生産文化と消費のプロセスを活性化させようとする試みといえよう。成熟社会は、多文化共生と共存、そして国際社会への平和的寄与という普遍的な倫理を追求し、生態系の善循環的な未来秩序を創出しようとする意志を有するのである

もし日本が「成熟社会」を追求するのであれば、それを見つめる視線の成熟をもたらすのであろう。ただし日本の「先行学習」に「追いつこう」とする、模倣と専有の方法では、韓国や中国社会の成熟を期待できない。成長するためには、物理的な運動の結果を「成長値」として見せ、国際社会の承認を得ればよい。しかし成長の衰退のなかで到達する「成熟」は、文化・歴史的経験により胚胎される「個性的雰囲気」であり、年輪の経験を普遍的倫理と社会秩序のなかで調律する「問題解決の能力」である。

企業による革新競争は、グローバル社会においてより熾烈に「追いつき」を繰り返し、また勝敗をひっくり返すこともある。ところがグローバル社会の人々は平和的な共存を追求する。共存は、個別社会の成長ではなく、成熟した信頼のなかで維持されるものである。学術的な行為は、自分たちの共同体の自立とグローバル社会の共存にともに寄与できる。日本の多様な「成熟」の可能性を日本の歴史と文化、政治社

会構造の全般より緻密に探求することも、より価値のある新たな日本研究の可能性を開くのではないかと考えられる。今日、領土紛争の火種を抱えている東アジアであるが、境界をこえる「成熟」の思想モデルを文化的な遺産として共有しているはずであろう。伝統社会におけるその思想的な潜在性を探り、東アジアの共同の価値として再現していくことは、二十一世紀の新しい思想課題を探るにも大事な一歩となるであろう。

註

(1)　韓国の日本研究における制度的な条件については、趙寛子「一九九〇年代以降の韓国の日本研究――制度と視線の変化」(『世界の日本研究』一七、国際日本文化研究センター、二〇一三年七月)で触れており、本稿と重複する内容がある。日本研究の現況については、日本国際交流基金の支援などを得て、一九九〇年代半ばから各大学の日本研究機関において行われてきた。それらの結果は、陳昌洙編『韓国日本学の現況と課題』(진창수 편『한국일본학의 현황과 과제』한울아카데미、二〇〇七年)参照。

(2)　金容儀「日本学研究の現況と課題――国内大学の「日本学研究所」を中心に」(韓国日本語文学会、電子ジャーナル、二〇一〇年、二六四頁)では、二〇一〇年当時、韓国の日本学研究所は一三カ所あるが、日本の韓国学研究所は七カ所あるという。韓国の日本研究と日本の韓国研究を総体的に比較した研究はないが、その非対称性が予測される。

(3)　一九七〇年代には、知識人のアンガージュマンを促した『創作と批評』がある。

(4)　日本資本主義論争は戦前から京城帝国大学に入っていた。マルクス主義が禁止されていた一九八七年以前には、韓国史学・経済史学の分野で戦後日本の文献が読まれていた。その文献は一九八〇年代の民主化運動の過程で大衆的に翻訳・出版された。註(7)(8)を参照。

（5） 北朝鮮の集産主義的な経済政策と軍事工業化が満洲国における日本の経済開発に連続しているという研究もある。木村光彦・安部桂司『北朝鮮の軍事工業化――帝国の戦争から金日成の戦争へ』（知泉書館、二〇〇三年）。

（6） 韓国の社会運動は非合法的な活動であり、日本との直接的な連携を追跡することは難しいが、当時韓国における地下党（統一革命党）事件を報じる日本語の文献（藤島宇内「南朝鮮・統一革命党事件の意味――一九五九年と一九六九年」、『世界』一九六九年五月号や金鍾泰『黎明の打鐘棒――韓国地下革命党の声』同成社、一九七五年）などを見れば、日本での活動を推測できる。引用した宣言文は、統一革命党の合法雑誌『青脈』に掲載されている。

（7） 左派の東アジア連帯運動は、戦後在日朝鮮人の雑誌『民主朝鮮』の特集記事で確認できる（平野義太郎「新朝鮮と新中国との友好――アジア民族の新しい進路」、『民主朝鮮』一九五〇年五月号など）。一九六〇年代の連帯運動については、中国研究者の安藤彦太郎と、一九五八・一九六〇年に北朝鮮を訪問した寺尾五郎ら日本共産党の知識人が、当時大学院生であった宮田節子と梶村秀樹らと一緒に作業した著書『日・朝・中三国人民連帯の歴史と理論』（日本朝鮮研究所、一九六四年）参照。

（8） その相似性は、一九八〇年代に韓国社会の変革運動の理論書として読まれた書籍に散見する。たとえば、朴玄埰『韓国経済の構造と論理――朴玄埰評論集』（한길사、一九八二年）、姜萬吉他『解放前後史の認識』（한길사、一九八五年）などがある。戦前からあった日本や中国の社会性各論争に関する諸論を翻訳したものに、イム・ヨンテ編『植民地時代の韓国社会と運動』사계절、一九八五年）がある。ここには、講座派の立場から戦前の日本資本主義論争をまとめた小山弘健『日本資本主義論争史』（青木書店、一九五三年）のような戦後の文献も一部掲載されている。そして井上清・遠山茂樹の戦後歴史学と内在的発展論などが入った。代表的な例として金泳鎬編『日帝下韓国社会構成体論序説――日本学界의 成果를中心으로』（청아출판사、一九八六年）がある。

（9） 一九八〇年代末から韓国では、一九四八年に出た『親日派群像』（民族政経文化研究所編）が復刊され、朝鮮総連系の在日朝鮮人の北朝鮮認識（高昇孝『現代朝鮮経済入門』）などが韓国語に翻訳・出版されるようになった。終戦直後、在日朝鮮人の組織は親日派批判により左右両派に分裂したが、日本と韓半島を結ぶ左派の組織運動（民主戦線、祖国統一民主戦線など）があった（李瑜煥『在日韓国人六〇万母――民団・朝総連の分裂史と動向』洋々社、一九七一年。呉圭祥『ドキュメント在日本朝鮮人連盟 1945–1949』岩波書店、二〇〇九年、一三頁）。

(10) その日本語版も出た。韓相一・韓程善『漫画に描かれた日本帝国――「韓国併合」とアジア認識』（神谷丹路訳、明石書店、二〇一〇年。韓国語版は、일본, 만화로 제국을그리다／일조각、二〇〇六年）。なお、韓相一『知識人の傲慢と偏見――「世界」と韓半島』（〈지식인의〉오만과 편견――〈세카이〉와 한반도／기파랑、二〇〇八年）は、雑誌『世界』を中心に、かつて日本の進歩的知識人に見られた韓国認識の偏向性を問題視している。

(11) 国際日本文化研究センターは創立当時から、日本学を普遍学として確立させ、世界化することをめざしてきた（日本文化研究所基本構想研究会編『昭和五八年度日本文化研究所基本構想研究会研究報告書』一九八四年、一一頁）。韓国の日本学は、二〇〇〇年代からそれに相応する方向で変わってきたといえよう。

(12) 一九九〇年代からの思想的な変化は、尹健次『現代韓国の思想――一九八〇―一九九〇年代』（岩波書店、二〇〇〇年）参照。

(13) 植民地期と解放後の歴史を民族主義から脱して再認識するものとして、李榮薫他編『解放前後史の再認識』（책세상、二〇〇七年）の出版は世論に注目された。これによって、八〇年代から九〇年代にかけて広く読まれた『解放前後史の認識』からの反論を起こし、「認識／再認識」の間に論争的な構図を形成した。植民地期の近代化をめぐる日本側の研究の現状については、日本植民地研究会編『日本植民地研究の現状と課題』（アテネ社、二〇〇八年）にて参照できる。

(14) 韓国文学・歴史学・社会学の分野で、親日文学・親日知識人に関する研究が盛んになった。日本語版としては、趙寛子『植民地朝鮮／帝国日本の文化連環』（有志舎、二〇〇七年）、洪宗郁『戦時期朝鮮の転向者たち――帝国-植民地の統合と亀裂』（有志舎、二〇一一年）参照。

(15) 三谷博・金泰昌編『東アジア歴史対話――国境と世代を越えて』（東京大学出版会、二〇〇七年）、小森陽一・崔元植編『東アジア歴史認識論争のメタヒストリー――「韓日、連帯21」の試み』（青弓社、二〇〇八年）、板垣竜太・鄭智泳・岩崎稔編『東アジアの記憶の場』（河出書房新社、二〇一一年）などは日韓の学術交流の成果を出している。

(16) 公共性論として高熙卓『日本近世の公共的の生と倫理――朱子学の受容以降』（논형、二〇〇九年）、帝国論として翰林大日本学研究所の共同研究の集成である『帝国日本の文化権力』（소화、二〇一一年）、多文化論の共同研究として権肅寅編『多文化社会日本とアイデンティティ・ポリティクス』（ソウル大学出版院、二〇一〇年）などが出版されている。なお、近年日本で出版された、高榮蘭『「戦後」というイデオロギー――歴史／記憶／文化』（藤原書店、二〇一〇年）は、戦後の在日朝鮮人文学と日本共産党の連帯などについて言及している。また、金杭『帝国日本の閾――生と死のはざまに見る』（岩波書店、二〇一〇年）は、丸山眞男の政治思想と小林秀雄の文学思想について論じている。

(17) 李光来『日本思想史研究』（경인문화사、二〇〇五年）は、習合・反習合・逆習合という概念を用いつつ古代から近代までの日本思想史を概括している。朴奎泰『日本精神の風景』（한길사、二〇〇九年）は、神・悪・美・徳といった概念の日本的な文脈を解説している。張寅性編『戦後日本の保守と表象』（서울대출판원、二〇一〇年）は韓国では初の保守思想についての研究である。

(18) シカゴ大学のデュアラ（Prasenjit Duara）教授の指導を受けて博士学位を取った韓錫政は、韓国の満洲研究に新しい視点を開いた。満洲国を「国家造り」の観点から見た『満洲建国の再解釈』（東亜大学出版部、一九九九年）がある。満洲学会は学術誌『満洲研究』を二〇〇四年に創刊した。ほかに韓錫政編『満洲、東アジア融合の空間』（소명、二〇〇八年）、林采成『中日戦争と華北交通』（일조각、二〇一二年）など。

(19) 植民地日本語文学文化研究会編『帝国日本の移動と東アジアの植民地文学』（문、二〇一一年）は、満洲と台湾を包括した共同研究の成果である。

(20) 北朝鮮と日本との関係についての日本語の著書として、朴正鎮『日朝冷戦構造の誕生 1945-1965――封印された外交史』（平凡社、二〇一二年）がある。東アジア言説は日本語版の翻訳を含め多数ある。電子ブックとし

て出版された、金キボン『(歴史を通じた)東アジア共同体づくり』(푸른역사、二〇〇六年)など。

(21)　文化研究の論文は各種の学術雑誌にて多数みられる。ソウル大学日本研究所のHK企画研究や学術誌の発行においても、文化研究の比重は厚くなっている。南基正編『戦後日本、そして見知らぬ東アジア』(박문사、二〇一一年)では、戦後日本の歌声運動や東アジアにおける音楽交流、大島渚の映画、ネット右翼の出現などについても触れている。

(22)　尹相仁「〝話しかけ〟をはじめて」(『日本批評』創刊号、二〇〇九年八月)九頁。

(23)　南基正「浮上する中国と日本――われらはどう見るか」(『日本批評』六号、二〇一二年二月)八頁。

(24)　最新号の「災害と日本人」では、「文明の火山帯」に住んでいる「災害共同体」の同伴者として、日本を再認識し日本との関係を再定立していくことを提言している。趙寛子「文明の火山から見る〝災害と日本人〟」(『日本批評』六号、二〇一二年八月)六頁。

台湾と香港における日本思想史研究
――帝国辺境と漢字文化の視点から――

藍　弘岳

はじめに

東アジアでは、台湾はかつての中心たる中華帝国あるいは日本帝国の内部から、辺境に位置づけられ、香港も、かつての中華帝国と大英帝国の辺境に位置づけられていた。そして、日本帝国にも三年半ほど占領されていた。この意味で、台湾と香港は共に東アジア地域内部の辺境といえる（林泉忠『「辺境東アジア」のアイデンティティ・ポリティクス』）。一方、台湾と香港はともに漢語圏において社会主義革命を経ていない地域である。また、漢字改革をせずに伝統の繁体字を共有する地域でもある。この意味で、現段階では両地域は東アジア漢字文化がもっとも集積されているところと言えるかもしれない。本稿では、台湾と香港は、中華帝国と日本帝国に統治されていた辺境および漢字文化の中心と捉えている。こうした視点から、両地域で行なわれてきた日本思想史関連の研究を省みながら、検討する。

一、台湾における日本思想史研究㈠——世代論の視点から

日本帝国は初めて台湾全土を有効的に統治した政権であった。その統治は一九四五年まで、約五十年続いた。しかし、台湾の日本研究は残念ながら、欧米と比べれば、ずっと不振であり、実績がさほど実っていない（徐興慶「台湾的日本研究之回顧」）。その原因は幾つか考えられる。

まず、歴史的にみれば、日本統治時代では台北帝国大学（現在の台湾大学）を中心として研究資料の蓄積がなされていたが、その資料の利用者はほとんど日本本土から来た日本人であり、台湾人ではなかった。そのため、日本統治時代の台湾人の多くは「公学校」で日本の文化と歴史を学び、教養として日本文化、歴史の知識を持ったものの、研究するまでには至らなかった（周婉窈『台湾歴史図説　増訂本』）。とはいえ、一部の台湾人は内地（日本本土）に留学し、日本の文化、思想を研究してそれを批判する知識と能力を身につけた人もいる（後述）。一九四五年以後の国民党統治時代においても、一九八七年に戒厳令を解除するまでは、反日的な教育政策の影響で、日本研究が軽視され、人材の育成は進まなかった（何思慎「台湾之日本研究的困境與改善」）。そして、戒厳体制が解除されて以後、過去の教養によって日本人としてのアイデンティティを持っている李登輝は、親日政策を取るようになり、日本語学科が次から次へと設立された。二〇〇四年の時点では、約百五十の大学の内、四三の大学に日本語学科が設けられた（同前）。しかし、日本語学科から卒業して日本留学に行った人の多くも日本語教育、語学あるいは文学関連のテーマを選ぶため、日本思想史を専攻する人は僅かであった。日本の歴史および政治、経済など社会科学分野を専攻す

る人も少ない。

とはいえ、右に述べたような難しい環境の中で、戒厳体制解除までに、数少ないが日本漢学など日本思想史と関連する分野の研究に携わった学者もやはりいた。以下、四世代に分けて説明する。

1、第一世代

まず、戦中から活躍し始めた台湾生まれの知識人と国民党政権と共に大陸から来た学者は戦後台湾における日本研究の第一世代と捉えられる。そのうち、中国人としてのアイデンティティに目覚めた一部の台湾生まれの戦中・戦後知識人の中には戦中、日本語堪能の日本通として国民党に協力した人がいる（何義麟『跨越国境線』）。彼らは日本の思想、文化と日本の現実の政治状況に対してすぐれた分析をし、日本の文化、思想などに関する情報を提供している。例えば、謝南光（一九〇二―一九六九）の『日本主義的没落』（初出一九四四年）という著作である。謝はその中で日本帝国主義の精神構造を支える武士道の虚構性と皇室中心主義の虚偽性などを暴き、強い思考力を発揮した。しかし、戦後まもなく台湾は国民党の白色テロを受けたため、五、六〇年代の台湾では、台湾人が書いた日本思想史関連の著作は僅かであった。魯迅の学生でもある張深切（一九〇四―一九六五）の『縦談日本』（泰山出版社、一九六六年）は出版を許された貴重な一冊である。ただし、五〇年代の台湾では、日本語の書籍は輸入禁止であったため、同書には戦後日本における日本思想の状況はそれほど言及されていない。そのほかに、日本漢学研究も蓄積されている（黄得時『黄得時全集』一〇・一一、台湾文学館、二〇一二年）。

一方、梁容若（一九〇四―一九九七）と徐復観（一九〇三―一九八二）のような国民党政権と共に台湾に来た学者も若干日本思想史関連の著作を発表している。まず、梁若容も魯迅の弟子であり、東京帝国大学文学部大学院に留学したことがある。日本に留学していた時、塩谷温などの日本漢学の大家に師事していた。そして、彼は、岡田正之の『日本漢文学史』を漢語訳にして、『現代日本漢学研究概観』『中日文化交流史論』『中国文化東漸研究』などの著作を書き、日本漢学と日中文化交流史の研究を進めた。

それに対して、徐復観は現代中国哲学の大家たる熊十力の弟子で、日本の明治大学、陸軍士官学校に留学経験を持つ人物である。彼には日本の思想、文化に関する専門書はないが、日本語の著書を読み、日本を参照基準として中国文化、思想を考えていた（黄俊傑『東亜儒学視域中的徐復観及其思想』）。しかも、日本文化、政治などを批評する雑文を多く残した（同前）。例えば、徐は、日本民族には極端に走りやすいという悲劇的な性格を持っていると考え、さらに、日本政治にはある種の暴力主義の傾向がみられると、批判している（同前）。彼は台湾で儒学、中華文化の復興を唱えた新儒家の大家の一人であるため、このような日本文化論は強い影響力を持った。後述の黄俊傑教授はある程度、徐復観の日本文化、思想研究を継承している一人といえるかもしれない。

2、第二世代

一九七〇年前後に留学先の日本から台湾に帰って就職した許介鱗、林明徳、黄福慶、李永熾、高明士、陳伯陶らは戦後台湾における日本研究の第二世代と言えよう。彼らの研究分野はそれぞれ異なるが、戦後台湾の日本研究の基礎をつくった世代と言えよう。そのうち、とくに許介鱗と李永熾は多くの日本思想史関係の作品を発表した。

まず、許介鱗（一九三五―　）は一九六九年、東京大学法学政治学研究科で博士号を取った後、台湾大学政治学科の教授などを歴任し、台湾大学の社会科学院院長にまで昇進した。日本に留学中、小林直樹に師事していたほかに、丸山眞男、大塚久雄、日高六郎らのゼミにも出席し、竹内好とも知り合いになっていた。日本における近代主義的な学問を台湾で継承した一人といえるかもしれない。許介鱗は『日本政治論』（聯経出版社、一九七七年）、『近代日本論』（日本文摘雑誌社、一九八七年）、『福澤諭吉――対朝鮮、台湾的謀略』（文英堂、二〇〇九年）など、日本思想史関連の書物を著した。そして、近年、彼は特に李登輝政権の親日政策とイデオロギー及び近代台湾における日本帝国の負の遺産などを批判しているため、よく反日主義者とみなされるが、私見では、戦後台湾におけるもっとも批判精神をもつ知日派の一人と言えよう。

さらに、台湾大学歴史学科の元教授である李永熾も東京大学の人文社会系研究科（日本史研究室）に留学したが、学位は取得しなかった。帰国後、多くの近代日本の歴史と思想の研究書を著した。彼が書いた日本思想史関連の著作は『福澤諭吉社会思想之研究』（国立台湾大学文学院、一九六八年）、『日本的近代文化與知識份子』（水牛出版社、一九七〇年）、『日本近代思想論集』（牧童出版社、一九七五年）、『日本近代史研究』（稲禾出版社、一九九二年）などである。許介鱗と違い、どちらかといえば李登輝政権を擁護して、台湾に残された日本の遺産を批判するよりも、むしろそのよいところを評価している。

ともあれ、第一世代の著作と異なり、両氏の著作には戦後日本における日本思想、政治、社会文化関連の研究が参照されている。戦後台湾における日本思想史に関する主要な啓蒙書といえる。

3、第三と第四世代

次に検討する第三世代は、現在、台湾の日本思想史研究をリードしている学者たちである。彼らの多くは八〇年代から九〇年代前半に、アメリカ、日本あるいは台湾で学位を取得した。中央研究院の近代史研究所に所属する張啓雄、黄自進、中央研究院の中国文哲研究所の林慶彰、台湾大学歴史学科の黄俊傑、甘懐真、陳弱水、台湾大学日本語学科の徐興慶、台湾大学政治学科の石之瑜、清華大学中国文学学科の楊儒賓、清華大学哲学所の黄文宏、政治大学の林鎮国、交通大学の陳光興、劉紀蕙、淡江大学の劉長輝らは、台湾における日本思想史研究の第三世代に数えられる。彼らの多くは自らが所属する政治学、歴史学、中国文学、カルチュラル・スタディーズ（Cultural studies）、台湾文学などの分野における問題意識の発展によって日本思想を研究するようになったのである。彼らの問題意識と仕事が現在の台湾における日本思想史研究を支えているので、改めて次節で述べる。

次に、二十世紀末一九九〇年代後半以後に学位を取って就職した若手研究者が台湾における日本思想史研究の第四世代にあたる。そのうち、中国文学学科出身の陳瑋芬、金培懿、歴史学科出身の童長義、張崑将、日本語学科出身の藍弘岳、田世民、廖欽彬らは第四世代に数えられる。第四世代には台湾で育った研究者もいるが、戒厳令解除以後の親日政策と繋がり、日本に留学して学位を取った人が増えた。これはアメリカ留学の人が多い第三世代と比べ、第四世代の特徴といえよう。いずれにせよ、若手研究者はたいてい、右の第三世代が作った組織に所属して研究を行っている。したがって、次に主として第三世代の研究者が作った組織、問題関心によって幾つかのグループに分けて、台湾における日本思想史研究の多様なアプローチと特徴などを検討する。

二、台湾における日本思想史研究㈡——多様なアプローチ

以下、現在台湾における日本思想史研究の中心役としての第三世代の研究者を幾つかのグループに分けて検討する。

1、近代東アジアの国際関係、政治思想

既述のように、戦後台湾では日本研究を志向する人は少ないが、歴史学と政治学の分野では、近代東アジア国際関係に対する問題関心から、日本の外交、政治制度などを研究する人は、多くはないが出ている。そのうち、とくに近代日本政治思想史に関心をもち、すぐれた業績を挙げたのは、中央研究院の近代史研究所に所属する黄自進である。黄は『吉野作造——対近代中国的認識與評價』（近史所、一九九五年）、『北一輝的革命情結——在中日両国従事革命的歴程』（近史所、二〇〇一年）などの著作を書いた。書名から窺えるように、近代中国との関係から近代日本思想を研究したものである。また同じく近代史研究所に所属する張啓雄は近代東アジア国際関係の専門家である。「近代日本「争天下」的構想與布局？——従擬定「清国征討策案」到発動甲午戦争」（『甲午戦争一百週年紀念学術研討会論文集』国立台湾師範大学歴史系所、一九九五年）など、日本思想史に関わる論文を発表したことがある。さらに、同研究所の潘光哲は近代中国思想史の研究者であるが、近代日本思想史に対しても強い関心と深い知識を持ち、朝河貫一など近代日本の知識人を研究している。

さらに、台湾大学政治学科に所属する石之瑜は政治学の観点から、とくに近代日本のアジアあるいは東アジア論に対して関心をもち、それに関する研究をも発表している。彼が書いた日本思想史関連の論文は『日本近代性與中国――在世界現身的策略』（鼎文書局、二〇〇八年）にまとめられている。また、陳弱水は思想史の観点から、近代日本政治思想について論じたことがある。それは『公共意識與中国文化』（聯經出版社、二〇〇五年）に収録されている。

そもそも、近代中国の政治制度と思想の多くは近代日本から学んだもので、近代中国思想史を研究する学者にとって、近代日本思想は避けられない基本知識である。そのため、多くの台湾の近代中国政治思想史の研究者が近代日本思想に関心をもち、それに関する研究もしている。しかし、そこからもう一歩進んで、近代日本思想史を専攻する人はほとんどいない。

2、経学（文献学）

台湾では、過去数十年、中国文化を重視する国民党政権の統治によって、中国文化の核心としての経学に関する研究が多く蓄積されている。こうした経書文献の整理と解釈の視点から、日本思想史関連テキストないし研究に目を配る研究者が一九九〇年代に入り、出ている。特に、中央研究院の文学と哲学研究所に所属する林慶彰はこの分野の研究をリードしている。林は『日本研究経学論著目録――1900-1992』（中研院文哲所、一九九三年）、『日本儒学研究書目』（学生書局、一九九八年）などを編纂した。九州大学中国哲学研究室との交流も頻繁である。なお、九州大学に留学して学位を取得した、門下生とも言える金培懿も、多くの日本経学関係の論文を発表している。例えば、金の博士論文のテーマは「江戸古学派における《論ている。

語》注釈史の研究」である。そのテーマからも分るように、彼女は主として江戸時代の経書解釈を研究し

3、東アジア思想文化（東アジア儒学）

右に述べた2グループと同じく儒学テキストを重んじるのは、東アジア儒学比較思想史という視角を取る台湾大学歴史学科の黄俊傑と清華大学中国文学学科の楊儒賓たちである。しかし、2グループと比べれば、同じく台湾は東アジア漢字文化の中心だという考えを持っているが、彼らの研究には思想史と哲学の要素が強い。黄俊傑は、主として台湾大学の高等人文研究院（前身は東アジア文明研究センター）を拠点にして、日本儒学を含む東アジア儒学の研究を推進している。辻本雅史をはじめとして、多くの日本儒学思想の研究者を招致して国際シンポジウムを頻繁に開催している。このグループは台湾において、もっとも精力的に日本思想史関係の研究を行っている団体と言える。そのうち、とくに黄俊傑と楊儒賓の業績を紹介する。

黄俊傑は多産な研究者である。儒学と日本思想史だけでなく、台湾研究と大学の教養教育などに対しても関心をもち、研究書を著している。日本思想史について言えば、『東亜儒学史的新視野』（喜瑪拉雅研究発展基金会、二〇〇一年）、『徳川日本《論語》詮釈史論』（台湾大学出版中心、二〇〇六年。日本語版は工藤卓司訳、ぺりかん社、二〇一四年）、『東亜儒学――経典與詮釈的辨證』（台湾大学出版中心、二〇〇七年）などが出版されている。これらの書名からも窺えるように、黄氏は東アジア儒学という枠組みにこだわり、解釈学などの方法を応用して経書解釈を中心に日本儒学を研究している。

それに対して、楊儒賓は経書解釈よりも、中国の道家思想と関連する気と身体観の問題に関心を持っている。諸論文は『儒家身體観』（中研院中国文哲所、一九九六年）などの研究書にまとめられている。そして、こうした観点から、とくに伊藤仁斎、荻生徂徠、貝原益軒など日本の儒学者に注目して論文を発表している。楊の日本思想史関連の業績は「葉適與荻生徂徠」（『日本漢学研究初探』喜瑪拉雅研究発展基金会、二〇〇二年）、「伊藤仁斎與戴震思想的再省察——従儒家経典詮釈学的観点著眼」（『清華学報』二〇〇三年）、「羅欽順與貝原益軒——東亜近世儒学詮釈伝統中的気論問題」（『漢学研究』第二三巻第一期、二〇〇五年）などである。これらの論文は改めて『異議的意義——近世東亜的反理学思潮』（台湾大学出版中心、二〇一二年）に収録されている。

さらに、東アジアの礼学、王権思想に関連する日本思想史を研究する学者もいる。特に優れた業績を上げたのは台湾大学歴史学科の甘懐真である。甘は「従天下観到律令制的成立——日本古代王権発展的一側面」（『東亜伝統教育與法制研究（一）——教育與政治社会』台湾大学出版中心、二〇〇五年）などの論文を発表している。また、台湾大学の日本語学科の徐興慶は近世から近代までの日中思想文化の交流史を研究している。主要な業績は『近代中日思想交流史の研究』（朋友書店、二〇〇四年）、『新訂朱舜水集補遺』（台湾大学出版中心、二〇〇四年）などである。

さらに、右に挙げた第四世代の研究者の多くはこのグループに近い立場で研究をしている。まず、中央研究院に所属する陳瑋芬は主として近代日本儒学を研究している、彼女は斯文会を研究しているほかに、近年の研究を『近代日本漢学的「関鍵詞」研究——儒学及相関概念的嬗変』（台湾大学出版中心、二〇〇五年）にまとめて刊行した。続いて、台湾大学歴史学科出身で同大学に所属する童長義の博士論文は伊藤仁斎を対象にしているが、近年は古代日本仏教を研究している。同じく台湾大学歴史学科から博士号をとって台湾師範大学に就職した張崑将は日本儒学以外、中国と韓国の儒学をも研究している。主著には『徳川日本「忠」「孝」概念的形成與発展——以兵学與陽明学為中心』（台湾大学出版中心、二〇〇三年）、『日本徳川時代古学派之王道政治論和革命観』（台湾大学出版中心、二〇〇四年）がある。

さらに、日本語学科出身の藍弘岳は東京大学から博士号を取った後、交通大学に就職した。主として徂徠学を中心にして十八世紀と十九世紀の日本思想史を研究している。博士論文のテーマは「荻生徂徠の詩文論と儒学——「武国」における「文」の探求と創出」である。だが、近年は近代東アジアにおける「武士道」の発展と越境、および近代東アジアにおける思想連鎖などを研究している。最近の論文として、「十九世紀日本與中国政治思想之「共和」論述」（『新史学』第二五巻第二期、二〇一四年）が挙げられる。さらに、同じく日本語学科出身の田世民は京都大学から博士号を取り、淡江大学に就職している。彼は主として江戸時代の儒教儀礼などを研究している。博士論文は『近世日本における儒礼受容の研究』というタイトルで出版されている（ぺりかん社、二〇一二年）。

4、近代東アジア比較哲学

右に述べた黄俊傑と楊儒賓には多少、中国から伝えられてきた新儒家の学問精神を継承しているところがある。それに対して、次に述べる政治大学哲学科の林鎮国と清華大学の黄文宏たちは欧米哲学の視点から、新儒家を研究対象とし、近代日本の京都学派の思想と比較しながら論じている。林は仏教哲学の研究者であるが、新儒学と京都学派の思想はともに仏教思想を吸収して発展したとし、近代西洋の解釈学の視点から東アジアにおける新儒学と京都学派の哲学を比較しながら論じたのである。彼の日本思想史に関連する著作は『空性與現代性――従京都学派、新儒学到多音的仏教詮釈学』（立緒書局、一九九九年）である。

そのほかに、清華大学のハイデッガーの研究者である黄文宏も積極的に新儒家哲学と京都学派哲学の比較研究をしている。黄の日本思想史関連の業績として「西田幾多郎の宗教的世界の論理――新儒家の宗教観との比較を兼ねて」（『日本哲学史研究』五号、二〇〇八年）、「西田幾多郎與熊十力」（『清華学報』第三七巻第二期、二〇〇七年）が挙げられる。また、この分野を研究する若手研究者もいる。例えば、二〇〇八年に筑波大学から学位を取得して国立中山大学に就職した廖欽彬は田辺元の哲学を研究している。博士論文のテーマは「宗教哲学の救済論――後期田辺哲学の研究」である。

5、カルチュラル・スタディーズ

台湾は長く外来の政権に統治されていたこととも関係して、ポストコロニアル理論などを使うカルチュラル・スタディーズが盛んである。特に筆者が所属する交通大学の社会と文化研究所の陳光興と劉紀蕙はその旗手である。陳は積極的に東アジアにおける批判知識人グループの連携に力を入れている。彼の主著は『去帝国――亜洲作為方法』（行人出版社、二〇〇六年）である。彼は直接には日本思想史を研究していないが、日本でも有名な孫歌を台湾の学界に紹介して、『亜洲意味著什麽――文化間的「日本」』（巨流図書公司、二〇〇一年）という論文集を刊行した。

次に、劉紀蕙は台湾と中国におけるモダニティの問題に対する関心から、近代日本思想史に対して関心をもつようになっている。彼女は主として精神分析の手法を使って台湾文学における日本の倫理思想の意味などを分析している。劉が書いた日本思想史関連の主要論文は「従「不同」到「同一」——台湾皇民主體之心的改造」（『台湾文学学報』第五期、二〇〇四年）、などである。なお、劉氏も積極的に酒井直樹や子安宣邦らを台湾に招き、その日本思想史研究を重視している。彼らの努力によって、台湾では、ポストモダン系の日本思想史研究は比較的に知られている。

6、台湾史と台湾文学の研究

戒厳令解除以後、九〇年代から、台湾では、台湾史と台湾文学研究がブームになっている。こうした学問領域からも日本思想史に対して興味を持つ学者が出ている。戦前の日本統治時代を理解するためには、その知識が不可欠だからである。例えば、成功大学台湾文学学科教授の呉密察は「福澤諭吉的台湾論」（『国立台湾大学歴史系学報』第一〇・一一期、一九八四年）という論文を発表した。また、『日本観察——一個台湾的視野』（稲郷出版社、一九九二年）をも著した。さらに、呉は若林正丈と『跨界的台湾史研究——與東亜史的交錯』（播種者文化公司、二〇〇四年）などを共編した。この論文集に論文が収録された何義麟、陳培豊らは台湾史と台湾文学を研究した立場から、近代日本思想史に強い関心と知識を持っている。

例えば、何義麟は『二・二八事件——「台湾人」形成のエスノポリティクス』（東京大学出版会、二〇〇三年）、「一九三〇年代台湾知識人の苦悩——東亜共栄会から大亜細亜協会台中支部へ」（『昭和・アジア主義の実像——帝国日本と台湾・「南洋」・「南支那」』ミネルヴァ書房、二〇〇七年）などの日本思想史に関わる著書と論文を発表している。さらに近年、日本統治時代における台湾人と日本人との漢文交流などの意味も注目されるようになっている。台湾大学台湾文学研究所の黄美娥は積極的に、この分野の研究を行っている。

彼女の主著は『重層現代性鏡像——日治時代台湾伝統文人的文化視域與文学想像』（麦田出版社、二〇〇四年）である。既述の陳培豊も近年、「植民地漢文」というテーマに焦点を絞って研究している。

もちろん、右のグループは互いに交流しているが、いずれのグループにも所属していない日本思想史の研究者もいる。例えば、淡江大学の劉長輝はそういうタイプの学者と捉えられる。劉氏の主著は『山鹿素行——「聖学」とその展開』（ぺりかん社、一九九八年）である。右のように、台湾における日本思想史研究は四つの世代と六つのグループに分けて説明できると思う。

次に香港における日本思想史研究を検討する。

三、香港における日本思想史研究

香港は台湾と同じく、中華帝国の辺境であるが、地理と歴史と人口の構成からみれば、台湾ほど中国本土から隔絶していない。しかし、台湾と同じく漢民族の移民社会である。特に、一九四九年以後、新儒家の大家たちを含む多くの文化知識人が香港を避難地として選んだ。後に、彼らの多くはさらに台湾に移住した。そのため、一九四九年の中華人民共和国成立以後、香港と台湾は地理的には中国の辺境であり続けたが、文化的には次第に中心となっていった。一方、香港は、台湾ほど日本に長く統治されていたわけではないが、三年半ほど占領されていたことがある（小林英夫・柴田善雄『日本軍政下の香港』）。そして、台湾と同じく日本の大衆文化を好むマニアが多い。この意味で、香港は一時期、台湾と同じく日本帝国の辺境になっていたし、戦後も、台湾と並んで東アジアにおける日本大衆文化を受容する中心地域となっている。

このように、香港は、地理的・政治的に中華帝国と日本帝国の辺境でありながら、文化的には伝統中国文化を保存する中心となり、漢語圏における日本大衆文化を受容する中心としての役割をも果たしている。そこで、香港の大学ではどのような日本思想史研究が行われているのか。右に検討した台湾の日本思想史研究に関わる六つのグループに比べれば、香港の学術世界の規模が狭いこともあり、3と4と5のアプローチを取る研究が多い。

東アジア儒学アプローチについて、香港科技大学の陳栄開は、経書解釈をめぐって徂徠の朱子学批判などを研究し、カナダのトロント大学で博士号を取った。彼は香港に帰って就職した後も、この分野の研究を続けている。主要な日本思想史関連の業績は「荻生徂徠的朱子学批判――対丸山説的検討」（『儒家思想在現代東亜――日本篇』（中央研究院、一九九九年）などである。

次に、香港中文大学の呉偉明教授は、江戸儒学と文化における易の影響を研究してプリンストン大学で博士号をとった。その博士論文は後に出版され、タイトルは *The I Ching in Tokugawa Thought and Culture* (University of Hawaïi Press, 2000) である。後に中国語にも訳された（『易学対徳川日本的影響』香港中文大学、二〇〇九年）。しかし、香港大学に着任した後は、日本のオタク文化などサブカルチャーを研究するようになっている。特に、呉教授はインターネットのホームページで、日本の社会、文化に対する観察で得た感想などを発表している（http://www.cuhkacs.org/~benng/Bo-Blog）。一部のエッセイは『知日書屋――呉偉明日本文化随筆』（中華書局、二〇〇七年）にまとめられている。そのほかに、徳川日本における中国イメージというテーマの研究を進めている。例えば、「徐福東渡伝説在徳川思想史的意義」（『中国文化研究所学報』第五八期、二〇一四年）という論文を発表している。

次に、香港の日本研究において、真に思想史研究と言えるものは、右の儒学視点の研究以外、近代東アジアの比較哲学という視角からの研究である。香港中文大学の張政遠と香港教育学院の林永強はこうした視点からのすぐれた研究者である。張と林の問題関心はやはり、台湾の東アジア哲学の研究者と同じく、ともに近代哲学を摂取した新儒家と京都学派の哲学の比較に集中している。張は「西田幾多郎的現象学哲学」（『現象学與人文科学』第三期、二〇〇七年）、林は「生命の学問としての哲学――西田幾多郎と牟宗三」（『理想』六八一号、二〇〇八年）など、日本哲学関連の論文を書いている。

そもそも、台湾と香港における近代東アジア哲学の研究は比較的に盛んで、交流も密接に行われている。実際、張と林の先輩格にあたる香港における京都学派の研究者には、香港浸会大学から台湾の中央研究院に移った呉汝鈞がいる。呉の日本哲学関連の業績には『絶対無的哲学――京都学派哲学導論』（台湾商務印書館、一九九八年）、『京都学派哲学七講』（文津出版社、一九九八年）などがある。呉の京都学派の哲学に関する諸研究は、漢語圏では日本哲学の啓蒙書のような意味をもち、重要である。ともあれ、台湾あるいは香港を問わず、同じく近代西洋哲学を摂取した中国の新儒家思想と日本の京都学派思想との比較は、過去の儒学思想の比較研究としての東アジア儒学研究と同じく、これからも漢語圏の思想史研究者たちの興味を誘うテーマの一つであろう。

最後に、東京大学から香港中文大学に転職した林少陽にも言及したい。彼は主として言語思想史の視点から日中両国の近代言語思想史を研究している。主著として、『文與日本的現代性』（中央編訳出版社、二〇〇四年）、『「修辞」という思想――章炳麟と漢字圏の言語論的批評理論』（白澤社、二〇〇九年）などが挙げられる。今後の香港における日本思想史研究の代表者として期待されたが、二〇一三年、林氏は香港を離れてふたたび東京大学に赴任した。

むすびに代えて――特徴と展望

以上、右に言及した諸差異を超えて、台湾と香港における日本思想史研究には一つの共通の特徴が見られる。それは「東アジア」という枠組みにこだわることである。さらに、台湾に限って言えば、「東アジア」という枠組みにおいて、日中、日中韓あるいは日台を比較する視角から、中国の思想遺産としての経書、儒学を重んじる研究と、ポストコロニアの視点から台湾における日本帝国の遺産を重んじる研究とがある。つまり、台湾における日本思想史研究の特徴の一つは、ほとんどの研究が中国研究と台湾研究の関連で成されているという点にある。そのため、日本社会、日本思想史自体から問題意識を汲んだ研究はそれほど展開されていない。

また、台湾と香港の日本思想史研究では、中国研究あるいは台湾研究から出てきた問題意識の延長で若干の日本思想関係のテキストが扱われているが、もっぱら近代日本語と漢文のテキストに集中している。訓読と候文など日本独自の読書方法と文体などの知識の重要性は認知されているが、こういう方法と文体を利用した研究はいまだ出ていない。しかし、既述のように、台湾の第四世代の研究者と香港の若手研究者の多くは日本に留学して、日本思想史のための訓練を受けた。また、彼らは日本の日本思想史研究者とも異なり、辺境からの問題意識を持っている。一方、漢字圏においては、いままで台湾と香港は漢字文化の中心ともいえる重要な位置を占めてきたが、近年反中国的な勢力が台頭している。にもかかわらず、その歴史的蓄積を踏まえ、両地域の研究には日本思想史を新たな形で展開させる可能性が秘められている。
このように、台湾と香港は帝国の辺境と漢字文化の中心として、いままでと異なるすぐれた日本思想史の描き出しが期待できるのではないか。

【参考文献】

小林英夫・柴田善雄『日本軍政下の香港』社会評論社、一九九六年
林泉忠『「辺境東アジア」のアイデンティティ・ポリティクス――沖縄・台湾・香港』明石書店、二〇〇五年
李永熾教授六秩華誕祝寿論文集編輯委員会編『東亜近代思想與社会――李永熾教授六秩華誕祝寿論文集』新自然主義、一九九九年
徐興慶「台湾的日本研究之回顧」（『亜太研究論壇』二六期）二〇〇四年
――「台湾的日本研究之発展及其問題点」（『亜太研究論壇』二六期）二〇〇四年
何思慎「台湾之日本研究的困境與改善」（『亜太研究論壇』二六期）二〇〇四年
何義麟『跨越国境線――近代台湾去殖民地化之歴程』稲郷出版社、二〇〇六年
黃俊傑『東亜儒学視域中的徐復観及其思想』台湾大学出版中心、二〇〇九年
周婉窈『台湾歴史図説 増訂本』聯経出版社、二〇〇九年

＊本稿の執筆にあたり、黒住真氏、渡辺浩氏、宮田研二氏から少なからぬご教示をいただいた。また楊典錕教授から関係資料を提供していただいた。ここに記して感謝申し上げます。

「満洲」幻想の生成とその消滅

劉　建　輝

はじめに

中国の東北地方は、かつて関東と呼ばれた。その関東、つまり山海関より東は、もともと清の祖宗発祥の地として、開国以来長い間、基本的に関内からの移住が禁止されていた。それが十九世紀に入ると、ロシア勢力の南下に伴う軍事上の必要からようやく二百年も続いた「封禁令」が解かれ、いわゆる「闖関東」という関内各地からの人口移住が一つのブームを見せ始めたのである。こうした歴史的推移からわかるように、そもそも中国国内でもいわば「辺疆」でしかなかったこの地域は、遠い高句麗や渤海国の一時期を除いて、もちろん彼岸の日本とはけっして縁が深い場所とは言えなかった。

ところが、この歴史的に日本と随分隔たった関東——日本で言う「満洲」——は、二十世紀に入るやいなや、突如として膨張日本の北の「最前線」と変わり、続いてその死活を左右する「生命線」に急変し、さらには帝国日本の「命取り」にまで発展したのである。それはとりもなおさず、近代日本が日清戦争の勝利で一度手に入れながら、「三国干渉」によってしぶしぶ手放してしまったこの土地の権益を再度獲得し、死守するために、その後日露戦争、日中戦争、また太平洋戦争をつぎつぎと起こし、そして最終的には自ら作り出したその傀儡国家である「満洲国」とともに倒れざるをえなかったという過程にほかならない。やや誇張した言い方をすれば、日本の近代史は、あたかもこの「満洲」を中心に展開されてきたようにさえ感じられないことはない。その一端は、たとえば「残留孤児」や「七三一部隊」などに象徴されるように、戦後六十年以上経った今日でもこの最大の古傷がなお疼いてやまないことからもいくぶん窺える。

しかし、近代日本の運命を大きく決定してしまったとさえ言えるこの「満洲」について、なぜかその歴史的な位置付けはいまだに正確に定まっていない。たしかに教科書的な「歴史」において、「満洲」、というより一時それを「国土」としていた「満洲国」は、すでに一応の「裁断」を受けている。だが、近代以降ほとんど日本人の心象風景の一つになってきたあの「赤い夕日の満洲」を描いた心情的、あるいは精神的な軌跡については、けっして歴史的に整理できているとは言いがたい。というのも、戦後数多くの旧植民地関係の書物が出されてきたが、その中でこと「満洲もの」になると、なぜかその特殊なイメージと絡んで一種のノスタルジーがつねに濃厚につきまとっており、それはたとえば終戦直後の「引き上げ」の悲惨な体験を伝えるものの中にさえ確認できるほどである。

そして、「満洲」に関するこの特殊の思いが、もし単なる一種の郷愁に留まるならば、問題はまだ単純かもしれないが、多くの場合、かつて「王道楽土」や「理想国家」を建設しようとしたあのとてつもない幻想と絡んでいるため、事情をいっそう複雑にしている。言ってみれば、まさに「満洲」にかかわるこの濃厚なノスタルジーと過激な「楽土」幻想が表裏となって、終始「満洲」についての本格的な歴史的位置付けを妨げ、またその評価に大きな振幅をもたらしているのである。

たとえば、一時「満洲国」総務庁次長を務めたことのある岸信介が、戦後、すでに崩壊したこの短命「国家」に「民族協和、王道楽土の理想が輝き、科学的にも、良心的にも、果敢な実践が行われた。それは正しくユニークな近代的国つくりであった」（満洲回顧集刊行会編『あゝ満洲』）と何の反省も無く賛辞を送っている。ここには、かつて「満洲国」の実際の支配者の一人で、後に総理大臣まで登りつめた一政治家だからこそ、ここまで正当化してしまうという一面がたしかにある。しかしこの岸ほど過激でなくても、このような発言に近い主張や感情は、当時何らかの形で「満洲」とかかわっていた多くの日本人に多かれ少なかれ共有されているのも、また事実ではないだろうか。

そして、それは往々にして「満洲」への進出と侵略の歴史に対する批判と反省の合間に半ば無意識的に漏れてくることで、問題をさらに複雑にしている。おそらく、これは単なる左右二つの歴史観の単純な対立ではなく、むしろ反省の中に郷愁を潜ませ、また郷愁の中に反省の涙を注入せずにはいられないという、一種の捩じれた形でしか表せない複雑な心情かもしれない。むろん、この心情には個人差によって、その反省と郷愁の比例が著しく異なり、またその比例の多寡によって、まったく相反する歴史認識が導き出されていることも否定できない。ただ基本構造としてのこの両者の同居と捩じれは、岸のような支配者側の人間はもちろんのこと、たとえ敗戦時の生き地獄を経験したもっとも底辺にいる人々の中にも確認することができる。

そして、まさにこうした心情が長い間整理しないまま持ち越されてきたからこそ、戦後六十年以上経った今でもなお「満洲」に関する認識が定まらず、特に公私の場によって大きな食い違いが見られるような事態を生み出している。その意味で、この捩じれた心情、ひいてはその背後に潜んでいるかつての「楽土」作りの幻想を一度その発生から破滅まできちんと見極めることなくしては、とても「満洲」を語ることができないし、ましてやその正しい歴史的位置付けなどはなおさら無理であるに違いない。

以上のこれらの事情に鑑み、本稿では、日清戦争以来産出された各分野の「満洲」関係のテクストを材料に、そこに現れるさまざまな叙情的かつロマン的な言説がいかに「赤い夕日の満洲」像、ないしは「満洲」幻想を用意、形成し、またその一連の幻想が後にいかなる無謀な「実践」に結び付いたかを整理し、簡略ながらもその全体像を提示したい。

一、心象風景としての「赤い夕日の満洲」の誕生

中国東北部に対する日本人の関心は、おおむね日清戦争の開戦とともに始まる。東学党の乱をきっかけに相次ぎ朝鮮半島に出兵した両国軍の衝突は、中国側の戦闘意志の薄弱さも手伝って、陸海とも日本側の有利な形勢の下に進められ、開戦後三カ月も経たないうちに戦線がついに鴨緑江を越え、日本軍も東北領内に侵入した。戦場における日本軍のこうした度重なる勝利を日本国内にいち早く伝えたのは、当時のジャーナリズム、たとえば『国民新聞』に掲載された国木田独歩の『愛弟通信』のような従軍記者の従軍記や戦争報道であるが、中でも開戦にわずかに遅れて創刊された博文館の雑誌『日清戦争実記』は、月三回の発行で進展する戦況を写真を交えて詳細に報道し、広く大衆の読者をつかんだ。

従軍記者たちのこうした報道は、その内容をほとんど日本軍の戦勝にあてていたのは言うまでもないが、そうした戦況報告の合間に現地の状況、特に地理的、民俗的な状況も、また当然のこととして少なからず報道された。そして、これらの戦地の情報は、はからずも後年のいわゆる「満洲」に関する言説の最初のものとなったのである。

しかし、戦争の間に行われた戦地紹介としてのこうした一連の「満洲」報道は、その後ただちに日本人の満洲イメージの形成につながったわけではない。占領した場所が遼東半島に限られたこと、日本側の勝利にだけ目を奪われ、現地を多角的に捉えなかった報道ぶりもその一因だが、三国干渉によって一旦遼東半島を中国に返還すると、この地に対する関心が急速に薄れ、かわって「新領土」となった台湾への眼差しがにわかに熱くなってきたからである。この事実は、たとえば同じ博文館から発行されていた当時最大の総合雑誌『太陽』の戦後の編集動向を見れば、一目瞭然である。すなわち、終戦翌年の明治二十九年（一八九六）の『太陽』には、「満洲」関係の記述はわずか泉鏡花の小説『海城発電』（一号）、人類学者の鳥居龍蔵の連載『遼東半島』（六号～一五号）、宗教学者の岸本能武太の『遼東風俗一斑』（一三号、一七号）の三編ぐらいしか見当たらず、次の明治三十年になると、それがまったく姿を消してしまう。そして、これらの「満洲」ものに取って代わって登場したのが、台湾についてのさまざまな紹介と論文である。

ところが、いわゆる台湾の植民地経営だけに目を奪われたのも束の間であった。明治三十年代に入ると、ロシアが東清鉄道の敷設などを始め急速に「満洲」や朝鮮に進出し、さらに義和団の乱に乗じて瞬く間に「満洲」を占領した。こうしたロシア勢力南下の一連の動きに刺激され、たとえば「満洲」の軍事、商業上の地理的重要性を強調する小藤文次郎「満洲論」がふたたび『太陽』誌上に現れたように（明治三十五年、一四号)、「満洲」が運命的にもう一度日本中の関心の的となる。そして、このロシアの南侵を何とかして食い止め、「満洲」と朝鮮における権益上の劣勢を挽回しようとしたのが、ほかならぬ明治三十七年から三十八年にわたる日露戦争(一九〇四〜〇五年)である。ただこの戦争は前回の日清戦争と違って、世界最強とも言われるロシア陸軍を相手にしただけに、勝ち進むにつれて、度重なる苦戦と莫大な人的犠牲を強いられた。そうした前線の捷報と悲報は、まさに激戦場の地名とともに大々的に日本に伝えられ、国民の心を強く捉えていた。二百三高地攻撃、旅順開城、遼陽会戦、奉天会戦——巷の議論の中心を占めたこれらの言説は多分に異国情緒を含めながら、人々の想像力を刺激し、遠く離れた「満洲」を一気に身近なものにしたのである。

たとえば、明治四十二年(一九〇九)に発表された田山花袋の長編小説『田舎教師』では、青雲の志を抱きながら、家庭の事情で進学できず、寒村の小学校教師として平凡な生活に埋もれていく文学青年林清三の姿が描かれているが、その清三が肺病に罹り、病床に伏してからもしきりに気にしているのが、まさに遼陽会戦の進展であり、結末では、「遼陽が取れた」というニュースに感涙をこぼしながら、「満洲のさびしい平野に横たわつた同胞」を思いつつ、若き最後を遂げたことになっている。

このように、日露戦争は、日本の「国運」をかけた戦争であるだけに、また強国ロシアを相手に想像を絶する犠牲(戦死者八万四千四百人)を強いられただけに、否応なしにその戦場である「満洲」に全国民の目を釘付けにさせたのである。『日清戦争実記』と同じ趣旨で、明治三十七年(一九〇四)二月に創刊された『日露戦争実記』(独立評論社編集、育英社発行)の第一号が二十六版、二十五万部という空前の売れ行きを見せたのも、その一端を示しているだろう。そしていわゆる「一〇万の英霊、二〇億の国帑」を代償に勝ち取った「満洲」は、その後まさにこれらの「犠牲」の記憶とともに人々の心に深く根差し、辺境でありながらも、いつの間にか感傷、ひいては郷愁の対象へと変貌していったのである。その意味で、日露戦後にわかに流行り出した「ここはお国を何百里／離れて遠き満洲の／赤い夕日に照らされて／友は野末の石の下……」という「戦友」（明治三十八年）の歌は、当時のそうした国民の心情をもっともよく表したものと言えよう。

そして、太平洋戦争の終結まで「日本陸軍」（明治三十七年七月発表）とともにもっとも広く歌われた軍歌と言われたこの歌は、もともと意識的に伝達しようとしている亡き戦友への心情もさることながら、その眠れる場所としての「赤い夕日の満洲」の持つ独特の感傷ないし叙情性を国民一般の心に濃厚に植え付けたのみならず、これに源を発して、以後「赤い夕日の満洲」というイメージは、あらゆる言説の中で流布しながら、次第に一つの心象風景と化し、多くの日本人の「満洲」観の原型を形成していったと思われる。さらに、このきわめて感傷かつ叙情的な「満洲」像は、また異国のこの土地を、多大な犠牲を払うことによって獲得した明治の「遺産」として受け止め、それをほとんど「心情的国土」と見なしていく上でも大いに寄与している。その意味で、日露戦後に生まれたこの独特な国民的心情は、後に何が何でも「満洲」の権益を死守せんとする一連の無謀な暴走ともけっして無関係とは言えないだろう。

二、「馬賊」のかき立てたロマン

日本人の「満洲」イメージの成立を考える時、「赤い夕日」の持つ感傷と叙情性以外に、もう一つ忘れてはならない要素が、日露戦争前後、一部の青年の間で急速に広まった大陸雄飛の精神志向とそれを実践する形で中国に渡った大陸浪人の存在である。彼らの活躍は、いわば従来の感傷的な「満洲」イメージの上に、また新たなロマンチシズムを注入することで、以後、青少年を始め、多くの人々の「満洲」夢をかき立て続けたのであった。この種の精神志向が生まれた背景として、一つはこの時期中国の革命運動がいよいよ本格化し、しかも日本、特に東京を一つの根拠地としていたことと、もう一つはそうした中国革命に対し、日本の民間右翼組織や国家主義者、アジア主義者たちが各々の目的から一様に強い関心を示し、一部には熱い援助の手を差し伸べたり、この機会を日本の大陸進出に利用しようとしたりする言動が急に目立ってきたことが挙げられる。

前者の例としては、たとえば一九〇五年に在来の革命組織、孫文の興中会、黄興の華興会、章炳麟の光復会などが東京で大団結し、孫文を総理とする「中国革命同盟会」を結成している。後者の場合は、宮崎滔天の活躍が何よりも有名だが、従来の黒龍会ほか、その下部組織とも言える有隣会、また善隣同志会や支那問題研究会などもほぼ同じ動きを見せている。これらの組織は、時には中国大陸に人員を派遣して革命派と接触したり、時には中国問題で宣言書などを大々的に出したりして、その活動がいわゆる大陸雄飛の夢を煽る上で、多くの青年たちに少なからぬ影響を及ぼしたと言える。後に大衆児童文学作家として名を知られる山中峯太郎が中国革命の熱気に感激し、陸軍大学校を中退して「天下を取りに行くんだ」と豪語しながら大陸に渡ったのは、まさに日本国内のこのような雰囲気に浮かされた好例である。

そして、この時期、日本の青少年たちのこうした大陸雄飛志向を刺激し、その夢をかき立てる要素として、先の右翼組織や革命派などの活躍以外に、もう一つ、言ってみれば本当の意味の大陸浪人——日本人馬賊、ひいては馬賊そのものの存在――もおそらく無視できないだろう。それは、たとえば、すこし後になるが、大正十一年（一九二二）頃にいわゆる「馬賊の歌」が莫大な人気を得て流行り出したことからも、そのような事実を察知できる。「僕も行くから君も行け／狭い日本にゃ住みあいた／浪の彼方にゃ支那がある／支那には四億の民が待つ……」というふうに始まっているこの歌は、もともと大陸浪人の間で歌われていたが、それがいつの間にか内地に流れ込み、急速に流行り出したと言われている。そしてここで歌われている歌詞の内容は、大言壮語のそしりこそ免れないものの、どうやらまんざら作り話でもないところもある。むろんモデルまで存在するとは言えないが、この歌詞に近い形の、つまり本当の大陸馬賊に、それもその頭目になった日本人が現に三、四名も実在していたのである。彼らの海の向こうでの活躍ぶりは、大陸浪人などを通じて日本にも伝えられ、一部の青少年たちの「大陸夢」に多大な影響を与えたと思われる。

日本人馬賊の先駆けは、もっとも早いものは日露戦争中にまで遡ることができる。当時、日本陸軍はロシア軍の後方攪乱のために、一部の大陸浪人や在来の地方馬賊をかき集め、彼らを中心にそれぞれ満洲義軍と特別行動班を編成して、その任務に当たらせた。前者の満洲義軍が予備の陸軍中佐、花大人こと花田仲之助を総指揮官とし、主として「満洲」現地で鉄道破壊や正規軍の援護射撃などを行っていたのに対し、後者の特別行動班は、遠く内蒙古に入り、ロシア軍の背後から、特にその兵站線や東清鉄道などを狙っていた。これらの特別任務で活躍し、後にその名を広く知られた者として、たとえば東清鉄道の鉄橋を爆破しようとして、ロシア軍に捕まえられ、明治三十七年四月にハルピンで銃殺刑に処せられたいわゆる六烈士の二人、大陸浪人の横川省三と沖禎介や、遼陽会戦前後、単身で地方の馬賊隊を率い、随所でクロパトキン部隊を脅かした辺見勇彦などが挙げられよう。

そして、明治後半の大陸浪人を中心とするこれらの日本人馬賊の活躍は、まさに十数年後のあの『馬賊の歌』の流行に恰好の土壌と素材を提供したと言える。彼らの存在は、日露戦勝に浮かされながらも、つねに国内の閉塞状況に不満を持ち、いつかは日本脱出を試みようとしていた一部の青年たちには、紛れもない一つの颯爽としたお手本を示したと思われる。というのも、大正時代に入ってからも、こうした馬賊に憧れ、大陸、とりわけ「満洲」に渡った若者が後を絶つことなく、それがあたかも一つの系譜をなすかのように、太平洋戦争の終結まで続いたからである。

詳しい叙述は省略するが、たとえば、川島浪速らの第二次満蒙独立運動の際、その決死団長を引き受けたのを皮切りに、運動失敗後も度々渡中し、一時張作霖の軍事顧問も務め、「満洲国」成立後は、満洲国軍安東地区部隊の隊付中将にまで伸し上がった有名な御用馬賊張宗援こと伊達順之助や、また単身で満蒙踏破中、馬賊に捕らえられたのがきっかけで、そのまま馬賊に仲間入りし、第二次奉直戦争の時、頭目として張宗昌麾下で活躍し、後東北抗日義勇軍の総頭目にまで祭り上げられた尚旭東こと小日向白朗などは、つまりそういった存在の代表的な例である。

むろん、これらの馬賊の多くは、そのまま日本軍の手先であり、中には中国人に対して数々の罪を犯した人もいる。ただ、その存在自身がつねに伝説化された形で、一部の青少年のロマンチックな「夢」をかき立て続けたのも事実に間違いなく、「夕日と拳銃」という「満洲」イメージの中で、片方の拳銃、つまり馬賊を抜きにしては、とても多角的に「満洲」幻想のことが語れないのは、まさにそのためである。

三、「幻想」装置としての文学

明治三十八年九月、日露両国がアメリカの斡旋でポーツマス講和条約を結び、一年六カ月にわたった「満洲」での権益争いの戦争を終結させた。この条約によって、日本は日清戦争後の三国干渉で手放さざるをえなかった南「満洲」の権益の一部を、まさに十年間の「臥薪嘗胆」の後、多大な犠牲を払いながらもう一度手に入れることができた。そして、その翌年の明治三十九年十一月、いわゆる「国策会社」としての南満洲鉄道株式会社（満鉄）が設立されるやいなや、早くもその沿線地域に対する意識的な支配権拡張の政策の下で多くの日本人が職を求めて「満洲」に渡り、中には新天地で「濡れ手に粟」の利益をつかもうとする「一旗組」（原田勝正『満鉄』）まで現れた。つまり、この時期、「満洲へ行けばどうにかなる」という幻想が、戦争直後のあの感傷的な「満洲」イメージと交錯しつつ、ほかならぬこの新設の国策会社を中心に急速に広がっていったのである。

これは、逆の視点から見れば、すなわち「満洲」が、日本本土で物質的あるいは精神的に追い詰められた人々の恰好の逃避郷として、また「満洲浪人」が、内地人にはない冒険と悲哀の交じり合ったロマンチシズムの持ち主として、まさにこの時点から着実に観念化、さらには言説化され始めたということでもあるのである。そして、その言説化の文学における結実は、意外にも文豪夏目漱石の一連の「満洲」浪人像が嚆矢となっている。

漱石の「満洲」像について考察する時、これまでよく『満韓ところどころ』（明治四十年十月～十二月）

という現地旅行直後に執筆された紀行文が取り上げられてきた。しかし親友である満鉄総裁の中村是公に対する配慮が働いているせいか、そこには漱石一流の韜晦が目立ち、けっして彼の「本音」が書かれていないように思われる。それよりも、「満韓」旅行後に発表された一連の小説の中にさまざまな「満洲」絡みの人物が登場するが、むしろこういった人物造形のほうに、彼の「満洲」に対する認識がいっそうはっきりと現れている。それは、言ってみれば、一種の外地志向型とでも命名できるような人物像であるが、彼らは、あるいは恋愛競争の失敗者、あるいは近代システムからの逸脱者として描かれ、その存在は同じ「遊民」の性質を持ちながらも、従来のいわゆる「高等遊民」と異なるのみならず、さらにはそうした「高等遊民」を含む主人公たちの世界を相対化する機能さえ備えているのである。

たとえば、小説『門』（明治四十三年三月）の中で、安井という人物が登場するが、彼はもともと大学時代に同棲中の恋人を親友である主人公の宗助に奪われ、失意の下に「満洲」に渡った存在として設定されている。その彼が、同じ「満洲」浪人の「冒険者」で、現在、蒙古で牧畜業を経営しているという、宗助の借家の家主坂井の弟と一緒に久々に東京に現れ、ただでさえ昔の「徳義上の罪」に囚われ続けている宗助をいっそう苦しめることになる。作品において、帰京した安井については具体的に何も書かれていないが、しかし小説の後半は紛れもなく彼との再会を恐れる宗助の苦悶とそこからの自己救済を中心として展開されている。その意味で、安井の名は「色んな人が落ち合つてる」「物騒な所」としての「満洲」とともに明らかに一種の記号性を持って、主人公宗助と彼を取り巻く平凡な「内地」の日常空間を揺るがし続ける、作品のもう一つの極をなしていると思われる。

また、『門』の次に発表された長編『彼岸過迄』（明治四十五年一月）では、森本という不思議な男が描かれているが、過去に「様々な冒険譚の主人公であつた」彼は、「非凡の経験に富んだ平凡人」として、この小説の形式上の主人公、「平凡を忌む浪漫趣味の青年」田川敬太郎の「多大な興味」をそそり、その「探検」趣味に少なからぬ刺激を与えながら、ある日突然新橋停車場の職を投げ捨てて大連へ渡ってしまう。その後、田川敬太郎は彼の残した蛇の彫刻の洋杖を「指標」に「社会の潜水夫」のような「探偵」行動を開始するのであるが、彼が突き止めたのは、友人須永市蔵とその従兄妹田口千代子との複雑な恋愛感情をめぐって形成される男女の「小さな宇宙」にほかならない。作品の中核でもあるこの「小さな宇宙」の周辺には、むろん二人の叔父でもある自称「高等遊民」の松本恒三のような、双方の相談を受けつつその「小さな宇宙」を分析、批評する人物も配置されるが、しかし、松本も含め登場人物たちの自閉的な関係構造を突き破り、まったく外側からそのすべてを相対化する「一種の符牒」のような役割を果たしているのは、紛れもない満鉄「大連電気公園娯楽掛り」の森本の存在である。

このように、「満韓」旅行後の漱石文学には、いわば従来の「高等遊民」ならぬ、まさに一種の「下等遊民」としか呼びようのない「満洲浪人」の人物像がさまざまな形で登場している。その造形には、むろん旅行中に出会ったかつて自分の書生で、今や満鉄社員となった俣野義郎やその他各々の事情で現地に渡った一部のエキセントリックな日本人の経歴が投影されているが、しかし漱石によるこうした一連の「満洲浪人」ないしは「満洲」そのものの表象は、単にそれらの存在を文学的に結晶させたのみならず、同時にそれを「満洲」に対する一つの観念として成立させたことにも大いに貢献している。その観念とは、つまり「満洲」を「物騒」と「文明」（大連電気公園など）の同居する場所と捉え、その内地の「平凡」な生活を脅かすことに恐怖感を覚えながらも、どこかで冒険心をそそる「新天地」として憧れてしまうというものにほかならない。そして、この明治後半に初めて言説化された「満洲」観は、それ以降もさまざまな小説や詩などの文学作品によって反復され、その再生産作業は後にいわゆる「満洲国」の成立を迎えることで、まさに一つの大きな「幻想」の成立に結実したと言えよう。

四、ツーリズムの作り出した「満洲」夢

日本の近代ツーリズムは、十九世紀後半からヨーロッパでブームが続いていた世界一周旅行の余波を受けて、草創期からしばらくの間は主にそういう形で来日した外国人観光客をターゲットにしていた。そして、彼らのニーズに応えるためのせいか、初めから海外、とりわけ「満韓」との連絡が重要な事業の一つとして取り込まれた。たとえば、明治四十五年（一九一二）三月に鉄道院を中心とする日本郵船、東洋汽船、満鉄などの共同出資によってジャパン・ツーリスト・ビューロー（JTB）が設立されるが、それから一年も経たない中に大連、朝鮮、そして台北支部が次々と設置されたのは、つまりそうした事情の端的な現われと言える。創立期のこのような方針は、その後大正半ばに入って日本人観光客が増大し、さらには大正十三年（一九二四）、日本の旅行文化向上を事業目的とする文化運動団体――日本旅行文化協会（後に日本旅行協会に改称）――が設立されてからも、おおむねそのまま継承された。

たとえば、日本旅行文化協会の設立とともに創刊されたその機関誌とも言える旅行専門雑誌『旅』の創刊号（大正十三年四月）において、当協会設立の趣旨を説明するに際し、「内地」と並んで「朝鮮、満蒙、支那等に於ける人情、風習の紹介」もその活動目的の一つとして指定されており、また同じ創刊号に掲載

されている満鉄の広告には「旅行シーズン来る／朝鮮へ！／満洲へ！／支那へ！」というすこぶる直截的な宣伝文句が大きく刷り込まれている。これらのことは、およそ一様に「満韓」が日本近代ツーリズムの成立過程で終始「内地」に劣らぬ形で取り込まれていた事実を示していると言えよう。そして、この「満韓」におけるツーリズムの最大の事業は、意外にも中高生の修学旅行にほかならない。

日本の中高生の「満韓」への修学旅行は、明治二十九年（一八九六）の兵庫県立豊岡中学校の朝鮮旅行を嚆矢としているが、本格的に行われ始めたのは、むしろその十年後の明治三十九年頃だと見られる。この年に、まず文部省と陸軍省の共同主催で全国から選ばれた一部の中学生が五つの班に分かれ、日露戦争の戦跡をめぐる「中学校合同満洲旅行」が実施され、以後これに右へ倣えの形で、いわゆる「戦場旅行」が急速に全国に広まったという（久保尚之『満洲の誕生』）。このような事態が生じた背景には、むろん戦場の雰囲気がまだ生々しく残っている戦跡を愛国心向上の恰好の材料として、意義ある修学旅行の見学地にすべきだという有識者の議論や文部省、陸軍省などの誘導もあるだろう。しかし、先ほども確認したように、開戦以来の夥しい戦地報道によって培われた「満洲」に対する国民側の特別な感情移入も無視できない。いわば、まさにあの多大な感動と興奮を与えてくれた「旅順」に行きたい、二百三高地を一目見たいという全国民的な戦勝気分と衝動が彼らを積極的に「満洲」へ足を運ばせ、またそういう修学旅行への「夢」を膨らませたに違いない。

「満韓」への修学旅行は、地理的に近いということもあって、最初は主に九州や山口県の学校を中心に行われたようである。たとえば、福岡県立修猷館中学校が明治三十九年に「満韓旅行」を実施しているし、その翌年には山口高等商業学校が後に続いた。大正に入ってからは、このブームが全国的な広がりを見せ始めるが、従来の中学校や商業学校に留まらず、多くの師範学校、また高等学校までも巻き込んでいる。かつて満鉄の調査機関でさまざまな要職を歴任した伊藤武雄の回想（『満鉄に生きて』）によれば、彼が初めて中国と触れ合ったのは、第一高等学校（一高）在学中の時で、大正六年の夏休みに一高旅行部が組織した「満鮮支旅行団」の一行に加わった彼は、山東省を始め、華北、「満洲」、さらに朝鮮を四五日間もかけて大旅行した。むろん、他の要素もないわけではないが、結局この時の旅は、彼のその後の人生を「満洲」としっかり結び付けてしまったという。

そして、この伊藤武雄の例でもわかるように、日本人の「満洲」に対する特別な情念の生成を考える時、中高生を始めとするこれらのパターン化された「修学旅行」の体験自体が、すでに一種の「満洲」言説の創造に寄与していると言えるが、さらにこれに輪をかけてその言説創造に貢献しているのは、先の馬賊の場合と同様、おそらくその「お土産話」の意味合いを持つ帰国後の報告書であろう。このような報告書はむろん他にも数多く存在するが、ここでは、東京府立第一商業学校校友会から刊行された当校（現在の一橋大学）の「昭和六年度第七回鮮満支視察旅行」の帰国報告書『大陸を歩みて』（昭和六年）という一冊を紹介したい。

「東京市有馬尋常小学校」蔵印付きのこの報告書は、全部で三編からなり、その三編には、毎日の見学内容である「紀行」、参加者の書いた小論文である「研究」、また各地で聞いた著名人の講演の記録である「余録」をそれぞれあてている。そして、その肝心の内容はと言えば、たとえば、「案内者、高橋氏の説明。「奉天会戦は実に今日満洲文化の基、日本勢力の植付にして、その快勝は挙国一致の熱誠に由る。されど果して今日当時意気ありや。三月十日の祭典当日、必らず暴風雨雪等、天候の狂ふあるは、彼の英霊現状に憤慨するに非ずや宜しく発奮興起して、英霊に報いざるべからず」と。氏の熱烈な言々句々、次第に頭の下るのを覚えた。やおら首を上げて仰げば五月の空に塔の高く聳えて、しみじみ日本帝国民の覚悟を感じたのであった」（山田正二、「紀行編」第十日）、また「内地人〔日本人〕の生活は植民地気分といふが、多くは借財に苦しみつつ、且尚虚栄に捉はれた暮をしてゐる。路上に遊ぶ子供等の服装の華美、駅員が人力車で通勤するといふ風で、生活費の嵩む事が、邦人発展の支障たる一大原因ではないかとしみじみ思はれた。……宝庫満蒙の地は広い。然し漸次狭められてゆく我が権益と同胞の地位を思つた時、我々はそこに責任感が湧然として沸き上るのを禁じ得ない」（川端嘉一郎、「研究編」満洲雑感）、というようになっている。

これは、実に「素朴」な観察と感想であると言える。しかしまさにこの「素朴」な記録の中に、これまでわれわれが確認してきたあの叙情と感傷、さらに権益の対象としての「満洲」が「みごとに」凝縮されており、またその言説は十八歳前後の少年のものだからこそ、いっそう彼らの囲まれた時代の「真実」とその影響の大きさが思い知らされる。そして、このような一冊が都内のある尋常小学校の一室に所蔵されていたことをあわせて考えれば、少年たちの「素朴」な「満洲」体験とその記録としての言説が、いかに時代の流れの中に組み込まれ、またいかなる役割を果したかは、およそ想像がつくだろう。

おわりに

一九三一年九月十八日、瀋陽郊外の柳条溝で、関東軍による自作自演の満鉄線路爆破事件が起こり、世に言う「満洲事件」が勃発した。そして、翌三二年三月に、これまた関東軍の演出で「新国家」宣言がなされ、いわゆる「満洲国」が誕生する。「頂天立地」の「新天地」（「満洲国国歌」）と讃えられたこの「新国家」の成立にあたって、とりわけその「理念」作りには、たとえば「満洲青年連盟」（昭和三年発足）や「大雄峯会」（昭和五年発足）のような政治結社、また関東軍参謀石原莞爾や大連在住の評論家橘樸のような「思想家」など、実にさまざまな団体や個人が加わったのであるが、しかし紙数の関係で、それらについては、これ以上触れることができない。ただここで一つだけ指摘しておきたいのは、彼らの掲げたさまざまな「理念」はもちろん、後にその「理念」を実現するために試みられた数々の「実践」も、結局は全てこれまでわれわれが追跡してきたあの漠然とした「幻想」の上に立っているということである。その意味では、いわゆる「満洲国」という「楽土」は、初めからすでに一つの「夢」として崩壊する運命を孕んでおり、それが悲劇として幕を閉じたのは、やはり歴史の当然の帰結だったと言えよう。

【参考文献】

伊藤武雄『満鉄に生きて』勁草書房、一九六四年
久保尚之『満洲の誕生――日米摩擦のはじまり』丸善ライブラリー、一九九六年
東京府立第一商業学校校友会『大陸を歩みて』富文館、一九三一年
原田勝正『満鉄』岩波新書、一九八一年
満洲回顧集刊行会編『あゝ満洲――国つくり産業開発者の手記』農林出版、一九六五年
劉建輝「「満洲」幻想の成立とその射程」（『アジア遊学44　日中から見る「旧満洲」』勉誠出版）二〇〇二年

欧米からの鳥瞰的スケッチ

ケイト・W・ナカイ

「欧米」における日本思想史研究を見渡そうとする人はいくつかの乗り越えがたい問題に直面する。まず、「日本思想史」というはっきりした独立分野が果たして存在するかどうかを問わなければならない。管見の限り、西洋において「日本思想」という文字が名前に含まれている学会・学術雑誌・大学ポストは皆無に等しい。日本に関する研究が欧米において二百年近くの歴史を持ち、その間取り上げられてきたテーマのうちに、日本思想と何らかの形で関わりを持つものがかなりの数として存在することはもちろん認められるが、そのテーマは内容的にも、時代的にも、記紀神話や中世仏教から京都学派や丸山眞男まで幅広く散らばっている。またそのテーマに取り組んできた研究者は「日本研究」（ジャパノロジー）・文献学・歴史学・宗教学などさまざまな学術伝統や専門分野を背景として持ち、その伝統や専門分野のものの見方を前提としながら異なった立場から考究してきた。そして異なった前提や問題意識を踏まえてきたばかりではなく、それを世の中に広めるのに、いくつかの違う言語――主なものを数え上げるだけで、英語以外に、ドイツ語、フランス語、ロシヤ語、イタリア語――を使ってきた。

この状況を見渡し、信頼しうる全体図を提供することは筆者にとって元々不可能なことで、ここでは非常に大まかな鳥瞰的スケッチを試みるのに留めておくことに読者の容赦を請う。この試みに乗り出す前に、その範囲をあらかじめ限定しておきたい。「日本思想史」を「日本研究」の一側面として広く捉え、社会的・時代的背景や出版・学術事情が日本研究に与えた影響をなるべく考慮に入れる。その変遷に留意する代わりに、個別の研究者、著書、解釈よりも大きな趨勢に重点を置く。また焦点をある程度絞るために、明治以降の思想形態や仏教に関する研究などいくつかの重要なテーマをはじめから割愛し、特に他の言語圏における日本研究の発展に触れながら、英語圏の研究事情を視野の中心に据え置く。

一、欧米における日本研究の時代的・組織的背景

今日においては日本研究の営為の主な舞台は大学や研究所という学術的な場であり、その担い手は通常そこに勤める、あるいは関係を持つ「専門家」として知られ、その専門家が研究の成果を発表する媒体として、多くの場合は東アジア部門を擁する大学出版部など学術書出版社あるいは学会や大学などが運営する東アジア関連の学術雑誌が使われる。しかし、こういう体制が確立されるのはおよそ一九五〇年以降、割と最近である。それ以前、西洋に日本研究が初めて芽生えて百五十年来の事情はかなり違っていた。

ヨーロッパにおける日本研究の起源は数名のいわば流星のような独学者の努力にあった。江戸時代の書籍に関する情報は在日オランダ商館長イザーク・ティチング（Isaac Titsingh, 一七四五―一八一二）やフィリップ・フランツ・フォン・シーボルト（Philipp Franz von Siebold, 一七九六―一八六六）などによってある程

度ヨーロッパに持ち帰られていたが、日本語（あるいは漢文）で書かれた書籍の研究を開拓した創始者は直接日本を訪れた経験がなかった人々である。ヨーロッパに在住しながら、中国語などの勉強の一端として、強い好奇心や言語的才能を発揮し、日本語の領域にも進み、ほとんど独学で言葉の意味や文法を模索していた。その一人、ドイツ人のユリウス・クラプロート（Julius Klaproth, 一七八三―一八三五）はティチングが日本人の協力を得て翻訳しかけた林鵞峰『王代一覧』のフランス語訳を訂正し形にして一八三四年に出版した。これには序文として記紀神話の要約が付け加えられている。その二年前にクラプロートは林子平『三国通覧図説』のフランス語訳も出版していた。これは日本の思想をはじめて西洋に紹介したと言い得るが、クラプロートはおそらく「思想」よりも歴史や政治地理の「情報」としてこれらのテクストを提供することを狙っていたのであろう。これと比べて、一八四九年にオーストリア人のアウグスト・フィッツマイヤー（August Pfizmaier, 一八〇八―一八八七）が出した記紀神話のドイツ語訳抜粋は古代日本人の考え方そのものに興味を示したものとして意味があるだろう。シーボルトがオーストリア帝国宮廷図書館に寄贈した数十巻の書籍を利用できたフィッツマイヤーは、この翻訳の原作として本居宣長の『神代正語』と栗田土満の『日本書紀』注釈書『神代紀葦牙』を使っていた。一五年後にも、発表を数回に分けながら、続編として同じ形で記紀神話の紹介を行っている。クラプロートやフィッツマイヤーの尽力は称えるべきであろう。しかし、当時の権力者や学術社会から研究のための支援を獲得するのに成功したとは言え、原作の理解や翻訳方針に関しては自ずと限界があり、また自分の研究に専念するあまり、後継者を育てなかった。その点で日本研究、就中日本思想史研究の継続的発展への貢献は限られていた。

独学で研究を進めた最初の世代の日本研究者を流星に譬えるなら、一八七〇年頃から現れてきた第二世代は星座に譬えられるかも知れない。第一世代と比べれば日本研究を巡る状況はかなり好転しており、彼らはその翻訳などによって後の欧米における日本研究に長らく影響を与え、一つの指標ともなった。その研究姿勢は、活躍した時代や環境の影響を受け、前後のいずれの世代とも異なるものであった。第一世代との違いの一つは日本語を勉強する状況や原作に接する機会であった。日本思想に関連する研究の先頭に立っていたと言える第二世代の代表的人物――イギリス人のアーネスト・サトウ（Ernest Satow, 一八四三―一九二九）、ウィリアム・G・アストン（William G. Aston, 一八四一―一九一一）、バジル・ホール・チェンバレン（Basil Hall Chamberlain, 一八五〇―一九三五）、ドイツ人のカール・フローレンツ（Karl Florenz, 一八六五―一九三九）など――はいずれも日本で日本語を身につけ、日本の学者と親しく交わり、古典をはじめ日本の書籍について豊富な知識を獲得することができた。教科書、近代的文法書や辞書あるいは活字本がまだ存在しない幕末・明治初年において、彼らの苦労は第一世代のそれに匹敵するものであったろうが、元々の言語的才能に加えて、苦労の成果もあり、前人はもとより、後人もよく及ばない高度な読解力や精緻な理解に達した。

前人後人とのもう一つの違いは、第二世代は高い知識を得たにもかかわらず、基本的に日本研究を「アマチュア」として追究した点である。日本滞在中、別の仕事によって生活を立てながら、その傍ら原典の勉強・翻訳を続けていた。明治六年（一八七三）に日本に渡ったチェンバレンが明治十九年（一八八六）に帝国大学最初の日本語学教授として着任した話は有名であるが、四年後にはこれを辞職し、日本滞在の残りの二十年を私人として生き、ヨーロッパに戻ってからも大学などで教えなかった。サトウは外交官として出世し、日本滞在中にイギリス公使館の通訳や領事官員として勤めていたアストンも明治二十二年（一八八九）にヨーロッパに帰った以降も大学のポストなどに就かず、私人として日本研究を続けていた。三人のイギリス人よりほぼ二十歳若いフローレンツはまた彼らと少し異なった道を歩いた。日本滞在中に長く帝国大学でドイツ語と言語学を教えた後、大正三年（一九一四）にドイツに戻り、ハンブルグ大学に西洋では早い例として新設された日本研究科の最初の主任教授に任命された。この点でフローレンツは第二世代の「アマチュア」日本研究家と後年の「専門研究者」との間の架け橋の役割を勤めたともいえよう。

「アマチュア」的研究環境のもう一つの要素は研究成果を発表・普及する媒体であった。海外の学術雑誌などに論文を載せることもあったが、特に一八七〇年代から二十世紀初頭までの時期、日本を主な活躍の場にしていた第二世代の日本研究家にとって、主要な発表媒体は在日外国人外交官・宣教師・実業家などの有志によって明治五年（一八七二）に結成された英語を主言語とする日本アジア協会（Asiatic Society of Japan）と、次の年に結成されたドイツ語を主言語とするドイツ東洋文化研究協会（Deutsche Gesellschaft für Natur- und Völkerkunde Ostasiens）であった。この二つの組織は西洋における日本思想史研究の発展にとって掛け替えのない存在となっていった。これらの協会はヨーロッパの啓蒙運動の伝統を引き、有志がそれぞれ調べて獲得した知識を互いに分かち合えば、その知識が積み重ねられていくにつれて、人類全体の進歩にも貢献することになるという十八・十九世紀の理想や世界観を継いだものであった。アジア協会は早くイギリス人によって一七八四年にインドに結成され、また引き続き、パリ・ロンドンにもそれぞれ設立されていたが、協会発行の刊行物に日本に関する情報はまれにしか載らなかった。そこで日本滞在中の外国人有志がその先駆的営為をまね、日本の歴史・文化・地理・動植物などに関する情報を交換する場として日本版のアジア協会を結成した。定期的な口頭発表以外に会報も発行することを決め、その会報が日本に関するさまざまな研究を英語やドイツ語で発信する役割を果たすようになった。特に英語圏においては太平洋戦争後まで、日本アジア協会が発行する『日本アジア協会会報』（*Transactions of the Asiatic Society of Japan*）は日本思想史関連の翻訳や情報を紹介する中心的な媒体であった。早くはサトウの復古神道（明治七年・一八七四）や祝詞（明治十一年・一八七八）に関する翻訳や紹介、チェンバレンの『古事記』英訳（明治十四年・一八八一）を始めとして、E・H・ノーマン（E.H. Norman, 一九〇九—一九五七）の安藤昌益紹介（昭和二十四年・一九四九）まで、さまざまな主題について英語で書かれた日本思想史研究の主だった成果が多くこの会報上で公にされた。

海外では、文献学の伝統が強いドイツ、オランダなどで一九二〇年代から大学において日本研究ポストがある程度継続的な地位を得ていたが、全体として、もともと日本と関係を持つ人物中心の有志的、「アマチュア」的組織から「専門家」を育て続ける体制への移行はあまり進まなかった。日本研究プログラムの設立が遅れていたイギリスやアメリカではなおさらそうであった。一例を挙げれば、アメリカのハーバード大学内に位置するハーバード燕京研究所（Harvard-Yenching Institute）が一九三六年からアジア研究の学術誌として『ハーバードアジア研究雑誌』（*Harvard Journal of Asiatic Studies*）を発行し、第二次世界大戦後はこの学術誌が英語で日本研究を発信する上で大きな担い手になってきた。しかし、創刊されてから最初の数年に載った論文の大多数は、中国やインド（サンスクリット）関係のもので、日本関係——ましてや日本思想史関係——のものはほとんど見当たらない。日本思想史と関連するテーマを取り上げた最初の論文は、マリウス・ジャンセン（Marius Jansen, 一九二二—二〇〇〇）が一九五七年に蕃書調所やその図書について発表したもののようである。日本思想史に関する論文が散発的ではなく比較的恒常的に載るようになったのは一九七〇年代半ば以降であった。これと対照的に、『ハーバードアジア研究雑誌』創刊二年後の昭和十三年（一九三八）に東京の上智大学が発行を始めた欧文学術誌『モニュメンタ・ニポニカ』(*Monumenta Nipponica.* 日本名『日本文化誌』)は、当然ながら日本のことを題材とする論文を載せる目的で出発し、創刊号から思想史関連の論文や翻訳が続出した。ただし数本の例外を除き、全てドイツ語で書かれていた。

この状況に大きな変化をもたらしたのは太平洋戦争であった。敵となった日本と戦うために、また戦争が終わってからの占領を実施するために、アメリカやイギリス政府は大学などから優秀な学生を集め日本語特別訓練コースを受けさせ、また日本事情を調べさせた。戦後その特別訓練コース研修生の幾人かが大学に戻り、本格的に日本研究を続け、大学における新しい日本研究体制を築き上げた（前に名前を挙げたマリウス・ジャンセンはその一例である）。特にアメリカにおいては、文献学的伝統がヨーロッパほど強くなかったこともあり、近代日本の成り立ちに関心が多く向けられていたせいもあって、言語・文献考究・翻訳を土台としながら、時にはエキゾチックなあるいは微細な現象に集中しがちであった「ジャパノロジー」元来の立場を脱出し、科学的法則や方法を基にしていると考えられていた「ディシプリン」（専門的分野）のアプローチや問題意識を日本研究に取り入れる必要性が主張されるようになった。この傾向は日本の社会や政治を研究する者の間に特に強かったが、その影響は人文の分野にも及び、やがて一九七〇年代の終わりから、形を少し変えて、二十世紀のうちに欧米に湧き出ていた新しい「セオリー」（理論）を日本文学・歴史・思想史などの解釈に適用するべきだという立場として現れてきた。

二、思想史に対する姿勢の変遷

欧米発の理論や問題意識を日本思想史に当てはめることは、もちろん一九七〇年代になってから始まったことではなく、少なくとも十九世紀後半のサトウ、アストンなどの著作にもその気配が見られる。以下にその時期以来、この傾向がどのような展開を見せてきたかを大まかに捉えてみる。

日本思想に焦点を絞ってみれば、第二世代の日本研究家が最も興味を示した側面はおそらく神道や記紀神話であったといえよう。この背景にあるのは十九世紀ヨーロッパに出現した比較宗教学、比較神話学や、その付随としての「起源」や「原始文化」に対する関心であったのであろう。マックス・ミュラー（Max Müller, 一八二三―一九〇〇）やエドワード・B・タイラー（Edward B. Tylor, 一八三二―一九一七）などによって提唱された観念――宗教が普遍的な段階をたどって発展してきたこと、原始人の神観念が自然現象や祖先の神格化から生まれてきたこと、アニミズムなど――がもてはやされていた時代であった。比較宗教学にとってアジアは大きな開拓地域として考えられ、ミュラーはアジアの基本的宗教原典を西洋の研究家に提供するために、巨大翻訳プロジェクト『東方聖書』（*Sacred Books of the East*）に一八七九年以来三十年近く力を注いでいた。『東方聖書』に日本の原作は含まれていなかったが、日本の神話にも早くから関心が向けられていた。例えば、クラプロートの記紀神話要約を読んでいたタイラーは一八七六年に当時ロンドン滞在中の馬場辰猪（一八五〇―一八八八）に頼んで『古事記』の天地開闢や天照大神などに関する神話を訳してもらい、ロンドンの英国人類学学院（Anthropological Institute of Great Britain and Ireland）の例会で発表し、次の年には学院の機関誌にそれが紹介された。タイラーは、この神話は「自然神話」としてのはっきりした性格を示し、比較神話学や比較宗教学にとって貴重な資料になり得るであろうと結論づけている。

チェンバレン、アストン、フローレンツなどは、このタイラーの期待に応えようとしたものと言えよう。と同時に、その期待を支えた前提が彼らにも影響を与えていた。アストンは一八九九年にイギリスの民俗学協会（Folklore Society）にて記紀神話のあらすじを紹介した際に、この前提を次のように表している——「神道を具体化している神話は宗教の初段階の形を調べようとする者に好都合な点を提供してくれる。未開人の未熟な構想と古代ギリシャやローマの〈洗練された〉神話の間に位置し、ほとんど他に見られない性質を持つ」。要するに、記紀神話や祝詞は原始宗教そのものを文献化した形で保存しているので、その文献を通じてその性格を明らかにすれば人類の普遍的な宗教発展過程を理解する営みにも貢献できる、という考えであった。こういう考えがサトウやフローレンツの祝詞英訳（一八七八年、一八七九年、一八八一年、一八九九年）、チェンバレンの『古事記』英訳（一八八二年）、アストンの『日本書紀』英訳（一八九六年）、フローレンツの『日本書紀』神代紀ドイツ語訳（一九〇一年）の原動力の一つになっていたと容易に想像される（一八八三〜八四年にはフランスで日本語を習得し、また一八六三年以来、パリの東洋言語学院で日本語を教えていたレオン・ド・ロニー〈Léon de Rosny, 一八三七—一九一四〉の手による神代紀のフランス語訳も出ていた）。言語・文化の起源を重視する当時の比較宗教学の姿勢がまた日本の最も古い文献や儀式の記録に自ずと眼を向かわせたのであろう。

その一方、記紀神話や神道を解釈するに当たって、アストンなどは比較宗教学者が築き上げた範疇を利用し、「自然神話」のような観念を導入した。個別的な点については、彼らが日本の場合を証拠としてあげて、ミュラーなどの宗教発展理論の具体的内容に対し異議を立てることもあったが、全体としては日本の宗教的・思想的現象をこれら普遍的理論の枠組みの中に据えたといえる。そのためもあり、宗教発展論が「発展」を想定していたにもかかわらず、神道を「原始宗教」の段階に属するものとして考えていた故に、皮肉にも神道の歴史的変遷には興味を示さず、記紀神話の神々の性格も、『延喜式』の祝詞や祭祀の形も、あたかもそれが当時も古来よりそのまま変化せずに続いている神道の姿であるかのように描いていた。アストンの一九〇五年の著作『神道』(*Shinto: The Way of the Gods*) にはっきりと表れているこういう姿勢は、またフローレンツや、ド・ロニーの後継者ミシェル・ルヴォン (Michel Revon, 一八六二―一九一九) が同時期に似たような題名でそれぞれドイツ語とフランス語で発表した著作 (フローレンツ：一九〇六年、一九一九年、ルヴォン：一九〇五年、一九〇七年) にも見られるようである。

一九二〇年代に入ると、第二世代の日本研究家が表舞台から退き、思想史に関する視点も少しずつ変わってきた。神道は相変わらず興味を引く題材であったが、記紀神話や「原始宗教」としての性格から他の側面に焦点が移りつつあった。英語ではこの分野での最も注目に値する研究はおそらくD・C・ホルトム (D. C. Holtom, 一八八四―一九六二) による国家神道の探求であった。ホルトムがこの探求に取りかかった契機は、当時の西洋における宗教学の理論から受けた影響よりも、彼自身が米国バプテスト教会の在日宣教師として経験したことにあったろう。ホルトムは、一九〇〇年代から日本政府や一部の知識人の間に高まっていた「神社非宗教」論に対して強い懸念を持ち、神の性質、神社で執り行う祭祀や行為などを調べることによって、それが本質的に宗教の範囲に属するものであることを論証しようとした。一九二二年に

『日本アジア協会会報』に発表した博士論文やその後の著書（一九三八年、一九四三年）及び論文は、神道論としてだけでなく、神社の性格に関する当時の論争を紹介・分析したものとして今も価値がある。

神道関連のテーマに関しては、ホルトムの著作以外に一九二〇年代から一九八〇年代まで西洋の研究者が英語で発表したものは、いくつかの例外はあるものの、ほとんど見当たらない。しかし、ドイツ語での研究になると事情が違い、一九三〇年代末から一九四〇年代半ばにかけて、中世神道、国学、水戸学を取り上げた論文が続出していた。その多くは、一九三八年から刊行されていた『モニュメンタ・ニポニカ』に掲載されたものである。イエズス会が創立した上智大学の運営する『モニュメンタ・ニポニカ』は、当初の編集方針の一つに「キリシタン世紀」に関する研究をなるべく多く載せることを掲げ、創刊号から刊行が一時中断する昭和十八年（一九四三）までの六巻の間、一六本の論文がこのテーマを取り上げていた。これに対して、神道・国学などに関する論文の数は一九本に上る。上智大学に勤めるイエズス会員が書いたものも含めて、ほとんど全部がドイツ語で書かれていた。この神道に対する異常な程とも言える関心は、上智大学や日本のカトリック教会が数年前に遭遇していた神社参拝拒否から生じた存続の危機によるところもあるのであろう。姿勢を変えて神社参拝を認め、危機をかろうじて乗り越えた大学関係者が、神道に関する知識を深めると同時に、自分たちの日本に対する忠誠の態度をも示そうとしたとしても不思議ではなかろう。しかし、この時期のドイツ語による神道・国学研究には、当時のヨーロッパ思想傾向の影響も見られる。ベルンハルト・シャイド氏（Bernhard Scheid）の分析によると、神道に対する見方には「民族」「民族的」（volk, völkisch）精神を価値基準として掲げていた同時代のドイツの趨勢と類似性を見つけることができる。

一九三〇年代から欧米人の日本思想研究にもう一つの傾向の兆しも見受けられるようになった。それは、近代日本の発展過程や特徴を意識しながら、社会・経済・政治に関する思想形態（特に江戸時代の）に徐々に目を向けるようになったことである。代表的な例として東京商科大学（後の一橋大学）で教えていたイギリス人経済学者ニール・スキーネ・スミス（Neil Skene Smith，一九〇一―一九七二）が挙げられる。日本人による翻訳協力を得て江戸時代の社会・経済を海外に紹介する企画に携わったスミスは、一九三四年と一九三七年に新井白石、荻生徂徠、三浦梅園、山片蟠桃などの経済思想を断片的に『日本アジア協会会報』上で取り上げている。

太平洋戦争後にはこういう関心の方向性が著しくなっていく。一九四九年に『日本アジア協会会報』の一冊として刊行されたノーマンの安藤昌益研究や、一九五七年にアメリカ社会学者ロバート・ベラー（Robert Bellah，一九二七―二〇一三）が出した心学などを取り上げた『日本近代化と宗教倫理』（*Tokugawa Religion: The Values of Pre-Industrial Japan*）は、社会経済思想への関心の移行を象徴していると言えよう。後者は研究者の世代交代や活動の場が日本から海外へと移りつつあった徴としても見ることができる。マックス・ヴェーバー（Max Weber，一八六四―一九二〇）やタルコット・パーソンズ（Talcott Parsons，一九〇二―一九七九）の学問系統を引くベラーの視線は、この当時からアメリカの日本研究者の間に進展してきた近代化論とつながりを持っている。通常、マルクス主義批判の色が濃い近代化論は、マルクス主義の影響を受けていたノーマンの日本史や日本思想史に対する姿勢と区別されるのであろうが、概して言えば、共通点もかなり多くあったとも思われる。ノーマンとベラーの二人とも、西洋の社会発展過程や思想現象から着想を得て、それと類似する現象を日本思想史に見いだそうとし、またある意味で「進歩的」な思想家に光を当てようとしたといえよう。同じような時流に沿い、一九五〇年代後半から一九七〇年代にかけて、「進歩的」な思想家（本多利明、山片蟠桃、佐久間象山など）あるいは明治維新の思想基盤を作ったと考えられていた後期水戸学者、吉田松陰などが英語圏の日本思想史研究の中心的なテーマになっていった。

一九七〇年代の終わりからアメリカの日本研究家の間に兆しを見せてきた「ポストモダン」「脱構築」「ポスト構造主義」などの観念を掲げる「理論」派（特にハリー・ハルトゥーニアン〈Harry Harootunian, 一九二九— 〉を筆頭とするいわゆる「シカゴ学派」）は、近代化論を初め「メタナラティヴ」を批判する立場から国学思想などを捉えようとしてきたが、筆者の目からすれば、西洋のパターンから日本思想を組み立てようとする従来の傾向から脱していないように見える。

三、「偶然」の要素

欧米における日本思想史研究がこのように同時代の海外思潮にそれぞれ形づけられてきたことは確かであろう。とはいえ、偶然の要素が大きく働いてきた面があるのも事実である。その一つは日本の研究者との出会いである。たとえば、欧米研究者が戦前に持ち合わせた江戸儒学の理解は、本人たちが認める通り、井上哲次郎の見解に負うところが大きい。明治三十九年（一九〇六）、仏教などに興味を持っていたイギリス人宣教師アーサー・ロイド（Arthur Lloyd, 一八五二—一九一一）が、前年出版されたばかりの井上の『日本朱子学派之哲学』を『日本アジア協会会報』上でかなり長く紹介し、一九一四年には、カナダ人宣教師R・C・アームストロング（Robert Cornell Armstrong, 一八七六—一九二九）が『東方からの光——日本儒学研究』(*Light from the East: Studies in Japanese Confucianism*)という題で、井上の日本儒学三部作に沿う形で江戸儒学のあらましを出版した(後者には井上が序文を寄せている)。戦後には、昭和二十七年(一九五二)に刊行された丸山眞男の『日本政治思想史研究』(英訳は一九七四年)が欧米研究者の江戸思想理解に大きな影響を及ぼしてきた。井上と丸山自身が西洋哲学史から刺激を受けていたことを思えば、この状況には入り組んだ交流が潜んでいるといえよう。

また、ある思想家が関心の的になる背景にはいろいろな事情がかかわる場合がある。新井白石の『西洋紀聞』は早く西洋人の興味を引き、明治十五年(一八八二)に原作が初めて翻刻されたことに先んじて二回も英訳が刊行されていた。安政六年(一八五九)に来日したアメリカ人宣教師S・R・ブラウン(Samuel Robbins Brown, 一八一〇—一八八〇)が慶応元年~二年(一八六五~六六)に中国で発行されていた『王立アジア協会北中国部門会報』(*Journal of the North-China Branch of the Royal Asiatic Society*)に全訳を載せ、明治十四年(一八八一)にイギリス人宣教師W・B・ライト(W.B. Wright, 一八四三—一九一二)がシドッチに関する部分を英訳し、『日本アジア協会会報』に発表したのである。白石の思想そのものよりも、日本人のキリスト教や西洋文化に対する姿勢やシドッチのドラマに視線が向けられていたといえよう。

ここで鳥瞰図を試みるに当たって、時流などにあまり捉われない多くの個別研究は必然的に見過ごさざるをえなかった。そういう個別研究こそに思想史としての価値がよく見いだされると考えている筆者にとって残念なことであるが、これらの紹介は別の機会に譲るほかない。

【参考文献】

Armstrong, Robert Cornell. *Light from the East: Studies in Japanese Confucianism*. Toronto: University of Toronto/Forward Movement Department of the Missionary Society of the Methodist Church, 1914.

Aston, William G., trans. *Nihongi: Chronicles of Japan from the Earliest Times to A. D. 697*. London: Japan Society, 1896.

Aston, William G. "Japanese Myth." *Folklore* 10: 3 (1899).

—— *Shinto* (*The Way of the Gods*). London: Longmans, Green, and Co., 1905.

Bellah, Robert N. *Tokugawa Religion: The Values of Pre-Industrial Japan*. Glencoe: Free Press, 1957.〔ロバート・N・ベラー『日本近代化と宗教倫理——日本近世宗教論』堀一郎・池田昭訳，未来社，一九六二年／『徳川時代の宗教』池田昭訳，岩波文庫，一九九六年〕

Brown, S. R., trans. "Sei yo ki-bun, or Annals of the Western Ocean." *Journal of the North-China Branch of the Royal Asiatic Society*, New Series 2 (1865); New Series 3 (1866).

Chamberlain, Basil Hall, trans. "The Kojiki, or 'Record of Ancient Matters.'" *Transactions of the Asiatic Society of Japan* 10: suppl. (1882).

Florenz, Karl, trans. "Ancient Japanese Rituals: Part IV." *Transactions of the Asiatic Society of Japan* 27: 1 (1899).

—— trans. *Japanische Mythologie: Nihongi, "Zeitalter der Götter."* Tokyo: *Mittheilungen der Deutschen Gesellschaft für Natur- und Völkerfunde Ostasiens*, 1901.

Florenz, Karl. "Die Religionen der Japaner, I. Der Shintoismus." In *Die Orientalischen Religionen*, vol. 1: 3: 1 of Die Kultur der Gegenwart: Ihre Entwicklung und ihre Ziele, ed. Paul Hinneberg. Berlin: Teubner, 1906.

—— *Die historischen Quellen der Shinto-Religion*. Göttingen: Vandenhoeck & Ruprecht, 1919.

Holtom, D. C. "The Political Philosophy of Modern Shintō: A Study of the State Religion of Japan." *Transactions of the Asiatic Society of Japan* 49: 2 (1922).

——— *The National Faith of Japan*. London: Kegan Paul, Trench, Trubner, 1938.

——— *Modern Japan and Shinto Nationalism: A Study of Present-day Trends in Japanese Religions*. Chicago: University of Chicago Press, 1943.

Jansen, Marius B. "New Materials for the Intellectual History of Nineteenth-Century Japan." *Harvard Journal of Asiatic Studies* 20: 3/4 (1957).

Klaproth, Julius and Isaac Titsingh, trans. *Nipon o daï itsi ran, ou Annales empereurs du Japon*. Paris: Oriental Translation Fund of Great Britain and Ireland, 1834.

Kracht, Klaus, comp. *Japanese Thought in the Tokugawa Era: A Bibliography of Western-Language Materials*. Wiesbaden: Harrassowitz Verlag, 2000.

Lloyd, Arthur. "Historical Development of the Shushi Philosophy in Japan." *Transactions of the Asiatic Society of Japan* 34: 4 (1906).

Norman, E. H. "Andō Shōeki and the Anatomy of Japanese Feudalism." *Transactions of the Asiatic Society of Japan*, Third Series 2 (1949).

Pfizmaier, August, trans. "Beitrag zur Kenntniss der ältesten japanischen Poesie." *Sitzungsberichte der kaiserlichen Akademie der Wissenschaften. Philologisch-historische Classe* 3 (1849).

——— trans. "Die Theogonie der Japaner." *Sitzungsberichte der kaiserlichen Akademie der Wissenschaften. Philologisch-historische Classe* 47, 48 (1864). これ以降も同シリーズが続く。

Revon, Michel. *Le Shinntoïsme*. Paris: Leroux, 1905-1907.

Rosny, Léon de, trans. "Koziki: Mémorial de l'antiquité japonaise: Fragments relatifs a la théogénie du Nippon." In *Mélanges orientaux: Textes et traduction publiés par les professeurs de l'école speciale des langues orientales vivantes*. Paris: Leroux, 1883.

——— trans. *Syo-ki: Le livre canonique de l'antiquité japonaise*. Paris: Leroux, 1884.

Satow, Ernest. "The Revival of Pure Shintau." *Transactions of the Asiatic Society of Japan* 3 (1874).

Satow, Ernest, trans. "Ancient Japanese Rituals: Parts I, II, III." *Transactions of the Asiatic Society of Japan* 7: 2 (1878), 7: 4 (1879), 27: 1 (1899).

Scheid, Bernhard. "In Search of Lost Essence: Nationalist Projections in German Shinto Studies." In *Kami Ways in Nationalist Territory: Shinto Studies in Prewar Japan and the West*, ed. Bernhard Scheid. Wien: Verlag der Österreichischen Akademie der Wissenschaften, 2013.

Smith, Neil Skene. "An Introduction to Some Japanese Economic Writings of the 18th Century." *Transactions of the Asiatic Society of Japan*, Second Series 11 (1934).

——"Materials on Japanese Social and Economic History: Tokugawa Japan (1)." *Transactions of the Asiatic Society of Japan*, Second Series 14 (1937).

Tylor, Edward B. "Remarks on Japanese Mythology." *Journal of the Anthropological Institute of Great Britain and Ireland* 6 (1877).

Wachutka, Michael. *Historical Reality or Metaphoric Expression? Culturally formed contrasts in Karl Florenz' and Iida Takesato's interpretations of Japanese mythology*. Hamburg: Lit Verlag, 2001.

Wright, W. B., trans. "The Capture and Captivity of Père Giovanni Batista Sidotti in Japan from 1709 to 1715." *Transactions of the Asiatic Society of Japan* 9: 2 (1881).

ヨーロッパにおける日本宗教思想研究の現状

フレデリック・ジラール

はじめに

ヨーロッパにおける日本思想の研究はルネサンス時代――日本の時代区分でいえば切支丹の世紀――からはじまるといえるが、実際は十九世紀から本格的な研究が実るようになった。というのは、日本への関心はキリスト教布教、エキゾチズム、経済・商業的配慮、紀行探検の時代を経て、文献学・宗教学・人類学・言語学・美術、その他の学問分野の学術的な動機から生まれるようになって、学術的分野に変わってきている。思想という学術分野は、ヨーロッパではほとんど成り立たない。例えば、フランスの十八世紀哲学思想という専門は認められても、フランス思想一般という大学の講座、研究プロジェクトは存在しない。また、日本に対しては古代から宗教、現代になってからは哲学という分野が認められるとしても、日本史全般にわたって宗教的であったわけではなく、独立した純粋な哲学もまた認めがたいので、あえていえばせいぜい日本思想という分野が成立しているだけである。そういう状況の中で、現在のヨーロッパの国々にはインド哲学という講座はあるものの、中国哲学・日本哲学という講座はなく、その代わりに日本思想という講座がまれにできているに過ぎない。ただし、そういった講座がある場合でも、そこでは日本宗教・日本哲学・神話史・国学・仏教・儒教・陰陽道・科学史・文化史を取り扱うことになりがちである。

いつからヨーロッパに日本思想史があるかというと、東洋学、とりわけ日本学がただの好奇心から学問としての市民権を得られるようになったのが事実、十九世紀半ば頃からで、万国博覧会や国際東洋学会議、国際宗教学会の時に、ヨーロッパを中心に東洋学の学会があり、また方法論では文献学・歴史学・言語学・人類学が重視されたドイツ・イギリス・フランスのような国々で日本学が発展しはじめたので、ヨーロッパと米国とを分ける意味はどこにあるのかということは一つの問題である。イギリスではウィリアム・ジョージ＝アストン（William George-Aston, 1841–1911）、アーネスト・サトウ（Ernest Satow, 1843–1929）、バジル・ホール＝チェンバレン（Basil Hall-Chamberlain, 1850–1935）が輩出し、とくにアストンは一八七二年に横浜でイギリス人と米国人を集めた「日本アジア協会」を創設し、*Transactions of the Asiatic Society of Japan* を出版しており、それが英語圏における日本学会の公式の出発点であるといえよう。ドイツやイギリスの学問のあり方はフランスと共通点があるので、自分にとっていちばんよくわかっているフランスのことに限って述べたい。

フランスとフランス語圏の場合に限れば、日本思想史の出発点はエキゾチスムにあったが、一方ではキリシタン時代に宣教師たちが記録した書簡とレポートや、外交官の書いたものや美術家の記録などに基づいて日本の宗教、日本人の習慣、精神的態度、思惟方式についての材料が蓄積された。そのおかげで、日本に関する正しい知識が得られるようになった十九世紀に、パリ国立東洋言語文化学院が設立され、日本語の通訳や外交官のほかに日本学者が養成されるようになった。その背景に、十八世紀末から十九世紀までの政治・宗教・思想的な文脈の中で、日本の宗教・哲学、仏教を含む文化領域でようやくすぐれた研究が現れはじめた。

ただし、ヨーロッパの人々の眼からすると、日本は東洋のほかの国々のようにわかりやすい文化を呈していなかったせいか、研究しづらく見えていたようである。例えば中国の場合、土着宗教は道教で、土着思想は儒教で、外来宗教は仏教であるというように理解されていた。しかし、日本の場合、土着信仰として神道があるといってもいろいろな要素からなっている複雑な宗教のように見え、外来宗教の仏教は実際上、日本人が本当に信仰している宗教のようにみえ、外来思想の儒教は実際、日本人の伝統的な社会思想、倫理観を現しているようにみえたのである。また、日本の哲学といっても輸入された思想のようにみえたので、現在でも認められ難い学術分野とされている。

また、二十世紀に入ってからも、宗教思想や文化文明国として、日本はインド、中国の偉大さとは比べものにならないとされていたので、思想よりも優先的に研究の対象となったのは、言語学・文学・美術・宗教・経済であった。このような状況をよく物語るのは、言語学の分野ではレオン・ド・ロニー（Léon de Rosny, 1837–1914）、ジャン・シプリアン・バレ（Jean Cyprien Balet, 1867–1948）、シャルル・アゲノエール（Charles Haguenauer, 1896–1976）、ウベール・マエス（Hubert Maës, 1938–1977）、アンドレ・ヴロダルチック（Andreé Wlodarczyk）、カトリーヌ・ガルニエ（Catherine Garnier）と相継いだ伝統がありながら、哲学の分野ではインド学者のポール・マソン＝ウルセール（Paul Masson-Oursel, 1882–1956）やインド史家のルネ・

グルッセ（René Grousset, 1885–1952）であっても執筆した東洋哲学史の概説書中で日本についてはわずか数行しか言及がなく、ミシェル・ダリシェ（Michel Dalissier）、斎藤多香子のような哲学研究者が少ないことをみればわかる。日本の古典思想の翻訳および歴史的記述に関する研究は、イギリス、ドイツ、米国など他国と比較して量的にも少なく、時期的にも遅れて行われたのである。日本思想史に関する懸念すべき基本的な問題の一つは、日本独自の思想・宗教として把握されているものの中で、純粋に土着の思想・宗教たるものは感動・感性の面が強く、用語や抽象概念や表象だけでは表せないところである。idea（観念）、intelligence（知性）、reason（理性）、principle（原理）、material（物質）、substance（本体）、essence（本質）という抽象概念、哲学用語のほとんどは、インドや中国、西欧から借用されたものである。そういった外来の要素を日本人は部分的に選択して利用してきたが、その際にかなりの変形と応用がみられる。そのため、日本土着の思想――例えば神道――に取り組むことは難しい。事実、日本学者は土着の要素と外来の要素との混淆・習合に直面せざるを得ないので、日本の思惟方法の全体像をつかむのに、日本本来のものと輸入された外来のものとを区分しなければならない。このような学問上のアプローチは、複数の分野に関する知識だけでなく、資料の読解と純粋に日本的な要素の抽出という二つの段階を伴う分析の手順が要求される。

一、宗教・仏教

フランス人の日本仏教に対する学術的な関心は、一八七六年にエミール・ギメ（Émile Guimet, 1836–

1918）が宗教探求のために日本を訪れた紀行ではじまり、日本仏教の概観が示されたといえよう。ギメ美術館の学芸員であるアルフレッド・ミリュー（Alfred Millioud）は、鎌倉時代の東大寺僧・凝然の名著『八宗綱要』の翻訳の半分を『宗教史雑誌』（一八九二年）に発表してから、臨済宗の雪窓宗崔が切支丹を論破したことを漢文で執筆した『邪教大意』をフランス語に翻訳した。二十世紀に中国学・仏教学者のポール・ドミエヴィル（Paul Demiéville, 1894–1979）は、日本語の造詣が深く、『法宝義林』を編纂した。ノエル・ペリ（Noël Péri, 1865–1922）は、フランス極東学院（EFEO）の一員で、能についてのすぐれた研究や、鬼子母神や弥勒に代表される「仏教パンテオン」に登場する神格についての研究、あるいは「高山寺にて発見されたペルシャ語文献」という三井寺の慶政と高山寺についての宗教史研究の業績を遺している。第二次世界大戦前後、ガストン・ルノンドー（Gaston Renondeau, 1879–1967）は、『日蓮の教義』（一九五三年）を出版した後、日本中世における僧兵の歴史を扱った『日本の僧兵の歴史』（一九五七年）という画期的な研究書を出している。「日本への仏教導入の年代」（一九五九年）、『修験道――山伏と呼ばれた隠者の歴史・教義・儀礼』（一九六五年）、『法然・親鸞・日蓮・道元――日本仏教、鎌倉時代の四大僧による主要テキスト（『一枚起請文』『歎異抄』『立正安国論』『正法眼蔵随聞記』）、日本仏教史の概説書である『日本仏教』（ベルナール・フランク改訂、一九七〇年）、仏教的な作品も含めた『日本古典詩選集』、能の作品選択と仏教教義の能に与えた影響に関する研究書『能における仏教』（一九六五年）などを遺している。ベルナール・フランク（Bernard Frank, 1927–1996）は、肖像などの画像上の人物の真偽に関する理論的基礎や、これらの人物の画像における表情や現れの諸相に関心を寄せた。フランクはその研究方法において、「他」つまり研究対象に自分の身を置こうとし、また他分野の方法論を利用していた。ハルトムート・ローテルムント（Hartmut Rotermund）は民間宗教を中心に、中世における神仏習合をはじめ、山伏や修験道といった宗教・社会学的領域、明治時代の唱道・説教の研究を行なっている。自身の学問的方法を纏めて、近世の日本宗教を総合的方法論で扱った『宗教和歌集――日本宗教序説』も出している。ジャン＝ノエル・ロベール（Jean-Nöel Robert）は、天台教学を専門とする研究者で『九世紀初期の日本天台宗教義――義真と法華宗義集』（一九九〇年）の著者として知られているが、ほかにも文体のこなれた鳩摩羅什訳『妙法華経』や『法華百首』（*La Centurie du Lotus*）のフランス語訳を出版して、日本の詩歌と日本語の可能性を研究している。ベトナム人である仏教尼のホァン・ティ・ビッチ（Hoang Thi Bich）は、一九七三年に『学道用心集』の詳しい研究・翻訳を出版した。道元の「仏性」に関する説教については、ピエール・ナキモヴィッチ（Pierre Nakimovitch）による詳細で学識豊かな研究（一九九八年）があり、ジャニヌ・クルザン（Jeanine Coursin）が翻訳した禅宗の日課と日常の重視を説いた「典坐教訓」（一九九四年）がある。筆者の研究の一部分もその流れを汲んでいるといえる。土着の思想に関しては、フランソワ・マセ（Francois Macé）が、古代・近代神道および東照宮の伝説の成立、江戸時代の国学を研究対象としている。アラン・ロシェ（Alain Rocher）は構造主義的な視点から日本の神話に取り組み、ジョゼフ・キビュルツ（Josef Kiburz）は韓国の宗教と信仰を参照しながら、日本の宗教的表象を考察している。民俗言語学者であるシモーヌ・モクレール（Simone Mauclaire）は、「存在」「実在」や「現象的なもの」（存在・幻想・力）の概念の分析を試みている。また、「霊」「物」「身」という神々の現れや気配の概念といった神性の表現を研究している。さらに、マティアス・ハイエク（Matthias Hayek）は、陰陽道を中心に日本の宗教思想の研究に専心している。

二、歴史学

日本の歴史の研究に関してフレデリック・ジュオン＝デ＝ロングレー（Frédéric Joüon-des-Longrais, 1892-1975）の古典法律学、文書学、ヨーロッパと日本の荘園の比較論によって開かれている。現在はフランシーヌ・エライ（Francine Hérail）が『御堂関白記』や『春記』、『日本三代実録』や『申楽』の膨大な分量に上るすばらしい翻訳作業をして、古代の官僚制度の研究が立派に進められている。弟子のシャルロット・フォン・フェルスエール（Charlotte von Verschuer）も、日本と大陸との商業的・物質的な交流や、外交的な関係の研究に見事な成果を挙げており、最近では宗教的な文献にも関心を持つようになったことから、筆者と協力して成尋阿闍梨の研究、とくに中国巡礼記日記のフランス語訳や俊芿の伝記研究を行なっているほか、『一遍上人絵伝』にも目を通している。先述のシャルル・アゲノエールとエライの弟子であったギ・ガニオン（Guy Gagnon）は、律令制下の令外官蔵人所の研究の後、中国と日本の歴史についてのすぐれた研究を残したが、早世したためにその成果は目立たなかった。さらに、孫弟子のナタリー・クアメー（Nathalie Kouamé）は、江戸時代の歴史観と碑文の研究をしている。ギヨーム・キャレ（Guillaume Carré）は、歴史・経済の詳細な研究を継続している。

三、文学

文学の研究では、『道行文』（一九八二年）を著わしたジャクリーヌ・ピジョ（Jacqueline Pigeot）が第一人者であり、日本古典文学に関するすぐれた論文や著作を数多く出している。彼女はモーリス・パンゲ(Maurice Pinguet）と共著で、日本独特の切腹や心中の容態について『日本における志願的な死』という興味深い講義録も出している。アンヌ・バイヤール＝サカイ（Anne Bayard-Sakai）は、落語の研究においてディスクールの技法、演劇的表象、言語形態の考察を深めているほか、研究チームとして『源氏物語』の表現性を研究している。フランソワ・ラショ（Francois Lachaud）は奇怪と不健全について考察し、『女性と死――日本史における不浄観の変遷』を出したが、最近では江戸時代の先哲伝・隠逸伝を研究している。ディジエ・ダヴァン（Didier Davin）は一休禅師の『狂雲集』の漢詩の分析に取り組む一方、現代の仏教思想に関心を示している。ミシェル・ヴィエイヤール・バロン（Michel Vieillard Baron）は庭園の構造をあらわす『作庭記』、藤原定家の著作、和歌論や平安時代の文学を専攻しており、ダニエル・ストリュヴ（Daniel Struve）は近世文学――とりわけ井原西鶴の小説、近松門左衛門の演劇――を専攻している。

四、美学

美学研究では、フランソワ・ベルチエ（Francois Berthier）は古代美術を研究し、止利仏師や古代庭園の研究で大きな業績を遺している。また、チェルヌスキ美術館とギメ博物館の学芸員たちも研究成果を出している。例えば、ヴェラ・リンハルトヴァ（Věra Linhartová）は、美学の観点から道元の詩歌や江戸時代の黄檗宗の芸術の流れに関心を寄せている。著書としては、絵画やその関連分野に関する日本語の理論的テキストを集めた『白の背景』（一九九六年）がある。クリスチンヌ・清水は日本美術史に関して幅広い研究をしており、入門書の類も著している。津久井ひろみは、『雪舟絵画の精神的起源』（一九九八年）という著書で、みずみずしい感性で雪舟の肖像画における表現様式を研究している。エステル・レゲリ＝ボエル（Estelle Leggeri-Bauer）は『源氏物語絵巻』『伴大納言絵詞』『信貴山縁起絵巻』、さらに酒食を比較する著作を出しているが、近年は純粋な美術研究の方へ傾いている。

五、近世思想

アニック・堀内（Annick Horiuchi-Baba）は、江戸時代の思想史の研究に取り組み、科学認識論、知識構成とユートピアの構造に関する考察を行なっている。ミエコ・マセ（Mieko Macé）と筆者との共同研究の成果として『徳川時代における秩序、継承、知の風景の再考』（二〇〇二年）を出版している。ジャック・ジョリ（Jacques Joly）は安藤昌益の思想を扱った研究を発表し、さらに二十世紀の社会主義やマルクス主義の流れにつながるユートピア思想、また丸山眞男の思想に関心をもっている。オリヴィエ・アンサール（Olivier Ansart）は、徳川時代の思想家とりわけ荻生徂徠（一六六六―一七二八）の政治思想を取り上げた『儀式の天国』（一九九八年）を出版した。ジャン＝フランソワ・スム（Jean-Francois Soum）は、陽明学派の熊沢蕃山の思想を批判的に検討した重要な論文を書いている。中江藤樹に関しても宗教の問題と道徳観念に焦点をあてており、政治経済思想分野でのスムの研究は期待がもてる。ジャック・プルースト（Jacques Proust, 1927-2005）は、十六〜十七世紀の日本におけるキリスト教布教、および同時代のキリスト教についての著作を扱った研究を発表している。この分野では、ミナコ・ドベルグ（Minako Debergh）が宗教概念の形成に深く関わる教理問答、地図作成法、イコノグラフィーを扱った歴史的研究を続けている。筆者も和訳の『講義要綱』、歴代のキリシタンを論破した儒教・仏教側の書――とりわけ林羅山、不干ハビアン、鈴木正三、雪窓など――に基づいて、キリシタン思想の日本への適応、キリシタン文献による日本思想と宗教の研究をしている。

六、現代哲学

最近、日本哲学チームができているが、ベルギーのルヴァン大学現象学哲学科のベルナール・ステヴェンス（Bernard Stevens）は現象学的に西田幾多郎と京都学派の研究をしており、比較哲学の方面への先駆的な役割をはたしている。斎藤多香子は九鬼周造の時間論を出発点として、十九世紀と二十世紀の日本哲学者をテーマごとに紹介している業績が大きく、活発に日本の現代哲学のゼミを開催している。黒田昭宣は西田哲学の専門家であり、ストラスブール大学で日本思想の講義をもっている。カナダ人のジャセント・トランブレー（Jacynthe Tremblay）が、比較哲学の視点から西田哲学を研究している。

前述の研究の枠として、国立大学、高等学院、東洋学院、コレージュ・ド・フランス、カトリック学院という国立、私立機関がいくつかあって、その中にプログラムと計画を有しているチームの二種類を作るのが通常である。

七、スイスの研究

フランス語圏の一例として、ジュネーヴ大学では、十九世紀の終わりに禅仏教としての武士道に、義理人情のいわゆる儒教的倫理を対照させて教義的な土台を与えようとした新渡戸稲造により、講座が開設された。その講座は第二次世界大戦前まで、インド仏教哲学の専門家ポール・オルトラマール（Paul Oltramare, 1854-1930）に受け継がれた。次のロベール・ハイネマン（Robert Heinemann, 1926-2008）は、学者でありながら比叡山で天台密教を修行したためずらしい経歴をもっていた。天台密教や日本の曼荼羅に関する研究のほか、陀羅尼に関する研究に着手し、『陀羅尼事典』を作っている。大乗仏教における「道」の概念についての考察を深める中で、道元における道と言語の位置についての研究の業績は大きい。道元の著作を通して、この思想家独特の世界を垣間見たうえ、存在の形而上学的な構造に対応するその哲学と言語論に関心を持った。同時に、彼は日本仏教思想史を独自の方法で紹介したが、その恩恵に与ったのはごく一部の読者のみであった。ジュネーヴ大学で数十年間中断していた仏教の研究を一九七〇年代から復活させ、ハイネマン教授の日本仏教の講義の跡を受け継いだのが筆者（フレデリック・ジラール Frédéric Girard）であるが、二〇〇七年にまた中断された。

真宗の僧侶でもあるジェローム・デュコール（Jérôme Ducor）は、この宗派の歴史を専攻して存覚の生涯と著作について研究し、その成果は存覚の日記『一期記』の翻訳として出版された。現在は、ジュネーヴ民俗学博物館の日本学科で学芸員を務めている。ミシェル・モール（Michel Mohr）は、白隠の弟子で伝統的な五段階公案を編成した東嶺（一七二一―一七九二）の『宗門之無尽灯』に関する研究を一九九七年に発表し、その後は主として日本の現代宗教に関心をもち、現在はアメリカで活躍している。中国の禅を研究しているウルス・アップ（Urs App）も、雲門の研究のほかに禅宗文献の入力・索引作成等に多大な貢献をしている。彼は、江戸期における臨済宗の傑出した百科全書家である無著道忠の著作や、聖フランシスコ・ザヴィエルに関する伝記の研究、ヨーロッパ――とくにショーペンハウエルの哲学――における仏教の受容などの研究を行ない、日本学研究の領域で大いに活躍している。

八、イタリアの研究

アルド・トリニ（Aldo Tollini）は『日本仏教選集』（二〇〇四年）をまとめ、道元の研究で活躍している。アントニノ・フォルテ（Antonino Forte）はナポリ大学出身で、ポール・ドミエヴィルの最後の弟子になって、フランス東洋学院で活躍しているが、古代の中国と日本の宗教・政治イデオロギーに関する研究成果を出している。その後任のシヴィオ・ヴィタ（Silvio Vita）は日本の現代思想と西洋思想の比較研究をしている。

サレント大学のマリア・キアラ・ミリオーレ（Maria Chiara Migliore）は『日本霊異記』をイタリア語に翻訳するなど、仏教思想を研究している。また、キアラの弟子であるナポリ東洋大学研究員のアントニオ・マニエーリ（Antonio Manueli）は『和名類聚抄』についての研究で、正倉院文書や木簡と律令との関係を考察している。ダニエーレ・レスタ（Danielle Letas）は、『酒呑童子』説話のメディア・ミックスの様相をちりめん本・歌舞伎・映画・漫画・宝塚歌劇などから考察しているほか、オレグ・プリミアーニ（Oleg Primiani）は、江戸初期の歌仙俳諧と歌仙絵を研究している。

おわりに

ヨーロッパにおける日本への関心と知識が増えるに従って、とくにイギリス、ドイツ、フランスのようなキリスト教の伝統の強い国々では宗教学・文献学・哲学的な関心から比較思想の試みが見られるようになった。十九世紀に発達した比較言語学・比較宗教学・比較文学を出発点にして、徐々に新しい学術分野が広められた。ヨーロッパの文献学の伝統が強いために、依然として古典の研究が継続されている一方、今ではグローバリゼーションとともに分野によって比較研究や共同研究が行なわれる傾向がある。例えば、哲学は東西を問われることがなく、日本哲学という分野を消して、ただの哲学と言い出す学者もいる。あるいは中沢新一のように、日本の思想の多面的な諸相を考慮しながら、西洋の文化人類学、哲学という視野を広めようとする学者もいる。思想の面では教理的な思想・哲学、知識の面では仏教によるアプローチが魅力的とされている。例えば、クロード・レヴィ＝ストロース（Claude Levi-Strauss, 1908-2009）でさえも、日本の神話や仏教の考え方に惹かれて比較研究の著作も出している。レヴィ＝ストロースの場合は、人間社会の物事、現象は組織的に関連性を持っており、それが仏教の基本思想によく合っていることと、人間の思惟構造は何処であっても共通しているところがあるので、比較する価値があるとしているが、学術的には慎重に取り扱う態度を取っている。

事実、日本の思想は、日本の歴史を通じてみればほかの国々の思想にない面を呈しているので、それが比較する動機になるケースが多い。十六世紀のフロイスの比較の試みは、現在でも時代遅れとはいえない。西洋の二十世紀の美術は抽象美術が多いとしても、東洋思想からの影響は積極的な抽象よりもむしろ消極的な捨象という考えにあると思われる。それは、西洋哲学の現象学の「括弧入れ《エポケー》」(epoché)という考え方と相通ずるところがある。捨象の考えは、道元が得意とした考え方の特色でもある。それを考慮すれば、日本の美学においての哲学的な基盤はどこにあるのかを研究する価値もあるように思われる。

【参考文献】

Ansart, Olivier. *L'Empire du rite, La pensée politique d'Ogyû Sorai: Japon 1666-1728*, Droz, Genève, 1998.（オリヴィエ・アンサール『儀式の天国』）

Girard, Frédéric. *Un moine de la secte Kegon à l'époque de Kamakura* (*1185-1333*), *Myōe* (*1173-1232*) *et le Journal de ses rêves*, Publications de l'école Française d'Extrême-Orient, Paris, 1990.（フレデリック・ジラール『鎌倉時代における華厳宗の復興者 明恵上人とその夢の記』）

—— *Traité sur l'acte de foi dans le Grand Véhicule*, Traduction commentée et Introduction par Frédéric Girard. Keiō University Press, Tōkyō, 2004.（フレデリック・ジラール『大乗起信論の研究・仏語訳注』）

—— *The Stanza of the Bell in the Wind* 風鈴頌: *Zen and Nenbutsu in the Early Kamakura Period*. The International Institute for Buddhist Studies, Tōkyō, 2007.（フレデリック・ジラール『如浄禅師の風鈴頌の伝播と鎌

倉時代初期における禅と念仏との交流』）

——*Vocabulaire du bouddhisme japonais*. Droz, Genève 2008.（フレデリック・ジラール『日本仏教語彙集』）

——*Glossaire de philosophie japonais-français*. Waseda University, Tōkyō, 2011.（フレデリック・ジラール『日本哲学語彙集』）

——*La Doctrine du germe de la foi selon l'Ornementation fleurie de Myōe (1173-1232)*, Un Fides quaerens intellectum dans le Japon du XIIIe siècle, Collège de France, Institut des Hautes Études Japonaises, Paris, 2011.（フレデリック・ジラール『明恵上人の華厳信種義　研究と仏訳』）

——*Les Dialogue d'Émile Guimet avec les religieux japonais*, Editions Findakly, Paris, 2012.（フレデリック・ジラール『日本におけるエミール・ギメの問答の研究』）

Girard (F.), Hamar (I.) and Gimello (R.) dir. *Huayan Buddhism in East Asia: Origins and Adaptation of a Visual Culture*. Harrassowitz Verlag, Wiesbaden, 2012.（フレデリック・ジラール他監修『東アジアにおける華厳学の研究——ヴィジュアル視覚文化の起源と適応伝播』）

Horiuchi (A.), Macé (M.) et Girard (F.) éds. *Repenser l'ordre, repenser l'héritage, Paysage intellectuel du Japon (XVIIe-XIXe siècles)*. Droz, Paris-Genève, 2002.（アニック・堀内、ミエコ・マセ、フレデリック・ジラール編『徳川時代における秩序、継承、知の風景の再考』）

Linhartová, Věra. *Sur un fond blanc: écrits japonais sur la peinture du XIe au XIXe siècle*. Le Promeneur, Paris, 1996.（ヴェラ・リンハルトヴァ『白の背景』）

Renondeau, Gaston. *La Doctrine de Nichiren*. Presses Universitaires de France, Paris, 1953.（ガストン・ルノンドー『日蓮の教義』）

——*Histoire des moines guerriers au Japon*. Presses Universitaires de France, Paris, 1957.（ガストン・ルノンドー『日本の僧兵の歴史』）

——"La date de l'introduction du bouddhisme au Japon," in *T'oung P'ao*, n° 428. E.J. Brill, Leiden, 1959.（ガス

トン・ルノンドー「日本への仏教導入の年代」）

——*Le Shūgendō: Histoire, doctrines et rites des anachorètes dits Yamabushi*. Imprimerie Nationale, Paris, 1965.（ガストン・ルノンドー『修験道——山伏と呼ばれた隠者の歴史・教義・儀礼』）

——*Hônen, Shinran, Nichiren et Dôgen: Le Bouddhisme japonais-Textes fondamentaux de quatre grands moines de Kamakura*. Albin Michel, Paris, 1960.（ガストン・ルノンドー『法然・親鸞・日蓮・道元——日本仏教、鎌倉時代の四大僧による主要テキスト』）

——*Le bouddhisme japonais* (en collaboration avec Bernard Frank). Gallimard, Paris, 1970.（ガストン・ルノンドー『日本仏教』ベルナール・フランク改訂）

——*Le bouddhisme dans les Nō*. Maison Franco-Japonaise, Tokyo, 1965.（ガストン・ルノンドー『能における仏教』）

Robert, Jean-Noël. *Les doctrines de l'école japonaise Tendai, au début du IXe siècle*. Maisonneuve et Larose, Paris, 1990.（ジャン＝ノエル・ロベール『九世紀初期の日本天台宗教義——義真と法華宗義集』）

Rotermund, Hartmut. *La Sieste sous l'aile du cormoran et autres poèmes magiques, Prolégomènes à l'étude des concepts religieux du Japon*. L'Harmattan, Paris, 2000.（ハルトムート・ローテルムント『宗教和歌集——日本宗教序説』）

Tollini, Aldo. *Antologia del buddhismo giapponese*. Einaudi, Torino, 2004.（アルド・トリニ『日本仏教選集』）

Tsukui, Hiromi. *Les sources spirituelles de la peinture de Sesshū*. Collège de France, Institut des Hautes Études Japonaises, Paris, 1998.（津久井ひろみ『雪舟絵画の精神的起源』）

Ⅳ 日本思想史へ

——ガイダンス——

神　道

安蘇谷　正彦

はじめに

神道という日本国固有の宗教が、いつ頃形成され成立したかを捉えるのは、たいへん難しい。諸説あることは周知のことであるが、なかには近代まで無かったという極端な主張もある。しかしながら、神道とは「日本の神々への信頼（無意識的な信じ方）あるいは信仰（意識的な信じ方）を有する生き方である」（安蘇谷正彦『神道とはなにか』）と規定出来るとすれば、日本の神々への信頼や信仰の存在は、八世紀初頭まで遡ると言えよう。なぜなら、七一二年に編纂された『古事記』や七二〇年の『日本書紀』には、神々についての伝承が語られ、神々への信頼ないし信仰は現在も継承されているからだ。ただし神道の起源をいつ頃に推定すべきかも、容易に答えは得られない。筆者は神道的なものを把握するためには、神道における四つの素材を考慮すべきことを提唱してきた。すなわち、(1)神道の祭りの伝統、(2)神社の歴史、(3)神道古典、(4)神道思想史、である。

これら四つの素材についての説明と、それぞれの起源に関する推論を述べておく。(1)神道の祭りは、春に稲をはじめとする五穀の豊穣を神々に祈る祭り（祈年祭）を行ない、秋になると豊作を神々に感謝する祭り（新嘗祭）を執行することが基本であったと推測される。七〇一年に制定された「大宝律令」所載の「神祇令」に祈年祭や新嘗祭をはじめ一四種類の祭りのうち半分以上が、稲作を中核とした農業の祭りであったからだ。また神道の祭りは神への奉仕であり、神に対するおもてなしとして何を神に献げるかを眺めてみると、その基本はお米であり、お米を加工したお酒やおもちが神饌のなかで重視されている。とすれば、日本列島において稲作農耕が開始された弥生時代（紀元前一〇〇〇年ないし五〇〇年）を一つの目安として、神道の祭りの起源を推考することができよう。(2)神社の歴史について、まず神社とは「神の住居の象徴」と捉えられるが、元来現在のような建築物があった訳ではなかったと推測される。神籬《ひもろぎ》（榊の枝や樹木）、磐座《いわくら》（凹みのある岩）、神奈備《かむなび》山（神体山）などが、神々の降臨する神聖なものとして祭りの対象になっていた。その意味では、神社の起源も神道的な祭りの始まりと同時期と考えてよかろう。(3)神道古典については、前述したように神々の生誕や働きに関する古伝承が記載されているという意味で、『古事記』上巻や『日本書紀』神代巻などが該当する。しかし古伝承の起源をどこまで遡ることができるか、確定するのは至難であろう。聖徳太子の頃に存在したと言われる「国記」を原型とすれば、その起源は七世紀初頭と推測される。『古事記』上巻や『日本書紀』神代巻の骨子は、天地が開けて神々が出現し、日本列島が誕生。天つ神の命令によって天つ神の子孫である天皇が、日本列島を統治するようになるまでの物語と言ってよかろう。(4)神道思想史とは、神々に対する信仰を言葉で説明しようとした人々の営みの歴史である。神々についての言葉化は、神仏習合という現象から出発したと推測される。神仏習合とは周知のように、日本古来の神々と仏教徒が崇拝する仏・菩薩と結びつける事象で、その源流は『日本書紀』用明天皇紀の一文「天皇仏法を信《う》けたまひ、神道を尊びたまふ」にあったと考えられる。天神地祇を祭ることを職務とする天皇が仏教を信じたという事実は、同一人格のなかで神と仏とを併存的に信じていたことを窺わせるからだ。その後、神々と仏教の結びつきがみられる事例を挙げてみると、(イ)山岳で修行する仏教徒の神々崇拝、(ロ)神のために読経する寺院（神宮寺）の建立、(ハ)仏法を守る神（護法善神）の出現などが、その典型的な例である。続いて、神と仏とは同体であるという本地垂迹説が平安時代には全国的に広まり、現在においても神・仏同時崇拝が日本人一般に信頼されている。一方神仏習合事象にともない神仏習合思想が形成された。著名なものとしては、天台宗と習合した山王神道や真言宗と結びついた両部神道など当該宗派の僧侶達によって提唱。神仏習合思想の影響を一部受けながら、神道家による神道思想も構築されたと言えよう。その成立は、十三世紀の伊勢神道思想であり、神道思想の形成はかなり遅かった。

　以上のように神道現象を四つの要素に分けて、その現われた時期を眺めてみると、神道の祭りと神社の原初形態がもっとも早く出現。次に神道古典、おわりに神道思想が形成されたことが容易に了解されよう。そして神道を広義に捉えると、日本列島において稲作農耕が開始された頃から、現在につながる神々崇拝に基づく日本的な生き方の様式が徐々に形成された。個人というよりも集団で春は稲をはじめとする五穀の豊穣を神々に祈願し、秋には豊穣を神々に感謝する祭りが基本となった生活が営まれる。長い時間軸で言えば、このような生活様式は欧米流の工業化を採り入れた明治時代から変革し、国家全体を俯瞰すれば農業人口が激減した昭和三十年代（一九五五～六四）の急速な高度経済成長まで継続したと思われる。その三千年の間は、日本人の生活と神道とは密接なつながりを有していたと言ってよかろう。換言すれば、神道は日本人の生活の構成要素であったため、言葉で説明する必要性がほとんど無かったと考えられる。創唱者のメッセージから出発したキリスト教や仏教等、「言葉の宗教」と根本的に異質な宗教と称すべきである。

次節において、神道家による神道信仰の言葉化がなぜ行なわれたか、およびそのような神道思想の内実が提示されたのかを中心に眺めてみたい。

神道思想の形成とその内実

ここでは、五大神道思想と称すべき中世の伊勢神道・吉田神道、近世の垂加神道・古学神道（国学）、および近代の国体神道を対象に、神道思想の形成要因やそれぞれの思想の内実を中心に概括してみたい。

神道家による神道信仰の言葉化は、伊勢神道から始まる。伊勢神道思想は鎌倉時代に編纂された「神宮三部書」という三つの書物『天照坐伊勢二所皇太神宮御鎮座次第記』『伊勢二所皇太神御鎮座伝記』『豊受皇太神御鎮座本紀』が基本となって、出発したと言われる。「神宮三部書」はそれぞれの題名が示唆しているように、伊勢の内宮・外宮の御鎮座の由来を書き記したものである。外宮の祀官・度会氏が編述したと推測されたため、外宮神道ないしは度会神道とも称される。

はじめに、このような内・外両宮の御鎮座の由来を記載した縁起書が、なぜ伊勢神道思想書と言えるのだろうか、という疑問が湧こう。その理由は、外宮の御祭神である豊受大神の神威の高揚を図るために独自の主張がみえること。また断片的ながら、神道思想史のうえで重要な神道論や人間観が窺われる。しかもそれらの説が、後の吉田神道や垂加神道に影響を与えたと考えられるからだ。次に、このような神宮の縁起書がなぜ作成されたかについては、以下のように推測される。伊勢の神宮は天照大神をまつる内宮と豊受大神をまつる外宮という二つのお宮が中心となって構成されており、内宮は代々荒木田家、外宮は度会家が奉仕していた。元来神宮は、天皇以外誰も個人祈願は許されなかった（「私幣禁断」）。経済基盤は御鎮座以来、律令制度の下に保持されていた。しかし平安時代中期以後律令体制が徐々に崩壊し、神宮の経営も少しずつ厳しくなった。そのため内宮・外宮の祀職達は、土地の寄進等を求めて神宮への崇敬を説いてまわる御師活動を開始する。地方の豪族や有力武士に対する広義の神道教化を展開したと言えよう。その際外宮の祀職の人々にとって、御祭神・豊受大神を天照大神の御饌津神（食物神）という神位は、神道教化上甘受しにくかったと思われる。そのため後述するように、外宮御祭神・豊受大神の神威高揚を盛り込んだ縁起書を作成したと推考される。

続いて、伊勢神道思想の内実がどのようなものか、「神宮三部書」を中心に主な見解を眺めてみたい。①神観念の特色として、外宮の御祭神・豊受大神の神威高揚を企図した主張がみられる。具体的には、(1)内宮の御祭神・天照大神と同様に、皇室の祖先神である。(2)天照大神と同じく、天上天下を統治する。(3)天照大神同様、群神の親神であり、その他の神々は天照・豊受二柱の神々の子供であり家来である。(4)豊受大神は『古事記』冒頭に現われた始元神・天御中主の神と同一神である等が記載されている。②伊勢神道の教えとして、神への祈りの強調と正直の実践が重要。③人間観として有名なものが、人間は神から神性が賦与されているから、それを尊重すべきという主張である。④仏教的なものを忌むという「忌仏の思想」が強調されており、仏を中子、僧侶を髪長等という忌言葉がみえる。

第二に吉田神道思想について。はじめに吉田神道思想の大成者・吉田兼俱が、どのような立場から思想形成したかについて眺めてみると、兼俱の神道思想形成の根本的立場を、「日本中心主義に復帰したもの」という学説がある。しかしながら筆者は、吉田家の神道を体系的に構築し吉田家の神道を広布したいという思いが、根本的立場であったと推考する。その理由は、神道思想の内実の一つである神道論に明白に現われていると思われるので、次に兼俱の神道論をどのように捉えるべきか考察してみたい。

兼俱は『唯一神道名法要集』のなかで、神道を三つに分類している。すなわち、(1)本迹縁起神道（一名社例伝記神道――神社の縁起に基づいた神社中心の神道）、(2)両部習合神道（一名大師流神道――最澄・空海らが仏教と神道を習合して形成した神道）、(3)元本宗源神道（一名唯一神道――国常立尊以来吉田家に伝来した神道）の三つである。このうち元本宗源神道こそが誠の神道であり、その内容を問答形式で以下のように説いている。

答ふ、元とは陰陽不測の元々を明かす。本とは一念未生の本々を明かす。故に頌に曰く、元を元として元初に入り、本を本として本心に任す。

続いて、宗源とは何かという問いには、次のように答えている。

答ふ。宗とは一気未分の元神を明かす。故に万法純一の元初に帰す。是れを宗と云ふ。源とは和光同塵の神化を明かす。故に一切利物の本基を開く。是れを源と云ふ。故に頌に曰く、宗とは万法、一に帰するなり。源とは諸縁、基を開くなり。吾国開闢以来の唯一神道是なり。

右のような説明では、ややわかりにくいと思われる。兼倶の他の著作を参考に、筆者なりの解説を試みたい。「元」とは陰陽不測の元々（陰気陽気の活動が始まる大もと）と言い、「本」とは一念未生（人間の思いが生ずる前）の本と説いており、両義とも『日本書紀』神代巻の始元神である国常立尊の属性と考えられる。故に、「元本」とは国常立尊の属性を明らかにすることと推測される。また「宗」とは、一気未生（万物の源である気が活動する前）の元神を指すと述べていて、これも国常立尊の意味である。「源」とは「和光同塵の神化を明かす」という言葉から、次のように解釈できよう。儒教や仏教の創唱者・孔子や釈迦あるいは諸仏の働きを探究してゆくと、その源は神である。つまり衆生を救うあらゆる利物は、みな神すなわち国常立尊が開始したと主張しているように思われる。このように捉えて大過ないとすれば、元本宗源神道とは国常立尊の働きを明らかにし、その働きに一切が帰することを信奉することであり、それが吉田家に伝来した唯一神道であると理解できよう。換言すれば、兼倶は国常立尊の働きをあらゆるものの根源とする神道論を構築することによって、吉田家の神道論の体系化を図ったと考えられる。

以上のように国常立尊を根元に据えた神道論を展開した兼倶が、神観念においても国常立尊に対して同様の見解を有していたのは当然であろう。その典型的な主張を抽出すると、兼倶の『神道由来記』のなかに、次のような一文がみえる。

国常立尊とは、無形の形、無名の名、此を虚無太元尊と名づく、此の太元より、一大三千界を成て……何ぞ況んや森羅万象蠢動含霊すべて一ノ神の元より始て、天地の霊気を感ずるに至て生成無窮なり。

すなわち、国常立尊は虚無太元尊と命名すべきを太元神であり、あらゆるものの根本である。国常立尊の働きによって、すべての生成が永遠であるという。これと類似の主張は『日本書紀聞書』にもみえ、「日月を糸とし、五行を機《はたもの》として、万物を織出す者は、国常立尊也」とある。兼倶は国常立尊をあらゆるものの根元と捉えながらも、他の神々の実在を否定した訳ではない。前掲の『日本書紀聞書』には、「国常立の一神が八百万の神となり、八百万神が、国常立の一神に帰す也」と説いて、それぞれの神々の働きを容認していた。このような国常立尊を中核とした神道論や神観念に基づいて具現化したのが、兼倶が京都に創建した大元宮である。大元宮には、国常立尊を中心として、「延喜式神名帳」記載の三一三二座の神々を合祀した、全国神社の総本社的な意図をもって建てられたお宮と言えよう。

近世神道思想のなかでは、多大な影響力をもったという意味で、垂加神道および古学神道（国学）思想を対象としたい。

はじめに、垂加神道の創唱者・山崎闇斎における神道思想の形成要因について、触れておく。闇斎の神道志向の要因に関する先行研究は諸説あるが、筆者は以下のような三つの学説に整理したことがある。(1)霊夢による闇斎の生誕および祖父や父親の三社託宣信奉などにみられる家庭環境説、(2)名分論的考えや異端弁斥に代表される朱子学影響説、(3)吉川神道や伊勢神道などの刺激説とも言うべき神道思想家との出会い、などが挙げられる。これらの説を参照しながら、闇斎の神道思想の形成要因を推測してみると、次のようにまとめられる。闇斎の祖父は三者託宣の信仰が厚く、父もその感化を受けていた。そういう家庭の雰囲気のなかで成育、しかも母が日吉大社へ参詣し、老翁からの梅の小枝を賜った夢をみて、闇斎は誕生したという。けれども両親は、理由は不明ながら比叡山延暦寺に闇斎を入山させる。仏道修行に励み、すぐれた僧侶に成長。十九歳の時、土佐藩主の猶子であり、藩の大刹・吸江寺の湘南和尚に見いだされ、土佐に渡る。ところが、翌年湘南和尚が死去。闇斎の落胆は大きかったであろう。その頃、土佐藩家老に就任してまもない野中兼山は、藩を治めて行くのに必要な学問として、朱子学に注目。江戸滞在中の家臣・小倉三省などから朱子学系統の書物を購入させ、研究会を開催し、闇斎も招かれる。谷時中を師匠格とした朱子学研究会に参加。朱子学を学ぶにつれて、人倫の道を探究する朱子学に魅かれ、仏教の非を悟る。野中兼山の助言もあって仏教を捨て、二十九歳の時、還俗。しかし藩主の怒りにあい、土佐を逃れて京都に帰る。兼山の支援もあって、朱子学研究に専念。三十歳の時、朱子学の本質、儒学と仏教の相違、仏教の排斥論などを展開した『闢異《へきい》』を著わす。その後も、朱子学関連の書を数冊執筆。それらの内容は、朱子学の教義や修養方法、および異端排斥の意識を明白にしており、その意義がわが国では異端の代表として仏教に向けられ、排仏主義を助長。その結果、わが国では仏教と対比的に位置づけられる日本固有の宗教であり、日本人の道である神道に強い関心を向けさせたと推測される。いわば朱子学研究の過程で、闇斎がもっとも重視した異端排斥の考えが排仏主義を生み、それが仏教と対比的に位置づけられていた神道志向の基本的要因になったと思われる。

次に闇斎の神道思想の内実にどのような特色がみられるか、神道論や神観念を対象に眺めてみたい。闇斎の神道論としてもっとも著名な見解は、代表的著書『神代巻風葉集』にみえる「道トハ則大日霎貴之道而教ハ則猿田彦ノ神之教也」であろう。同様の語句は、弟子達がまとめた『垂加社語』にも、「道は日神の道にして、教は猿田彦の導く所なり」と記述されている。しかしながら、神道を「日神の道」や「猿田彦の神の教え」とする主張をどのように解釈すべきかは、必ずしも定まっている訳ではない。筆者なりの解釈を述べると、日神の道とは天照大神の道であり、天照大神の子孫である天皇が日本国家を統治するあり方と捉えられる。また猿田彦神の教えとは、以下のように解釈される。猿田彦は十二支の申《さる》を表象し、申は五行（木・火・土・金・水）の金にあたる。五行相生伝によれば、土から金が生ずるから闇斎は『日本書紀』神代巻の講義のなかで、土がしまると金になると主張。それ故土金はつちしまるで、金はつつしみを表わすと説いている。従って金神である猿田彦神の教えとは、つつしみという徳性を磨くことと理解される。

続いて、闇斎の神観念の特色を眺めてみたい。闇斎は、吉田兼倶の神観念と同様に、「抑《そもそ》も天下　万神《あめのしたのよろずのかみ》は、天御中主神〔国常立尊〕の化《か》する所なり」（『会津神社志序』）とか「凡そ上下・大小の神は皆此の尊〔天御中主神〕の化する所也」（同前）と主張している。ところが闇斎は、兼倶のように国常立尊（＝天御中主神）を信奉することによってどのような働きがあるかについて、ほとんど言及がない。代わりに、その役割は、天照大神が荷なっていると考えられる。その根拠を挙げると、「君臣上下黒心無く、丹心を以て太神〔天照大神〕に奉ぜば、則ち胡仏立つ所無くして、常世の神風を観ん」（「伊勢大神宮儀式序」）。すなわち君臣上下の人々が汚れた心なく、清き心をもって天照大神を信奉すれば、仏教の存立する場所もなく、古来からの神道の力が盛んとなろう、と解かれる。他にも闇斎執筆の「藤森弓兵政所記」には、「我が国の秀、土・金の盛、開闢以来、神皇の正統永く聯々たり。是れ乃ち天照皇大神の勅し給ふの本意……」とみえる。日本がすぐれていて、土金の徳性が盛んであり、神代から皇室の正統が長く継続しているのは、まさに天照大神の本意に基づく点にあると、天照大神の御神徳が強調されている。このように闇斎の神道思想の内実を示す神道論や神観念においては、天照大神の強調という特色が窺える。

近世神道思想の第二古学神道（国学）について、ここでも古学神道の大成者・本居宣長の神道思想の形成要因について、簡単に述べてみたい。拙著『神道思想の形成』所収「古学神道思想の形成」において、筆者の考えは詳細に論じているので、結論のみ紹介する。宣長の神道思想のエッセンスは、四十二歳頃に執筆した『直毘霊』に展開されていると言って誤りなかろう。その『直毘霊』は、本文と注で構成されており、基本となる本文にみられる考えが、何歳頃まで遡及できるか推考してみると、京都遊学中（二十三～二十八歳）に書かれた清水吉太郎宛「書簡」、遊学中ないしは松阪帰郷後まもなく執筆の『あしわけ小舟』および松阪帰郷直後に書かれたと言われる「蕣庵随筆」の一部に記述されている考えは、断片的ではあるが『直毘霊』の本文の思想とほぼ一致することが明白である。このように捉えて大過ないとすれば、宣長の思想の中核的考えは、二十八歳前後に形成されたと言える。生涯師と仰いだ賀茂真淵の影響という思想形成要因は、否定せざるを得なくなる。たとえば京都遊学中の「書簡」には、「上古之時、君与レ民皆奉二其自然之神道一而依レ之身不レ修而修、天下不レ治而治矣……」と主張し、その後「僕雖二不肖一幸生二斯神州一、頼二大日孁貴之寵霊一奉二自然之神道一」と「自然之神道」を信奉していることを断言している。京都遊学の頃既に神道を信奉し、それを基に神道思想を形成しようとしていた宣長がいたということは、若き日の宣長に影響を与えた思想なり人物なりを探究する必要が生じた。それが母・お勝の実家である村田家であり、宣長にとって外祖父にあたる伊勢神道家・村田元次およびその息子であり垂加神道家・村田全次であったと推測される。近世の伊勢神道や垂加神道が天照大神を中心とした日本の神々に対する信仰や皇国優越論的な思想の持主であったことは、言うまでもないからである。

続いて、本居宣長の神道論や神観念について瞥見してみたい。宣長は山崎闇斎の創唱した垂加神道思想の内実を厳しく論難したが、闇斎の神道論と基本的にはたいへん類似している。宣長の畢生の大作『古事記伝』の序論に掲載した『直毘霊』には、次のような主張がみえる。

此ノ道はしも、可畏《かしこ》きや高御産巣日神の御霊によりて、……神祖《かむろぎ》伊邪那岐大神伊邪那美大神の始めたまひて、……天照大神の受たまひたもちたまひ、伝へ賜ふ道なり、故是以神の道とは申すぞかし、

すなわち、日本人の道とは、産巣日の神の御魂によって、伊邪那岐・伊邪那美の神がはじめ、天照大神が受け保ち伝えた道が、神の道であるという。しかしながら、天照大神が受け保ち伝えた道というだけでは、抽象的と思われる。宣長の他の主張を参照に筆者なりの解釈を試みると、古代日本が平安に統治されたのは、神代以来の統治のあり方に合致していたからである。具体的には天照大神の子孫である天皇が神の命令によって国家を統治する方法が、神の統治であり、神の道なのだ。それ故神道とは、天照大神の御心のままに、大神の子孫である天皇が日本国家を統治するあり方となる。

このように宣長の神道論を理解して大過ないとすれば、何故山崎闇斎の神道論の内実と宣長のそれとがほぼ一致するのか疑問となろう。けれども、この問いに対する答えは、容易に想像がつく。江戸時代を通じて学問といえば、儒学とりわけ朱子学が主流であった。朱子学は「宗学」ないしは「道学」とも言われ、

その目的は「道」（国家統治のあり方や人間の生き方）を学び探究することと言えよう。闇斎も宣長も学問に志しとくに日本人の「道」を求めた。闇斎は主として『日本書紀』神代巻を、宣長は『古事記』を探究の対象とした。ところが『日本書紀』も『古事記』も大筋は、天照大神の子孫がどのようにして、中津国を統治するようになったかという伝承を中心に展開している。その結果、闇斎、宣長における日本人の道すなわち神道の内実が、ほぼ一致するものになったと思われる。

次に、宣長の神観念の特色について、三点ほどに整理したい。第一に、『直毘霊』にみられる「そも〳〵此天地のあひだに、有りとある事は、悉皆《ことごと》に神の御心なる」という主張である。この世における有りとある事は、すべて神のみしわざという見解であり、神観念のなかでもっと大事なものと思われる。第二に、神々のなかに善神・悪神の実在を主張。しかも世のなかには「邪《よこしま》なること多かるは」皆禍津日神の御心によると言い、「まが〈悪事〉を直す」神＝善神を神直毘神や大直毘神と捉えた。古典に現われた神々のなかに、善神・悪神を規定したのは、宣長が初めてと思われる。第三は、宣長の神の定義について触れてみたい。宣長は『古事記伝』のなかで、「さて凡そ迦微《かみ》とは、古御典等に見えたる天地の諸の神たちを始めて、其を祀れる社に坐御霊を申し、又人はさらにも云ず、鳥獣木草のたぐひ海山など、其餘何にまれ、尋常《よのつね》ならずすぐれたる徳《こと》のありて、可畏《かしこ》き物を迦微《かみ》とは云なり」と表現している。すなわち古典にみえる天神地祇をはじめ、神社に祀られている神霊、また人や鳥獣草木や海山など、一般的なものよりすぐれた働きを有し、恐ろしいものをすべて神というと理解される。このような定義は二百年以上たった現在においても、高い評価を受けている。

近代においては、「国体神道」と称すべき神道思想が主流であったと考えられる。「国体神道」の内容については後述するとして、「国体」とは何か、歴史的にどのように普及したか、簡単に触れておく。「国体」とは国柄を指し、日本国家の特色を意味するが、近代においては政治的・文化的に天皇を中心とした国家のあり方と捉えられる。

国体という語は、江戸時代から使われている。とくにこの言葉が武士達の間に受容されるようになったのは、水戸藩士・会沢正志斎（安）著『新論』以後と思われる。同書は、水戸藩の海岸に寄航した英国船員と交渉の際に得た情報に刺激されて、文政八年（一八二五）に執筆したと言われる。その内容は、国体（上・中・下）・形勢・虜情・守禦・長計の五論七篇からなり、イギリス・ロシアをはじめとする西洋列強の情勢や侵略行為を明示し、日本の国を如何に守るべきかの防衛策を論じたものである。出版はされなかったが、尊皇攘夷運動の指針となり、幕末の志士達によってもっともよく読まれた書の一つと言われる。その後一八四〇年に起ったアヘン戦争は、武士階級の人達に衝撃を与えた。当時大国と考えられていた隣国・清が、英国に敗れ開国を余儀なくされたという情報は、日本にいち早く伝えられた。西洋列強の軍事力の強大と横暴に対して、心ある日本人が国家の危機を感じたのは当然であったろう。一三年後の嘉永六年（一八五三）アメリカ東インド艦隊司令長官ペリーが、黒船・蒸気機関船四隻を率いて浦賀沖に来航。戦斗も辞さずという強硬な態度で、幕府に開国を迫った。翌年再び来航し、幕府はペリーの恫喝に屈して止むを得ず開国。日米和親条約を結ぶ。安政五年（一八五八）日米修好通商条約を締結。続いてイギリス、ロシア、オランダ、フランスと同様の条約を結ぶ。幕府は朝廷の許しを得ないまま締結したことが、幕末の混乱を生む原因ともなった。このようにペリー来航以来、いわば外夷に屈することによって、征夷大将軍としての幕府の権威が徐々に失墜。相対的に、朝廷の権威が向上し、尊皇精神が全国的に広まる。幕末の混乱の収拾策としては、公武合体論が大勢を占めたが、幕藩体制では西洋列強に対抗するのが困難と考えた、長州藩・薩摩藩等の武士や一部公卿達が討幕を志向。そういう状況のなかで、大政奉還が実現し天皇を中心とした中央集権国家づくりが始まった。明治維新は神武創業に帰れ、王制復古のスローガンの下に出発したが、西洋列強に対抗するためには、富国強兵・殖産興業を実現する必要があり、西洋の文物をできる限り採用せざるを得なかった。その後版籍奉還や廃藩置県を実施し、立憲政体を採り入れ、明治憲法や皇室典範を制定。明治憲法は国家の基軸として天皇を掲げ、その第一条に「大日本帝国ハ万世一系ノ天皇之ヲ統治ス」と規定している。この内容は、前述した山崎闇斎や本居宣長の神道の定義とほぼ一致する。また「教育に関する勅語」いわゆる「教育勅語」を布達し、国民道徳の基本として全国の学校教育のなかで教え、国民精神の形成に大きく寄与した。主な内容は天皇に対する忠誠心、父母への孝行、遵法、博愛、修学などが挙げられ、とくに「一旦緩急アレバ義勇公ニ奉ジ」とあって、天皇や国家に対する自己犠牲の精神を強調している。このように明治以後、天皇を中核とした中央集権国家の強化をはかるという政策は、一貫していた。それによって、西洋列強と肩を並べ真の独立が保持されたと思われる。近代に形成された「国体神道」が、天皇を中心とした神道論を展開したのは当然であったと言えよう。

近代においても、多くの神道家が輩出したが、ここでは「国体神道」の代表的学者として、河野《こうの》省三《せいぞう》の神道論を取り上げてみたい。河野は埼玉県の社家の出身で、第二次世界大戦前、國學院大學教授、同大学長などを歴任し当時もっとも著名な神道学者であった。著書もすこぶる多く、代表的著書と言える『神道の研究』を対象とする。同書は、神道を「日本民族の生活原理としての伝統的信念」と規定。それが「政治的方面」「宗教的方面」「倫理的方面」「教化的方面」の四つの領域において、どのように発達したかを実証的に論じたものである。とくに「序論」において、神道を定義し、その意味内容を具体的に説明しているので、冒頭部分を引用してみたい。

神道とは神の道である。神の道とは日本民族祖先以来の生活原理である。日本民族は皇祖天照大御神の御神徳を歎美し体現し発揚し奉ることを以て生活の原則とし、国家の理想として来たのである。而して其の生活原理が天御中主神もしくは国常立尊に淵源する天つ神の命（みこと）であると信じ、天照大御神の御子孫たる日嗣の御子即ちすめらみこと（天皇）に奉仕することによって実現されるものと信じ、すめらみことも亦その御神徳を継承し恢弘することによって実現されるものと信ぜられてをるのである。

河野は、神道とは日本民族祖先以来の生活原理であり、その内容は天照大神の働きをほめ、現わし、盛んにすることをもって、生活の原則ないし理想としてきたという。そのような生活原理は、始元神である天御中主神あるいは国常立尊の命令であると信じ、故に国民は天照大神の子孫である天皇に奉仕し、天皇もまた天つ神の命令――天皇の御位の永遠と国家の平穏や国民の幸福――を実現するように努力することであると理解できる。

むすびにかえて

前節において、中世・近世・近代における主要な神道思想の代表的思想家や学者の主張を概観した。続いて、現代の神道思想について述べなければならない。第二次世界大戦後を現代のはじまりとすると、既に六十年余り経過したことになる。けれども、現代の日本人を魅了するような神道思想家の存在を確認することは、なかなか難しい。敢えて挙げれば、柳田國男や折口信夫がそれに近いと言えるかも知れないが、両者を神道思想家と称するのには抵抗があろう。そのうえ折口は昭和二十八年に、柳田は同三十七年に逝去している。現代の神道思想家と規定しにくいと言わざるを得ない。

そこで、第二次世界大戦後の神社神道界が、神道の内実をどのように捉えようとしたか、取り上げてみたい。また神道思想に関わる今後の課題に触れて、結びにかえたいと思う。

第二次世界大戦に日本が敗れて後、神社神道の関係者は神道の行く末を案じ憂慮して、全国神社を包括する機関の創設を模索した。翌昭和二十一年一月に神社本庁設立総会を開催し、同年二月三日神社本庁（以後「本庁」と略称）が創設される。同月第一回本庁評議員会が開かれ、本庁庁規・人事・予算などを審議決議。その席上、「神社神道の教学をすみやかに確立せよ」という意見が提出され、多くの賛同を得て採択されたという。同年十一月、神職や学識経験者で構成された本庁審議会における検討課題の第一に、「神社神道の理論並に教範に関する事項」が定められた。翌二十二年五月に神道教化活動の準拠となる「教義調査取扱要項」を作成し、本庁教学の基本方針となった。全項目を掲げてみると、「(1)神社本庁庁規に準拠する信仰であること　(2)神道の伝統に即し、これが発展に属するものであること　(3)神社の奉斎神の信仰に現実の基準を置くこと　(4)神宮を中心として統合調和している信仰であること　(5)特定の一神が一切の神の本質を併呑するが如き教義は除外すること　(6)善美なる宗教として人道に背戻しないこと」。

翌二十三年九月に開催された本庁理事会および地方神社庁長会議において、長谷外余男事務総長から「……小野祖教教化課長をして、神社神道の教範なるものを執筆せしめつつある」という報告があった。同二十四年八月神社界待望の書物『神社神道講話』(神社新報社)が刊行された。同書は小野氏が原案を執筆したが、既述した本庁審議会の第一部「神社神道の理論と教範」に関する委員会において、問題になる箇所を全員で検討修正して出来上がったものである。そのため長谷事務総長は、同書が「神社本庁」で出版されることを強く望んだ。しかし小野氏はその提案に反対し、本庁名で公刊されれば、本庁という宗教団体の教義とみなされるから、個人が責任をもつべきと強調。結局事務総長も小野氏の意見に賛同して、同書の序文に「本庁が自身の教義をまとめ上げるためには、かかる有識者の自由にして本義に則った多数の見解の発表を重ね、それらが出来るだけ多数の識者の賛同を得て、始めて全きものとして出し得ることにならう」と述べている。ところが同書出版の後、本庁審議会の活動は「開店休業」の状態になってしまったという。しかし小野氏自身は同二十五年に『神社神道百問百答』、同二十六年には『神社神道神学入門』を公刊している。その後本庁の教範作成への努力は、本庁創設十周年を迎える時期にみられ、その記念事業として「敬神生活の綱領」を公にした。本綱領の作成には多くの神職および学識経験者が関わったが、最終原案の責任者は小野氏であったと言われている。その内容は「一、神の恵みと祖先の恩とに感謝し、明き清きまことを以て祭祀にいそしむこと　一、世のため人のために奉仕し、神のみこともちとして世をつくり固め成すこと　一、大御心をいただきてむつび和らぎ、国の隆昌と世界の共存共栄とを祈ること」である。

三綱領の主張はたいへんわかり易いもので、一条々々を解説する必要があるとは思われない。昭和三十一年に制定されて以来、五十年余り経た現在においても、神社関係者の集会で参加者全員が声高らかに唱えるものである。神社界唯一の公的な生活信条と言ってよかろう。日本の神々への信仰（意識的な信じ方）や信頼（無意識的な信じ方）を有する人々にとって、批判すべきところの少ないものであり、それ故今日においても高唱されていると思われる。ただし、現代社会における神社神道の教義が、「敬神生活の綱領」だけで十分であるとは考え難い。その理由を二、三指摘し、現代神社神道がかかえる課題について述べて、結びにかえたい。

第一に、「敬神生活の綱領」は神々崇拝を肯定している人々が対象であり、それ以外の人々への対応は考えられていないこと。つまり日本の全国民は形のうえでは、いずれかの神社の氏子になっている。けれども現代において基本的には、農業人口の激減によって、日本人の大部分は自然や神々の恵みおよび脅威を実感し、神々の実在を意識的ないし無意識的に関わる生活を営む環境ではなくなっている。そのため神々は実在するという思いが、大きく変化せざるを得ないと言えよう。とすれば、敬神を前提とした「綱領」の主張を、直接提示しても受け入れ難いのは当然である。第二に、第一の点と密接な関係があると考えられるが、伝統的な祭りを「なぜ行なわなければならないのか?」、という説明を求める氏子が増えていることだ。昔から行なってきた祭りであるから、従来通り協力をお願いしたいと言うだけでは、人々が納得しがたい時代になっているように思われる。そういう状況のなかでの対応策の一つは、なぜお祭りを行なうか、神とはどういう実在か、なぜ御輿の渡御を行なうか等々を言葉で説明すること。まさに「言挙《あ》げ」が必要になってきている。祭りを主催する神職達が「言挙げ」することが要請されており、そのような要求は全国的な現象と言われる。神々への信仰ないしは信頼を培うために、「言挙げ」の実践が大きな課題と言えよう。

第三に、「敬神生活の綱領」のなかで生き方の指針として明白なのが、二つ目の「世のため人のために奉仕し、……世をつくり固めなすこと」であろう。とくに前半の「世のため人のために奉仕し」の言葉は、神道の祭りの精神に通ずるものである。なぜなら神道の祭りは「神への奉仕」であり、祭りの目的は集団や集団の構成員のために、集団で奉仕するからだ。その意味で祭りの精神とは、集団への奉仕の精神と言ってよく、たいへん大事な生き方と思われる。しかしながら四年前の東日本大震災を契機に、「集団への奉仕の精神」だけでは不十分ということに気づかされた。それは原子力発電所の大事故に関してであり、岸田秀氏の「原発と皇軍――「神話」の崩壊にみる日本人の精神構造」(『正論』二〇一二年七月号)が、大きな刺激となった。この論考のなかで、第二次世界大戦における日本軍の敗北の第一の要因は、「日本軍が多くのばらばらな自閉的共同体の雑多な集まり」であったこと。自閉的共同体とは、「視野狭窄になっていて、そのメンバーの安全と利益しか目に入らず、共同体外のものがどうなろうと無関心なのが特徴」と説く。具体例としては、陸軍と海軍とは仲が悪く、レイテ島の攻防戦で大損害を出したことや、仲間の失敗を償うために無謀なインパール作戦を推進したこと等を挙げている。そして今回の東日本大震災による原発事故も、東京電力、原子力安全委員会、原子力安全・保安院などの役員や原発関係の官僚達が、狭い自閉的共同体を成していて、互いに仲間をかばう形で、被害を大きくしたと推論。岸田氏の主張する自閉的共同体の弊害が、現代日本の官僚達に蔓延していることを、職を賭して告発したのが経済産業相のもと公務員であった古賀茂明氏であり、好著『日本中枢の崩壊』(講談社)と思われる。高級官僚が自分達が所属する省や省益を守るために、国益を損なうことを如何に平気で行なうか、詳細に論じている。このように眺めてみると、「世のため人のため」も「集団への奉仕の精神」も大事な生き方の指針であるが、現代社会においては「国家」のために奉仕する精神を培うためにどうするべきかが現代神道思想形成のうえで、大きな課題となろう。

以上、神道信仰の「言挙げ」の必要性と「国家」のために奉仕する精神という課題を指摘し、結びにかえたい。

【参考文献】

安蘇谷正彦『神道思想の形成』ぺりかん社、一九八五年
――『神道とはなにか』ぺりかん社、一九九四年

仏教

大久保　良峻

一、仏教の展開

一国の思想史を論ずる上で、何らかの基準による分割が有効であることは言うまでもなかろう。しかし、日本の場合は、仏教という観点から、包括的に捉えることも可能であるかもしれない。また、特に日本は漢字を基幹とすることで、中国からの延長線上にあるという見方もできる。とはいえ、先ず、インドや中国の思想史とは時間的な長さが異なる。日本では、文献考証が可能な最初期の人物として挙げられるのが、聖徳太子であることは、まさに漢字による仏教国としての思想史が一つの流れとなるのであり、インドや中国とは大きな径庭が存することを認めざるを得ないのである。その上、諸宗教を取り込みつつ密教へと進展してきた最先端の仏教が、時を置かず中国を経て日本に到達した時に、日本の神道をも包摂しうる教理を醸成していたことは重要である。

ともかく、インドで成立した仏教は中国で漢字に翻訳され、あるいは音写された。当初は朝鮮半島から伝わったとしても、その仏教語が日本語として多々導入されることになったことは、日本思想史を考える場合看過しえないことになる。少なくとも、日本ではいかなる時代においても、仏教語が思想を構築する上で大きな影響力を持ってきたと言えるのである。

インド仏教が原始仏教（初期仏教）から部派仏教へと展開し、更に大乗仏教が成立・発展したことは周知のことであるが、大乗仏教の興起が小乗仏教の存在を排斥したわけでない。そういったインド仏教の状況を伝えるのが法顕の『仏国記』（『高僧法顕伝』）一巻、玄奘の『大唐西域記』一二巻、義浄の『南海寄帰内法伝』四巻といった文献である。

そして、日本では最澄が『顕戒論』巻上で、玄奘と義浄の伝述を用いることで、一向大乗寺・一向小乗寺・大小兼行寺という三種の仏寺があることを論じている。つまり、インドに根拠があることが厳然たる権威となるのである。それは、インドにサンスクリット原典があれば、正式な仏教経典として認められ、それらを正統として研究するのが現在に至るまでの方法論として確立していることとも関係を有する。勿論、江戸時代中頃の富永仲基《とみながなかもと》が『出定後語《しゅつじょうこうご》』で大乗非仏説論を主張したことはそれなりの意義を持つものの、仏教が現代に生きる宗教であり哲学であることから、インドで展開した大乗仏教を否定することは難しく、どちらかと言えばその意義の究明がなされているのが実状であろう。また、仏説と認めるとしても、後でも触れる天台と法相の論争のように、権実《ごんじつ》、つまり権（かり）の教えと真実の教えという観点からの議論は、権の教えに適合する者の存在意義を認めてのこととなる。そうでなければ、仏教としての価値を見出せないことにもなってしまうからである。

二、漢字・漢文の仏教

日本の仏教は、先ずは漢字の文化として理解すべきであろう。特に、比叡山が鳩摩羅什訳の『法華経』を柱幹とする天台法華宗であったことにより、旧訳《くやく》と言われる仏教語が日本の文化に浸透することになるのは当然の趨勢であった。それは、古典文学の世界に顕著であり、そういった言葉は国語辞典にも多々採録されることになる。但し、仏教語としての文字が読めなければ、辞書も引けないということになってしまう。つまり、「夏」を「か」と読んでは駄目なのである。

平安仏教を代表する天台宗と真言宗は漢音も用いるが、やはり仏教語の基本は呉音である。しかし、言葉は常に変化するし、不明なこともある。例えば、「行」を「ぎょう」と呉音で読むのが仏教の基本であるとしても、「こう」(漢音)や「あん」(唐音)だけでなく、「ひん」「けい」という音も使われている。今は特殊なものは措くとして、現在「大地」や「人力(車)」のように呉音と漢音の併合で読んでいる例もある。これらは呉音では「だいじ」「にんりき」となる。「龍頭」も呉音では「りゅうず」、漢音では「りょうとう」である。

音も意味によって区別される場合がある。例えば「出」の字がそうである。五逆罪の一つに、「出仏身血」があり、これは「出る」ではなく、他動詞の「出す」という意味であり、かつては「すいぶっしんけつ」と読んでいたと思われるが、「しゅつ」も用いられている。「訳出」という語も同様である。「出る」という読みには別の問題もある。「出世」というのはどういう意味であろうか。「世にいず」と読めば、「世の中に現れる」ことになり、「世をいず」と読めば「俗世を離れる」という意味になる。「を」と「に」では意味が全く異なるのである。しかし、明瞭性を欠く場合もある。例えば「登山」は、「山に登る」と「山を登る」とではどういう違いがあるだろうか。これも、山と言えば比叡山とされてきた如く、仮に「比叡山」のような意味であれば「山に登る」と読む方が分かりやすいであろう。蛇足であるが、よく知られる例として、「瓜田に履を納れず」という諺が挙げられるだろう。「履に足をいれない」という意味であるから、「履に納れず」の方が理解が容易な読みとなるかもしれない。

現在、日本仏教は漢文の訓読という方法で研究されている。その長所の一つは、正確な訓読が口語訳以上に原意を伝えるというところに求められる。加えて、親鸞に代表されるように、故意に本来の意味を変えて読む場合もある。中でも有名なのは、応和の宗論における天台と法相間の読みであるかもしれない。法相宗の仲算が『法華経』方便品の「無一不成仏（一として成仏せざるは無し）」を「無の一は成仏せず」、『円覚経』の「地獄・天宮、皆為浄土（地獄も天宮も、皆、浄土たり）」を「地獄も天宮も、皆、浄土たらましかば」と読むことで、天台義を否定したと伝承されていることは知られている。後者のように、「～ならば」という仮定（反実仮想）の読みにすることで意味が変わってしまうことは重要である。これらの伝説がどこまで真実であったかは分からないが、まさに日本仏教ならではの方向性であり、貞舜《ちょうじゅん》（「じょうしゅん」とも読む）の『天台名目類聚鈔』巻一本（天全二二・四五頁下）には、「凡そ文点を読む義の事は、応和年中の宗論の時の例なり。異朝は之を知らず。日本に於いて文点の義、許容有る可し」と記されている。ともかく、漢文がどのように読まれているのかということを念頭に置きつつ、文脈に沿って正確に読むよう心がける必要があるだろう。

三、仏教の区分

日本仏教を歴史的に解明し、図式化を試みる場合に、顕密という言葉が限定的に利用されることがある。しかし、顕密、あるいは顕と密という語が多様な意味内容を持つことや、その概念の規定が困難である以上、教理研究の立場からは必ずしも好ましい用語とは思われない。顕密と言った場合、密が密教であるとすれば、密教は他の教と相対的に併記されるのみならず、一切が密教であるという絶対的な概念を有するからである。また、密教を相対的に考えるとしても、密教が宗派、或いは学派としての真言宗・真言門のことであるとすれば、天台、華厳、法相等の相対する立場や、平安期に天台法門に含まれている禅や浄土との関わりが、顕の一語ではあまりに包括的になりすぎるからである。

顕教という語は、『金剛頂五秘密儀軌』（大正二〇・五三五頁中）に、「於顕教修行者、久久経三大無数劫、然後証成無上菩提（顕教に於いて修行する者は、久久として三大無数劫を経、然る後に無上菩提を証成す）」と見られ、それは当然の如く、空海の『弁顕密二教論』に引用されて、密教より劣る教えの意味を如実に伝えることになる。顕と密を対比した場合には、しばしば密の方が顕より優れているという意味合いが濃厚なのであり、密には「奥深い」という意味が付加されることに注意が必要となる。特に、天台宗では円密一致といって、密教と天台円教の一致が説かれるのであるから、『法華経』の位置づけが重要な課題となる。中国仏教における『法華経』の註釈者達、すなわち智顗や吉蔵・基といった学匠が注目したのは、『大智度論』巻一〇〇（大正二五・七五四頁中）の、「般若波羅蜜非秘密法。而法華等諸経説阿羅漢受決作仏、大菩薩能受持用（般若波羅蜜は秘密法に非ず。而して法華等の諸経には阿羅漢の受決作仏を説き、大菩薩は能く受持し用う）」という記述である。この文を根拠にして、『般若』は秘密ではないが、『法華経』は二乗作仏を説いているから秘密であるというような解説が導かれることになる。つまり、かつては説かれていなかった義が説かれているのだから秘密であるとするのである。ということになると、説示されてしまったからにはもはや秘密ではないという疑難が出て来るであろう。このことについては、『法華玄義』巻一〇下に示される、筆録者である灌頂による、次のような主張が注目される。

> ……当知、顕示浅、秘密深。今般若・法華、皆明菩薩得無生忍、具六神通、並秘密、並深、並大。就秘密、更論秘・不秘。般若不明二乗作仏、闕此一条故言不秘耳。問。般若未開権。応是秘密。法華開権。応是権示。答。若取開権、如所問。今取浅易為顕示耳。（……当に知るべし、顕示は浅、秘密は深なることを。今、般若・法華に、皆、菩薩が無生忍を得て、六神通を具するを明かすは、並びに秘密、並びに深、並びに大なり。秘密に就いて、更に秘・不秘を論ず。般若に二乗作仏を明かさざれば、此の一条を闕くが故に不秘と言うのみ。問う。般若は未だ権を開せず。応に是れ秘密なるべし。法華は権を開す。応に是れ権示なるべし。答う。若し開権を取らば、所問の如し。今は浅易を取りて顕示と為すのみ。）（大正三三・八一一頁下―八一二頁上）

つまり、比較対象によって、『般若』も『法華』もより優れた教えであり、秘密となるという構造が先ず存する。その上で、『般若』と『法華』の違いは二乗作仏《さぶつ》、すなわち開権《かいごん》の有無に求められるとしている。そこで、未だ権を開していないという点に着目すれば、二乗作仏を説かない『般若』を秘密と説明しうるとしても、そうではなく、今は『般若』が浅易であるところに基づいて、『般若』を秘密ではなく顕示となすとしているのである。従って『法華』が秘密であり深となる。

台密では、円仁が『蘇悉地経疏』巻一（大正六一・三九三頁中）で、『華厳経』『維摩経』『般若経』『法華経』等の諸大乗教が、密教の実践を説かないとしても、密教（唯理秘密教）であるという教義を打ち立てた。その影響は頗る大きく、空海とは相当に異なった秘密教観が示されたことに留意すべきである。

ここに述べた顕密ついては、常に詳密性を要求する問題点ではないかもしれないが、顕密仏教というような語で何らかの区分を立て、それにより統括的に論ずることは必ずしも好ましいことではないと思われる。いずれにせよ、仏教語の依用には教理への配意が必要であることは言えるであろう。

四、密教の展開

日本仏教において密教が果たした役割の大きさは言うまでもなかろう。ところが、密教についての理解が往々にして偏りを示しているような気がしないでもない。密教が天台と真言二宗を中心に論じられることは、そこから派生した諸流の幾つかが現在まで命脈を保っていることからも当然のこととなる。しかし、勢力としては東密の方が大きく、また空海が偉大な宗教家かつ文化人であったことから、密教と言えば空海というような風潮すらないわけではない。特に、空海に対して完成度の高さを主張するあまり、無謬ともいうべき宗祖観に立つ人もいる。歴史的に見ればそれが事実ではないことは、古来、多くの優れた学匠が、空海の撰述書に対して、諸註釈書を著し歩を進めていることからも窺える。問題は、そういった後世の人師による進展を対象にする研究が少なすぎることである。

空海の撰述書については、撰述年代を筆頭に、真偽等、必ずしも明瞭ではないものが多い。空海への批判を含め、空海から最初期に大きな影響を受けたのが台密の安然《あんねん》であることからも、状況をもう少し広い視野から検討する必要があるようにも思われる。

日本の密教は、台密と東密というそれぞれの流ればかりでなく、交渉や交流を含めて一つの大きな流れでの理解が必要になって来ている。なお、東密においては、新義真言宗の独立によって、古義と新義がそれぞれの宗義を論ずる上で、相反する結論を導くべく答えを設定したものが幾つもあり、大枠としてそれぞれに自由度のない立場を確立してしまった憾みがある。しかし、そういったことも日本密教の流れとして検討しなければならない。

平安仏教は勿論のこと、南都の仏教や、鎌倉仏教及びそれ以後の仏教に、密教は多大な影響を与えている。親鸞と道元に密教の要素が希薄であることから、『教行信証』や『正法眼蔵』は西洋哲学のような他領域の研究者によっても取り上げられることが多いというようなことも言われる。それは、やはり密教が秘密性を保持し、その点を誇っていることも事実であり、一般に近づき難い印象を与えていることによるかもしれない。とはいえ、曹洞宗については瑩山紹瑾《けいざんじょうきん》の出現もあって、道元以降の密教化は大きな特色になるのである。現今、基本的な密教文献は陸続と刊行され、研究者が探索することは容易になっている。美術研究をも含め、純然たる事相を研究対象とするには困難が伴うかもしれないが、偏見を排除するためにも思想研究は開放されるべきであろう。

具体的な教理・思想として即身成仏に関する問題について触れておこう。日本仏教で即身成仏思想が顕在化するのは最澄と空海の業績においてである。しかし、一般的な認識が、密教義であり空海説でありとするのは、書店に並ぶ概説書・啓蒙書の多さに依るのであろう。そういった書籍が空海を讃仰するのは問題ないが、果たして『即身成仏義』の思想を正しく伝えているのであろうか。『即身成仏義』そのものにも真偽等の基礎的問題がないわけではないが、今は措く。重要なのは、特に日本仏教の特色と言われる即身成仏思想が同書で十分に語りうるかということである。例えば、本書が即身仏（ミイラ）の理論的根拠にされてしまうことすら見られるのである。

『即身成仏義』を中心にした密教の成仏思想のみを論ずるにしても、台密の安然をはじめ、東密の諸師の研鑽があってこそ、問題点が明確化し、解決が企図されたことに注目する必要がある。東密では、やがて初地即極といって、十信・十住・十行・十廻向・十地・等覚・妙覚という修行の五十二位の階梯のうち、初地に全てが極まるという教理を打ち立てることになる。初地は十地の最初の歓喜地という位であり、その思想が華厳宗の信満成仏説に類似しているという指摘がなされることもある。信満というのは、十信位の満位ということであり、初住位の直前である。

このことについては、先ず、中国天台において初住位の成仏思想が確立していることに注目しなければならない。智顗の龍女成仏もその行位で構想されている。そして、それが日本天台の基準になることは言うまでもないが、留意すべきは法蔵による華厳の信満成仏説が天台の初住成仏説を承けて案出された教義であるということである。そして、最澄は華厳の信満成仏を天台宗の初住成仏と同趣意の説として導入し、更に安然は独自の解釈により、信満成仏を密教義に導入するのである。

日本の密教は、空海以後、主流が台密に移行し、安然による大成は後の時代の源流となるのである。先にも述べた如く、台密にも注目して大きな流れとして日本の密教を理解しなければならないのである。

五、仏教思想研究の基礎と課題

日本仏教の思想は項目を各別に立てれば、人物や典籍による細分化が可能であり、それらを組み合わせることで時代や宗派、あるいは思想内容といった分類が可能になる。思想史という範疇においても、しばしば思想そのものに切り込む必要があり、その場合は仏教学の基本を身につけることが要求されるであろう。例えば、浄土教や禅に興味を持つ人は、その専門分野の基礎が必要になる。それでは、ある程度の共通する知識は必要ないのであろうか。

凝然の『八宗綱要』が必読書として紹介される場合もあるが、名詞の羅列が多く、必ずしも個人的に読了すべき書物としては薦められない要素もある。同書には複数の参考書が著されているので、それらにより必要な箇所を参看すればよいであろう。

鎌倉仏教の祖師達に共通するのは比叡山の仏教であり、特に中国天台の教学についての素養は諸撰述に顕著である。その天台教学を学ぶための恰好の入門書と言われてきたのが諦観《たいかん》の『天台四教儀』であり、何らかの方途での一読を推奨したい。同書では五時八教と言われる天台教判が示されている。その八教を二つに分類する中、蔵・通・別・円という化法の四教が重要である。蔵教というのは三蔵教のことで、天台教学では小乗仏教を意味し、それが日本仏教の語として定着することになる。

こういった教判（教相判釈）で、もう一つ重要なのが華厳の五教判で小・始・終・頓・円という分類を行っていることである。華厳宗についての大綱も法蔵の『華厳五教章』で学んでおくことが好ましい。この天台・華厳二宗で円教を最上位に置いたことに注目すべきであり、それぞれ『法華経』と『華厳経』を完全円満な経典と位置づけたのである。

敢えてもう一冊挙げれば、解説書が比較的入手し易い、吉蔵の『三論玄義』となろうか。三論宗は日本では寺院を有する宗派とはならなかったが、空を説くことは仏教の基本でもあり、学派としての三論の知識は有効である。

日本の仏教思想について各自の課題を達成するためには、仏教語と仏教漢文に習熟する必要があるようにも思われるが、その修得は基本文献の読解と同時に進行しうるのである。それぞれの研究分野に応じての知識の蓄積や方法論の確立は個々の研鑽によって充実させていくべきことは勿論である。とはいえ、共通する知識は対話に必要な共有言語ともなるのであるから、上述のような基本文献に親しむことの意義は大きいと思われる。

【参考文献】

大久保良峻編著『新・八宗綱要――日本仏教諸宗の思想と歴史』法蔵館、二〇〇一年
――『天台学探尋――日本の文化・思想の核心を探る』法蔵館、二〇一四年
鎌田茂雄『華厳五教章』仏典講座28、大蔵出版、一九七九年
三枝充悳『三論玄義』仏典講座27、大蔵出版、一九七一年
末木文美士編『新アジア仏教史』一一～一五（日本I～V）、佼成出版社、二〇一〇～一一年
平川彰『八宗綱要』上下、仏典講座39、大蔵出版、一九八〇～八一年

儒教

土田健次郎

一、日本儒教史の試み

日本儒教史は意外なほど多く書かれてきた。明治以後終戦までに書かれた日本儒教史の一覧は、陳瑋芬「「日本儒学史」の著述に関する一考察——徳川時代から一九四五年まで」にのっている。戦後では市川本太郎『日本儒教史』一〜五という大部のものもないではないが、それでも「意外なほど」という感を受けるのは、戦前の井上哲次郎の三部作（『日本陽明学派之哲学』『日本古学派之哲学』『日本朱子学派之哲学』）など批判を受けながらも現在でも存在感を示している例はあるにしても多くはなく、特にきちんと思想の流れを追った儒教史としての新たな試みが途絶えているからである。なお戸川芳郎・蜂屋邦夫・溝口雄三『儒教史』もあるが、中国のみを対象にしている。少なくとも日本仏教史と比べればはるかに低調であり、神道史の方がまだ目にする。

なぜ戦後日本儒教史の執筆が低調かということの理由の一つには、戦前の反動といったことのほかに、読者の少なさによる出版社の温度の低さといった即物的な理由を無視できない。仏教の場合は、思想史のみならず政治史、社会史、さらに文学史や美術史、芸能史といった分野にも及ぶのであって多様な方面からの関心が持たれてきたが、儒教はそのようではない。もちろん儒教とても他領域に関係するのであるが、文学史、美術史、芸能史という方面では仏教ほどの展開を見せてはいない。題材を儒教に取っているものをみな「儒教○○史」と称するのであれば、孔子廟の建築やそこの装飾や孔子像の類とか孔子の画伝の類をもって「儒教美術史」とか、孝行譚の類とかを「儒教文学史」とか呼べないこともないが、どれほどの意味があろうか。少なくとも一大ジャンルとして捉えるほどの意味は薄い。美術全集を圧倒的に飾るのは、仏教美術であって、これは美術表現が仏教信仰を支える大きな因子となっていることと関係する。それに対して美術表現にたよる割合が仏教ほどではない儒教の姿勢は、そのこと自体が儒教の基本的性格と関わっている。ちなみに朱熹は孔子像を造ることさえ無意味とした。孔子像の数は少なくないが、美術品として見た場合、釈迦像やキリスト像に比べると存在意義は薄い。このような文化面での広がりの薄さが、儒教史関係の書物の出版が低調であることに関係していよう。

また日本儒教史は、日本仏教史や日本神道史と同様に書き続けられる必要性はあるが、日本において各思想はダイナミックな相互交渉の中で展開していったのであるから、儒教史という枠よりも日本思想史という枠組みでの記述の方が有効であるという考え方もありえよう。例えば津田左右吉や丸山眞男などが儒者の荻生徂徠から国学者の本居宣長への思想史的脈絡を摘出してみせたということは、儒教史や国学史の枠にとどまっていてはなしえなかったであろう（津田左右吉『文学に現はれたる我が国民思想の研究』四「第十

六章 知識生活二「国学とその影響上」、丸山真男『日本政治思想史研究』）。
儒教とか仏教とかの枠をこえた日本思想史が書かれ始めるのは近代である。有名なものとしては和辻哲郎の『日本倫理思想史』、津田左右吉の『文学に現はれたる我が国民思想の研究』などをあげることができる。この両著は個人の大作であるが、一般には分担執筆が多い。それは、まず考古学的な記述があり、仏教伝来以後は仏教史になり、室町時代は神道史や芸能史がからみ、そして江戸時代に入ると儒教史、明治時代以後は西欧思想の受容史が書かれ、それらがつなぎ合わせられる形が多いために、一人の学者では全て書ききれないからである。

なお近代以前は日本思想史という形はとらず、仏教や儒教というような枠での系譜史として記述されることが多かった。仏教で言えば日本への渡来以前に遡る「三国（インド、中国、日本）伝通」、儒教では中国から日本へという形が目立つ。これは単なる平坦な学術史ではなく、自己の信仰や思想的立脚地の歴史的証明という執筆意義があったがゆえである。

ただ日本思想史という枠組みに対しても、近年流行の国民国家批判という観点からの疑問が提出されている。この国民国家批判という文脈は各方面を席巻し、日本思想史を自立的に語ることに否定的な風潮すら生み出した。しかしリジッドな日本的なるものは無いにしても日本的傾向を語ることすら否定するというのは無理な話ではなかろうか。鎖国とは言っても完全に外部と遮断していたわけではなく、海外との交易や、海外からの情報の流入がかなりあったのであるが、日本という枠組みがすぐに無効となることにはならない。また明確な国境が無く領土的に曖昧な地域が存在していたということを言ってみても、大勢から見た場合は一部の現象にとどまり、また他国に対する日本という意識もなかったわけではない

（渡辺浩『日本政治思想史』の第十五章「「日本」とは何か」）。「日本という枠組みに回収するのは特権的だ」といった言い回しをしばしば目にするが、その一方で、日本を超えた「儒教文化圏」で括るということに対しては、東アジアにおける日本の異質性を言う議論も少なくない（例えば渡辺浩『近世日本社会と宋学』など）。これがさらに発展すると、津田左右吉のように儒教は日本に入らなかったという主張となる。なおここで「東アジア」という表現をとるが、ベトナムも含めて考えている。

そもそも東アジア地域における冊封《さくほう》体制というものは、天下を軸とする世界観を利用したある種の棲み分けであって、中国を天下とする世界観と自国を天下とする世界観を調整して使い分けていくことでもあった（土田健次郎「「東アジア共同体」を考えるうえで」）。その中で熟成されてきた各地の文化はそれぞれがそれなりの特色を当然持つことになった。そもそも儒教の担い手の儒者に関して言えば、粗い対比ではあるが、中国のように士大夫で官僚としての性格を強く持ったり、朝鮮のように両班で政争と学説が直接リンクしたり、日本のように学者稼業であったりとそのあり方が異なる以上、言説の表出の仕方にも差が出ていた。ただ日本の特性自体に価値を見出し、そこに無批判に還元していくことを警戒することは必要であろう。以前加藤周一が日本文化を雑種文化と呼んだが、それに対して増田義郎は日本文化こそ純粋文化であるとした。それは日本における雑多な思想や宗教の混在は外部から強制されたものではなく、日本の体質に合わせて選択されてきたゆえ、その体質自体は純粋に強固に維持されているという議論であった（増田義郎『純粋文化の条件』）。これに対しては日本を純粋と称することを危惧する批判があったが、増田は純粋というのは価値概念として使用しているのではないと反論していたと記憶する。

また思想史を一つの物語として忌避することも見られるが、思想史が物語となることは宿命的な話であって、むしろ筆者は複数の物語を提示し互いに統合しあい異化しあうことでその次の視点の獲得に進む方が効果的であると思っている。津田の場合にしろ、丸山の場合にしろ、それらの思想史に対して単評を行うことにとどまるのではなく、それと別のあるいは対抗する思想史を記述し、それら多様な思想史をまず共有の財産としたうえで、次の段階に進むことの方が実りがあろう。

ただそれではどのように書くのかと言えば、当然困難な問題が出てくる。日本で儒教が力を持ったのは江戸時代である。それゆえ日本儒教史と言えば、江戸儒教史が中心となってきた。しかし言うまでもなく日本儒教の歴史は古代からあるのであって、江戸儒教史だけで日本儒教史の全般がおおえるわけではない。従来の儒教史も江戸時代以前を取り上げていたが、江戸時代部分と比較すると内容的記述が格段に少なく、また江戸時代部分との連結が必ずしもスムーズと言えなかった。また近現代儒教史に関しては、その需要の割に実現をみていない。確かに近代以後、日本では儒教の影響力は低下した。東洋精神の鼓吹というようなことで表彰されたことはあるが、特に戦後になると思想史の表舞台からは後退した。ただ戦前における儒教を軸とした東洋哲学の構築の試みや、儒教的教養の持った意味を改めて一つの歴史的現象として正面から研究の対象にする方向も近年目にするようになった。例えば、近代以後の日本儒教史研究に大きな影響を及ぼし、東洋哲学を唱道した井上哲次郎の前述の三部作をはじめとした儒教史学と儒教観に対する研究や著作集（『シリーズ日本の宗教学2　井上哲次郎集』全九巻）の刊行などがそれである。ちなみに戦後でも儒教による人生読本や経営指南書の類はかなりの数の読者を持つのであって、この事実は卑俗な話柄として片づけられるものではなく、現代における日本儒教のあり方として、また日本儒教の基本的性格の問題として、考究されるべきであろう。

二、儒教の枠組み

日本近代儒教史がなぜ書かれづらいのか。それは明治以降、儒者という存在が消滅し、正面きって儒教として打ち出される言説が見られなくなり、儒教の足どりが埋没したからである。つまり叙述の柱が見出せないのである。

中国には儒教などの伝統思想の現代哲学としての再生を図った馮友蘭《ふうゆうらん》、熊十力《ゆうじゆうりき》らの現代新儒家といった存在があったが、日本にはこれに相当するものがない（土田健次郎編著『二十一世紀に儒教を問う』第五章）。日本では儒教は思想界の表舞台から消えているように見えるのであるが、それは伏流であって、消滅ではない。また儒教的教養は近代以後全く消滅したわけではなく、多くの近代の思想家、文化人の言説の中で隠し味のように働いていた。学説史としてはたどれないこのような要素をどのようにすくい上げるのであろうか。

筆者は以前、まず単純に、日本における儒教を「自覚された儒教」と「自覚されない儒教」に分けて考えてみたらどうかと提案したことがある（土田健次郎「東アジアにおける朱子学の機能」）。「自覚された儒教」とは儒者が説く内容である。「自覚されない儒教」とは、本来は儒教のものである神主（木主）が仏教のもののように思われているような場合である。儒教史としてこの両者をたどることを求めるにしても、儒教という川筋が地上に現れ、時に伏流していく様を描き出していくことは、何をもって儒教とするかということでも幅ができてしまい、そうたやすいことではない。

従来の儒教史は「自覚された儒教」の範囲内であって、「自覚されない儒教」は埒外であった。この「自覚されない儒教」をたどる場合には、学説史というような方法が通用しないのであって、かなりの困難が伴う。神主の例で言えば、中国では宋代ごろ仏教が神主を取り込み位牌《いはい》とし、それが南北朝時代ごろに仏教を通して日本に入り、それゆえ日本では神主（位牌）を仏教のもののように見なすようになった。なお一般に位牌が普及するのは江戸時代中期ごろだと言われる。位牌は本来儒教の喪礼と祭礼の体系の中で使用されてこそ意味を持つのであるが、一部の大名や儒者の場合は別として、大勢はそれとは切り離されて受容されているのであって、位牌を用いるという現象から即座に儒教の影響云々を言うのではなく、日本の文脈にそれが落とされていく過程を見つめていく必要がある。

「自覚された儒教」も、その具体的内容は日本的変容を受けている場合がかなりあり、一方の「自覚されない儒教」は、そのうえにさらに他の思想や宗教と混交している。それらをいかにして散漫に拡散していかないように叙述していくのかという方法的問題は、具体的な儒教史の執筆という作業を通してこそ、初めて解決の糸口を得られるものであろう。

三、アジア儒教史の試み

ところで日本儒教史の執筆の先にあるのは、アジア儒教史である。島田虔次は、アジア儒教史執筆の要を強調したことがあったが（『朱子学と陽明学』）、意外なほどかかる著作は書かれたことはなかった。一人の執筆では手にあまるなら、共同執筆によることになろう。類似のものでは、二〇一〇年から佼成出版社で新版が刊行され始めた『新アジア仏教史』があるが、日本儒教史の場合と同じくアジア儒教史の企画は聞こえてこない。一般的需要の低さはともかくも、アジア儒教史はやはり書かれるべきである。この作業の結果として、アジアにおける儒教の普遍的要素と、地域的特殊性のあり方が具体的に浮かび上がってこよう。アジア儒教史を記述することは、日本儒教の特性と言った議論をアジアの枠組みの中で解消することにはならず、おそらく逆に日本儒教の特殊性があぶり出されてくるであろう。

ただ考えておくべきなのは、仏教などもそうではあるが、特に儒教の場合は地域間の相互的影響が極めて少ないということである。日本儒教が中国から入り、また朝鮮儒教からも影響を受けたということは前提としてあるが、その後は日本の古文辞学が朝鮮王朝の実学に刺激をあたえたとか、中国の清朝学術に紹介され注目されたとかいう話はあるにしても多くはない。朝鮮儒教の中国儒教に対する影響に関してもそれは言える。江戸時代の儒者の著作の読者は基本的に日本人であった。各地の儒教は漢文による思想表現を共有しながら、各地域で煮詰まる傾向を本来持っているのである。また儒教が各地域をまたがる教団組織を持っていないのも、この状況に拍車をかけている。つまり各地域の儒教史を一つの時間軸のもとに総合的に叙述するということは至難であって、実際には、各地域の通史を柱にしつつ、同時に相互交渉、及び相互対比を叙述することに落ち着いていくであろう。

なおここで相互影響の少なさを言ったが、従来日本思想史を記述する場合には、むしろ中国や朝鮮からの影響論が前面に出てきていた。この影響論なるものは、説明原理として安易に使用されがちである。例えば日本中世における宋学の影響論などはその典型であって、そこで持ち出される宋学的なるものの内容は宋代以前にもたっぷりあり、どこが宋学なのかわからないものが多い（土田健次郎「神皇正統記と宋学」

ではその例を指摘しておいた）。別に中国から軍隊が押し寄せてきて日本に宋学を押しつけたわけではないのであるから、当時の新知識が寧波あたりから入ったにしろ、まず日本の当時の精神状況の文脈を把握し、その中で新知識がどのように摂取されたか（あるいは摂取されなかったか）を正確に見定める忍耐が必要であろう。またそもそも「影響」とは、それまであった構造に変化がもたらされた場合を言い、受け入れる側に外来からの刺激を必要としさらにそれを摂取できる土壌がなければならない。影響を受ける前の土壌と影響を受けた後の土壌の変化を連続的に記述できてこそ、影響なるものを思想史の中で位置づけることは可能になる。

ところで、地域差を包含していながら儒教はいかにして儒教ということで括れることになるのであろうか。そこで重要なのは経書の存在である。つまり経書に権威を認め、そこの語句を随時典拠として立論していくことの共有である。経書は内容的には雑多であって、どの部分を利用するかで異なった立論が可能になり、この幅が儒教の守備範囲を広くしている。経書は教養の基礎とされることによって影響力を増した。経書の教養をもとに吐かれた言説全般を「広義の儒教」、その中で諸子の思想・仏教・道教などとの対抗から特徴づけられた言説を「狭義の儒教」と言うことができ、後者は何と対抗するかで強調点が変化する。この「広義の儒教」は、明末の李贄のような従来の儒教の既成観念からはみ出るような存在を多数含みこむのである（前掲の土田健次郎「東アジアにおける朱子学の機能」）。

このように儒教は幅を持つのであって、それが中国を越えた流布を可能にした。そして実際の内容が地域によって異なることは以前から具体的に指摘されていることである。その代表として知られているのは「三年の喪」を日本では一年前後にしてしまうことであって、これは本来の儒教ではありえないことである。ただたとえ一年前後にしてしまっていても、礼という枠組みは維持しているのであって、以前筆者は、この枠組みの共有を「類型の共有」、三年（実際は約二年）か一年かの差を「内容の分岐」として整理したことがある（前掲の土田健次郎「東アジアにおける朱子学の機能」）。この「類型の共有」によって、三年であれ一年であれ、ともに儒教と観念されるのである。儒教を構成する最も基本的な単位を明らかにすることは、この「類型」をまず検討することから始めるのが適切であろう。

ところで儒教が日本思想にもたらしたものとは何であろうか。それまで日本になかった知識や理論を提供したということがまず考えられるが、それらの多くはすでに日本にも存在した価値観を形象化し理論化することに貢献するというものであった（前掲の土田健次郎「東アジアにおける朱子学の機能」）。例えば親に対する孝や、君に対する忠に類する感覚は『万葉集』にも見られるが（坂本太郎「飛鳥・奈良時代の倫理思想」）、それを思想的主張として洗練させ理論化・体系化するものとして儒教が機能したのである。そしてそれが経書をもとに語られた時に、他地域の儒教と同型であると観念され、それゆえ「儒教」でありえたのである。つまり類型を用いることで、それまであった心性を自覚化しえるとともに、日本の枠を超えた普遍思想として定立しえたのである。

かかる自覚化への触媒作用は、特に江戸時代における朱子学において見られる。江戸前期の儒者たちは多く朱子学の用語や概念を使用して自己主張したが、それは朱子学者に限ったことではなかった。伊藤仁斎や山鹿《やまが》素行《そこう》、荻生徂徠などの反朱子学者もそれを利用して自己の思想を開陳しており、それは古代への復帰という姿勢を取りながら、実際には彼らが実感できた生活感情を理論化するという側面を濃厚に持っていた。伊藤仁斎などは、朱子学をカウンターにすることで、ひたすら日常の徳行を説きぬくという本来抽象的な思想表現を取りづらい主張をみごとに理論化しえているのである（土田健次郎「伊藤仁斎と朱子学」）。また仁斎以後の古義学もそのような要素を維持していく（土田健次郎「伊藤東涯之《論語》研究」）。そして仁斎をたたき台にしてまた徂徠が登場してくるのである。

儒教史を執筆する場合、仏教史や神道史もそうであるが、他思想との交渉や、儒教に淵源を持ちながら儒教と自覚されていない領域を常に取り込んでいかなければならない。しかしそれが儒教という枠を超えてアジア思想史という形にまで拡大するのであれば、あえて儒教史という枠を設定する意味がなくなる。儒教として認識できる契機となる「類型の共有」、そして地域差あるいは時代差をはらむがゆえの「内容の分岐」、そしてかかる「自覚化された儒教」の背後に潜む「自覚化されない儒教」、これらの軸を把持しつつ思想の流れを追うことが儒教史の儒教史たる所以であって、それはその範囲内ではあっても他の枠組みではつかめなかった新たな思想の脈絡を捉えるのに十分な有効性を持っていると思われるのである。これは一つの「物語」であるかもしれないが、あらゆる思想史は「物語」たることを免れず、それらを一括否定するよりも、多くの「物語」を提示しあい、相互につきあわせる統合しあい異化しあうダイナミックな試みを、現段階では遂行すべきだというのが筆者の見解である。

【参考文献】

市川本太郎『日本儒教史』一〜五、汲古書院、一九八九〜九五年
井上哲次郎『日本陽明学派之哲学』冨山房、一九〇〇年
――『日本古学派之哲学』冨山房、一九〇二年

――『日本朱子学派之哲学』冨山房、一九〇五年
井ノ口哲也「三つの「日本儒学史」――近代日本儒学に関する一考察」(『中国文史論叢』五)二〇〇九年
――「井上哲次郎の江戸儒学三部作について」(『東京学芸大学紀要 人文社会科学研究Ⅱ』六〇)二〇〇九年
大島晃「井上哲次郎の「性善悪論」の立場――「東洋哲学」研究の端緒」(『ソフィア』四二―四)一九九四年
――「井上哲次郎の「東洋哲学史」研究」(『ソフィア』四五―三)一九九六年
――「井上哲次郎の「東洋哲学史」研究と『日本陽明学派之哲学』」(『陽明学』九)一九九七年
坂出祥伸『東西シノロジー事情』東方書店、一九九四年
坂本太郎「飛鳥・奈良時代の倫理思想――とくに親子の間の倫理思想について」(『古典と歴史』吉川弘文館)一九七二年
島薗進・磯前順一編『シリーズ日本の宗教学2 井上哲次郎集』全九巻、クレス出版、二〇〇三年
島田虔次『朱子学と陽明学』岩波新書、一九六七年
陳瑋芬「「日本儒学史」の著述に関する一考察――徳川時代から一九四五年まで」(『九州大学中国哲学論集』二三)一九九七年
津田左右吉『文学に現はれたる我が国民思想の研究』四、洛陽堂、一九二一年
土田健次郎「伊藤仁斎と朱子学」(『早稲田大学大学院文学研究科紀要』四二―一)一九九七年
――「神皇正統記と宋学」(『大倉山論集』四二)一九九八年
――「東アジアにおける朱子学の機能――普遍性と地域性」(『アジア地域文化学の構築』アジア地域文化学叢書、雄山閣)二〇〇六年
――「「東アジア共同体」を考えるうえで――思想史の視点から」(『ワセダアジアレビュー』三、早稲田アジア研究機構)二〇〇八年
――「伊藤東涯之《論語》研究」(『東亜論語学――韓日篇』国立台湾大学出版中心)二〇〇九年
――『儒教入門』東京大学出版会、二〇一一年

――『江戸の朱子学』筑摩選書、二〇一四年
土田健次郎編著『二十一世紀に儒教を問う』早稲田大学出版部、二〇一〇年
戸川芳郎・蜂屋邦夫・溝口雄三『儒教史』世界宗教史叢書、山川出版社、一九八七年
増田義郎『純粋文化の条件――日本文化は衝撃にどうたえたか』講談社現代新書、一九六七年
丸山真男『日本政治思想史研究』東京大学出版会、一九五二年
渡辺浩『日本政治思想史――十七世紀〜十九世紀』東京大学出版会、二〇一〇年
――『近世日本社会と宋学』東京大学出版会、一九八五年

キリスト教

鵜沼　裕子

はじめに

本稿では、まず当該分野におけるこれまでの研究史を概観し、次いで日本思想史としてのキリスト教史のあり方と意義について思うところを述べ、併せて今後の研究に望まれる方向性についての私見を述べることとする。

一、研究史の概観

日本キリスト教史のアカデミックな研究は、戦前にまずキリシタンの分野で始まった。日本思想史研究の草分けの一人・村岡典嗣は、その広範な研究分野の一つとしてキリシタン研究の端緒を開き、すでに一九三〇年に、論考「妙貞問答の吉利支丹文献として有する意義」において、キリシタン教理書の日本版ともいうべき「妙貞問答」について、その思想史的意義を論じている。その他、宗教学者・姉崎正治の『切支丹伝道の興廃』（一九三〇年）、カトリック司祭・浦川和三郎の『切支丹の復活』（一九二七～二八年）などがある。

一方、プロテスタント史の場合は、戦前には、個々の教会史や諸教派の年代記的記録、著名な個人の伝記等を散見するのみで、アカデミックな研究が本格的に始まるのは戦後のことである。しかし方法論的には、当初からかなり自覚的な立場にもとづいて研究が行われてきたので、本節では方法論的見地から代表的な系譜を取り上げて研究史を概観したい。ただし、限られた枚数でその全体を見通すことはできないので、ここでは主として、それぞれの系譜の源流となった古典的な研究に言及するに留める。なお、狭い研究分野であるので、敢えて思想史に限定せず、実証史学の立場に立つ研究にも若干触れることとする。

「史料に語らせる」という徹底した史料中心主義により、実証を重んじる地道な立場でプロテスタント研究の基礎を据えたのは故小澤三郎である。小澤は終戦前年の一九四四年末に出版された『幕末明治耶蘇教史研究』において、キリシタン禁制下に太政官諜者が密かに教会等に潜入してその動向を書き留めた、いわゆる「諜者報告書」にもとづいて、当代のキリスト教の動静を跡づけるなど、きわめて貴重な実証研究を残した。

プロテスタント史のアカデミックな研究の嚆矢は、経済学者・隅谷三喜男による『近代日本の形成とキリスト教』（一九五〇年）である。同書は「社会科学と福音との接点からキリスト教の歴史を解明」（「はしがき」、新教新書版、一九六一年）することを目指したもので、日本のキリスト教の研究が学として成り立つことを示して若い学徒らに多大な刺激を与え、小著ながらこの分野の研究時代の幕開けを告げるエポック・メーキングな業績として、現在も広く読み継がれている。本書を起点として森岡清美、工藤英一らによる社会科学の方法に拠る研究が続き、斯界の研究史の一つの重要な流れを形成した。

次に、キリスト教学プロパーの立場からの業績として、二人の碩学による大著がある。石原謙『日本キリスト教史論』（一九六七年）と、熊野義孝『日本キリスト教神学思想史』（一九六八年）である。前者は、西欧キリスト教史学者の立場で、日本の宣教史を世界宣教史の流れの中に位置づけたことにその特色がある。後者は、植村正久を始めとする一一人のプロテスタント界の指導者を取り上げて彼らの神学思想の功罪を論じたもので、日本神学界の泰斗による大著として多大の関心をもって迎えられた。

日本思想史分野の業績としては、長（武田）清子による研究を挙げねばならない。長は、『人間観の相剋』（一九五九年）を始めとする多数の著作において、近代の啓蒙的知性を備えたキリスト教的自我が日本の伝統の中にいかに根を下ろしていったかを探る、という主体的な問題意識の下に、独自の類型論を巧みに用いつつ、「キリスト教と日本文化」という異なる文化の対決・相剋・相互浸透の問題に鋭く切り込んでいる。

最後に、比較的新しいものであるが、歴史学分野の業績に触れておきたい。日本プロテスタント史の研究は、もともと小澤三郎によって実証をこととする研究として出発したが、まとまった研究の出現はやや出遅れた。大濱徹也は『明治キリスト教会史の研究』（一九七九年）で、それまでの斯界の研究姿勢に対する厳しい批判者として登場した。大濱は、これまでの研究、とくに神学者やキリスト教思想家のそれは理念の展開史であるとし、キリスト教史も歴史研究である以上、「あるべき教会」の理念を先立てるのではなく、歴史的な教会の実態解明から始めるべきであると主張する。そして、それぞれに特色のある個別教会を素材に、それらの事例研究・調査分析を踏まえて、教会形成の実態を丹念に描き出した。日本近代史家の高橋昌郎も『明治のキリスト教』（二〇〇三年）において、一般に「キリスト教史」と題する著述はキリスト教の布教の歴史であり、キリスト教思想を「キリスト教の側から」考察したものが多いとして、歴史的事象は史家としての客観的・公正な目で解明されるべきことを提唱している。

なお通史的な規模の著作としては、海老沢有道・大内三郎の共著『日本キリスト教史』（一九七〇年）、土肥昭夫『日本プロテスタント・キリスト教史』（一九八〇年）がある。前者は、海老沢執筆のキリシタン史及び再布教後のカトリック史の部分はコンパクトな概説であるが、大内によるプロテスタント史の部分はかなり大部の研究となっており、教会形成史、とりわけ旧日本基督教会に継承され現日本基督教団に受け継がれた「信仰告白」を基軸として記述されたもので、それまでに蓄積された諸資料を整理し体系化した最初の試みとして、プロテスタント史記述の一つの基本となった。土肥の著作は、近現代に満遍なく目配りされ、通史としては現時点で最も詳しいものである。内容は、幕末における宣教開始から一九六〇年代におよんでいるが、全体にキリスト教の体制順応的な姿勢への批判が通底しており、とくに戦後に関する記述には、キリスト教の保守的体質に対する厳しい断罪が見られる。

この他にも、例えばマーク・マリンズ『メイド・イン・ジャパンのキリスト教』（二〇〇五年、原著一九九八年）など多くの労作や優れた個別研究があるが、ここではとりあえず、冒頭に記したような本稿の意図に沿ったもののみを取り上げた。

二、日本思想史としてのキリスト教史

さて高橋や大濱が指摘するように、これまでの日本キリスト教の研究では、ある理念的なモデルをもって日本のキリスト教を評価したり裁断したりする、という姿勢が優位を占めてきた。日本のキリスト教史家が、鮮烈な価値観に支えられた研究を通して日本のキリスト教の自己評価、自己反省を試みることは、それ自体意義のあることである。しかし同時にそれは、歴史記述としては対象の一側面を描いたに過ぎず、時としては対象それ自体のバランスのとれた理解から外れることもある、ということを明確にしておくべきであろう。もしも、そのような姿勢による研究のみが日本のキリスト教の自己理解を規定してきたとすれば、それは異なる方法的視座に立つ研究によって修正されなければならない。前述の大濱、高橋両氏による業績は、こうした「主体的」な研究に対する歴史学の分野からの「異議申し立て」であると言えようが、同様のことは思想史研究の立場からも言うことができるであろう。それは、ある理念的なモデルに照らして対象を評価・断罪するのではなく、対象の内在的理解を通してその実像そのものに迫る研究が求められる、ということである。

ここで、このことについての私見を簡単に述べれば、まず対象の内在的理解とは言うまでもなく、研究者が「鳥の目」、すなわち「超越者」の視点から過去の思想を評価したり裁断したりするのではなく、研究対象と同一の地平に立って（ことに研究者がキリスト者である場合には、ともに福音という同一の究極目標を目指して進む者同士として）、過去の思想をそれ自体に即して〝内側から〟理解する、という姿勢にもとづく

研究をいう。すなわち、対象が一個の思想家であれば、研究者は研究対象といわば「対話」を交わしつつ（具体的にはテキストの熟読を通して）、対象そのものの実像に迫ることを目指すのである。研究者はあらゆる前提や臆断を捨てて、対象そのものが発する声に虚心に耳を傾けつつ、対象の真のありように迫るのである。夏目漱石の小品『夢十夜』の「第六夜」に、鎌倉時代の名仏師・運慶は、木から仏像を造っているのではなく、木の中にいる仏を掘り出しているのだ、と評されたという話が出てくるが、それにならって言えば、研究者は、例えば植村正久像を自己の価値観やキリスト教理解によって造り出すのではなく、いわば資料の山の中に埋もれている植村正久を掘り出すという態度で研究にのぞむのである。

しかし、研究者もまた一個の人間である以上、そこに描き出される対象の像は、当然ながら研究者の個性を反映するものとなる。丸山眞男は思想史研究の仕事を音楽における演奏家の仕事になぞらえた（「思想史の考え方について」）。演奏家は作曲家と違って自ら作曲はせず、ただ与えられた譜面に従って演奏するだけである。しかし、与えられた譜面は同じでも、演奏家は曲の解釈や演奏の技術を通して、演奏家としての自らの個性や価値を発揮する。そのように、思想史研究者は自ら直接に思想を創出することはしないが、与えられた素材を解釈し、対象の世界を再構成することを通して、研究者としての個性や技量を発揮するのである、と。

日本キリスト教思想の研究においても、このような基本姿勢で研究にのぞむとき、研究者の個性や技量に従ってさまざまな対象の像が立ち現れる。と同時にそこには、対象の奥に潜む豊かな価値が姿を現してくるであろう。そうした未発見の珠玉を見つけ出すことは、今後の日本のキリスト教のあり方に示唆を与え、かつ日本のキリスト教の遺産の、世界のキリスト教史への貢献を跡づけることにもつながるであろうと考える。

三、今後の展望――方法的視座としての「宗教体験」

さて、従来の日本キリスト教史研究では、概して近代日本が抱える〝前近代的迷蒙の残滓〟との対比において、キリスト教的世界観の近代性・合理性が強調されてきた。前近代的迷蒙とは、あるときは伝来の土俗的な信仰であり、あるときは神聖天皇に無私の態度で仕えることを命じる臣民道徳であったが、キリスト教、とくにプロテスタントの第一の使命は、それらを克服しつつ合理的・民主的な近代社会を形成していくことにあると理解されてきた。事実、内村鑑三がプロテスタント信仰を獲得することで八百万の神々への信心から脱出し、植村正久が「教育勅語」への追従的態度を批判して唯一神への良心から行為する人格の尊厳を説いたことなどに象徴される歴史的事実が存在する。言うまでもなくそうした「近代性」は、基本的には研究対象そのものに内在する顕著な特質であったが、ここで確認しておきたいことは、同時に、そうした歴史的軌跡を跡づけ、その意義に光をあてることが、戦後民主主義時代を草創期とする当該研究分野の研究者にとって、第一義的な関心事であり課題であったということである。そしてそうした姿勢は、基本的には現在もなお継続していると言えよう。

ところで一般に宗教は、個人の内的な宗教体験と、体験的なものが教義や教会制度として整えられたありよう、あるいは、社会的実践として外化されたかたち、という二つの側面をもつ。しかしこれまでのキリスト教研究では、概して後者、すなわち宗教的経験が何らかのかたちで外化された側面に、専ら関心が注がれてきた。例えば、キリスト教信仰と政治・社会との接点を視座とする研究、あるいは信仰内容が普遍的な理解を目指し知的作業を通してロゴス化された著作の吟味・分析、さらには教会制度のあり方やその歴史的展開の跡づけなどである。無論そこでは、核となる宗教体験的なものが全く看過されていたわけではないが、宗教的行為の根源である体験そのものに光を当て、それへの理解を深めようとする姿勢は、どちらかと言えば乏しかったと言わねばならない（ただしすでに述べたように、それは研究対象そのものに内在する制約でもあった）。それのみか、宗教体験に不可避的に伴う非合理的な要素は、むしろ近代的合理性に反するものとして、禁欲的に、時には意図的に排除されてきたかの感さえある。しかしながら、何らかの宗教的経験を核としてもつという、宗教そのものの本質に照らして考えるなら、キリスト教の場合にも、その歴史の検証には、まずその根源である宗教的体験そのものに迫ることが不可欠ではなかろうか。

ここでわれわれは、宗教的事象の核となるのは個人の宗教的経験であるという言説に改めて注目しておきたい。戸田義雄は、W・ジェイムズが『宗教的経験の諸相』において、個人の宗教体験を既成の「制度的宗教」と区別して「個人的宗教」と呼んだことに言及しつつ、時代の進展は一見すると宗教の役割を狭めてきたかのように見えるが、それは実は、宗教の場が人間の内面に特定されてきたことを意味するものであるとして、次のように述べている。「（時代の進展、文化の発達とともに）内心における宗教的体験が主要な関心事となり、宗教の重心は直接に心の上に移って来た。否、宗教的体験は、宗教の発生以来、その核心的要素であったが、（たとえば科学の代替物としての呪術、司祭者による為政などといった）他の要素の脱落によって、はっきりその姿を現わしたとも言い得よう。「宗教とは何ぞや」の問いを掲げて宗教に向わんとするものは、教理にも非ず、宗教の組織にも非ずして、単刀直入に、宗教の体験、人間的な営みとしての宗教の事実に突入する必要がある。それが宗教を知る最もよき道であり、宗教生活の出発点でもある」（戸田義雄『宗教の世界』）。

今われわれは、宗教的生活の本質とは、既成の宗教団体に加入したり、宗教的確信から何らかの社会的活動に参与したりすることではなく、個人としての宗教的体験にあるという、きわめて当然の事実に改めて立ち返らねばならない。宗教の本質をそのようなものとして見定めるなら、キリスト教という宗教の研究にとっても第一義的な課題は、その外的な「衣装」を点検するだけではなく、まず「宗教の体験」「宗教の事実」に「単刀直入」に迫ることでなければならないであろう。

ではわれわれが、神についての思弁的な理論や、カノンや制度・組織としてのキリスト教、さらにはキリスト教的社会活動等ではなく、「宗教体験」そのものと直面しようとするとき、そこではどのような内実と向き合うことが予想されるであろうか。その一は、宗教のもつ神秘主義的な要素である。岸本英夫は、（宗教学の立場からであるが）「宗教現象は人間の生命拡充の営みの一面」であるとし、宗教的態度が内的に深化徹底されていくにつれて、「自我を超えた大いなる何ものかを感得したという歓び」が生まれ、そこに新しい精神世界が拓けてくるのであるという。そして、どのような宗教においても、そうした内向性に徹していくとき、そこには神秘主義的な傾向が現れてくると述べている。キリスト教の宗教体験に即して言えば、「自我を超えた大いなるもの」としての超絶的な神を感得することによって、岸本の言う「宗教神秘主義の核心」をなす「特殊な、強烈な、心の歓びの自覚」が生じるであろう。「最早われ生くるにあらず、キリスト我が内に在りて生くるなり」（『新約聖書』「ガラテヤ書」二章二〇節）というパウロのキリストとの彼我一体感は、まさに岸本の言う神秘主義的な境地の体現でありその表白であると言えるのではなかろうか。

しかしながら近代日本のキリスト教、とくにプロテスタントの場合、宗教的体験によって覚醒される心情、内的な歓喜が、「神秘性」あるいは「非合理性」として自覚されることは稀であった。たとえば植村正久の言う「超自然」は、一見すると合理性を超え出る非合理的世界のように思われるが（彼は自然界を超越する世界を「超理の郷《スーパー・ナチュラル》」〈超自然〉と呼んで、これを神の配下にある世界とした）、岸本が前掲書でR・オットーの見解を援用しつつ言うように、「合理的と対立するかに見える超自然的は、それが知的所産という限りにおいては、実は、合理的の一変形たるに過ぎない」のであり、あくまでも合理性の枠内のものであったと言うべきであろう。

だがそれは、もともと日本のプロテスタントの世界が「神秘的なもの」や「非合理的なもの」と無縁であったからというよりは、そもそも研究者の側に、そうした側面に光を当てようとする関心が乏しかったことにもよると思われる。しかし今、そうした視点から近代日本のキリスト教史を見直すなら、そこには、今まで埋もれていた豊かな水脈が発見されるのではなかろうか。例えばクエーカー主義については、これまでは総じて集会形式の特殊性や平和運動への参与などの記述に重点が置かれてきたが、右のような関心から見ていくなら、同主義に見られる深い宗教性が、いっそう鮮明に立ち現れてくるのではないかと思われる。このほかにも、従来の方法的視点では網にかかりにくかった、カトリシズムやハリストス正教会などをも含めたキリスト教史上の豊かな遺産が掘り起こされてくるのではないかと思われる。

宗教的体験に「単刀直入」に「突入する」ということのもう一つの側面は、言うなれば、意識の深層に分け入ることを意味するであろう。人間の宗教的な営みの根源が無意識の深層にあるということはC・

G・ユングの指摘したところであるが、近年、「深層領域」への関心は、心理学のみならず、歴史学、思想学、民俗学など文化のさまざまな相の探求においても見られるという。一例をあげれば、湯浅泰雄はユングの深層心理学の影響を受けつつ歴史のメカニズムを人間の無意識レベルから解明する「歴史心理学」の方法を提唱し、その方法によって西洋精神史、日本思想史を叙述している。こうした動向に鑑みるとき、今後はキリスト教思想史の場合にも、そうした側面から迫る研究が求められるであろう。そこでは恐らく、精神医学者や臨床心理学者との協働も求められるようになってくると思われる。あわせて、個人の宗教的信念がどのような行動様式として現れ、それが社会にどのような影響をおよぼしていくかを問うこと、すなわち内的な宗教体験とそれが外化されたかたちとを統一的にとらえる視点を探ることが、今後の日本キリスト教史研究の一つの課題となるのではないかと考える。

【参考文献】

姉崎正治『切支丹伝道の興廃』同文館、一九三〇年（『姉崎正治著作集』三、国書刊行会、一九七六年復刻）
石原謙『日本キリスト教史論』新教出版社、一九六七年
浦川和三郎『切支丹の復活』前篇・後篇、日本カトリック刊行会、一九二七〜二八年（国書刊行会、一九七九年復刻）
海老沢有道・大内三郎『日本キリスト教史』日本基督教団出版局、一九七〇年
大濱徹也『明治キリスト教会史の研究』吉川弘文館、一九七九年
小澤三郎『幕末明治耶蘇教史研究』（日本基督教団出版局、一九七三年）初版一九四四年
オットー、ルドルフ『聖なるもの』華園聰麿訳、創元社、二〇〇五年

キリスト教（鵜沼裕子）

岸本英夫『宗教神秘主義』大明堂、一九五八年
熊野義孝『日本キリスト教神学思想史』新教出版社、一九六八年
坂井悠佳「プロテスタント日本伝道一五〇年に寄せて」（『史境』五九）二〇〇九年
ジェイムズ、ウィリアム『宗教的経験の諸相』桝田啓三郎訳、岩波文庫、一九六九年
高橋昌郎『明治のキリスト教』吉川弘文館、二〇〇三年
長（武田）清子『人間観の相剋』弘文堂新社、一九五九年
津城寛文『日本の深層文化序説』玉川大学出版部、一九九五年
土肥昭夫『日本プロテスタント・キリスト教史』新教出版社、一九八〇年
戸田義雄『宗教の世界』大明堂、一九七五年
マリンズ、マーク・R『メイド・イン・ジャパンのキリスト教』高崎恵訳、トランスビュー、二〇〇五年
丸山真男「思想史の考え方について」（武田清子編『思想史の方法と対象』創文社）一九六一年
村岡典嗣「妙貞問答の吉利支丹文献として有する意義」（『続日本思想史研究』岩波書店）一九三〇年
村岡典嗣著・前田勉編『新編日本思想史研究――村岡典嗣論文選』平凡社東洋文庫、二〇〇四年
湯浅泰雄『日本人の宗教意識』名著刊行会、一九八一年（『湯浅泰雄全集』一〇、白亜書房、一九九九年）

政治思想

平石 直昭

一、言葉の定義

私に与えられた主題は「政治思想」を学ぶためのガイダンスであるが、「日本政治思想史」を学ぶためのガイダンスに置きかえて論じたい。そのようにする理由は後述するとして、まず「政治思想」とは何かについて考えよう。

辞書によれば「政治」や「思想」という言葉は古くからあるが、二つを結びつけた「政治思想」という熟語は伝統的な漢語にはない（諸橋轍次『大漢和辞典』大修館書店）。それは幕末維新期に西洋学術を摂取するようになった後に、political theory（政治理論）、political party（政党）などとともに、political thought（あるいはそれに対応する他の欧語）の訳語として定着したと思われる。「政治思想」という熟語が伝統漢語になかった背後には、政治学 politics という学問がもともと古代ギリシアのポリスの政治経験を基礎として生まれ、その後も西洋の歴史を通じて発展してきたという事情があるであろう（アリストテレス『政治学』、Bernard Crick, *In Defence of Politics*）。「政治思想」という観念も「政治学」という言葉を前提として、そこから派生したのではないかと推測される。

ところで「政治思想」について『日本国語大辞典』（小学館）は「国家統治のあり方についての認識、またその価値判断の根拠となる考え方」と説明している。典拠は内田魯庵の『社会百面相』である（一九〇二年刊行）。このことは二十世紀初頭の日本で、この言葉が定着しだしたことを示している〔追記参照〕。またこの説明に従えば、「政治思想」という言葉はなかったとしても、それにあたる思想は、前近代の日本や東アジアにも存在していたといえる。

例えば古代中国の儒教が示す「治国平天下」「王道」「覇道」「大同」などの観念、墨家の「非攻」「兼愛」の理念、法家が発展させた「法による支配」の観念、あるいは封建制や郡県制の得失をめぐる議論（張翔・園田英弘共編『「封建」・「郡県」再考』）、仏教に現われる「仏法」に対する「王法」の観念、記紀神話などに現われる「まつりごと」の観念、鎌倉幕府の「ご成敗式目」に現われる「政道」観や徳川幕府の「法度」観。これらはいずれも右の意味での「政治思想」といえる（平石直昭「前近代の政治観」。日本語の世界で「政治」がどう表現されてきたかついては成沢光『政治の言葉』参照）。

こうした「国家統治」を軸にした見方に比べて、より広い意味でこの言葉を解釈することもできる。『広辞苑』（岩波書店）は「政治」を「人間集団における秩序の形成と解体をめぐって、人が他者に対して、また他者と共に行う営み。権力・政策・支配・自治にかかわる現象。主として国家の統治作用を指すが、それ以外の社会集団および集団間にもこの概念は適用できる」と定義している。この定義をふまえて「政よう。

治思想」を考えれば、それは国家に限らず人間集団一般の秩序の形成・解体をめぐる思想として理解でき

政治思想研究者の川崎修は、一九八〇年代後半以後の学界の動向について「この時期における政治哲学の復権は、従来、権力や政治の問題とはされてこなかったミクロな権力、ミクロな政治への着目というフーコー的関心と、自発的な相互行為の営みによる公共性の構築としての政治の意義の復権というアレント的関心と、公正や正義を正面から論じようとするロールズ的関心という三つの焦点を持っていた」と概括している（川崎修『「政治的なるもの」の行方』「まえがき」）。この概括が示すのは「政治」を国家統治以外の社会生活の広い領域を含んで理解する傾向が学問の世界でも強まってきたことである。それは『広辞苑』の定義と呼応するといえよう。

「政治思想」を以上のように解すれば、国家統治と社会集団秩序を二つの中心とする楕円形のようなものとして、それをイメージできると思われる。

二、「政治思想史」の対象

以上のように定義した上で注意したいのは、「政治思想史」はこうした意味での「政治思想」の「歴史」を扱うだけではすまないということである。というのも実際の歴史では、国家統治や社会秩序の維持を論ずるわけではない思想運動が、秩序の攪乱や維持の面で大きな役割を果たし、重要な政治的意味を持つことがあるからである。本稿の主題を「日本政治思想史」のガイダンスに置きかえたいと書いたのはこの点

に関わっている。こうした思想運動は固有の意味で「政治思想」とは呼べないであろうが、「政治思想史」という観点からすれば、それがもつ政治的意義からして取りあげるべき対象となるのである。

例えば仏教は「出家脱俗」「厭離穢土」を掲げる出世間教であり、それ自体は「政治思想」とはいえない。しかし現世の彼岸に永遠の秩序があるという観念や、「沙門王者を敬せず」という態度は、世俗秩序や王権を相対化する内包をもつ点で政治思想的意味をもっている。中世から戦国期にかけての一向一揆・法華一揆は、こうした内包が展開したものといえる。世俗内的な人間関係の倫理（五倫五常）を核にする儒教が、仏教を「無君無父」の教えとして排斥したのも、仏教がこうした政治的意義をもっていたからだといえよう。他方で古代仏教が示した「鎮護国家」論や「王法仏法相依」論は、世俗秩序や王権強化という面で大きな政治的役割を果たした。

また天下統一をめざす武士の権力は、戦国時代から近世初頭にかけて、宣教師によるキリスト教布教活動に対して徹底した弾圧政策を取るにいたった。キリスト教の禁教は江戸時代を通じて幕府がもっとも力を注いだ政策であった。この禁教と弾圧の論理、それに対して教会や信者が示した抵抗を支えた思想、これらも宗教と世俗権力の対抗関係を示し、集団秩序の維持・解体という観点からして、政治思想史が研究すべき対象である（『丸山眞男講義録』第四冊〜第七冊）。

さらに江戸時代中期以後に盛んになった石門心学は、民衆に対する道徳的教化を中心とした思想運動であり、これをどこまで「政治思想」といえるかは疑問である。しかしこの運動は、自分が生まれた家の職業に勤めることを教え、また儒教的な道徳を強調した。そして日本独自といわれる「家業」「家職」観と世俗倫理観を結合させることで、幕藩体制を下から補強したのである。その役割からいえば、これもまた政治思想史の対象として扱うにふさわしいといえよう（滋賀秀三『中国家族法の原理』、石井紫郎「近世の国制における「武家」と「武士」」、渡辺浩『近世日本社会と宋学』、平石直昭「近世日本の〈職業〉観」）。

以上が示すのは、「政治思想史」がもつ教義横断的な特徴である。この部で他にあがっている「仏教」「儒教」「キリスト教」は、いずれもある世界観を核にした思想体系であり、教義の創設者（ないし集大成者）、経典、教団組織、儀式の体系などにより他から区別される。従ってこれらに関する研究も、各教義がもつ固有の領域によって相互に仕切られる（もちろんキリスト教の受容にあたって仏教のある観念が媒介的な役割を果したとか、宋学の形成に仏教や道教の知的インパクトが大きく作用したというような研究の場合は別である）。

これらに比べると、「神道」は自然発生的な要素が強い。しかしそれが経典編纂や教団形成などにより他から区別される限り、神道の研究も他の教義の研究から仕切られている。さらに「洋学」になると、その中身は自然科学、医学、軍事学、社会科学など多岐にわたり、特定の経典や教団組織があるわけでもない。しかしその担い手が欧語を学び、西洋学の日本にとっての有用性を認め、その摂取を目指したという共通目的をもっていた限り、それは広い意味で学派を形成したといえよう。その限りで、その研究もまた固有の対象領域をもっているといえる。

これに対して「政治思想史」の特徴は、扱う対象がそのようには限定できない点にある。ここでは対象の側における教義内容よりも、一定の条件下でそれらが果たす政治的な機能や役割が重要な意味をもつからである。一言でいえば「政治思想史」研究は「なんでも屋」の性格を帯びざるをえないのである。ある面で政治思想史は、思想史と政治史が接点をもつ場面で生まれるといえよう。

三、政治思想史を学ぶ困難について――現代との断絶

ところで現代の私たちが日本の政治思想史を学ぶ際には、ある種の困難がつきまとう。それは十九世紀半ばに「開国」して以来の日本が、少なくも二度の大変革を経験し、思考の枠組みも大きく変ったことによる。一度目は一八六八年の明治維新とその後の文明開化路線の採用による西欧化であり、二度目は一九四五年の敗戦とそれにひきつづく法律革命と生活諸分野でみられた激しい戦後改革である。以下この事情がもつ意義について見よう。

日本は他の東アジア諸国とともに、十九世紀半ばに欧米世界の大きな衝撃を受けた。いわゆる西欧の衝撃と呼ばれる事態である。この衝撃の下で幕府は倒壊し、かわって権力を握った明治政府は、植民地化を免れ、不平等条約を是正して独立を鞏固なものとするために、西洋文明の体系的な導入を図った。中央集権的な官僚機構、軍事制度、教育制度、憲法体制いずれもそうである。多くの外国人の雇用もなされた。近代化が西欧化としてなされたのである。

この過程で、それ以前の思想は多く無用物扱いされていった。そして幕末まで蓄積されてきた漢学的素養、儒学的思考様式や価値観は急速に忘れられていったのである。私たちがそれらの伝統思想に大きな距離感を感じるのは、ここに一つの要因がある。そして考え方の枠組みが違うことからして、前近代の政治思想史を学ぶ困難が生ずるわけである。

ただここで注意すべきは、近代日本ではすべての伝統思想が捨てられたわけではなく、ある選択が働いたことである。そこには近代化が急速な西欧化として進められた結果として同一性の危機（identity crisis）が生じ、欧米に対する日本の固有性を強調する必要が生まれたという事情が作用した。西洋文明を摸倣せざるをえない故に、それだけ一層日本は何によって日本であるのかが問われたのである。

「和魂洋才」や「東西文化の折衷」が、それへの回答として示された。夏目漱石が「現代日本の開化の外発性」を指摘した（「現代日本の開化」一九一一年講演）のは、その解決策の浅薄さを自覚してのことである。そして政府指導層のこの問題への対応の仕方は、軍事、経済、政治などの分野で西洋の制度を取り入れながら、制度を運用する精神では、伝統日本的なものを守ろうとしたというものだったと概括できよう。その基礎を与えたのが「教育勅語」と「大日本帝国憲法」であった。

「教育勅語」のあげる徳目には近代的なものも入っている。例えば「一旦緩急あれば義勇公に奉じ」は近代的なナショナリズムの面をもち、江戸時代の被支配層が政治に責任を負わないのとは大きく違う。他方で「勅語」の前書にあたる部分は「忠」「孝」を日本の「国体の精華」と言い、それが教育の淵源だと主張している。そしてこれが敗戦まで近代日本の教育の最終的な規準になった。この「国体」観念は幕末の後期水戸学の議論を踏まえており、水戸学自体はその議論を、西洋諸国のキリスト教に対する対抗イデオロギーとして創出したのであった（平石直昭『改訂版 日本政治思想史』）

「大日本帝国憲法」について言えば、それは天皇による支配の正当性の根拠を天照大神以来の血筋の連続に求めている。神話的な起源に正当性の根拠を求めているわけである。人民の同意や契約というような正当性の捉え方（社会契約説）ではない。憲法や議会という西洋の政治制度を取りいれながら、日本の同一性を保とうとする努力が、こうした点に窺える。しかし他面で伝統思想の中でも、君主による支配の正当性根拠を、血統ではなく天命という普遍的価値に求めるような儒教的伝統（易姓革命思想）は無視された。あるいはそれは「国体」に反するとして否定された。選択が働いたと書いた所以である。

さらに戦後、「日本国憲法」における国民主権の原理の下で育った世代が国民の多数を占めるようになると、戦前に「国体」が持っていた精神的な禁忌の意味が急速に忘れられていった。戦後の「自由」の下で、その重みを想像しにくくなったのである。こうして近代日本人の精神的背骨となっていた要素が視野の外に置かれ、その時代の政治思想が前提としていた精神状況も現代の私たちには理解困難になるわけである。

四、東京帝国大学における「東洋政治思想史」講座設置の背景

右にみたような選択的摂取は、日本政治思想史が学問として成立する上でどのように影響したであろうか。一九三〇年代の日本には、右翼による美濃部達吉の天皇機関説批判などをキッカケとしていわゆる国体明徴運動が盛んになり、思想言論の自由が抑圧されてゆく状況があった。そうした状況を背景にして、当時東京帝大法学部で西洋政治思想史を講じていた南原繁は、助手として採用した丸山眞男に向かい、日本ないし東洋の政治思想史を専攻するように強く勧めた。その主旨は以下のような点にあった。――自分たちは西洋思想のうちにある人類に普遍的なものを問題としてこの学問をやってきた。しかしいまの時代にそういう考えは通用しない。軍部や右翼と同じ土俵で相撲をとるためにも、日本や東洋の思想を学問的

にやることが必要だ。それをやっていないから右翼や軍部に日本精神と称して勝手なことを言わせる結果になる（丸山の晩年の回想「同人結成のころのこぼれ話」による。『丸山眞男集』一五巻、一五九頁）。

南原は後に東大総長になり、新生東大の理念を定礎したが、もともとカントやフィヒテなどドイツ観念論の政治哲学を専攻した人である。その彼によるこうした述懐には、近代日本の知識人が明治以前の伝統思想について十分な知識をもたぬまま、近代西欧の政治哲学研究に入り、このため、右翼等による排外主義的な伝統の鼓吹と台頭を前にして困惑している様子を窺うことができる。この反省が南原をして、当時の情勢を利用しながら、東洋ないし日本の政治思想史の研究のための講座設置を図らせたのである。

こうした南原の勧めをうけて日本政治思想史を専攻した戦時下の丸山は、のちに回想して、学生時代までは日本の過去の思想家はほとんど読んでおらず、研究者の道を選んで以後、福沢や荻生徂徠を読み出したと語っている（丸山真男『「文明論之概略」を読む』上巻）。そして助手時代を通じて彼は、ボルケナウ、マンハイム、ヘーゲル、ヴェーバー、フライヤー、シュミットら西洋の学者の成果を利用しつつ、西洋思想史を引照規準にして近世日本の思想史を描いたのであった。

同時に丸山は戦時下で、近代日本ははたしてどこまで真にヨーロッパ精神と対決してきたかという問いを発している（「わが国が真の意味に於てヨーロッパ精神と対決したことはいまだ嘗てなかったとすらいえるのではないか」）。当時論壇では「近代の超克」論が盛んであり、近代ヨーロッパは壁にぶつかり、それを超える共同体の原理が日本にあるという論が盛んであった。それに対して丸山は、ヨーロッパを他者として立て、他者をその内側から理解する努力を日本は本当にしてきたのかという問いを出したわけである（丸山眞男「麻生義輝「近世日本哲学史」を読む」）。南原の述懐を考えるとき、この丸山の指摘が出てくる背景がよく理解できよう。それは異質な西洋文明全体とぶつかった幕末以来の日本が負った思想的課題を示している。戦後に日本の知的世界で丸山が示した独自の立場はこうした戦時下の発見にもとづくところが多い。それは、日本が古代から幕末維新期までかけて作り出してきた厚みのある思想的伝統を一方で咀嚼しつつ、他方で古代ギリシア以来の長い伝統をもつヨーロッパの政治思想史を根本から学ぶ、そして両者を自己の内部で対決させることを通して普遍的な価値をもつ学問思想を創出するというように一般化できよう。

しかし全体として見ると、こうした伝統思想と西洋思想を自己の内面で闘わせて、その対立の中から真に普遍的な思想の伝統をつくってゆく営みは、戦後も必ずしも十分には行われてこなかったといえる。ある意味で事情はもっと悪くなった面がある。というのは、戦前の日本では国体論があり、したがってそれとの関連で儒教や国学への学問的関心を支える国民的な基盤がまだあったのに対して、戦後になると、敗戦による急激な価値の顚倒の中で、国体観念や天皇制が以前のような権威をもてなくなり、それと共に、産湯と一緒に赤子を流すように、十把一からげで伝統思想一般が時代遅れとして否定されてゆくような事態が生じたからである。

そこには一九六〇年代頃までマルクス主義の影響が学生や知識人の間で強かったという事情もあろう。その歴史観の下では、徳川時代の思想（儒教や国学）は封建思想の代表とされ、積極的な価値をもつものとはされなかったからである。福沢諭吉の著作もブルジョア思想の代表として時代遅れとされ、明治時代には進歩的だったが今ではもう古いという見方がなされたのである。今もそういう見方をする人は少なくないかもしれない。

問題はこうした態度からは、福沢らの思想を彼らが置かれた歴史状況との関連でつかみ、その状況を彼らがどう把握して如何にそれに働きかけていったか、そうした営みから我々が如何に学ぶかという態度は出てきにくいことである。一般的にいえば、先人たちが時代の課題と格闘する中でうんだ古典を我々が読み、それとの格闘を通じて自分を思想的に鍛え、そのようにして先行思想の内面的な継承を経ることで今日の課題に応え、こうして新たに伝統を創ってゆくという営みが成り立たないということである。

一般論としていえばこれは、徳川時代までに先人たちが培ってきた知的遺産が、明治以後に入ってきた欧米思想との内面的な対決を経たうえで、近現代日本においてどこまで継承されたか、という問題である。世界史的にみればそれは、産業革命による通信交通手段と機械制生産技術の飛躍的な発達によって世界が一つの市場に統合されるようになって以後、非西欧圏の伝統思想が西欧のうんだ思想と接触した際に、その衝突の中から新しい思想をどこまで生み出せたかという問題でもある。この点で維新以後の近代日本は、世界史的にみて貴重な歴史的実験を行ったといえよう。そしてグローバル化という言葉が飛びかう現在、我々が依然としてその渦中にあるのは間違いない。

日本おける政治思想史の研究は以上述べたような種々の困難にまつわりつかれているが、まただからこそ、新たな学問的創造をもたらす可能性に満ちているともいえる。

【参考文献】

アリストテレス『政治学』山本光雄訳、岩波文庫、一九六一年
石井紫郎「近世の国制における「武家」と「武士」」(『日本人の国家生活』東京大学出版会)一九八六年

川崎修『「政治的なるもの」の行方』岩波書店、二〇一〇年
滋賀秀三『中国家族法の原理』創文社、第二版、一九七六年
張翔・園田英弘編『「封建」・「郡県」再考――東アジア体制論の深層』思文閣出版、二〇〇六年
夏目漱石「現代日本の開化」（『漱石全集』一一、岩波書店、一九六六年）一九一一年講演
成沢光『政治の言葉』平凡社、一九八四年（講談社学術文庫、二〇一二年）
平石直昭「前近代の政治観――中国と日本を中心に」（『思想』七九二、岩波書店）一九九〇年
――「近世日本の〈職業〉観」（東京大学社会科学研究所編『現代日本社会4　歴史的前提』東京大学出版会）一九九一年
――『改訂版　日本政治思想史――近世を中心に』放送大学教育振興会、二〇〇一年
丸山眞男「麻生義輝『近世日本哲学史』を読む」（『丸山眞男集』二、岩波書店、一九九六年）初出一九四二年
――『「文明論之概略」を読む』全三巻、岩波新書、一九八六年
――「同人結成のころのこぼれ話」（『丸山眞男集』一五、岩波書店、一九九六年）初出一九九二年
――『丸山眞男講義録』第四冊～第七冊、東京大学出版会、一九九八～二〇〇〇年
渡辺浩『近世日本社会と宋学』東京大学出版会、一九八六年
Crick, Bernard. *In Defence of Politics.* Revised Pelican Edition, 1964.

〔追記〕（二〇一五年三月十七日）

本稿は締め切りに追われながら二〇一一年春に脱稿したものである。当時は時間がなく、「政治思想」という言葉について『日本国語大辞典』から例を引くしかなかった。その後、折にふれて明治期の資料を読むなかで、この言葉が使われているのを見いだしたので、幾つか例をあげておく。

㈠「東洋自由新聞創起趣意書」（明治十四年二月）。この趣意書の主眼は、自由党を組織する必要を強調することにあるが、その理由として、人為の権力が天賦の自由の境域を狭めて「夫の知識を培養するの要具たる言論、出版

の自由を妨害し将に進んで政治の思想を圧束して社会の一致を溶解せんと」する動きに抵抗することをあげている（原文の片仮名を平仮名にかえた。西田長寿編『東洋自由新聞 復刻版』東京大学出版会、一九六四年、四頁下段）。ここに出てくる「政治の思想」という言葉は、実質的に「政治思想」と同じ意味に解してよいであろう。

㈡『時事新報』明治十六年五月二十六日の社説「儒教主義の成跡甚だ恐る可し」（『福澤諭吉全集』第八巻、岩波書店、一九七〇年、六六三頁）。ここで福澤は、儒教を道徳思想として流布しようとする保守派の目論見を批判して孔子は政治家だったと主張し、「或る時は三、四名の門人を会して各其志を云はしめ、以て政治思想の発達如何を試る等、夫れ是れの事情を察し又其文章の面を見ても、孔夫子は純然たる政治家にして」云々と書いている。福澤の念頭にあったのは、侍座する子路、曾皙、公西華にむかい、孔子が彼らの志を問うたという有名な逸話であろう（『論語』先進第十一）。以上の例から、すでに一八八〇年代には「政治思想」という言葉が熟語として使われていたとわかる。

㈢陸羯南『近時政論考』（明治二十四年五月刊。執筆は前年八、九月）「緒論」。羯南はここで、立憲政体の実施という当時の状況の下で、読書講究の暇がない有権者のために維新以来の政論の変化を分析して参考に資すると述べ、「日本の文化は常に上よりこれを誘導す。政論の運動、即ち政治思想の発達は明治政府実に是を誘起したり。しかれども維新以後の人民たる吾人は、内外交通開発の恵を受けて自から近世の政道を発見し得たること少しとせず」云々と書いている。「政治思想」が「政論」の代わりに使われているわけである（岩波文庫版、一三頁）。

㈣竹越三叉『新日本史』中巻「旧社会の破壊、新社会の結合」（明治二十五年八月）。竹越によれば、木戸孝允は平民的社会の建設に努めた立憲的大政治家であった。その理由として竹越は「木戸孝允は一国の改革、これを根本より始めざるべからずと信じ、根本の改革は先ず地方民会を設けて平民の政治思想を修練発揮し、遂に大議会に及ぼすにありと信じたり」と書いている（岩波文庫版、下巻、一〇二頁）。

以上の諸例からすれば、「政治思想」という言葉は一八八〇年代以後、日本の言論界で熟語として使われだしていたといえる。

哲学

藤田　正勝

一、哲学と思想

「哲学」という言葉は、明治になって新しく造られた言葉である。そのもとになったphilosophyという言葉は、希哲学や求聖学、究理学、性理学、理学など、さまざまに翻訳されていたが、西周《にしあまね》が一八七〇年（明治三）頃からこの「哲学」という訳語を使い始めたと言われている。さまざまな訳語のなかから「哲学」という訳語が定着していくきっかけを作ったのは、一八七七年（明治十）に東京大学が設立された際、文学部に「史学、哲学及政治学科」が置かれたことであったと考えられる。その後、この言葉は学問の世界においてだけでなく、広く一般の人々にも知られるようになっていった。一八七九年に東京大学に入学し、アーネスト・フェノロサなどのもとで哲学を学んだ三宅雪嶺が、一八八九年に刊行した『哲学涓滴《けんてき》』のなかで、「抑《そもそ》も哲学といふ語は、今や普通の詞辞と為り、商売まで哲学々々と罵る」というように記している。この文章からも知られるように、明治の中頃には哲学という言葉は広く世間一般で使われるようになっていた。物理学や化学などと同じように、西洋の学問の一つとして哲学も（たとえ表面的にであれ）人々の好奇心を刺激したのであろう。

アカデミズムの内部でも、数多くの西洋の哲学書が翻訳され、またやがて日本人の手によって哲学概論や哲学史が著されるようになっていった。中江兆民が一八八六年に出版した『理学鉤玄《こうげん》』は、わが国における最初の哲学概論であった。哲学史としては、井上円了が同じ年に『哲学要領 前篇』を著している。雪嶺の『哲学涓滴』はその三年後になるが、西洋の近代哲学をその全体にわたってはじめて詳しく論じたものとして歴史に残る著作である。

このように西洋の哲学が広く紹介され、哲学が一つの学問として定着していくとともに、日本には哲学は存在したのか、あるいは存在するのか、という問いが発せられたのも当然であったと言えるであろう。古より日本に哲学なし、という中江兆民の言葉は、その問いに対する一つの典型的な答であった。兆民は『民約訳解』（一八八二〜八三年）などを通してJ・J・ルソーの社会契約の思想や人民主権論を紹介し、自由民権運動に理論的基盤を提供したことで知られるが、『理学鉤玄』や『理学沿革史』（一八八六年）など哲学に関する著作も多い――これらの著作の表題は、兆民が philosophy の訳語として「理学」という言葉を長く用いていたことを示している――。その兆民が亡くなる直前に執筆した『一年有半』のなかで次のように記している。「我日本、古より今に至る迄哲学無し。本居、篤胤の徒は古陵を探り、古辞を修むる一種の考古家に過ぎず。……近日は加藤某、井上某、自ら標榜して哲学家と為し、世人も亦或は之を許すと雖も、其実は己れが学習せし所の泰西某々《たれそれ》の論説を其儘に輸入し、所謂崑崙《こんろん》に箇棗《このなつめ》を呑めるもの、哲学者と称するに足らず」。

もし兆民が言うように、日本には哲学が存在しなかったとすれば、逆に、何が存在したのか、ということが問題になる。その問いに答える形で「思想」という言葉が使われるようになっていったのではないだろうか。

「思想」もまた明治になって広く使われるようになっていった言葉である。おそらく、thought という言葉に対応させて、人生や社会についてのある定まった見解という意味で広く使われるようになっていったと考えられる。井上哲次郎らの『哲学字彙』（一八八一年）において、thought に「思想」という訳語があてられたことなどが、その早い用例になるであろう。

二、日本思想史の成立

「思想史」という表現も、思想という言葉の定着を踏まえて作られた言葉であるし、「日本思想史」という学問もまた、その後の歴史のなかで作られたものである。その創始に深く関わったのは、東北大学法文学部文化史学第一講座の教授をながく務めた村岡典嗣《つねつぐ》である。村岡は『日本思想史研究』（全五巻）に収められた諸論文のなかで、日本思想史とは何かという問題について、またその研究の方法について詳しく論じている。

村岡の「日本思想史」理解の特徴は、まず、それを文化史に属するものとした点にある。それは彼が文化史講座の担当者であったことにも関わっているであろう。村岡によれば、文化史は、物質的外面的文明ではなく、人間の精神的内的な所産を──たとえば宗教や道徳、文学、芸術などを──研究の対象とする。その場合に、具体的な事象に重点を置いた研究と、そうした事象を生みだす意識に重点を置いた研究とが区別される。後者が村岡の考える「思想史」である。さらにそこに地域性を考慮したところに「日本思想史」が成立する。

しかしそれが実際に学問として成立しうるかどうかは、一つの大きな問題になりうる。村岡もまたその困難さを認めている。というのも、日本において思想と呼ばれるものを概観すれば、「古くは儒教思想や仏教思想の、近くは西洋思想の輸入の歴史で、殆んどあらゆる世界的思潮の湊合である」からである。その歴史をたどっても、「或は儒教思想或は仏教思想或は西洋思想の延長史」を描くだけに終わってしまうということが考えられる。

それに対して「日本思想といふもの」あるいは「日本精神といふもの」の存在を前提にし、その歩みや変化を古代から順にたどっていくというようなことが考えられる。そして実際、日本が戦争への道を歩み始めるとともに、そのような意味での日本思想史や日本精神史が数多く書かれた。そのような日本思想史や日本精神史を拒否したことも、村岡の日本思想史理解の一つの特徴であると言うことができるであろう。歴史的研究によってはじめて明らかにされるべきものを予め前提にすることを村岡は非学問的態度として退けたのである。

それでは「日本思想史」は何を問題にするのか。その点に関して村岡は次のように述べている。「外来の思想を摂取し、その構成要素としつゝも、その間に、何等か日本的なものを発展し来つたところ、そこに、日本思想史の目標をおかねばならぬ」。「日本思想史」は、儒教の歴史や西洋哲学の歴史をただ単に

「延長」したものとしてでもなく、また、プロパガンダとしての日本精神論に偏するのでもなく、いわばその中間で構想されたと言うことができる。

三、倫理思想と倫理学

村岡以後、「日本思想史」はさまざまな形で論じられ、発展を遂げ、一定の地歩を築いてきた。しかし、この「日本思想史」という学問のあり方は、他の国々の学問と比較したとき、かなり特殊な形態をとっていると言える。ヨーロッパでは、伝統的に哲学、そして哲学史がその領域をカバーしてきた。哲学は存在論や認識論だけでなく、実践哲学や歴史哲学、政治哲学、芸術哲学、宗教哲学などを含み、多領域にわたるが、「日本思想史」にあたるものが、哲学ないし哲学史の一分野として、あるいは哲学から独立した一分野として形成されることはなかった。

中国では、日本で「哲学」という言葉が定着したのを受けて、philosophy の訳語として「哲学」という言葉が使われはじめ、現在ではそれがごく普通に使われている。それが使われはじめたのは、十九世紀の末くらいからだと言われている。当初はその訳語が適切かどうか議論があったようであるが、二十世紀になると、この言葉が一挙に広がり、「中国哲学史」が書かれるようになった（たとえば胡《こ》適《せき》の『中国哲学史大綱』など）。その場合、老荘思想や孔孟の思想も、当然のこととして、そのなかに含められた。老子や孔子はもちろん哲学という枠組みのなかでその思想を論じたわけではないが、そこで論じられた事柄は、内容的に西洋の哲学と重なるという理解がそこにあったと考えられる。つまり倫理学や政治哲学、あるいは論理学にあたるものが中国の伝統思想のなかには存在したと考えられたのであろう。そういう理解に立って、「哲学」という表現が広く使われたと考えられる。

それに対して日本ではなぜ古代から現代に至る日本哲学史というものが書かれなかったのか。この問いは、結局、宣長や篤胤が著したものが――もっと古い時代に遡れば、空海や親鸞、あるいは吉田兼好や世阿弥が著したものが――哲学と呼ばれずに、思想と呼ばれたのか、という問題に帰着する。

この問題を考える手がかりをわれわれは和辻哲郎の『日本倫理思想史』に求めることができるであろう。そこで和辻は「倫理思想史」と「倫理学史」とを区別するために、倫理と倫理思想と倫理学との関係について論じている。

「倫理」とは、和辻によれば、個人であると同時に社会的である人間を貫く普遍的な理法である。ただ普遍的な理法は、普遍的なままで社会のなかに存在するのではなく、歴史的社会的な制約を受け、特定の様式のもとに存在する。しかもそれは、個人のなかに無意識のうちに蓄積し、無意識のうちに行為となって現われるというのではなく、最初から言葉と、つまりロゴスと結びついている。そしてそのロゴスのもつ力によって、まとまった思想的表現に発展する。それが「倫理思想」である。その特徴は、それが時代的な、あるいは社会的な制約のもとにある点にある。それに対して「倫理学」は、「倫理思想」がもつ歴史的社会的制約の枠を超えて、それを普遍的な地平において問題にし、その理性的な根拠を問うということを通して成立する。

しかし、この「倫理学」もまた、歴史的社会的制約をまったく免れているわけではなく、時代とともに変遷する。それは普遍的な倫理を探究しようとする努力に基づくが、普遍的な倫理そのものではないからである。したがって倫理学にも歴史が存在する。和辻には、この「倫理学」の歴史をたどる「倫理学史」という可能性と、歴史的社会的な枠のなかで成立し、動的に変化していく「倫理思想」を対象にする「倫理思想史」という可能性とが与えられていた。そのうちから和辻は、『日本倫理思想史』という表題が示すように、後者の可能性を選択したのである。

それは日本の歴史のなかで、「厳密な意味で倫理学と呼ばれてよいようなもの」がほとんど存在しなかったということに関わっている。和辻の考えでは、倫理学の成立には、「教えに対する懐疑」が必須な要素をなしている。しかし、仏教にせよ、儒教にせよ、それらは基本的にそのような懐疑を拒否するものであった。中江兆民が古陵を探り、古辞を修める「考古家」を哲学者と認めなかったのも、このことに関わる。つまり「考古家」はテクストの発見者であり、読解者ではあっても、その妥当性を疑い、普遍的な観点からその妥当性を検討・吟味する人ではないからである。

はたして和辻が言うように、「倫理思想」は、人間存在の普遍的な理法としての「倫理」の、それぞれの異なった状況のなかでの特殊な表現形態であると言えるかどうかに関しては、詳しい検討を行わなければならない。しかし、それは確かにある時代の倫理的な意識をロゴスによって表現したものであることはまちがいがない。それは時と場所に強く結びついたものであり、普遍的な根拠に基礎づけられたものではない。その制約の故に、それを哲学として捉えることがためらわれたと言ってよいであろう。

四、原理的な問いの不在

伝統的な思想が「哲学」という言葉で呼ばれなかった理由について、もう一つ別の観点から考えてみたい。哲学の一つの領域として芸術哲学というものが存在する。かつて日本に芸術哲学が存在したかと問われるならば、即座にイエスという答を発することはためらわれる。もちろん日本においても、古代から美をめぐってさまざまな思索がなされてきたことはまちがいがない。しかし、たいていの場合、「美とは何か」というような原理的な問いは立てられてこなかったと言ってよいであろう。多くの場合、実際の創作活動や表現活動に密着したところで美とは何かということが考えられ、美をめぐる思索が蓄積されてきたと言えるのではないだろうか。たとえば世阿弥の能楽論などをその例として挙げることができる。しかしそれは基本的には能楽の修業論という性格をもつものであった。もちろん、一面では、それを通して「美とは何か」ということも問われたと言うことができるが、しかし、本来の意図は修業の道筋を示すというところにあった。

いま、実際の活動の場に密着したところで思索が積み重ねられてきたと言ったが、その背景に、理論や知よりも、実践を重視する伝統的な「ものの考え方」の存在を指摘することもできるであろう。そういう立場からすると、理論や知は、それだけでは意味をなさないのであり、実践、あるいは行と結びついてはじめて意味をもってくる。そういう考え方が日本には――あるいは東アジアには――強く存在したと言うことができる。「芸道」などと言うときの「道」という表現が、そのことをよく示している。

以上をとりまとめると、確かに一方で、いわゆる日本思想のなかにも、芸術哲学や倫理学、政治哲学などと重なる内容があり、近世以前にも哲学が存在したと言うことも可能である。しかし他方、「美とは何か」といった原理的な問いが立てられ、それをめぐる主張の理性的な根拠が問われることはまれであった、ということも指摘できる。その面に注目すれば、哲学の不在が語られるであろう。そのために「思想」という表現が好んでなされてきたように思われる。

「日本哲学史」ではなく、「日本思想史」が構想されたのは、そのことに基づく。それはもちろん一方では、実際の活動の場に密着したところで積み重ねられてきた思索をそのままに（その豊かさのままに）捉えることを目ざすものであったと言うことができるであろう。その意味で「日本思想史」が構想されたことには、十分な理由が存在したと言うことができる。しかし他方で、そのような「日本思想史」は事実の把握にとどまり、原理的な考察を欠いたままに終わるのではないかという危惧ないし疑念もまたそこで提出されうる。

五、歴史学と哲学の方法

日本思想史は、基本的に「哲学」ではなく、以上述べたような意味における「思想」をその研究の対象としてきた。そしてその方法に関しては、基本的に歴史学に立脚してきたと言ってよいであろう。村岡典嗣が「日本思想史の研究法について」と題した論文などにおいて、文献学的研究の重要性とともに、それが歴史学的な研究に移りゆかなければならないことを強調したことも、その一つの例である。

歴史学が目ざすのは、まず事実を明らかにすることである。もちろん史料の批判的な検討が求められることは言うまでもない。その上で事実を確定していくことが、歴史学がまず目ざすものである。次いで、その事実を説明することを歴史学は目ざす。事実と事実との関わりを、そして事実とそれが置かれている状況との関わりを説明することがその目標である。

事実は、それが生起する時と場所とを離れては成立しえない。具体的な状況のなかに置かれているが故に、事実は事実でありうると言うことができる。歴史学は、そのような意味での事実を立脚地として成立する。それに対して、哲学は、そのような時と場所を離れて、事実の意義と価値とを問題にしようとする。具体的な時と場所を離れたところに、それが成立する場所があると言えるであろう。

両者の方法は、原理的に対立している。しかし、哲学と歴史学とを、相互に排除し合うものとして考える必要はないと考える。哲学的な思索もまた、特定の時と場所においてなされるのである。先行する学説から影響を受けながら、また、その時代の課題を自らの課題として受けとめながらなされるのである。そのような意味で哲学もまた歴史的な営みである。必然的に、歴史学の考察の対象となりうるし、なるべきものでもある。他方、歴史学も、事実を確定するだけにとどまらず、その事実がわれわれの時代に何を指し示しているのかを問うことに関心を寄せざるをえないであろう。歴史は、われわれがそこから学ぶべきものとしてわれわれの前にあると言ってもよい。歴史学もまた、時と場所を離れたものにつながっていると考えられる。

おわりに

日本思想史研究の現状については、この講座を通して詳しい情報が与えられるであろうが、全体として見渡したとき、その成立期においてよりもいっそう多様な、そして開かれた日本思想史が模索されているように思われる。たとえば日本思想史が「日本」という枠を超えて問題にされるようになっていることが、そのことを示している。日本の思想と東アジアの思想とのつながりが積極的に問われ、相互に与えあった影響と、そのなかで形成されたそれぞれの思想の特質を明らかにする研究がなされるようになってきている。また、哲学的な問題関心と歴史学的な研究とを結びつけようとする研究も現れてきている。筆者は、両者が互いを補い合うことによって、より豊かな成果が生みだされうると考えている。そしてそのような方向へと日本思想史という学問が展開し始めていることを感じとっている。

【参考文献】

井上円了『哲学要領 前篇』令知会、一八八六年

中江兆民『理学鉤玄』集成社、一八八六年

三宅雪嶺『哲学涓滴』文海堂、一八八九年

村岡典嗣「日本思想史の研究方法について」（『日本精神文化』一―五）一九三四年

――『日本思想史研究』全五巻、創文社、一九五六〜六二年

和辻哲郎『日本倫理思想史』上下、岩波書店、一九五二年

史料・文献

梅澤　秀夫

一、思想史研究と史料

思想史研究も広義の歴史研究の一部であり、「史料」に基づいて研究がなされる（「史」という漢字はもともと文書に関連するので、文字史料以外にはふさわしくなく、非文字史料は「資料」とするのがよいという議論もあるが、ここでは歴史研究の素材という意味で全て「史料」と表記することにする）。その意味では例えば美術史学や文学史研究など、同様に広義の歴史研究の一翼を担う諸分野と同様であろう。但し狭義の歴史研究と隣接する諸分野は取り扱う史料が異なっていたり（例えば、美術史なら絵画・彫刻・建築などの美術作品、というように）、また同一の史料を扱うとしてもその扱い方、そこから引き出す情報の性質が異なる場合が多い、という関係にあるといえよう。

ここでは歴史研究の素材となる、過去の人々が遺した痕跡は全て「史料」という。史料は文献史料（文字史料）・考古史（資）料・民俗史（資）料などに大別され、その中に更に種々の分類項目があり、それぞれ史料としての性質、取り扱い方が異なる。この史料分類法も固定したものではなく、後に言及するが、現在史料論の議論が活発になっており、研究者によって様々な分類法が試みられている。思想史研究の場合、扱う対象が歴史上の人々の思惟、言説といったものなので、扱う史料もほとんど文字史料、最も典型的には思想家の著作物ということになろう。もちろん、文字史料の存在しない縄文時代の土偶や石棒などの考古史料から、縄文人の世界観を間接的に研究するということも必要であるが、やはり文字・言語を媒介としない場合、得られる情報はごく限られたものになる。

さて、著作物などから必要な情報を読み取り、分析する過程は思想史研究独自のもので、他の分野と異なる。ここに思想史研究の専門性があるのであるが、しかし一方で思想史の研究には、その思想家の生涯、置かれた社会環境、交友関係、著作物の真偽や来歴といった基礎的な研究も必要であり、また特定の個人を離れて特定の時期・地域等に流布し、人々の行動に影響を与えた思想を取り扱う場合もある。こうした研究では狭義の歴史研究と共通の史料取り扱いや史料批判が必要になろう。筆者もかつて近世の儒学者古賀精里・侗庵の研究をしていて、「極論時事封事」という論説をうっかり父の精里の著と判断してしまい、前田勉の指摘を受けて調べ直したところ、子の侗庵の著であることが確実になり、史料批判の基本に立ち返ることの重要さを改めて認識した経験がある（梅澤秀夫編『精里全書』「解題・解説」）。

この誤りの発端は、『日本経済叢書』第一七（『日本海防史料叢書』第三巻、『日本経済大典』第二六巻にも）所収の「極論時事封事」が古賀精里著となっていたのを、筆者が十分確認せずにそのまま引き継いだことであるが、思想史研究における主な史料、歴史上の知識人の著作物に関しては、この『日本経済叢書』

『日本経済大典』を始め、『日本倫理彙編』『日本儒林叢書』『日本思想闘諍史料』『日本名家四書註釈全書』『日本芸林叢書』など、明治以降活字化され出版された叢書類が数多くある。これらの内容や編纂の経緯等の詳細は他の項目に譲るが、ともかく思想史研究にとって重要なインフラストラクチャーであり、われわれが利用する機会がひじょうに多いことは間違いない。しかし一方、筆者の苦い経験からして、これに安易に依存するのは危険で、やはりその元になっている近世の刊本や写本などを、『国書総目録』（インターネット上では、国文学研究資料館が運営する日本古典籍総合目録データベースが利用できる）を検索しつつ確認する作業を怠ってはならないだろう。

このように、思想史研究も史料に基づいて行われるので、ここでは狭義の歴史研究、日本史研究の動向などにも目を向けつつ、思想史研究と史料という問題について、二、三の問題に言及してみたい。まず狭義の日本史研究（以下では「日本史学」ということにする）における史料論について。

二、日本史学における史料論

〈岩波講座日本歴史〉のシリーズは戦前から、その時々の日本史研究の最新の成果を集約するものとして何回か刊行されているが、『岩波講座日本通史』（以下『通史』と略す）が一九九三年から九六年にかけて刊行された。本巻二一巻、別巻四巻のうち、別巻の第三巻が「史料論」というタイトルになっている。その冒頭で網野善彦は、『通史』の前回に当たる一九七六年に刊行された『岩波講座日本歴史 別巻2 日本史研究の方法』冒頭の「「史料論」まえがき」で、石井進が日本史学における史料学・史料批判の分野を

「その重要性にかかわらず、学会における最も暗い一隅を形づくっていた」と述べていたことを紹介し、それから二十年を経過した『通史』刊行の時点では「史料学は疑いもなく、「暗い谷間」から抜け出し、学界を含む様々な方面から注目されるようになった」と述べている。歴史関係の主要な学会の一つ史学会の機関誌『史学雑誌』は、毎年第五号で「回顧と展望」という特集を組み、前年度に発表された歴史学関係各分野の論文・著書の紹介と簡単な批評を行っているが、諸分野の分類項目の中に「史料論」という項目がしばしば登場するようになった（分類項目の立て方は年度ごとに若干異なる）。

このように史料論が活性化した背景として、網野は八〇年代以降の開発に伴う遺跡破壊や社会変動に伴う諸史料の湮滅の進行といった事態に対する史料保存運動、保存・管理機関の設置・拡充運動が進む中で、遺跡・史料の性格を把握するために様々な分野の学問の協力が必要になってきたことを挙げている。全国各地で、市町村レベルで文書館・民俗資料館などが数多く設置され、そこを拠点として収蔵史料それ自体を様々な角度から研究する史料論・史料学が大きく発展しつつあることが現在の日本史学における動向の一つである。従来から研究されていた古文書学などとは異なる視角からの議論が提起されている。この「史料」の中にはもちろん思想史研究で扱う史料も含まれており、広義の歴史研究のインフラ整備の問題であるので、今後の史料論・史料学の動向にはわれわれ思想史研究者としても注目していく必要があろう。また、思想史研究の立場から史料論について発言していくことも必要であろう。

1、思想史研究と日本史学

しかし史料に関する議論が活性化してきた背景には日本史学自体の動向も関係していると思われる。語弊を恐れずに言えば、日本史学の「視野の拡大」とでもいうべき動向である。先に挙げた網野善彦がかの『無縁・公界・楽――日本中世の自由と平和』を出版したのが一九七八年である。この書が当時の社会と日本史学界に大きな衝撃を与えたことはわれわれの記憶に新しい。それまでの、農村に定住する農民にのみ注目する中世史から、商人・手工業者・運輸業者・芸能民といった非定住民の世界に目を向け、中世史像を大きく変えた。

それ以前の戦後の日本史学会では、マルクス主義の唯物史観の影響力が強く、歴史上の社会の在り方や進む方向を規定するのは、その社会の生産力の発展段階に対応する生産関係の総体である「下部構造」とし、政治や法律・思想・宗教といった「上部構造」はそれに規定されるとする。そのため、思想史の研究などは社会の発展を解明するためには二次的な意義しかもたないかのような雰囲気があった。もちろん当時の日本史学界がそれだけだったわけではなく、一方で家永三郎・尾藤正英のような史学系の思想史研究者が活躍していたのだが、当時大学院生であった筆者などは、全体に何か硬直化した下部構造決定論の重苦しい雰囲気が立ちこめているように感じていた。そうした中での網野善彦の衝撃に対しては、「壁に風穴が開いた」かのような好印象をもったことを記憶している。

日本史学の視野が拡大するというのは、もちろん取り扱う史料の範囲が拡大するということでもある。古文書・古記録といった文字史料に限らず、これまであまり史料として利用してこなかった絵画・地図などの画像や、中世・近世・近代の考古史料などにも注目し、文字史料からは得ることができなかった新たな情報を得て、これまでの研究方法では知ることができなかった豊かな歴史像を描くことができると考えられるようになった。前に述べたように、開発に伴う遺跡破壊の前に発掘調査が法的に義務づけられ、中世都市鎌倉や近世の江戸大名屋敷などの遺跡が数多く発掘調査されるようになった結果、文字史料が豊富に存在する時代を扱う歴史考古学の成果が発表され、文字には記録されることがあまりない日常生活の具体相などが解るようになってきたことなども背景にあるだろう。

史料の拡大ということでは、東京大学史料編纂所長をつとめた黒田日出男が象徴的存在である。黒田はそれまでの日本史学であまり利用されて来なかった絵画史料の積極的利用を唱えたことで知られる。『姿としぐさの中世史――絵図と絵巻の風景から』など数多くの著書があるが、『週刊朝日百科日本の歴史 別冊1 絵画史料の読み方』は一般向けながら黒田の史料論が解りやすく解説されている。ここでは絵画史料の読み方ばかりでなく、「沈黙史料」「発言史料」「アナログ史料」「デジタル史料」など、特徴的な言葉を使った黒田独自の史料分類法が、古典的なベルンハイム（Ernst Bernheim, 一八五〇―一九四二）『歴史とは何ぞや』や太田秀通『史学概論』の史料分類法と対比しながら示されている。その「第三 発言史料(B)アナログ史料」という項目を見ると「a壁画」「b模様・文様」「c織物の文様・柄・絵」「d陶磁器の形・絵柄など」「絵図・絵地図など」と様々な絵画史料の細目が数多く列挙されている。更に「(C)アナログ・デジタル史料」という項目もあり、「a絵巻物」「b絵解きの行われた絵画」「d映画・漫画・劇画など」といった細目が並ぶ。近年の日本史学では絵巻物や地図・絵図などを史料として使用することも普通のことである。

史料の拡大はもちろん絵画や地図にとどまるものではない。同じ黒田の分類表を見ても「(A)デジタル史料」つまり文献史料でも、従来から中心的な史料である「a古文書」「b日記」と並んで「c物語・説話」「d歌謡・和歌・落書・連歌・俳句・川柳など」「e地誌・風俗誌」「.iその他一切の文献・著作」といった項目が並んでいる。文学作品を史料として使用することについては、日本近代史学史上有名な「抹殺論争」（明治八年以降、太政官修史局で修史事業に携わった重野安繹が南朝の忠臣児島高徳が『太平記』にしか登場せず、他の史料によって確認できないことを理由に実在したとは認められないなどとし、「忠臣義士を抹殺する」として非難された）があるが、江戸期の大義名分史観から脱し、実証的な歴史研究を確立するためには必要であったとしても、文学作品を史料として利用することは重要である。フィクションの部分もあるから、単純な事実関係の確認には使えないというだけである。前述の『岩波講座日本通史 別巻3 史料論』でも、大隅和雄が「史料としての文学作品」を書いている。

ところで、このような日本史学における視野・史料の拡大は日本思想史研究にどのような影響を及ぼすかが問題である。それは両者の境界が曖昧になりつつあるということであろうと考える。荻生徂徠や新渡戸稲造といった特定の個人の思索を研究するような場合はともかく、前述のように特定の個人を離れて特定の時期・地域等に流布し、多数の人々の行動に影響を与えた思想を取り扱うような研究は日本史学の側からもなされるようになっている。下部構造決定論の「呪縛」から自由になれば、人の行動は全て何らかの「考え」に基づいて為されるのであって、その「考え」を理解しないと歴史上の人々の行動の意味も理解できないと考えるのは当然である。一方、思想史の側でも取り扱う対象である「思想」について明確な定義づけがなされていない以上、極端に言えば「人が考えたことは全て思想」ということになりかねない。もともと両者は境界が曖昧になる要素を内包しているのである。

一つの例について考えると、一九八〇年代以降、日本近世史の分野では、これまで「鎖国」としてとらえてきた近世の対外関係の見直しが行われ、東アジア諸国の国際関係を踏まえた「日本型華夷秩序」という概念が提起されている。この議論について、ここで詳しく紹介する余裕はないが、東アジア世界における華夷思想やそれへの反発というのは思想史にとっても重要なテーマであり、この議論については思想史の立場から種々議論の余地があるのではないか、と考えている（管見の限りで、佐藤弘夫編集委員代表『概説日本思想史』では前田勉〈「コラム14　日本型華夷意識」〉、荻生茂博〈「コラム18　アイヌ・琉球・朝鮮」〉がこの問題に言及しており、特に荻生は日本思想史研究自体の問題にまで掘り下げて考察しているが、概説書の「コラム」という制約から、簡潔な指摘にとどまっている）。

一方、思想史の側からも「越境」の試みがなされている。例えば、『季刊日本思想史』五八号は「思想史としての『吾妻鏡』」を特集している。言うまでもなく『吾妻鏡』は鎌倉時代政治史の基本史料であるが、同一の史料を様々な角度から検討することが可能なのだから、そうした試みが今後もなされていくだろう。

日本史学界との関係について触れたついでに、やや本題からは逸れるが、『史学雑誌』の「回顧と展望」について紹介しておきたい。日本では歴史関係の学会は数多く、全体の中心となるような存在が必ずしも明確でないが、史学会は東京大学系の有力学会である。史学会が月一回発行する『史学雑誌』は毎年第五号を「回顧と展望」という特集に充てており、前年に発表された歴史関係の著書・論文を紹介・論評しつつその分野の研究動向についてコメントする。史学会は日本史だけでなく、東洋史・西洋史も含んでおり、日本史もまず古代・中世・近世・近現代と大まかな時代区分を設け、各時代ごとに政治・経済などの小項目を設定し、各分野の執筆者が担当している。小項目の設定は時代により、また年度によってもすこしずつ変わるが、近世・近現代に関してはほぼ毎年思想史関係の項目を設けている。「回顧と展望」は一九五〇年の第五九編第五号から始まっているが、このときからすでに「思想史関係」の研究についても取り上げており、その後もこの姿勢は一貫している。

これはわれわれ日本思想史研究者にとってもたいへん重宝なものであるので、毎年参照されることを推奨するとともに、論文・著書を発表した際は、コピーを史学会に送ることを奨めたい。

2、史料の電子化について

コンピュータやインターネットの普及が思想史研究に与える影響について、史料の面から考えてみたい。周知のように、コンピュータの処理能力はたいへんな勢いで向上しており、扱う情報量も処理・通信速度も十年、二十年前とは比較にならない水準に達している。計算機として出発したコンピュータがわれわれ人文系の研究者の道具としても活用できるような状態が整いつつあり、それは研究方法にも一定の変化をもたらすだろうと予想される。

史料に関しては、思想史研究に特に関係が深いと思われるのは、①史料所蔵機関が収蔵する史料の画像をインターネットを通じて公開する、②著作物などの全文テキストを電子化しデータベース化する、③種々の史料に分散している情報を統合するデータベースの構築といったことが考えられる。

①の画像情報の提供は既に所蔵機関で着手されており、前に述べたように各地域でも史料館・文書館・郷土資料館といった機関が整備されるにしたがって、それらの機関もこうした事業を推進すると思われるので、将来的には膨大な量の史料画像をインターネット上で閲覧することができるようになろう。後述する全文データベースと異なり、画像化は単にデジタル写真を撮影してサーバーに登録するだけなので、あ

まり多くの手間や費用を必要としない。かつては一枚あたり数メガバイトといった画像情報の情報量の多さが問題であったが、これはコンピュータの処理能力、通信速度の飛躍的向上により、現在では問題にならなくなった。従来史料を広く利用に供する手段としては、活字化や原史料の写真を影印版として出版するということが行われてきたが、活字化は多くの手間・費用を必要とするし、また活字化する過程で失われる情報も多い。影印版にしても出版となると多くの費用を要すると思うが、インターネット上での画像公開はそれらと比べてはるかに容易である。

研究者の側から見ても、わざわざ遠隔地に出向かなくても研究室にいながらにして原本を見るのに近い形で閲覧ができる。所蔵機関としても、閲覧に供することによる史料の傷みを減らすことにもなる。近年は史料が重要文化財などに指定されることが多くなり、研究者であっても閲覧には面倒な手続きを要求されることが多くなった。その代償という意味でも、史料を重文などに指定する際には、少なくとも史料の画像化、インターネット上での公開を義務づけるなどの配慮が必要ではないかと思う。もちろん画像化によっても、史料の物質的側面など伝わらない部分はあり、必要な場合には研究者が直接閲覧できるような態勢も必要である。

②の全文テキストは、思想史研究により大きな影響を与えるかと予想される。コンピュータ内部では文字はコード番号によって取り扱われる。コンピュータが文章を取り扱う場合、それは文字の列、更にいえばコード番号の並びとして扱われることになる。しかし前述の画像情報の場合は、それ以前の点の集合として扱われるので（全ての画像は小さな点に分解され、その一点一点の情報の並びとして扱われる）、それとは大きく異なる。近年コンピュータ上での文字列検索技術の発達により、膨大な量の文字列情報から特定の文

字列パターンを高速で検索することが容易になってきている。

問題は文字コードで、コンピュータが文字つまり言語を扱うようになったとき、当初は英語のアルファベット二六文字の大小文字といくつかの記号にコード番号を割り振ったのみであった。一文字を表すのに必要なのはわずか七ビットであった。その後、非英語圏の各国がそれぞれ自国で使用する文字のために勝手にコード番号を割り振ったので、同じコード番号が国によって全く異なる文字を表すようになってしまった。日本でも漢字やかななど日本語を表記する文字を表すために、一文字あたり一六ビットを使用するＪＩＳコード表が制定された。しかしこれは日本語表記を目的にしていたので、漢文のテキストを打ち込むには、定義されている漢字数が圧倒的に不足しており、また中国や台湾など他の漢字使用国のコードとは全く異なるものであった。

こうした問題を解決し、世界中で使用されている文字を単一のコードで表すために、一九八〇年代に提唱されたのが「ユニコード」である。ユニコードはその後マイクロソフトやアップルなど有力なコンピュータ、ソフトメーカーが参加し、現在パソコンで主流のＯＳとなっているWindowsでもこれを採用している。ユニコードはいくつかのバージョンが更新され、その間に一部互換性がないなど若干の問題が残されているが、概ねコンピュータ上での文字コードの問題は解決されていくものと考えられる。

史料の全文テキストデータベース化ができると、思想史の研究には特に有用な面があると思われる。例えば、膨大な史料群の中からある語彙や表現の用例や出典を高速に探し出すことができるようになる。特に漢文テキストを扱う場合、出典探しに多大な労力を費やすこともあり、「地獄めぐり」という言葉もあるくらいであるが、多くの研究者が経験しているであろうこの労苦から解放される意義は大きいし、これまで長年の経験と勘に頼ってきた部分を機械化することによって、研究の効率化が期待できる。儒教の主要な教典や正史など主要な漢籍については、これまでにも各種の「引得」つまり索引が販売されており、筆者のように経典類を丸暗記していない研究者にとってはありがたい存在であったが、これらの全文テキストをＵＳＢメモリーに納めたものが近年販売されている。まだかなり高価ではあるが、「地獄」の出典調べを効率化する効果が期待できる。こうしたものが、今後研究のためのインフラとしてだれでも容易に利用できるような環境が整備されていくことを期待したい。

【参考文献】

網野善彦「「史料論」まえがき」（朝尾直弘他編『岩波講座日本歴史　別巻2　日本史研究の方法』岩波書店）一九七六年
――『無縁・公界・楽――日本中世の自由と平和』平凡社、一九七八年
梅澤秀夫「解題・解説」（梅澤秀夫編『精里全書』近世儒家文集集成15、ぺりかん社）一九九六年
大隅和雄「史料としての文学作品」（朝尾直弘他編『岩波講座日本通史　別巻3　史料論』岩波書店）一九九五年
太田秀通『史学概論』学生社、一九六五年
『季刊日本思想史』五八、ぺりかん社、二〇〇一年
黒田日出男『姿としぐさの中世史――絵図と絵巻の風景から』平凡社、一九八六年
――『週刊朝日百科日本の歴史　別冊1　絵画史料の読み方』朝日新聞社、一九八八年
佐藤弘夫編集委員代表『概説日本思想史』ミネルヴァ書房、二〇〇五年
ベルンハイム、エルンスト『歴史とは何ぞや』坂口昂訳、岩波書店、一九二二年（原著一九二〇年）

日本思想史学関係文献一覧

凡例

一、本一覧は、原則として二〇一五年七月までに刊行・発表された日本思想史学関係の文献、ならびに隣接諸分野の重要と思われる文献（おもに単行書・論文集）を収録した。

一、本一覧は、おもに単行本を対象として選択・収録を行なった。検索環境の整備されている現状を鑑み、人名・書名などの固有名詞を表題に掲げる文献については掲載数を極力抑え、包括的なテーマを扱った研究を中心に採録を行なった。

一、右の要領に基づいて選択した文献を、その内容によって「原典・注釈史料および総合」「古代」「中世」「近世」「近代」に分け、おおむね以下の基準にしたがって配列した。

A「原典・注釈史料および総合」では冒頭部分に原典資料・注釈史料を配したのち、①思想史関連（通時代的各論・概説書・講座・叢書・概説書・ガイドブック・辞典類）、②隣接諸分野（概説書・講座・叢書）、③神祇・神道（通史・各論・神仏習合）、④仏教（通史・各論）、⑤儒学・漢学・道教（通史・各論）、⑥政治・王権論（通史・各論）の順に分類・配列を行なった。

B「古代」「中世」「近世」「近代」では、『日本思想史講座』1〜4所収の各論考・コラムにおける主要参考文献に加え、各時代において重要と考えられる文献を右記の基準にて選択し、①一般（学問・道徳・教育）方面、②宗教方面、③文学・芸術方面、④政治・社会（経済）方面の項目順に、分類・配列を行なった。

一、単行本は「編著者名等・書名・版元・発行年」、論文は「執筆者名・論文名・掲載誌名・号数・発行所名・発行年」の順に記載した。

一、共著（共編）で三名以上の場合は、筆頭に挙げられた一、二名のみを記載し、その他の著者名（編者名）は「他」とした。

一、文献の選択にあたっては、現在もっとも入手しやすいものを掲げた。そのため、発行年や版元名が初出時のデータと異なる場合がある。

一、本一覧の作成者は、次の通りである（＊は責任担当者）。

原典・注釈史料および総合……小嶋翔、高橋恭寛、＊冨樫進
古代……村上麻佑子、＊冨樫進
中世……梅原博、＊舩田淳一、モリス・ジョン
近世……ボロヴニコヴァ・エレーナ、＊吉川裕、李月珊
近代……＊岡安儀之、島田雄一郎

また、提出された各データに基づき、最終的な補訂と編集は冨樫進が担当した。

A　原典・注釈史料および総合

原典・注釈史料

井上光貞・中村元他編『日本の名著』（全五〇巻）中央公論社、一九六九〜一九八二年
鷲尾順敬編『日本思想闘争史料』（全一〇巻）名著刊行会、一九六九〜一九七〇年
渡辺照宏・玉城康四郎他編『日本の思想』（全二〇巻）筑摩書房、一九六八〜一九七二年
家永三郎・石母田正他編『日本思想大系』（全六七巻・六八冊）岩波書店、一九七〇〜一九八二年
井上哲次郎・蟹江義丸編『日本倫理彙編』（全一〇巻）臨川書店、一九七〇年
明治文化研究会編『明治文化全集』第三版（全二八巻、別巻二冊）日本評論社、一九九二〜一九九三年
大久保利鎌・桑原伸介他編『明治文化資料叢書』（全一二巻、一三冊）風間書房、一九五九〜一九六三年
奈良本辰也・衣笠安喜他編『近代日本の名著』（全八巻）徳間書店、一九六六〜一九六七年
田中彰・遠山茂樹他校注『日本近代思想大系』（全二三巻、別巻一冊）岩波書店、一九八八〜一九九二年
宮沢俊義・大河内一男監修『近代日本思想史大系』（全七巻）有斐閣、一九六八〜一九七九年
佐藤誠三郎・石田雄他編『近代日本思想大系』（全三六巻）筑摩書房、一九七四〜一九九〇年
松本三之介・家永三郎他編『現代日本思想大系』（全三五巻）筑摩書房、一九六三〜一九六八年
日高六郎・武田清子他編『戦後日本思想大系』（全一六巻）筑摩書房、一九六八〜一九七四年
谷川健一編『日本庶民生活史料集成』（全三一巻）三一書房、一九六八〜一九八四年
高木市之介・西尾実他監修『日本古典文学大系』（全一〇〇巻、別巻二冊）岩波書店、一九五七〜一九六九年
石田穣二・清水好子他校注『新潮日本古典集成』（全九四冊）新潮社、一九七六〜二〇〇四年
佐竹昭広・大曽根章介他編『新日本古典文学大系』（全一〇〇巻、別巻六冊）岩波書店、一九八九〜二〇〇五年
山口佳紀・神野志隆光他校注訳『新編日本古典文学全集』全八八巻、小学館、一九九四〜二〇〇二年
日本随筆大成編輯部編『日本随筆大成 新装版』（第一期全二三巻、第二期全二四巻、第三期全二四巻、別巻一〇巻、全八一冊）吉川弘文館、二〇〇九年

中野三敏・十川信介他編『新日本古典文学大系 明治編』（全三〇巻）岩波書店、二〇〇一～二〇一三年

塙保己一編『群書類従』（全二九巻、別巻一冊）八木書店、二〇〇七年

――『続群書類従』（全三〇巻、八六冊）八木書店、二〇一三年

国書刊行会編『続々群書類従』（全一七巻）八木書店、二〇〇七年

黒板勝美編『新訂増補 国史大系 新装版』（全六〇巻、別巻二冊、六六冊）吉川弘文館、一九九九～二〇〇三年

神道大系編纂会編『神道大系』（全一二〇巻）神道大系編纂会、一九七七～一九九四年

神道大系編纂会編『続神道大系』（全五〇巻、五一冊）神道大系編纂会、一九九五～二〇〇七年

佛書刊行会編『大日本佛教全書』（全一五一巻、別巻一〇冊）大法林閣、二〇〇七年

高楠順次郎・渡辺海旭他編『大正新修大蔵経 普及版』（全八八巻）大蔵出版、一九八八～一九九一年

岩野眞雄編『国訳一切経 和漢撰述部』（全一〇〇巻、一〇二冊）大東出版社、一九三六～一九八八年

三井晶史編『昭和新纂 国訳大蔵経』（全四八巻）大法輪閣、二〇〇九年

鈴木学術財団編『日本大蔵経』（全一〇〇巻）講談社、一九七三～一九七八年

長尾雅人・柳田聖山他監修『大乗仏典 中国・日本篇』（全三〇巻）中央公論社、一九八七～一九九五年

文部省編『日本教育史資料』（全一一巻）臨川書店、一九六九～一九八〇年

寺崎昌男・久木幸男監修『日本教育史基本文献・史料叢書』（全六三巻）大空社、一九九一～一九九八年

石川松太郎監修『往来物大系』（全一〇〇巻）大空社、一九九二～一九九四年

吾妻重二編著『家礼文献集成』（四巻）関西大学東西学術研究所資料集刊、関西大学出版部、二〇一〇年～

関儀一郎編『日本儒林叢書』（全一四巻）鳳出版、一九七一年

吉川幸次郎・小島憲之・戸川芳郎編『漢語文典叢書』（全七巻）汲古書院、一九七九～一九八一年

関儀一郎他編『近世漢学者伝記著作大事典』琳琅閣書店、一九八一年

相良亨他編『近世儒家文集集成』（全一六巻）ぺりかん社、一九八五～二〇〇〇年

玉村竹二編『五山文学新集』（全六巻、別巻二冊）東京

大学出版会、一九六七〜一九八一年
上村観光編『五山文学全集』（全五巻）思文閣、一九七三年
富士川英郎・入矢義高他編『日本漢詩人選集』（一八巻）研文出版、一九九八年〜
高須芳次郎編『水戸学大系』（全八巻）水戸学大系刊行会、一九四〇〜一九四二年
大阪大学懐徳堂文庫復刻刊行会監修『懐徳堂文庫復刻叢書』（全一二巻）吉川弘文館、一九八八〜一九九九年
長澤規矩也・阿部隆一編『日本書目大成』（全四巻）汲古書院、一九七九年
神宮司庁編『古事類苑』（全五一巻）吉川弘文館、一九九五〜一九九八年
物集高見・物集高量編『広文庫』（全二〇巻）名著普及会、一九七六〜一九七七年

思想史関連

石田一良『日本思想史概論』吉川弘文館、一九六三年
――『日本文化史――日本の心と形』東海大学出版会、一九八九年
苅部直・片岡龍編『日本思想史ハンドブック』新書館、二〇〇八年
子安宣邦編『日本思想史』ブックガイドシリーズ基本の30冊、人文書院、二〇一一年
佐藤弘夫編集委員代表『概説日本思想史』ミネルヴァ書房、二〇〇五年
佐藤正英『日本倫理思想史 増補改訂版』東京大学出版会、二〇一二年
清水正之『日本思想全史』ちくま新書、二〇一四年
遠山淳・中村生雄他編『日本文化論キーワード』有斐閣双書、二〇〇九年
家永三郎『日本道徳思想史』岩波全書セレクション、二〇〇七年
石毛忠編『伝統と革新――日本思想史の探求』ぺりかん社、二〇〇四年
石田一良『カミと日本文化』ぺりかん社、一九八八年
――『時代区分の思想――日本歴史思想序説』ぺりかん社、一九八六年
石田一良編『思想史Ⅰ・Ⅱ』体系日本史叢書22・23、山川出版社、一九七六年・二〇〇一年
――『日本精神史』ぺりかん社、一九八八年
今井淳・小澤富夫編『日本思想論争史』ぺりかん社、一九七九年

大隅和雄編『文化史の構想』吉川弘文館、二〇〇三年
笠井昌昭『日本文化史――彫刻的世界から絵画的世界へ』ぺりかん社、一九八八年
――『日本の文化』ぺりかん社、一九九七年
相良亨『日本の思想――理・自然・道・天・心・伝統』ぺりかん社、一九八九年
相良亨編『超越の思想――日本倫理思想史研究』東京大学出版会、一九九三年
佐藤弘夫『死者のゆくえ』岩田書院、二〇〇八年
佐藤正英・野崎守英編『日本倫理思想史研究』ぺりかん社、一九八三年
竹内整一『「かなしみ」の哲学――日本精神史の源をさぐる』NHKブックス、二〇〇九年
――『花びらは散る　花は散らない――無常の日本思想』角川選書、二〇一一年
――『やまと言葉で〈日本〉を思想する』春秋社、二〇一五年
玉懸博之編『日本思想史　その普遍と特殊』ぺりかん社、一九九七年
辻善之助『日本文化史』(全七巻、別録四巻、全一一冊)春秋社、一九六九～一九七〇年
津田左右吉『文学に現はれたる我が国民思想の研究』(全八巻)岩波文庫、一九七七～一九七八年
中村元(春日屋伸昌編訳)『日本思想史　新装版』中村元英文論集、東方出版、二〇一二年
丸山眞男『日本の思想』岩波新書、一九六一年
――『丸山眞男講義録』(全七巻)東京大学出版会、一九九八～二〇〇〇年
源了圓編『型と日本文化』創文社、一九九二年
村岡典嗣『日本思想史研究』(全四巻)岩波書店、一九三〇～一九四九年
――(前田勉編)『新編日本思想史研究――村岡典嗣論文選』東洋文庫、平凡社、二〇〇四年
村岡典嗣著作集刊行会編『日本思想史研究』(全五巻)創文社、一九五六～一九六二年
和辻哲郎『日本倫理思想史』(全四巻)岩波文庫、二〇一一～二〇一二年
石田一良・古川哲史編『日本思想史講座』(全八巻、別巻二冊)雄山閣、一九七五～一九七八年
伊藤整他編『近代日本思想史講座』(七巻)筑摩書房、一九五九～一九六一年
苅部直・黒住真他編『岩波講座　日本の思想』(全八巻)二〇一三～二〇一四年

菊池謙二郎・関山延他編『水戸学集成』（全六巻）国書刊行会、一九九七年
相良亨他編『講座 日本思想』（全五巻）東京大学出版会、一九八三～一九八四年
竹内整一・西村道一他編『日本思想史叙説』（全四巻）ぺりかん社、一九八二～一九九四年
石毛忠・今泉淑夫他編『日本思想史辞典』山川出版社、二〇〇九年
石田一良・石毛忠編『日本思想史事典』東京堂出版、二〇一三年
子安宣邦監修『日本思想史辞典』ぺりかん社、二〇〇一年
小口偉一・堀一郎監修『宗教学辞典』東京大学出版会、一九七三年
金子幸子・菅野則子他編『日本女性史大辞典』吉川弘文館、二〇〇八年
近代日本社会運動史人物大事典編集委員会編『近代日本社会運動史人物大事典』（全五巻）日外アソシエーツ、一九九七年
国史大辞典編集委員会編『国史大辞典』（全一五巻、全一七冊）吉川弘文館、一九七九～一九九七年
新谷尚紀・関沢まゆみ編『民俗小事典 死と葬送』吉川弘文館、二〇〇五年
廣松渉・子安宣邦他編『岩波 哲学・思想事典』一九九八年
宮地正人・佐藤能丸他編『明治時代史大辞典』（全四巻）吉川弘文館、二〇一一～二〇一三年
吉川弘文館編集部編『鎌倉古社寺辞典』吉川弘文館、二〇一一年
吉田敦彦・青木周平他編『日本神話事典』大和書房、一九九七年
岡田莊司・笹生衛編『事典神社の歴史と祭り』吉川弘文館、二〇一三年
國學院大學日本文化研究所編『神道事典』弘文堂、一九九四年
神社新報社編『日本神名辞典 増補改訂版』神社新報社、二〇一二年
薗田稔・橋本政宣編『神道史大辞典』吉川弘文館、二〇〇四年
大島建彦他編『日本の神仏の辞典』大修館書店、二〇〇一年
今泉淑夫編『日本仏教史辞典』吉川弘文館、一九九九年
――『事典 日本の名僧』吉川弘文館、二〇〇五年

小野玄妙・丸山孝雄編『仏書解説大辞典 改訂版』（全一五巻）大東出版社、一九六四～一九八八年
末木文美士・下田正弘他編『仏教の事典』朝倉書店、二〇一四年
中村元・田村芳朗他編『岩波仏教辞典 第二版』二〇〇二年
奈良康明編著『新版 日本の仏教を知る事典』東京書籍、二〇〇五年
蓑輪顕量編『事典 日本の仏教』吉川弘文館、二〇一四年
小川寛道編『漢学者伝記及著述通覧』東出版、一九九七年
竹林寛一編『漢学者伝記集成』東出版、一九九七年
大川茂雄・南茂樹編『国学者伝記集成』東出版、一九九七年
小沢政胤編『慶長以来国学家略伝』東出版、一九九七年

隣接諸分野

池上良正他編『岩波講座 宗教』（全一〇巻）二〇〇三～二〇〇四年
石川謙『日本学校史の研究』日本図書センター、一九七七年
赤坂憲雄・中村生雄他編『いくつもの日本』（全七巻）岩波書店、二〇〇二～二〇〇三年
網野善彦・岡村道雄他『日本の歴史』（全二六巻）講談社学術文庫、二〇〇八～二〇一〇年
大津透・桜井英治他編『岩波講座 日本歴史』（二二巻）二〇一三年～
中西進・周一良編集代表『日中文化交流史叢書』（全一〇巻）大修館書店、一九九五～一九九八年
勝田至編『日本葬制史』吉川弘文館、二〇一二年
加藤周一『日本文学史序説』（全二巻）ちくま学芸文庫、一九九九年
――『日本文学史序説 補講』ちくま学芸文庫、二〇一二年
角田文衛『日本の女性名――歴史的展望』国書刊行会、二〇〇六年
菊地章太『葬儀と日本人――位牌の比較宗教史』ちくま新書、二〇一一年
金文京『漢文と東アジア――訓読の文化圏』岩波新書、二〇一〇年
小島毅監修『東アジア海域叢書』（全二〇巻）汲古書院、二〇一〇年～
――『東アジア海域に漕ぎだす』（全六巻）東京大学

出版会、二〇一三〜二〇一四年
小峯和明編『日本文学史』吉川弘文館、二〇一四年
小森陽一他編『岩波講座 文学』（全一四巻）二〇〇二〜二〇〇四年
小嶋菜穂子・吉井美弥子他編『叢書・文化学の越境』（二三巻）森話社、一九九六年〜
阪倉篤義他『一語の辞典』（全二〇巻）三省堂、一九九五〜二〇〇一年
新谷尚紀『お葬式――死と慰霊の日本史』吉川弘文館、二〇〇九年
新村拓編『日本医療史』吉川弘文館、二〇〇六年
末木文美士他編『思想の身体』（全九巻）春秋社、二〇〇六〜二〇〇七年
総合女性史研究会編『日本女性史論集』（全一〇巻）吉川弘文館、一九九七〜一九九八年
寺田透他編『叢書身体の思想』（全八巻）創文社、一九七七年〜一九八九年
長尾雅人・井筒俊彦他編集委員『岩波講座 東洋思想』（全八巻）一九八八〜一九九〇年
中村春作・市來津由彦他編『「訓読」論――東アジア漢文世界と日本語』勉誠出版、二〇〇八年
――『続「訓読」論――東アジア漢文世界の形成』勉誠出版、二〇一〇年
尾藤正英『日本文化の歴史』岩波新書、二〇〇〇年
服藤早苗・三成美保他編『ジェンダー史叢書』（全八巻）明石書店、二〇〇九〜二〇一一年
宮地正人他編『新体系日本史』（二〇巻）山川出版社、二〇〇一年〜
山折哲雄『死の民俗学――日本人の死生観と葬送儀礼』岩波現代文庫、二〇〇二年
歴史学研究会・日本史研究会編『日本史講座』（全一〇巻）東京大学出版会、二〇〇四〜二〇〇五年
脇田晴子・林玲子他編『日本女性史』吉川弘文館、一九八七年

神祇・神道

安蘇谷正彦『神道思想の形成』ぺりかん社、一九八五年
――『神道の生死観――神道思想と「死」の問題』ぺりかん社、一九八九年
井上寛司『日本の神社と「神道」』校倉書房、二〇〇六年
――『「神道」の虚像と実像』講談社現代新書、二〇一一年
伊藤聡『神道とは何か――神と仏の日本史』中公新書、

二〇一二年
岡田莊司編『日本神道史』吉川弘文館、二〇一〇年
加藤みち子『「かみ」は出会って発展する――神道ではない日本の「かみ」史・古代中世編』北樹出版、二〇一一年
鎌田正『神と仏の出逢う国』角川選書、二〇〇九年
菅野覚明『神道の逆襲』講談社現代新書、二〇〇一年
久保田収他『神道史研究叢書』（二五巻）神道史学会・臨川書店・勉誠出版、一九五九年〜
五来重『山の宗教――修験道案内』角川ソフィア文庫、二〇〇八年
斎藤英喜『増補　陰陽道の神々』佛教大学鷹陵文化叢書、思文閣出版、二〇一二年
佐藤弘夫『神国日本』ちくま新書、二〇〇六年
――『ヒトガミ信仰の系譜』岩田書院、二〇一二年
白山芳太郎『神道――日本人のこころのいとなみ』国書刊行会、二〇〇九年
菅原信海『日本思想と神仏習合』春秋社、一九九六年
鈴木正崇『山岳信仰――日本文化の根底を探る』中公新書、二〇一五年
高橋美由紀『神道思想史研究』ぺりかん社、二〇一三年
谷川健一『日本の神々』岩波新書、一九九九年
津田左右吉『日本の神道』神道研究選書、クレス出版、二〇一四年
冨樫進・東北大学大学院文学研究科日本思想史研究室編『カミと人と死者』岩田書院、二〇一五年
ドルチェ、ルチア・三橋正編『「神仏習合」再考』勉誠出版、二〇一三年
中村生雄『カミとヒトの精神史――日本仏教の深層構造』人文書院、一九八八年
――『日本人の宗教と動物観――殺生と肉食』吉川弘文館、二〇一〇年
速水侑編『日本社会における仏と神』吉川弘文館、二〇〇六年
宮家準『日本の民俗宗教』講談社学術文庫、一九九四年
――『修験道――その歴史と修行』講談社学術文庫、二〇〇一年
――『神道と修験道――民俗宗教思想の展開』春秋社、二〇〇七年
山折哲雄『神と翁の民俗学』講談社学術文庫、一九九一年
義江彰夫『神仏習合』岩波新書、一九九六年

仏教

家永三郎・赤松俊秀他監修『日本仏教史』（全三巻）法藏館、一九六七年
池見澄隆・斎藤英喜編『日本仏教の射程——思想史的アプローチ』人文書院、二〇〇三年
池見澄隆編著『冥顕論——日本人の精神史』法藏館、二〇一二年
石田瑞麿『日本仏教史』岩波書店、一九八四年
井上光貞・上山春平監修『大系仏教と日本人』（全一二巻）春秋社、一九八五～一九九一年
大久保良峻編著『新・八宗綱要——日本仏教諸宗の思想と歴史』法藏館、二〇〇一年
大久保良峻・佐藤弘夫他編著『日本仏教34の鍵』春秋社、二〇〇三年
鎌田茂雄・古田紹欽他編『叢書　禅と日本文化』（全一〇巻）ぺりかん社、一九九六～二〇〇二年
川岸宏教・速水侑他編『論集　日本仏教史』（全九巻、別巻一冊）雄山閣出版、一九八六～一九九九年
今野達・佐竹昭広他編『岩波講座　日本文学と仏教』（全一〇巻）岩波書店、一九九三～一九九五年
末木文美士『日本仏教史——思想史としてのアプローチ』新潮文庫、一九九六年
——『日本宗教史』岩波新書、二〇〇六年
——『日本仏教入門』角川選書、二〇一四年
薗田香融編『日本仏教の史的展開』塙書房、一九九九年
玉城康四郎・中村恭子他『日本の仏教』（全一五巻）筑摩書房、一九六六～一九六八年
田村圓澄『日本仏教史』（全五巻、別巻一冊）法藏館、一九八二～一九八三年
田村圓澄・川岸宏教他編『日本仏教宗史論集』（全一〇巻）吉川弘文館、一九八四～一九八五年
塚本善隆・梅原猛他編『仏教の思想』（全一二巻）角川ソフィア文庫、一九九六～二〇一四年
辻善之助『日本仏教史』（全一〇巻）岩波書店、一九六〇～一九六一年
——『日本仏教史研究』（全六巻）一九八三～一九八四年、岩波書店
中村生雄『肉食妻帯考——日本仏教の発生』青土社、二〇一一年
奈良康明・下田正弘他編『新アジア仏教史』（全一五巻）佼成出版社、二〇一〇～二〇一一年
日本仏教研究会編『日本の仏教』（全六巻）法藏館、一九九四～一九九六年
——『日本の仏教　第Ⅱ期』（全三巻）法藏館、一九九八～二〇〇一年

速水侑・大隅和雄他編『日本仏教史』（全四巻）吉川弘文館、一九八六〜一九九八年
平岡定海・中井真孝他編『日本名僧論集』（全一〇巻）吉川弘文館、一九八二〜一九八三年
本郷真紹・速水侑他編『日本の名僧』（全一五巻）吉川弘文館、二〇〇三〜二〇〇五年
松尾剛次『仏教入門』岩波ジュニア新書、一九九九年
蓑輪顕量『日本仏教史』春秋社、二〇一五年
山折哲雄・大角修編『日本仏教史入門――基礎史料で読む』角川選書、二〇〇九年
吉原浩人・王勇編『海を渡る天台文化』勉誠出版、二〇〇八年
頼住光子『日本の仏教思想――原文で読む仏教入門』北樹出版、二〇一〇年

儒学・漢学・道教

浅野裕一『儒教　ルサンチマンの宗教』平凡社新書、一九九九年
糸賀國次郎『海南朱子学発達の研究』成美堂書店、一九三五年
猪口篤志・俣野太郎他『叢書・日本の思想家』（全五〇巻）明徳出版社、一九七七年〜
大庭脩『漢籍輸入の文化史――聖徳太子から吉宗へ』研文選書、一九九七年
岡田武彦『儒教精神と現代』明徳出版社、一九九四年
岡田武彦・佐野公治他『シリーズ陽明学』（全三五巻）明徳出版社、一九八九年〜
奥崎裕司・石漢椿編著『宗教としての儒教』汲古書院、二〇一一年
加地伸行『中国思想からみた日本思想史研究』吉川弘文館、一九八五年
――『儒教とは何か』中公新書、一九九〇年
――『沈黙の宗教――儒教』ちくま学芸文庫、二〇一一年
金子武蔵編『日本における理法の問題』日本倫理学会論集五、理想社、一九七〇年
木下鉄矢『朱子学』講談社選書メチエ、二〇一三年
黄俊傑（藤井倫明訳）『東アジアの儒学――経典とその解釈』ぺりかん社、二〇一〇年
――（藤井倫明・水口幹記訳）『東アジア思想交流史――中国・日本・台湾を中心として』岩波書店、二〇一三年
小島毅『東アジアの儒教と礼』世界史リブレット、山川出版社、二〇〇四年

――『朱子学と陽明学』ちくま学芸文庫、二〇一三年
小島康敬編『「礼楽」文化――東アジアの教養』ぺりかん社、二〇一三年
相良亨『武士道』講談社学術文庫、二〇一〇年
斯文会編『日本儒学年表』飯塚書房、一九七六年
島田虔次『朱子学と陽明学』岩波新書、一九六七年
関口順『儒学のかたち』東洋叢書、東京大学出版会、二〇〇三年
武内義雄『儒教の精神』岩波新書、一九八二年
陳淳（佐藤仁訳・解題）『朱子学の基本用語――北渓字義訳解』研文選書、一九九六年
陳舜臣『儒教三千年』中公文庫、二〇〇九年
土田健次郎『儒教入門』東京大学出版会、二〇一一年
土屋昌明編『東アジア社会における儒教の変容』専修大学出版局、二〇〇七年
寺石正路『南学史』冨山房、一九三四年
フーブラー、トーマス&ドロシー（鈴木博訳）『儒教』シリーズ世界の宗教、青土社、一九九四年
松澤卓郎『南学と南学徒たち』東京講演会出版部、一九四二年
水田紀久・頼惟勤編『日本漢学』中国文化叢書九、大修館書店、一九六八年
和島芳男『日本宋学史の研究 増補版』吉川弘文館、一九八八年
アジア遊学編集部編『日本文化にみる道教的要素』アジア遊学七三、勉誠出版、二〇〇五年
福永光司『道教と日本文化』人文書院、一九八二年
――『道教と日本思想』徳間書店、一九八五年
福永光司編『道教と東アジア―中国・朝鮮・日本』人文書院、一九八九年

政治・王権論

網野善彦・宮田登他編『岩波講座 天皇と王権を考える』（全一〇巻）二〇〇二～二〇〇三年
網野善彦・上野千鶴子他『日本王権論 新装版』春秋社、二〇一四年
大津透・吉川真司他『天皇の歴史』（全一〇巻）講談社、二〇一〇～二〇一一年
笠原一男編『日本における社会と宗教』吉川弘文館、一九六九年
――『日本における政治と宗教』吉川弘文館、一九七四年
永原慶二編集代表『講座 前近代の天皇』（全五巻）青木書店、一九九二～一九九五年

成沢光『政治のことば――意味の歴史をめぐって』講談社学術文庫、二〇一二年
源了圓・玉懸博之編『国家と宗教――日本思想史論集』思文閣出版、一九九二年
水林彪・金子修一他編『王権のコスモロジー』比較歴史学大系一、弘文堂、一九九八年
吉田孝『歴史のなかの天皇』岩波新書、二〇〇六年
歴史科学協議会編『天皇・天皇制をよむ』東京大学出版会、二〇〇八年

B―1　古代

一般

家永三郎『日本思想史に於ける否定の論理の発達　新装版』叢書名著の復興一〇、新泉社、一九八三年
今井源衛『王朝の物語と漢詩文』笠間書院、一九九〇年
上原真人・白石太一郎他編『列島の古代史――ひと・もの・こと』（全八巻）岩波書店、二〇〇五〜二〇〇六年
遠藤慶太『平安勅撰史書研究』皇學館大学出版部、二〇〇六年
王勇『書物の中日交流史』浙江省中日関係史学会叢刊、国際文化工房、二〇〇五年
笠井昌昭『古代日本の精神風土』ぺりかん社、一九八九年
木下正史・篠川賢他『日本古代の歴史』（六巻）吉川弘文館、二〇一三年〜
河野貴美子・王勇編『東アジアの漢籍遺産――奈良を中心として』勉誠出版、二〇一二年
根本誠二・秋吉正博他編『奈良平安時代の〈知〉の相関』岩田書院、二〇一五年
平川南・沖森卓也他編『文字と古代日本』（全五巻）吉川弘文館、二〇〇四〜二〇〇六年
丸山裕美子『日本古代の医療制度』名著刊行会、一九九八年
桃裕行『上代学制の研究　修訂版』桃裕行著作集二、思文閣出版、一九九四年
山中裕『平安時代の古記録と貴族文化』思文閣出版、一九八八年
湯浅泰雄『古代国家の倫理思想』現代倫理学叢書、理想社、一九六六年
――『古代人の精神世界』歴史と日本人、ミネルヴァ書房、一九八〇年

宗教

池見澄隆『慚愧の精神史──「もうひとつの恥」の構造と展開』佛教大学鷹陵文化叢書、思文閣出版、二〇〇四年
石井公成『華厳思想の研究』春秋社、一九九六年
石田瑞麿『日本人と地獄』講談社学芸文庫、二〇一三年
井上薫『奈良朝仏教史の研究』日本史学研究叢書、吉川弘文館、一九九三年
井上光貞『日本古代の国家と仏教』岩波モダンクラシックス、二〇〇一年
──『新訂 日本浄土教成立史の研究』山川出版社、一九七五年
梅原猛『怨霊と縄文──日本学の饗宴』朝日出版社、一九七九年
大場磐雄『祭祀遺蹟──神道考古学の基礎的研究』角川書店、一九七〇年
大山誠一『「聖徳太子」の誕生』歴史文化ライブラリー、吉川弘文館、一九九九年
岡田莊司『平安時代の国家と祭祀』続群書類従完成会、一九九四年
梯信暁『奈良・平安期浄土教展開論』法蔵館、二〇〇八年
勝浦令子『日本古代の僧尼と社会』吉川弘文館、二〇〇〇年
上川通夫『日本中世仏教形成史論』歴史科学叢書、校倉書房、二〇〇七年
柴田博子編『日本古代の思想と筑紫』櫂歌書房、二〇〇九年
新川登亀男『道教をめぐる攻防──日本の君主、道士の法を崇めず』あじあブックス、大修館書店、一九九九年
末木文美士『日本仏教思想史論考』大蔵出版、一九九三年
──『平安初期仏教思想の研究──安然の思想形成を中心として』春秋社、二〇〇六年
──『草木成仏の思想──安然と日本人の自然観』サンガ、二〇一五年
鈴木靖民編『古代東アジアの仏教と王権──王興寺から飛鳥寺へ』勉誠出版、二〇一〇年
千田稔編『環シナ海文化と古代日本──道教とその周辺』人文書院、一九九〇年
曾根正人『聖徳太子と飛鳥仏教』歴史文化ライブラリー、吉川弘文館、二〇〇七年
田村圓澄『伊勢神宮の成立』歴史文化セレクション、吉

川弘文館、二〇〇九年
逵日出典『八幡神と神仏習合』講談社現代新書、二〇〇七年
土橋寛『日本語に探る古代信仰――フェティシズムから神道まで』中公新書、一九九〇年
東野治之『大和古寺の研究』塙書房、二〇一一年
中林隆之『日本古代国家の仏教編成』塙書房、二〇〇七年
西口順子『女の力――古代の女性と仏教』平凡社選書、一九八七年
西宮秀紀『律令国家と神祇祭祀制度の研究』塙書房、二〇〇四年
速水侑・朝枝善照他編『論集奈良仏教』（全五巻）雄山閣出版、一九九四～一九九五年
速水侑編『平安仏教と末法思想』吉川弘文館、二〇〇六年
福永光司『道教と古代日本』人文書院、一九八七年
福永光司・千田稔他『日本の道教遺跡を歩く――陰陽道・修験道のルーツもここにあった』朝日選書、二〇〇三年
堀池春峰『南都仏教史の研究』（全三巻）法蔵館、一九八〇～二〇〇四年
増尾伸一郎『日本古代の典籍と宗教文化』吉川弘文館、二〇一五年
水口幹記『渡航僧成尋、雨を祈る――『僧伝』が語る異文化の交錯』勉誠出版、二〇一三年
三橋正『平安時代の信仰と宗教儀礼』続群書類従完成会、二〇〇〇年
――『日本古代神祇制度の形成と展開』法蔵館、二〇一〇年
森田悌『推古朝と聖徳太子』岩田書院、二〇〇五年
八重樫直比古「空と勝義の孝――古代仏教における怨霊救済の論理」（石田一良編『日本精神史』ぺりかん社）一九八八年
山田雄司『跋扈する怨霊――祟りと鎮魂の日本史』歴史文化ライブラリー、吉川弘文館、二〇〇七年
――『怨霊とは何か――菅原道真・平将門・崇徳院』中公新書、二〇一四年
吉田一彦『日本古代社会と仏教』吉川弘文館、一九九五年
――『古代仏教をよみなおす』吉川弘文館、二〇〇六年
吉田一彦編『変貌する聖徳太子――日本人は聖徳太子をどのように信仰してきたか』平凡社、二〇一一年

吉田靖雄『日本古代の菩薩と民衆』吉川弘文館、一九八八年
和田萃『日本古代の儀礼と祭祀・信仰』（全三巻）塙書房、一九九五年

文学・芸術

石田一良『浄土教美術――文化史学的研究序論』ぺりかん社、一九九一年
伊藤由希子『仏と天皇と「日本国」――『日本霊異記』を読む』ぺりかん社、二〇一三年
梅沢伊勢三『記紀批判――古事記及び日本書紀の成立に関する研究』創文社、一九六二年
――『続記紀批判――古事記及び日本書紀の文献的相互関係の究明』創文社、一九七六年
笠井昌昭『信貴山縁起絵巻の研究』平楽寺書店、一九七一年
――『天神縁起の歴史』風俗文化史選書、雄山閣出版、一九七三年
川井博義『人間存在と愛――やまとことばの倫理学』北樹出版、二〇一三年
工藤美和子『平安期の願文と仏教的世界観』佛教大学研究叢書、思文閣出版、二〇〇八年
蔵中しのぶ『奈良朝漢詩文の比較文学的研究』翰林書房、二〇〇三年
神野志隆光『古代天皇神話論』古代文学研究叢書、若草書房、一九九九年
小島憲之『上代日本文学と中国文学――出典論を中心とする比較文学的考察』（全三巻）塙書房、一九六二～一九六五年
――『国風暗黒時代の文学』（全八巻）塙書房、一九六八～二〇〇二年
小林真由美・北條勝貴他編『寺院縁起の古層――注釈と研究』法藏館、二〇一五年
西郷信綱『古代人と夢』平凡社ライブラリー、一九九三年
――『古代人と死――大地・葬り・魂・王権』平凡社ライブラリー、二〇〇八年
佐藤勢紀子『宿世の思想――源氏物語の女性たち』ぺりかん社、一九九五年
新川登亀男・早川万年編『史料としての『日本書紀』――津田左右吉を読みなおす』勉誠出版、二〇一一年
津田左右吉『日本古典の研究』（全二巻）、岩波書店、一九七二年
冨島義幸『平等院鳳凰堂――現世と浄土のあいだ』吉川

弘文館、二〇一〇年
長岡龍作『日本の仏像――飛鳥・白鳳・天平の祈りと美』中公新書、二〇〇九年
――『仏像――祈りと風景』日本文化私の最新講義、敬文舎、二〇一四年
中野玄三『日本仏教美術史研究』（全三巻）思文閣出版、一九八四〜二〇〇八年
中村啓信『古事記の本性』おうふう、二〇〇〇年
中村史『日本霊異記と唱導』三弥井書店、一九九五年
林田正男『万葉集と神仙思想』笠間書院、一九九九年
藤原克己『菅原道真と平安朝漢文学』東京大学出版会、二〇〇一年
増尾伸一郎『万葉歌人と中国思想』吉川弘文館、一九九七年
益田勝実（鈴木日出男他編）『火山列島の思想・歌語りの世界・夢の浮橋再説』益田勝実の仕事2、ちくま学芸文庫、二〇〇六年
三浦佑之『古事記を読みなおす』ちくま新書、二〇一〇年
八重樫直比古『古代の仏教と天皇――日本霊異記論』翰林書房、一九九四年
矢嶋泉『古事記の歴史意識』歴史文化ライブラリー、吉川弘文館、二〇〇八年
湯浅泰雄『神々の誕生――日本神話の思想史的研究』以文社、一九七一年
湯浅泰雄・河合隼雄他『日本神話の思想――スサノヲ論』ミネルヴァ書房、一九九六年

政治・社会

あたらしい古代史の会編『王権と信仰の古代史』吉川弘文館、二〇〇五年
石母田正『日本古代国家論』（全二巻）岩波書店、一九七三年、岩波書店
――『日本の古代国家』岩波モダンクラシックス、二〇〇一年
大津透『古代の天皇制』岩波書店、一九九九年
大津透編『律令制研究入門』歴史学叢書、名著刊行会、二〇一一年
加藤謙吉編『日本古代の王権と地方』大和書房、二〇一五年
河内祥輔『古代政治史における天皇制の論理 増訂版』吉川弘文館、二〇一四年
小路田泰直編著『死の機能――前方後円墳とは何か』岩田書院、二〇〇九年

篠川賢『日本古代の王権と王統』吉川弘文館、二〇〇一年
田中貴子『百鬼夜行の見える都市』ちくま学芸文庫、二〇〇二年
東野治之『遣唐使と正倉院』岩波書店、一九九二年
中西康裕『続日本紀と奈良朝の政変』吉川弘文館、二〇〇二年
西嶋定生（李成市編）『古代東アジア世界と日本』岩波現代文庫、二〇〇〇年
仁藤敦史『女帝の世紀――王位継承と政争』角川選書、二〇〇六年
服藤早苗『平安朝の女と男――貴族と庶民の性と愛』中公新書、一九九五年
保立道久『黄金国家――東アジアと平安日本』青木書店、二〇〇四年
松本直子『縄文のムラと社会』先史日本を復元する2、岩波書店、二〇〇五年
水林彪『記紀神話と王権の祭り 新訂版』岩波書店、二〇〇一年
義江明子『古代王権論――神話・歴史感覚・ジェンダー』岩波書店、二〇一一年
吉田孝『律令国家と古代の社会』岩波書店、一九八三年
――『日本の誕生』岩波新書、一九九七年

B―2 中世

一般

大隅和雄『中世思想史への構想――歴史・文学・宗教』名著出版、一九八四年
――『愚管抄を読む――中世日本の歴史観』講談社学術文庫、一九九九年
五味文彦『書物の中世史』みすず書房、二〇〇三年
佐藤進一『日本の中世国家』岩波書店、一九八三年
菅原正子『日本中世の学問と教育』同成社、二〇一四年
鈴木英之『中世学僧と神道――了誉聖冏の学問と思想』勉誠出版、二〇一二年
玉懸博之『日本中世思想史研究』ぺりかん社、一九九八年
原克昭『中世日本紀論考――註釈の思想史』法藏館、二〇一二年
牧野和夫『中世の説話と学問』和泉書院、一九九四年
三谷邦明・小峯和明編『中世の知と学――〈注釈〉を読む』森話社、一九九七年
山崎誠『中世学問史の基底と展開』和泉書院、一九九三

年
龍福義友『日記の思考――日本中世思考史への序章』平凡社選書、一九九五年
和島芳男『中世の儒学』吉川弘文館、一九六五年

宗教

伊藤聡『中世天照大神信仰の研究』法蔵館、二〇一一年
井原今朝男『増補 中世寺院と民衆』臨川書店、二〇〇九年
今堀太逸『神祇信仰の展開と仏教』吉川弘文館、一九九〇年
彌永信美『大黒天変相――仏教神話学1』法蔵館、二〇〇二年
大久保良峻『天台教学と本覚思想』法蔵館、一九九八年
大桑斉『戦国期宗教思想史と蓮如』法蔵館、二〇〇六年
大塚紀弘『中世禅律仏教論』山川出版社、二〇〇九年
鎌田純一『中世伊勢神道の研究』続群書類従完成会、一九九八年
川崎剛志編『修験道の室町文化』岩田書院、二〇一一年
菊地大樹『中世仏教の原型と展開』吉川弘文館、二〇〇七年
木村純子『室町時代の陰陽道と寺院社会』勉誠出版、二〇一二年
小峯和明『中世法会文芸論』、笠間書院、二〇〇九年
佐々木馨『中世国家の宗教構造』吉川弘文館、一九八八年
佐藤弘夫『神・仏・王権の中世』法蔵館、一九九八年
――『アマテラスの変貌――中世神仏交渉史の視座』法蔵館、二〇〇〇年
――『日本中世の国家と仏教』歴史文化セレクション、吉川弘文館、二〇一〇年
下川玲子『北畠親房の儒学』ぺりかん社、二〇〇一年
白山芳太郎『北畠親房の研究』ぺりかん社、一九九八年
末木文美士『鎌倉仏教形成論』法蔵館、一九九八年
――『鎌倉仏教展開論』トランスビュー、二〇〇八年
平雅行『日本中世の社会と仏教』塙書房、一九九二年
高崎直道他編『大乗仏教のアジア』シリーズ大乗仏教10、春秋社、二〇一三年
高橋美由紀『伊勢神道の成立と展開 増補版』ぺりかん社、二〇一〇年
高柳さつき「日本中世禅の見直し――聖一派を中心に」(『思想』九六〇、岩波書店)二〇〇四年
田中貴子『外法と愛法の中世』平凡社ライブラリー、二〇〇六年

田村芳朗『鎌倉新仏教思想の研究』平楽寺書店、一九六五年
――「天台本覚思想概説」(多田厚隆他校注『天台本覚論』日本思想大系新装版、岩波書店)一九九五年
津田左右吉『日本の神道』岩波書店、一九四九年
花野充道『天台本覚思想と日蓮教学』山喜房仏書林、二〇一一年
原直正『龍蛇神――諏訪大明神の中世的展開』人間社、二〇一二年
舩田淳一『神仏と儀礼の中世』法蔵館、二〇一一年
細川涼一『中世の律宗寺院と民衆』吉川弘文館、一九八七年
――『逸脱の日本中世――狂気・倒錯・魔の世界』ちくま学芸文庫、二〇〇〇年
松尾剛次『鎌倉新仏教の成立』吉川弘文館、一九八八年
――『中世律宗と死の文化』吉川弘文館、二〇一〇年
松波直弘『鎌倉禅宗思想史の研究――〈日本禅宗〉の形成』ぺりかん社、二〇一一年
松本郁代『中世王権と即位灌頂』森話社、二〇〇五年
蓑輪顕量『中世初期南都戒律復興の研究』法蔵館、一九九九年
牟禮仁『中世神道説形成論考』皇學館大学出版部、二〇〇〇年
森新之介『摂関院政期思想史研究』思文閣出版、二〇一三年
湯浅治久『戦国仏教――中世社会と日蓮宗』中公新書、二〇〇九年
和田有希子「鎌倉中期の臨済禅――円爾と蘭渓のあいだ」(『宗教研究』七七―三、日本宗教学会)二〇〇三年
――「鎌倉初期の臨済禅――栄西における持戒持斎の意味」(『佛教史学研究』四九―一)二〇〇六年

文学・芸術

阿部泰郎「山に行う聖と女人――『信貴山縁起絵巻』と東大寺・善光寺をめぐりて」(『湯屋の皇后――中世の性と聖なるもの』名古屋大学出版会)一九九八年
――「聖徳太子伝と絵伝――平安朝の複合宗教テクスト」(高橋亨編『王朝文学と物語絵』平安文学と隣接諸学10、竹林舎)二〇一〇年
――『日本中世の宗教テクスト体系』名古屋大学出版会、二〇一三年
池上洵一『今昔物語集の世界――中世のあけぼの』以文社、一九九九年

市沢哲編『太平記を読む』吉川弘文館、二〇〇八年
稲田利徳『徒然草論』笠間書院、二〇一五年
今井正之助『『太平記評判秘伝理尽抄』研究』汲古書院、二〇一二年
追塩千尋『中世説話の宗教世界』和泉書院、二〇一三年
大橋直義『転形期の歴史叙述――縁起 巡礼、その空間と物語』慶應義塾大学出版会、二〇一〇年
小川豊生『日本中世の神話・文字・身体』、森話社、二〇一四年
元興寺文化財研究所編『日本浄土曼荼羅の研究――智光曼茶羅・当麻曼荼羅・清海曼荼羅を中心として』中央公論美術出版、一九八七年
菊地良一『中世の唱導文芸』塙書房、一九六八年
黒田彰『中世説話の文学史的環境』和泉書院、一九八七年
小島瓔礼『中世唱導文学の研究』泰流社、一九八七年
小林健二『中世の芸能と文芸』中世文学と隣接諸学7、竹林舎、二〇一二年
小峯和明『院政期文学論』笠間書院、二〇〇六年
小峯和明編『日本文学史 古代・中世編』ミネルヴァ書房、二〇一二年
桜井好朗『中世日本文化の形成――神話と歴史叙述』東京大学出版会、一九八一年
佐藤和彦『太平記の世界――列島の内乱史』吉川弘文館、二〇一四年
佐藤道子編『中世寺院と法会』法藏館、一九九四年
高橋貞一『太平記諸本の研究』思文閣出版、一九九八年
高橋悠介『禅竹能楽論の研究』慶應義塾大学出版会、二〇一四年
田口和夫『能・狂言研究――中世文芸論考』三弥井書店、一九九七年
田中貴子『『渓嵐拾葉集』の世界』名古屋大学出版会、二〇〇三年
冨島義幸『密教空間史論』法藏館、二〇〇七年
鳥居明雄『鎮魂の中世――能伝承文学の精神史』ぺりかん社、一九八九年
西尾実「解説」(『方丈記 徒然草』日本古典文学大系30、岩波書店)一九五七年
新田一郎『太平記の時代』講談社、二〇〇九年
能勢朝次『能楽源流考』岩波書店、一九三八年
保立道久『物語の中世――神話・説話・民話の歴史学』東京大学出版会、一九九八年
前田雅之『今昔物語集の世界構想』笠間書院、一九九九年

松尾恒一『儀礼から芸能へ――狂騒・憑依・道化』角川叢書、二〇一一年
三崎義泉『止観的美意識の展開――中世芸道と本覚思想との関係』ぺりかん社、一九九九年
源豊宗「北野天神縁起絵巻について」『北野天神縁起』新修日本絵巻物全集9、角川書店、一九七七年
八木聖弥『太平記的世界の形成』思文閣出版、一九九九年
山本陽子『絵巻の図像学――「絵そらごと」の表現と発想』勉誠出版、二〇一二年
和田琢磨『『太平記』生成と表現世界』新典社、二〇一五年

政治・社会

網野善彦『日本中世の非農業民と天皇』岩波書店、一九八四年
――『異形の王権』平凡社ライブラリー、一九九三年
網野善彦他『中世の罪と罰』東京大学出版会、一九八三年
石毛忠「戦国・安土桃山時代の思想」（石田一良編『思想史Ⅱ』体系日本史叢書23、山川出版社）一九七六年
――「織田信長の自己神格化――織田政権の思想的課題」（石毛忠編『伝統と革新――日本思想史の探求』ぺりかん社）二〇〇四年
石母田正『中世的世界の形成』岩波文庫、一九八五年
市川浩史『吾妻鏡の思想史――北条時頼を読む』吉川弘文館、二〇〇二年
伊藤正敏『寺社勢力の中世――無縁・有縁・移民』ちくま新書、二〇〇八年
稲葉伸道『中世寺院の権力構造』岩波書店、一九九七年
今谷明『室町の王権――足利義満の王権簒奪計画』中公新書、一九九〇年
上島享『日本中世社会の形成と王権』名古屋大学出版会、二〇一〇年
漆原徹『中世軍忠状とその世界』吉川弘文館、一九九八年
上横手雅敬『権力と仏教の中世史――文化と政治的状況』法藏館、二〇〇九年
大田壮一郎『室町幕府の政治と宗教』塙書房、二〇一四年
大山喬平編『中世裁許状の研究』塙書房、二〇〇八年
笠松宏至『日本中世法史論』東京大学出版会、一九七九年
――『徳政令――中世の法と慣習』岩波書店、一九八

三年
――『法と言葉の中世史』平凡社、一九九三年
勝田至『死者たちの中世』吉川弘文館、二〇〇三年
苅米一志『荘園社会における宗教構造』校倉書房、二〇〇四年
河合正治『中世武家社会の研究』吉川弘文館、一九七三年
河内祥輔・新田一郎『天皇と中世の武家』天皇の歴史4、講談社、二〇一一年
鍛代敏雄『神国論の系譜』法蔵館、二〇〇六年
黒田俊雄『日本中世の国家と宗教』岩波書店、一九七五年
――『寺社勢力――もう一つの中世社会』岩波新書、一九八〇年
佐藤進一『室町幕府守護制度の研究』(全二巻)東京大学出版会、二〇一一年
瀬田勝哉『木の語る中世』朝日選書、朝日新聞社、二〇〇〇年
大喜直彦『中世びとの信仰社会史』法蔵館、二〇一一年
永井隆之『戦国時代の百姓思想』東北大学出版会、二〇〇七年
樋口大祐『乱世のエクリチュール――転形期の人と文化』森話社、二〇〇九年

B―3 近世

一般

相原耕作「文字・文法・文明――江戸時代の言語をめぐる構想と闘争」(『政治思想研究』一三、政治思想学会)二〇一三年
網野善彦「日本の文字社会の特質をめぐって」(『列島の文化史』五、日本エディタースクール出版部)一九八八年
揖斐高『江戸幕府と儒学者――林羅山・鵞峰・鳳岡三代の闘い』中公新書、二〇一四年
今井淳・山本眞功編『石門心学の思想』ぺりかん社、二〇〇六年
「江戸の思想」編集委員会編『江戸の思想』(全一〇巻)ぺりかん社、一九九五～一九九九年
遠藤潤『平田国学と近世社会』ぺりかん社、二〇〇八年
大谷雅夫「近世前期の学問――契沖・仁斎」(『岩波講座 日本文学史八 十七・十八世紀の文学』岩波書店)一九九六年
荻生茂博『近代・アジア・陽明学』ぺりかん社、二〇〇

八年
笠井助治『近世藩校に於ける学統学派の研究』（全二巻）吉川弘文館、一九六九〜一九七〇年
片岡龍・金泰昌他編『公共する人間』（全四巻）東京大学出版会、二〇一〇〜二〇一一年
川村博忠『近世日本の世界像』ぺりかん社、二〇〇三年
衣笠安喜『近世儒学思想史の研究』叢書歴史学研究、法政大学出版局、一九七六年
木村光徳編『日本陽明学派の研究――藤樹学派の思想とその資料』明徳出版社、一九八六年
黒住真『近世日本社会と儒教』ぺりかん社、二〇〇三年
小島康敬『徂徠学と反徂徠 増補版』ぺりかん社、一九九四年
後藤宏行『「語り口」の文化史』晃洋書房、一九八九年
小堀一正『近世大坂と知識人社会』清文堂出版、一九九六年
子安宣邦『「事件」としての徂徠学』ちくま学芸文庫、二〇〇〇年
――『江戸思想史講義』岩波現代文庫、二〇一〇年
相良亨『近世の儒教思想――「敬」と「誠」について』相良亨著作集一、ぺりかん社、一九九二年
――『誠実と日本人 増補版』ぺりかん社、一九九八年
佐久間正『徳川日本の思想形成と儒教』ぺりかん社、二〇〇七年
佐藤昌介『洋学史の研究』中央公論社、一九八〇年
清水正之『国学の他者像――誠実と虚偽』ぺりかん社、二〇〇五年
周程「「科学」の中日源流考」（『思想』一〇四六、岩波書店）二〇一一年
高山大毅「高揚と不遇――徂徠学の核心」（『大航海』六七、新書館）二〇〇八年
高橋文博『近世の死生観――徳川前期儒教と仏教』ぺりかん社、二〇〇六年
武田勘治『近世日本学習方法の研究』講談社、一九六九年
田尻祐一郎『江戸の思想史――人物・方法・連環』中公新書、二〇一一年
田中康二『国学史再考――のぞきからくり本居宣長』新典社選書、二〇一二年
玉懸博之『近世日本の歴史思想』ぺりかん社、二〇〇七年
――『日本近世思想史研究』ぺりかん社、二〇〇八年
崔在穆『東アジア陽明学の展開』ぺりかん社、二〇〇六

年
辻本雅史『近世教育思想史の研究――日本における「公教育」思想の源流』思文閣出版、一九九〇年
――『思想と教育のメディア史――近世日本の知の伝達』ぺりかん社、二〇一一年
――『「学び」の復権――模倣と習熟』岩波現代文庫、二〇一二年
土田健次郎『江戸の朱子学』筑摩選書、二〇一四年
中沢伸弘・鈴木亮編『国学和学研究資料集成』(全八巻) クレス出版、二〇〇八年
中村春作『江戸儒教と近代の「知」』ぺりかん社、二〇〇二年
野口武彦『江戸の歴史家――歴史という名の毒』ちくま学芸文庫、一九九三年
本郷隆盛・深谷克己編『近世思想論』講座日本近世史九、有斐閣、一九八一年
前田勉『近世神道と国学』ぺりかん社、二〇〇二年
――『江戸後期の思想空間』ぺりかん社、二〇〇九年
――『江戸の読書会――会読の思想史』平凡社選書、二〇一二年
丸山眞男『日本政治思想史研究』東京大学出版会、一九五二年
源了圓『徳川合理思想の系譜』中公叢書、一九七二年
――『徳川思想小史』中公新書、一九七三年
――「実学の系譜――藤樹・蕃山・小楠」(『別冊環一七 横井小楠――「公共」の先駆者』藤原書店) 二〇〇七年
源了圓編『江戸の儒学――『大学』受容の歴史』思文閣出版、一九八八年
宮城公子『幕末期の思想と習俗』ぺりかん社、二〇〇四年
村上陽一郎編『科学史の哲学』知の革命史一、朝倉書店、一九八〇年
百川敬仁他『江戸文化の変容――十八世紀日本の経験』平凡社、一九九四年
八木清治『旅と交遊の江戸思想』花林書房、二〇〇六年
山下龍二『朱子学と反朱子学――日本における朱子学批判』研文社、一九九一年
横山俊夫編『貝原益軒――天地和楽の文明学』平凡社、一九九五年
吉田公平『日本における陽明学』ぺりかん社、一九九九年
――『陽明学が問いかけるもの』研文出版、二〇〇〇年

吉田忠「江戸時代の西洋学」(『ビブリア』一二八、天理図書館)二〇〇七年
若尾政希『「太平記読み」の時代——近世政治思想史の構想』平凡社ライブラリー、二〇一二年

宗教

大桑斉『日本近世の思想と仏教』法蔵館、一九八九年
——『日本仏教の近世』法蔵館、二〇〇三年
大橋幸泰『キリシタン民衆史の研究』東京堂出版、二〇〇一年
柏原祐泉『日本近世近代仏教史の研究』平楽寺書店、一九六九年
——『近世庶民仏教の研究』仏教史学研究双書、法蔵館、一九七一年
桂島宣弘『幕末民衆思想の研究——幕末国学と民衆宗教 増補改訂版』文理閣、二〇〇五年
島薗進・高埜利彦編『シリーズ日本人と宗教』(全六巻)春秋社、二〇一四~二〇一五年
末木文美士『近世の仏教——華ひらく思想と文化』歴史文化ライブラリー、吉川弘文館、二〇一〇年
菅野洋介『日本近世の宗教と社会』思文閣出版、二〇一一年
五野井隆史『日本キリスト教史』吉川弘文館、一九九〇年
新城常三『新稿社寺参詣の社会経済史的研究』塙書房、一九八二年
平重道『吉川神道の基礎的研究』吉川弘文館、一九六六年
——『近世日本思想史研究』吉川弘文館、一九六九年
西村玲『近世仏教思想の独創——僧侶普寂の思想と実践』トランスビュー、二〇〇八年
林淳『近世陰陽道の研究』吉川弘文館、二〇〇五年
ベラー、R・N(池田昭訳)『徳川時代の宗教』岩波文庫、一九九六年
宮田登『江戸のはやり神』ちくま学芸文庫、一九九三年
安丸良夫『日本の近代化と民衆思想』平凡社ライブラリー、一九九九年

文学・芸術

池上英子『美と礼節の絆——日本における交際文化の政治的起源』NTT出版、二〇〇五年
井上泰至・田中康二編『江戸の文学史と思想史』ぺりかん社、二〇一一年
今橋理子『江戸絵画と文学——「描写」と「ことば」の

江戸文化史』東京大学出版会、一九九九年
大谷俊太『和歌史の「近世」――道理と余情』ぺりかん社、二〇〇七年
香川雅信『江戸の妖怪革命』角川ソフィア文庫、二〇一三年
小松和彦『妖怪学新考――妖怪からみる日本人の心』講談社学術文庫、二〇一五年
スクリーチ、タイモン（田中優子・高山宏訳）『大江戸視覚革命――十八世紀日本の西洋科学と民衆文化』作品社、一九九八年
高橋章則『江戸の転勤族――代官所手代の世界』平凡社選書、二〇〇七年
高橋博巳『京都藝苑のネットワーク』ぺりかん社、一九八八年
田中優子『江戸の想像力――十八世紀のメディアと表徴』ちくま学芸文庫、一九九二年
堤邦彦『近世仏教説話の研究――唱導と文芸』翰林書房、一九九六年
徳田武『江戸漢学の世界』ぺりかん社、一九九〇年
中野三敏『十八世紀の江戸文芸――雅と俗の成熟』岩波書店、一九九九年
中村幸彦『中村幸彦著述集』（全一五巻）中央公論社、一九八二〜一九八九年
日野龍夫『江戸人とユートピア』岩波現代文庫、二〇〇四年
――『日野龍夫著作集』（全三巻）ぺりかん社、二〇〇五年
富士川英郎『江戸後期の詩人たち』東洋文庫、平凡社、二〇一二年

政治・社会

朝尾直弘「東アジアにおける幕藩体制」（朝尾直弘編『日本の近世一　世界史のなかの近世』中央公論社）一九九一年
――『将軍権力の創出』朝尾直弘著作集三、岩波書店、二〇〇四年
荒野泰典『近世日本と東アジア』東京大学出版会、一九八八年
池内敏『大君外交と「武威」――近世日本の国際秩序と朝鮮観』名古屋大学出版会、二〇〇六年
今中寛司『近世日本政治思想の成立――惺窩学と羅山学』創文社、一九七二年
大川真『近世王権論と「正名」の転回史』御茶の水書房、二〇一二年

小川和也『牧民の思想――江戸の治者意識』平凡社選書、二〇〇八年
オームス、ヘルマン（黒住真他訳）『徳川イデオロギー』ぺりかん社、一九九〇年
笠谷和比古『士（サムライ）の思想――日本型組織と個人の自立』同時代ライブラリー、岩波書店、一九九七年
――『主君「押込」の構造――近世大名と家臣団』講談社学術文庫、二〇〇六年
桂島宣弘『思想史の十九世紀――「他者」としての徳川日本』ぺりかん社、一九九九年
――『自他認識の思想史――日本ナショナリズムの生成と東アジア』有志舎、二〇〇八年
川口浩『江戸時代の経済思想――「経済主体」の生成』中京大学経済学研究叢書第三輯、勁草書房、一九九二年
コシュマン、J・ヴィクター（田尻祐一郎・梅森直之訳）『水戸イデオロギー――徳川後期の言説・改革・叛乱』ぺりかん社、一九九八年
曽根原理『神君家康の誕生――東照宮と権現様』歴史文化ライブラリー、吉川弘文館、二〇〇八年
高埜利彦『近世日本の国家権力と宗教』東京大学出版会、一九八九年
田原嗣郎『徳川思想史研究』未来社、一九九二年
――『赤穂四十六士論――幕藩制の精神構造』歴史文化セレクション、吉川弘文館、二〇〇六年
ナカイ、ケイト・ワイルドマン「武士土着論の系譜」（朝尾直弘・網野善彦他編『岩波講座　日本通史一三　近世三』岩波書店）一九九四年
――（平石直昭・小島康敬他訳）『新井白石の政治戦略――儒学と史論』東京大学出版会、二〇〇一年
中田喜万「近世日本武士と「学校の政」の秩序構想について」（『中国――社会と文化』二一、中国社会文化学会）二〇〇六年
野村玄『日本近世国家の確立と天皇』清文堂出版、二〇〇六年
尾藤正英『日本封建思想史研究――幕藩体制の原理と朱子学的思惟』歴史学研究叢書、青木書店、一九六一年
――『江戸時代とはなにか――日本史上の近世と近代』岩波現代文庫、二〇〇六年
平石直昭『日本政治思想史――近世を中心に　改訂版』放送大学教育振興会、二〇〇一年
平川新『紛争と世論――近世民衆の政治参加』東京大学出版会、一九九六年

藤田覚『近世政治史と天皇』吉川弘文館、一九九九年
眞壁仁『徳川後期の学問と政治――昌平坂学問所儒者と幕末外交変容』名古屋大学出版会、二〇〇七年
矢嶋道文『近世日本の「重商主義」思想研究――貿易思想と農政』御茶の水書房、二〇〇三年
山本博文『鎖国と海禁の時代』校倉書房、一九九五年
渡辺浩『東アジアの王権と思想』東京大学出版会、一九九七年
――『近世日本社会と宋学　増補新装版』東京大学出版会、二〇一〇年
――『日本政治思想史――十七〜十九世紀』東京大学出版会、二〇一〇年

B―4　近代

一般

石川公彌子『〈弱さ〉と〈抵抗〉の近代国学――戦時下の柳田國男、保田與重郎、折口信夫』講談社選書メチエ、二〇〇九年
イ・ヨンスク『「国語」という思想――近代日本の言語認識』岩波現代文庫、二〇一二年
色川大吉『明治精神史』（全二巻）岩波現代文庫、二〇〇八年
大久保喬樹『日本文化論の系譜――『武士道』から『甘えの構造』まで』中公新書、二〇〇三年
沖田行司『新訂版　日本近代教育の思想史研究――国際化の思想系譜』学術出版会、二〇〇七年
長志珠絵『近代日本と国語ナショナリズム』吉川弘文館、一九九八年
苅部直『光の領国――和辻哲郎』岩波現代文庫、二〇一〇年
高坂史朗『東アジアの思想対話』ぺりかん社、二〇一四年
小島毅『近代日本の陽明学』講談社選書メチエ、二〇〇六年
子安宣邦『日本近代思想批判――一国知の成立』岩波現代文庫、二〇〇三年
酒井直樹『日本思想という問題――翻訳と主体』岩波人文書セレクション、二〇一二年
坂野潤治『近代日本の国家構想――一八七一―一九三六』岩波現代文庫、二〇〇九年
坂部恵『和辻哲郎――異文化共生の形』岩波現代文庫、二〇〇〇年
新谷尚紀『民俗学とは何か――柳田・折口・渋沢に学び

直す』吉川弘文館、二〇一一年
鈴木貞美『生命観の探究――重層する危機のなかで』作品社、二〇〇七年
関口すみ子『国民道徳とジェンダー――福沢諭吉・井上哲次郎・和辻哲郎』東京大学出版会、二〇〇七年
高田里惠子『グロテスクな教養』ちくま新書、二〇〇五年
――『文学部をめぐる病い――教養主義・ナチス・旧制高校』ちくま文庫、二〇〇六年
竹内整一『自己超越の思想――近代日本のニヒリズム』ぺりかん社、二〇〇一年
竹内洋『教養主義の没落――変わりゆくエリート学生文化』中公新書、二〇〇三年
――『学歴貴族の栄光と挫折』講談社学術文庫、二〇一一年
竹田篤司『物語「京都学派」――知識人たちの友情と葛藤』中公文庫、二〇一二年
田中久文『日本の哲学を読む――「無」の思想の系譜』ちくま学芸文庫、二〇一五年
筒井清忠『日本型「教養」の運命――歴史社会学的考察』岩波現代文庫、二〇〇九年
陶徳民『東アジアにおける公益思想の変容――近世から近代へ』日本経済評論社、二〇〇九年
陶徳民・姜克美他編『近代東アジアの経済倫理とその実践――渋沢栄一と張謇を中心に』日本経済評論社、二〇〇九年
遠山茂樹・山崎正一他編『近代日本思想史』（全四巻）青木書店、一九五六～一九五七年
鳥井博郎『明治思想史』三笠書房、一九三五年
永田広志『日本哲学思想史』三笠書房、一九三八年
成田龍一『歴史学のスタイル――史学史とその周辺』校倉書房、二〇〇一年
西川長夫『国境の越え方――国民国家論序説』平凡社ライブラリー、二〇〇一年
服部健二『西田哲学と左派の人たち』こぶし書房、二〇〇〇年
藤田省三『天皇制国家の支配原理』未来社、一九六六年
――『維新の精神』みすず書房、一九六七年
藤田正勝編『京都学派の哲学』昭和堂、二〇〇一年
舩山信一『明治哲学史研究』ミネルヴァ書房、一九五九年
――『大正哲学史研究』法律文化社、一九六五年
松沢弘陽『近代日本の形成と西洋経験』岩波書店、一九九三年

松本三之介『明治精神の構造』岩波現代文庫、二〇一二年
丸山眞男『「文明論之概略」を読む』（全三巻）岩波新書、一九八六年
――『忠誠と反逆――転形期日本の精神史的位相』ちくま学芸文庫、一九九八年
丸山眞男・加藤周一『翻訳と日本の近代』岩波新書、一九九八年
三谷博『明治維新を考える』岩波書店、二〇一二年
南博『日本人論――明治から今日まで』岩波現代文庫、二〇〇六年
明治維新史学会編『世界史の中の明治維新』（全九巻）有志社、二〇一〇年〜
湯浅泰雄『近代日本の哲学と実存思想』創文社、一九七〇年
渡辺和靖『明治思想史――儒教的伝統と近代認識論』ぺりかん社、一九七八年
渡辺かよ子『近現代日本の教養論――一九三〇年代を中心に』行路社、一九九七年
渡辺京二『逝きし世の面影』平凡社ライブラリー、二〇〇五年

宗教

赤坂憲雄『漂泊の精神史――柳田国男の発生』小学館ライブラリー、一九九七年
――『象徴天皇という物語』ちくま学芸文庫、二〇〇七年
磯前順一『近代日本の宗教言説とその系譜――宗教・国家・神道』岩波書店、二〇〇三年
大木英夫『ピューリタン――近代化の精神構造』中公新書、一九六八年
大谷栄一『近代仏教という視座――戦争・アジア・社会主義』ぺりかん社、二〇一二年
大濱徹也『明治キリスト教会史の研究』吉川弘文館、一九七九年
小川原正道『大教院の研究――明治初期宗教行政の展開と挫折』慶應義塾大学出版会、二〇〇四年
柄谷行人『日本近代文学の起源』岩波現代文庫、二〇〇八年
クラウタウ、オリオン『近代日本思想としての仏教史学』法藏館、二〇一二年
小沢浩『生き神の思想史――日本の近代化と民衆宗教』岩波人文書セレクション、二〇一〇年
阪本是丸『国家神道形成過程の研究』岩波書店、一九九九

四年
島薗進『国家神道と日本人』岩波新書、二〇一〇年
新保祐司『日本思想史骨』構想社、一九九四年
――『正統の垂直線――透谷・鑑三・近代』構想社、一九九七年
末木文美士『近代日本の思想・再考Ⅰ 明治思想家論』トランスビュー、二〇〇四年
――『近代日本の思想・再考Ⅱ 近代日本と仏教』トランスビュー、二〇〇四年
鈴木範久『明治宗教思潮の研究――宗教学事始』東京大学出版会、一九七九年
武田清子『人間観の相克――近代日本の思想とキリスト教』弘文堂、一九五九年
中村勝巳『近代文化の構造――キリスト教と近代』講談社学術文庫、一九九五年
羽賀祥二『明治維新と宗教』筑摩書房、一九九四年
村上重良『国家神道と民衆宗教』歴史文化セレクション、吉川弘文館、二〇〇六年
安丸良夫『神々の明治維新――神仏分離と廃仏毀釈』岩波新書、一九七九年
――『近代天皇像の形成』岩波現代文庫、二〇〇七年
――『文明化の経験――近代転換期の日本』岩波書店、二〇〇七年
山口輝臣『明治国家と宗教』東京大学出版会、一九九九年
吉田久一『日本の近代社会と仏教』評論社、一九七〇年

文学・芸術

大久保喬樹『森羅変容――近代日本文学と自然』小沢書店、一九九六年
――『洋行の時代――岩倉使節団から横光利一まで』中公新書、二〇〇八年
齋藤希史『漢文脈の近代――清末=明治の文学圏』名古屋大学出版会、二〇〇五年
品田悦一『万葉集の発明――国民国家と文化装置としての古典』新曜社、二〇〇一年
鈴木貞美『日本の「文学」概念』作品社、一九九八年
竹内整一『自己超越の思想――近代日本のニヒリズム』ぺりかん社、二〇〇一年
芳賀徹『絵画の領分――近代日本比較文化史研究』朝日選書、一九九〇年
芳賀徹他編『講座 比較文学』(全八巻) 研究社出版、一九七六〜一九七七年
橋川文三『増補 日本浪曼派批判序説』講談社文芸文庫、

一九九八年
平川祐弘『和魂洋才の系譜——内と外からの明治日本』（全二巻）平凡社ライブラリー、二〇〇六年
平田由美『女性表現の明治史——樋口一葉以前』岩波人文書セレクション、二〇一一年
前田愛『近代読者の成立』岩波現代文庫、二〇〇一年
——『幻景の明治』岩波現代文庫、二〇〇六年
柳父章『近代日本語の思想——翻訳文体成立事情』法政大学出版局、二〇〇四年

政治・社会

浅野豊美『帝国日本の植民地法制——法域統合と帝国秩序』名古屋大学出版会、二〇〇八年
安西敏三『福澤諭吉と自由主義——個人・自治・国体』慶應義塾大学出版会、二〇〇七年
飯田泰三『批判精神の航跡——近代日本精神史の一稜線』筑摩書房、一九九七年
石田雄『日本の政治と言葉㊤——「自由」と「福祉」』東京大学出版会、一九八九年
——『日本の政治と言葉㊦——「平和」と「国家」』東京大学出版会、一九八九年
伊藤正雄『福澤諭吉論考』吉川弘文館、一九六九年
伊藤彌彦『維新と人心』東京大学出版会、一九九九年
植手通有『日本近代思想の形成』岩波書店、一九七四年
植村和秀『丸山眞男と平泉澄——昭和期日本の政治主義』柏書房、二〇〇四年
大江志乃夫他編『岩波講座 近代日本の植民地』（全八巻）岩波書店、一九九二〜一九九三年
大久保利謙『明六社』講談社学術文庫、二〇〇七年
小熊英二『単一民族神話の起源——〈日本人〉の自画像の系譜』新曜社、一九九五年
——『〈日本人〉の境界——沖縄・アイヌ・台湾・朝鮮 植民地支配から復帰運動まで』新曜社、一九九八年
鹿野政直『資本主義形成期の秩序意識』筑摩書房、一九六九年
苅部直『歴史という皮膚』岩波書店、二〇一一年
——『秩序の夢——政治思想論集』筑摩書房、二〇一三年
木村直恵『〈青年〉の誕生——明治日本における政治的実践の転換』新曜社、一九九八年
河野有理『明六雑誌の政治思想——阪谷素と「道理」の挑戦』東京大学出版会、二〇一一年
昆野伸幸『近代日本の国体論——〈皇国史観〉再考』ペ

りかん社、二〇〇八年
坂本多加雄『市場・道徳・秩序』創文社、一九九一年
佐藤卓己『八月十五日の神話――終戦記念日のメディア学』ちくま新書、二〇〇五年
――『輿論と世論――日本的民意の系譜学』新潮選書、二〇〇八年
スティール、M・ウィリアム『もう一つの近代――側面からみた幕末明治』ぺりかん社、一九九八年
住谷悦治他編『講座 日本の社会思想史』(全六巻)芳賀書店、一九六七年
竹内好『日本とアジア』ちくま学芸文庫、一九九三年
中野目徹『政教社の研究』思文閣出版、一九九三年
西田毅他編『民友社とその時代――思想・文学・ジャーナリズム集団の軌跡』ミネルヴァ書房、二〇〇四年
バーシェイ、アンドリュー・E(山田鋭夫訳)『近代日本の社会科学――丸山眞男と宇野弘蔵の射程』NTT出版、二〇〇七年
長谷川亮一『「皇国史観」という問題――十五年戦争期における文部省の修史事業と思想統制政策』白澤社、二〇〇八年
福田歓一(加藤節編)『デモクラシーと国民国家』岩波現代文庫、二〇〇九年
牧原憲夫『客分と国民のあいだ――近代民衆の政治意識』吉川弘文館、一九九八年
松尾尊兊『大正デモクラシー』岩波現代文庫、二〇〇一年
松沢弘陽『日本社会主義の思想』筑摩書房、一九七三年
松田宏一郎『江戸の知識から明治の政治へ』ぺりかん社、二〇〇八年
宮嶋博史・李成市他編『植民地近代の視座――朝鮮と日本』岩波書店、二〇〇四年
宮地正人『天皇制の政治史的研究』校倉書房、一九八一年
宮村治雄『開国経験の思想史――兆民と時代精神』東京大学出版会、一九九六年
山之内靖・コシュマン、ヴィクター他編『総力戦と現代化』柏書房、一九九五年
山室信一『思想課題としてのアジア』岩波書店、二〇〇一年
――『キメラ――満州国の肖像 増補版』中公新書、二〇〇四年
横田健一他編『講座 日本の革命思想』(全六巻)芳賀書店、一九六九〜一九七〇年
與那覇潤『翻訳の政治学――近代東アジア世界の形成と

日琉関係の変容』岩波書店、二〇〇九年
米原謙『近代日本のアイデンティティと政治』ミネルヴァ書房、二〇〇二年
米谷匡史『アジア／日本』思考のフロンティア、岩波書店、二〇〇六年

日本思想史年表

西暦	年号	文献	事項
五三八	宣化三		百済聖明王、仏像・経論を献じる（一説には五五二年）。
五五二	欽明一三		仏像崇拝の可否について、論争が起こる。
五八七	用明二		蘇我馬子、厩戸豊聡耳皇子（聖徳太子）と共に物部守屋を討つ。
五九三	推古一		厩戸豊聡耳皇子、摂政となる。四天王寺を難波荒陵に建立。
五九四	推古二		推古天皇、「三宝（仏教）興隆」の詔。
五九六	推古四	※伊予道後温湯碑文（金石文）・大和元興寺露盤銘（金石文）	法興寺建立。
六〇〇	推古八		【隋】倭国王、使者を派遣。
六〇四	推古一二	法隆寺旧蔵菩薩半跏像台座銘。※憲法十七条。	初めて暦を用いる。
六〇六	推古一四		鞍造鳥が丈六仏像を造り、法興寺金堂に安置。
六〇七	推古一五	法隆寺金堂薬師如来坐像光背銘	小野妹子、隋に派遣される。法隆寺着工。
六〇八	推古一六		小野妹子、使人斐世清と共に帰国、再び大使となり、高向玄理・南淵請安・僧旻らと共に発遣。
六一六	推古二四		新羅、仏像を献ず。
六一八	推古二六		【隋】隋滅亡、唐興る。
六二二	推古三〇	※天寿国曼荼羅繡帳	
六二三	推古三一	法隆寺金堂釈迦三尊像銘	【新羅】任那出兵。
六二四	推古三二		【唐】欧陽詢『芸文類聚』成立。
六三〇	舒明二		第一回遣唐使派遣。
六四〇	舒明一二		学問僧南淵請安・学生高向玄理帰国。
六四二	皇極二		蘇我入鹿、山背大兄王を討つ。
六四三	皇極三		東国の大生部多、常世神と称する虫を売る。

六四五	大化一		中大兄皇子・中臣鎌足ら、蘇我入鹿を討つ（大化の改新）。仏教興隆の詔を下す。【唐】玄奘帰国。
六四六	大化二	宇治橋碑文	道登、宇治橋を架ける。
六四八	大化四		三韓に学問僧を派遣。
六五七	斉明三		中臣鎌足、山階陶原の家に精舎を建て、維摩会を行う。
六五八	斉明四		智通・智達、渡唐し玄奘に学ぶ。
六六三	天智二		白村江の戦いにて、唐に大敗。
六六九	天智八		中臣鎌足、山階寺（のちの興福寺）創建。
六七二	弘文一 天武一		大海人皇子、吉野を発して東国に向かう（壬申の乱）。
六七三	天武二		初めて一切経を川原寺で書写す。
六七四	天武三	※「天皇」号使用木簡（飛鳥池遺跡）	【唐】高宗、「天皇」号を使用。
六八〇	天武九		初めて『金光明経』を宮中、および諸寺で説く。皇后の不予に伴い、薬師寺建立。
六八一	天武一〇		帝記、および上古の諸事を記させる。皇祖の御魂を祀る。
六八五	天武一四		諸国の家毎に仏舎を造り、仏像・経を置かせる。初めて伊勢神宮に式年遷宮の制を定める。
六八六	朱鳥一	金鋼場陀羅尼経書写（現存最古の写経）	
六八九	持統三		新羅、天武天皇の喪を弔い、仏像などを献納。
六九一	持統五		大三輪以下十八氏に命じて、その先祖の纂記を作らせる。
六九三	持統七		大学博士に封を与え、儒学を奨励。
六九四	持統八	「藤原宮の役民の歌」（『万葉集』）	
六九六	持統一〇		毎年十二月晦日に浄業者十名を度する。
六九七	文武一	※「天皇雷丘に出遊の時、人麻呂の歌」（『万葉集』）	宣命作られる（現存最古の宣命）。
六九八	文武二		多気大神宮を度会郡に移す。
七〇一	大宝一	藤原不比等・刑部皇子ら『大宝律令』	国学（地方）・大学（中央）を置く。王臣に令文を読習

西暦	年号	文献	事項
			させる。初めて釈奠を行う。
七〇二	大宝二		粟田真人・山上憶良・道慈らを唐に派遣（第七回遣唐使）。この頃から国号を「倭」から「日本」に改めたか。
七〇六	慶雲三	法華寺露盤銘	
七一〇	和銅三		藤原不比等、興福寺建立。平城京遷都。大官大寺を平城京に移す。
七一二	和銅五	太安麻呂『古事記』	
七一三	和銅六		諸国に『風土記』撰進を命ずる。
七一五	霊亀一		越前・気比神宮寺建立。
七一七	養老一		吉備真備・玄昉・阿倍仲麻呂ら第八回遣唐使として渡唐。行基らの活動、取り締まりの対象となる。
七一八	養老二		道慈、唐より帰国。三論宗を伝える。
七二〇	養老四	舎人親王ら『日本書紀』撰述	初めて僧尼に公験を授ける。
七二一	養老五	『常陸国風土記』	日本紀講義が行われる（『弘仁私記』による）。
七二三	養老七		沙弥満誓を筑紫に派遣、観世音寺を造らせる。
七二五	神亀二		天下の災異を防ぐため三千人を出家入道させ、諸寺に転経を行わせる。
七二六	神亀三		行基、山崎橋を造る。
七二七	神亀四		渤海使、王の親書と方者を携え、初めて来朝。
七二九	天平一		長屋王、謀反の嫌疑により自害（長屋王の変）。異端幻術を学び、呪詛・厭魅を行うことを禁じる。
七三一	天平三	山上憶良「貧窮問答歌」（『万葉集』）	行基、およびその弟子に対する迫害緩和。
七三二	天平四	『出雲国風土記』※『肥前国風土記』『豊後国風土記』・山上憶良「沈痾自哀文」（『万葉集』）	聖武天皇、中国皇帝に倣った衣冠を採用する。

七三四	天平六	聖武天皇御願経	
七三五	天平七		遣唐使多治比広成、吉備真備・玄昉と共に帰国。玄昉は一切経を、真備は暦書などを将来。
七三六	天平八		天竺僧菩提僊那・林邑僧仏哲・唐僧道璿ら来日。
七三七	天平九		天然痘流行、藤原四卿相次ぎ没する。
七四〇	天平一二	光明皇后御願経	藤原広嗣の乱。聖武天皇、河内国知識寺にて盧舎那仏を拝す。国ごとに法華経の書写と七重塔の建立を行わせる。
七四一	天平一三		国ごとに国分寺・国分尼寺を設けさせる。
七四三	天平一五		聖武天皇、金銅盧舎那仏の建立発願。行基、大仏勧進の任に当たる。
七四五	天平一七		行基、大僧正に任ぜらる。
七四九	天平感宝一		陸奥国より初めて黄金を献ず。聖武天皇、自らを「三宝の奴」と称す。大仏鋳造成る。八幡大神、託宣して宇佐より京に向かう。
七五一	天平勝宝三	『懐風藻』	東大寺大仏殿竣工。
七五二	天平勝宝四	智光『般若心経述義』	東大寺大仏開眼供養。
七五四	天平勝宝六		唐僧鑑真・法進ら来日。
七五五	天平勝宝七		東大寺戒壇院建つ。
七五七	天平宝字一		養老律令施行。橘奈良麻呂の乱。
七五九	天平宝字三		鑑真、唐招提寺を建立。
七六〇	天平宝字四	延慶「武智麻呂伝」（『藤氏家伝』）・※恵美押勝「大織冠伝」（『藤氏家伝』）	
七六一	天平宝字五		下野薬師寺・筑紫観世音寺に戒壇建立。
七六二	天平宝字六		淡海三船（御船）、歴代天皇の漢風諡号を一括撰進（〜六四）。
七六三	天平宝字七		伊勢の多度大神、神身離脱と仏教帰依を要求。

西暦	年号	文献	事項
七六四	天平宝字八		恵美押勝の乱。
七六六	天平神護二		道鏡に法皇の位を授ける。
七七〇	宝亀一		僧尼の山林修行を許す。
七七二	宝亀三	藤原浜成『歌経標式』	
七七七	宝亀八	※『万葉集』	
七七九	宝亀一〇	淡海三船『唐大和上東征伝』	
七八三	延暦二		長岡京遷都。
七八五	延暦四	※最澄『願文』	最澄、比叡山に入山。
七八八	延暦七	思託『延暦僧録』・『多度神宮寺資財帳』	僧最澄、比叡山寺（延暦寺の前身）を創設。
七八九	延暦八	『高橋氏文』	
七九一	延暦一〇	空海『聾瞽指帰』	
七九四	延暦一三		平安京遷都。
七九七	延暦一六	菅野真道ら『続日本紀』・空海『三教指帰』	
七九八	延暦一七		年分度者の制度を決める。
八〇一	延暦二〇		和気弘世、最澄を高雄山寺に招して法華会を開く。
八〇四	延暦二三	『延暦儀式帳』	第十二回遣唐使派遣、最澄・空海ら随行。
八〇五	延暦二五		「怨霊」（早良親王）の初出（『日本後紀』）。最澄帰国、天台宗を伝える。空海、長安に入り青竜寺恵果に師事。
八〇六	大同一		【唐】白居易「長恨歌」。 平城天皇、践祚の儀を始める（桓武天皇創始説あり）。 天台法華宗の年分度者二名が認められる（天台宗の公認）。空海帰国、真言宗を伝える。
八〇七	大同二	斎部広成『古語拾遺』	
八一四	弘仁五	小野岑守ら『凌雲集』・万多親王ら『新撰姓	

		氏録』奏進	
八一六	弘仁七	最澄『依憑天台集』・徳一※『仏性抄』（三一権実論争の始まり）	空海、高野山に金剛峯寺を創建。
八一八	弘仁九	最澄『守護国界章』『天台宗年分度学生式八条』（『山家学生式』の一つ）・藤原冬嗣ら『文華秀麗集』	儀式・衣服の唐風化が詔せらる。最澄、小乗戒を棄捨。
八一九	弘仁一〇	空海※『文鏡秘府録』	最澄、大乗戒壇独立の可否を僧綱に問うも、護命はじめ僧綱、拒否。
八二〇	弘仁一一	最澄『顕戒論』『決権実論』	弘仁格式奏進。
八二一	弘仁一二	最澄『法華秀句』（三一権実論争での最終論争書）	藤原冬嗣、勧学院（大学寮別曹）を創立。
八二二	弘仁一三	景戒※『日本霊異記』	大乗戒壇設置許可（最澄没後七日目）。
八二三	弘仁一四		空海、東寺を下賜される。
八二七	天長四	良岑安世ら『経国集』	比叡山戒壇院建立。
八二八	天長五		空海、綜芸種智院を創立。
八三〇	天長七	空海『秘密曼荼羅十住心論』『秘蔵宝鑰』	勅命により天長六本宗書撰上。
八三三	天長一〇	清原夏野ら『令義解』	
八三八	承和五		第十三回遣唐使派遣。円仁・円載ら随行。
八四一	承和八	藤原緒嗣ら『日本後紀』	
八四二	承和九		【唐】武宗の排仏（会昌の廃仏）起こり、円仁遭難。
八四七	承和一四	円仁『入唐求法巡礼行記』	円仁帰国。
八五三	仁寿三		円珍渡唐。
八五八	天安二		藤原良房、摂政となる（人臣摂政の初め）。円珍帰国。
八五九	貞観一		石清水八幡宮創建。円珍、園城寺（三井寺）再興。
八六一	貞観三		東大寺大仏修理落成供養挙行。
八六三	貞観五		神泉苑にて御霊会挙行、崇道天皇（早良親王）・伊予親

西暦	年号	文献	事項
			王・橘逸勢らを祀る。
八七七	元慶一		菅原道真、文章博士になる。
八七九	元慶三	藤原基経ら『日本文徳天皇実録』	
八八二	元慶六		日本紀竟宴和歌を催す。
八八九	寛平一		初めて賀茂上下社臨時祭を行う。
八九一	寛平三	※『日本国見在書目録』（これ以前に成る）	
八九二	寛平四	菅原道真『類聚国史』	
八九四	寛平六		遣唐使停廃。
八九七	寛平九	『宇多天皇御記』・『寛平御遺誡』	
九〇〇	昌泰三	※『先代旧事本紀』（これ以前に成る）	奨学院を大学寮の別曹とする。
九〇一	延喜一	三善清行『革命勘文』・藤原時平ら『日本三代実録』	菅原道真、大宰府に左遷される。
九〇五	延喜五	紀貫之ら『古今和歌集』（勅撰和歌集の初め）	
九〇七	延喜七	藤原時平ら『延喜格』	【唐】唐滅亡、後梁・契丹興る。
九〇九	延喜九		藤原時平没、道真の怨霊の所為とされる。
九一四	延喜一四	三善清行『意見封事十二箇条』	
九一七	延喜一七	※『上宮聖徳法王帝説』・藤原兼輔『聖徳太子伝暦』	
九二七	延長五	藤原忠平ら『延喜式』	
九三〇	延長八		清涼殿に落雷、道真の怨霊の所為とされる。
九三八	天慶一		空也、京都市中で念仏を唱え阿弥陀信仰を説く。
九四〇	天慶三	※『将門記』	
九四二	天慶五		初めて石清水臨時祭を行う。
九四七	天暦一		最珍ら菅原道真の祠を北野に建立。

九四八	天暦二	藤原忠平『貞信公記』	
九五七	天徳一	菅原文時『意見三ヶ条』	大江維時を撰国史所別当とする。
九五九	天徳三		右大臣藤原師輔、北野社増築。
九六〇	天徳四	藤原師輔『九条殿御遺誡』	【後周】後周滅亡、宋興る。
九六三	応和三		空也、鴨河の西において宝塔供養。良源らによる応和の宗論（天台・法相両宗による三一権実論争）。西光寺（後の六波羅蜜寺）創建。
九六四	康保一		橘好古の奏により学館院をもって大学寮別曹とする。
九六五	康保二		宜陽院において日本紀を講義させる。
九七〇	天禄一		祇園御霊会を始める（以後、恒例化）。天台座主良源、二六ヶ条の起請を定める。
九八二	天元五	慶滋保胤『池亭記』・※源高明『西宮記』	
九八三	永観一		奝然入宋。
九八四	永観二	源為憲『三宝絵詞』・丹波康頼『医心方』	
九八五	寛和一	源信『往生要集』	
九八六	寛和二	※慶滋保胤『日本往生極楽記』	源信、『往生要集』などを宋に贈り、また二十五三昧会を結ぶ。
九八七	寛和三		朝廷、初めて北野社を祀る。
九九一	正暦二		宋の雲黄山寺僧行辿、経巻を源信に贈る。寂照入宋。
九九七	長徳三		藤原道長、左大臣に任ぜらる。
一〇〇六	寛弘三	源信『一乗要決』	
一〇〇七	寛弘四		藤原道長、金峯山で書写した法華経などを埋経。
一〇〇八	寛弘五		『源氏物語』の一部、流布。
一〇一一	寛弘八	※大江匡衡『江吏部集』	
一〇一三	長和二	※藤原公任『北山抄』（〜寛仁年間）・※藤原公任『和漢朗詠集』	宋の国清寺、延暦寺に天台大師影像などを贈る。寂源、大原勝林院を建立。

西暦	年号	文献	事項
一〇二〇	寛仁四		藤原道長、無量寿院の落慶供養を行う。藤原道長、延暦寺にて受戒。【高麗】高麗大蔵経（〜八七）。
一〇三六	長元九	※赤染衛門？『栄花物語』（正編）	
一〇三七	長暦一	※実睿『三国因縁地蔵菩薩霊験記』・『※日本紀略』	
一〇四一	長久二	※鎮源『大日本国法華経験記』	
一〇四五	寛徳二	※藤原明衡『本朝文粋』	
一〇五一	永承六		前九年の役（〜六二）。
一〇五二	永承七		この年より末法の世に入る。藤原頼通、宇治の別業を仏寺とし、平等院とする。疫病流行のため花園社を建て、御霊会を行う。
一〇五三	天喜一		藤原頼通、平等院阿弥陀堂（鳳凰堂）を供養する。
一〇六二	康平五	※『陸奥話記』	
一〇六三	康平六		源頼義、鎌倉に鶴岡八幡宮を建立。
一〇六六	治暦二	※藤原明衡『新猿楽記』『※明衡往来』	
一〇六九	延久一		仏師円快、法隆寺の聖徳太子木像を造る。絵師秦致貞、「聖徳太子絵伝」を描く。
一〇七〇	延久二		石清水八幡宮の放生会に勅使を派遣。
一〇七三	延久四	※成尋『参天台五台山記』	入宋僧成尋、神宗下賜の新訳経など五二七巻を弟子に記送。
一〇七五	承保二		延暦・園城両寺の僧徒、戒壇をめぐり闘諍。
一〇七九	承暦三	※『往生講式』	
一〇八一	永保一		興福寺僧徒、多武峯を侵し民家を焼く。園城寺僧徒、日吉社の祭事妨害、これを発端として闘諍。

一〇八二	永保二		熊野信徒、神輿を奉じて入京、強訴する。
一〇八三	永保三		後三年の役（〜八七）。
一〇八八	寛治二		『成唯識論』（聖語蔵）刊行される。
一〇九〇	寛治四		大江匡房に漢書を講読させる。白河上皇、熊野に参詣、初めて三山検校を置く。
一〇九四	嘉保二	皇円『扶桑略記』	院政始まる。
一〇九六	永長一	大江匡房『洛陽田楽記』	
一一〇一	康和三	大江匡房『続本朝往生伝』	大宰権帥大江匡房、筑前安楽寺にて菅原道真を祀る。
一一〇二	康和四		興福寺宗徒蜂起。東大寺宗徒が八幡の神輿を奉じて入京。
一一〇三	康和五	※永観『往生拾因』	
一一〇四	長治一	※大江匡房『江談抄』	
一一〇五	長治二	※『堀河百首』	藤原清衡、最初院（中尊寺）を陸奥国平泉に建立。
一一〇六	嘉承一	※『東大寺要録』	京都に田楽流行。
一一一一	天永二	※大江匡房『江帥集』『本朝神仙伝』・※三善為康『拾遺往生伝』	
一一一六	天永四	三善為康『朝野群載』	
一一二〇	保安一	※『今昔物語集』	
一一二四	天治一		藤原清衡、平泉に中尊寺金色堂建立。良忍、融通念仏を始める。祇園臨時祭挙行、以後恒例化。
一一三一	天承一	※『大鏡』	
一一三九	保延五	※三善為康『後拾遺往生伝』	
一一四〇	保延六		右兵衛尉佐藤義清（西行）、出家。
一一五〇	久安六		鳥羽法皇、入道藤原通憲（信西）に国史（『本朝世紀』）を撰ばせる。
一一五六	保元一		保元の乱。崇徳院、讃岐に配流。九世紀以来停止していた死刑が執行される。

西暦	年号	文献	事項
一一五九	平治一		平治の乱。
一一六〇	永暦一		平清盛、厳島参詣。後白河上皇、新熊野・新日吉両社創建。
一一六三	長寛一	『長寛勘文』（〜六四）	諸儒に対し、伊勢大神宮と熊野権現とが同体であるかを勘申させる（長寛勘文）。
一一六四	長寛二		平家一門、厳島神社に納経（平家納経）。
一一六七	仁安二		平清盛、太政大臣となる。重源入宋。
一一六八	仁安三		平清盛出家。厳島神社を造営。栄西入宋。栄西・重源帰国。
一一七〇	嘉応二	『今鏡』	後白河法皇、東大寺にて受戒。
一一七四	承安四	覚憲『三国伝燈記』	
一一七五	安元一		法然（源空）、専修念仏（浄土宗）を唱える。
一一七八	治承二	※平康頼『宝物集』	【宋】朱子（朱熹）、『論語集註』『孟子集註』。
一一七九	治承三		平清盛、宋版『太平御覧』を東宮に献上。
一一八〇	治承四		福原遷都。源頼朝挙兵。平重衡の兵火で東大寺焼失。
一一八一	治承五		重源、造東大寺大勧進となる。
一一八三	寿永二		安徳天皇・平宗盛ら都落ち。重源、宋人陳和卿らと共に東大寺大仏の修理開始。
一一八五	文治一	※後白河上皇『梁塵秘抄』	壇ノ浦の戦い（平氏滅亡）。東大寺大仏落慶供養を行う。
一一八六	文治二		西行、鎌倉に下向する。法然、大原談義を行う。
一一八七	文治三		栄西入宋。
一一八九	文治五		藤原泰衡・源義経殺害、奥州藤原氏敗亡。
一一九〇	建久一		東大寺上棟。
一一九一	建久二		栄西帰国、臨済宗を伝える。

一一九二	建久三		源頼朝、征夷大将軍となる。
一一九四	建久五		延暦寺僧徒の訴えにより、栄西・能忍の禅宗布教を禁じる（弘通停止）。
一一九五	建久六	※『水鏡』	東大寺供養。重源、醍醐寺に宋本一切経施入。
一一九八	建久九	法然『選択本願念仏集』・栄西『興禅護国論』	
一一九九	正治一		俊芿、渡宋し戒律を学ぶ。
一二〇〇	正治二		鎌倉幕府、念仏宗を禁じる。
一二〇二	建仁二		栄西、建仁寺建立。
一二〇四	元久一		源空、教戒七条を定めて門人らを誡める。
一二〇五	元久二	藤原定家ら『新古今和歌集』	
一二〇六	建久一		高弁（明恵）、栂尾を賜りついで高山寺を創建。
一二〇七	承元一		専修念仏停止、法然を土佐、親鸞を越後に配流。
一二一〇	承元四		源実朝、「十七条憲法」および四天王寺・法隆寺の重宝等の記を見る。『往生要集』（源信）開版。
一二一一	建暦一	栄西『喫茶養生記』	俊芿帰国、建仁寺に入り、のち崇福寺に移る。
一二一二	建暦五	高弁（明恵）『摧邪輪』『荘厳記』・鴨長明『方丈記』	
一二一五	建保三	※源顕兼『古事談』・※信濃前司行長？『平家物語』（原本）	
一二一六	健保四		源実朝、渡宋のため大船建立（翌年船沈没、渡宋断念）。
一二一八	健保六	『長谷寺霊験記』	
一二一九	承久一	『北野天神縁起絵巻』	公暁、鶴岡八幡宮で源実朝を刺殺（源氏の正統断絶）。
一二二〇	承久二	慈円『愚管抄』	
一二二一	承久三	※『宇治拾遺物語』	承久の乱。後鳥羽院、隠岐に配流。
一二二二	貞応一	慶政『閑居友』	
一二二三	貞応二		道元・明全入宋。

西暦	年号	文献	事項
一二二四	元仁一	親鸞『教行信証』	親鸞、浄土真宗（一向宗）を開く。専修念仏者の禁圧。
一二二七	安貞一	道元『普勧坐禅儀』	道元帰国、曹洞宗を伝える。延暦寺僧徒の念仏隆盛の訴えにより専修念仏停止。
一二三二	貞永一		御成敗式目（貞永式目）制定。
一二三三	天福一		京都に猿楽流行。
一二三四	文暦一		宣旨により専修念仏宗禁圧。
一二三五	嘉禎一		円爾弁円・神子栄尊入宋。九条道家、東福寺を建立。
一二三六	嘉禎二		叡尊、西大寺に居住。
一二三八	暦仁一	※孤雲懐奘『正法眼蔵随聞記』	
一二四三	寛元一		九条道家、円爾弁円を東福寺住持とする。
一二四五	寛元三	顕真『聖徳太子伝私記』	
一二四六	寛元四		蘭渓道隆来日。
一二四七	宝治一	※『六波羅殿家訓』	道元、鎌倉に赴く。法隆寺にて、伝聖徳太子の『三経義疏』を開版。
一二五二	建長四	六波羅二﨟左衛門？『十訓抄』	幕府、金銅大仏を鎌倉深沢に建立。忍性、関東へ下向。
一二五三	建長五	※道元『正法眼蔵』	日蓮、鎌倉で法華宗を広める。高野版『三教指帰』開版。建長寺、落慶供養。
一二五四	建長六	橘成季『古今著聞集』	
一二五五	建長七	親鸞『愚禿抄』	
一二五七	正嘉一		北条時頼、円爾弁円を鎌倉に招く。
一二五八	正嘉二		親鸞、「自然法爾事」を述べる。
一二六〇	文応一	日蓮『立正安国論』	兀庵普寧来日。
一二六一	弘長一		徳政・新制発布。北条長時、相模極楽寺を修営し忍性を招聘。

一二六二	弘長二	※唯円『歎異抄』	叡尊、北条実時の請により鎌倉へ下向。
一二六八	文永五	凝然『八宗綱要』	日蓮、書を北条時宗らに提出、諸宗を排撃し外寇を警告する。
一二七一	文永八		日蓮、佐渡配流。
一二七二	文永九	日蓮『開目抄』	親鸞の娘覚信尼、親鸞の墳墓を大谷に移して本願寺を草創。
一二七三	文永一〇	日蓮『観心本尊抄』	
一二七四	文永一一	※『百錬抄』・卜部兼方（懐賢）『釈日本紀』（〜一三〇一）	文永の役。日蓮、甲斐国に赴き身延山久遠寺を開く。
一二七六	建治二		一遍、時宗を開く。北条（金沢）実時、これ以前に金沢文庫創立。
一二七八	弘安一	『北野天神縁起』	【元】日本商船に交易を許可。北条時宗、宋に書を送り碩徳の僧を招聘。
一二七九	弘安二		宋僧無学祖元・鏡堂覚円来日。時宗、祖元を建長寺住持とする。
一二八〇	弘安三		諸寺に勅し、異国降伏を祈願させる。
一二八一	弘安四		弘安の役。春日神木入洛。幕府、勧学院を高野山に創立。
一二八三	弘安六	無住『沙石集』	日像、京都開教（京都法華宗教団の形成）。
一二八五	弘安八	度会行忠『伊勢二所太神宮神名秘書』	「十七条憲法」開版。
一二八六	弘安九	叡尊『感身学生記』	
一二八九	正応二	※『一遍上人語録』	
一二九〇	正応三		院旨により、諸国に異国降伏の祈禱を命じる。
一二九一	正応四		南禅寺建立。
一二九五	永仁三	六条有房『野守鏡』	
一二九六	永仁四	『天狗草紙絵巻』	
一二九七	永仁五		永仁の徳政行われる。

西暦	年号	文献	事項
一二九八	永仁六	『北野天神縁起絵巻』	
一二九九	正安一	無住『聖財集』	元の使僧一山一寧、鎌倉にて国書進呈。
一三〇〇	正安二	※土佐吉光『法然上人絵伝』	
一三〇二	乾元一	※凝然『円照上人行状』	幕府、諸国の一向宗徒を禁圧。
一三〇四	嘉元二	『八幡愚童訓』	金沢貞時、『百錬抄』を書写校合する。
一三〇五	嘉元三	無住『雑談集』	貞時、前年より『古文孝経』校勘。
一三〇八	延慶一	※『吾妻鏡』・『是害坊物語絵巻』（曼珠院本）	貞時、『群書治要』『侍中群要』を書写校合する。
一三〇九	延慶二	高階隆憲『春日権現縁起絵巻』	入元僧道眼房、一切経を将来。
一三一一	応長一	※『渓嵐拾葉集』・凝然『三国仏法伝通縁起』	
一三一六	正和五	『百鬼夜行絵巻』	
一三一七	文保一		幕府、両統迭立のことを定める（文保の和談）。
一三二〇	元応二	『類聚神祇本源』	
一三二二	元亨二	虎関師錬『元亨釈書』	
一三二四	正中一	存覚『諸神本懐集』	
一三二九	元徳一	※『一言芳談』	
一三三〇	元徳二	※吉田兼好『徒然草』	
一三三一	元徳三 元弘一		後醍醐天皇、神器を携えて奈良へ出奔。
一三三二	元弘二 正慶一	※『花園院宸記』・慈遍『旧事本紀玄義』	後醍醐天皇、隠岐配流。
一三三三	元弘三 正慶二		北条高時自害、鎌倉幕府滅亡。後醍醐天皇還幸、建武中興。
一三三四	建武一	※二条河原落書（『建武年間記』）	建武の新政。
一三三五	建武二		中先代の乱。
一三三六	建武三 延元一	「建武式目」	南北朝分裂。
一三三八	暦応一 延元三	※北畠親房『元元集』	足利尊氏、征夷大将軍となる。

一三三九	暦応二 延元四	北畠親房『神皇正統記』（初稿）	
一三四〇	暦応三 興国一	北畠親房『職原鈔』・慈遍『豊葦原神風和記』	
一三四二	康永一 興国三		五山十刹の制度定まる。
一三四四	康永三 興国五	夢窓疎石『夢中問答集』・※『梅松論』・※『庭訓往来』（南北朝期から室町初期の成立）	
一三五〇	観応一 正平五		観応の擾乱。この頃から前期倭寇の活動が活発になる。【琉球】三山時代。
一三五一	観応二 正平六	従覚『慕帰絵詞』	
一三五六	延文一 正平一一	二条良基『菟玖波集』・※『神道集』・※『増鏡』	
一三六四	貞治三 正平一九		『論語集解』刊行。
一三六八	応安一 正平二三	この頃『太平記』成立	【元】元滅亡、明建国。
一三八一	永徳一 弘和一	長慶天皇撰『仙源抄』	
一三八三	永徳三 弘和三	斯波義将『竹馬抄』・※『曾我物語』（真字本）・※『御伽草子』（南北朝期頃）	
一三九一	明徳二 元中八	※『明徳記』	明徳の乱。
一三九二	明徳三 元中九		南北朝合一。【高麗】高麗滅亡、李氏朝鮮建国。
一三九四	応永一		足利義満、太政大臣となる。
一三九八	応永五		幕府、三管・四職・七頭を制定。
一三九九	応永六	洞院公定『尊卑分脈』（これ以前に成立）	応永の乱。対馬の宗氏、朝鮮と通交。
一四〇一	応永八		日明貿易開始（〜一五四九）。
一四〇二	応永九	今川了俊『難太平記』・※『義経記』	
一四〇三	応永一〇	絶海中津述、西胤俊承ら編『絶海和尚語録』	【朝鮮】銅活字印刷始まる。
一四〇七	応永一四	※沙弥玄棟『三国伝記』	
一四〇八	応永一五		【明】『永楽大典』。
一四一一	応永一八		明と一時国交中絶（〜三二）。
一四一二	応永一九	今川了俊（伝）『今川状』	

西暦	年号	文献	事項
一四一四	応永二一	※清涼寺本『融通念仏縁起』	
一四一五	応永二二		【明】『性理大全』『四書大全』『五経大全』。
一四一六	応永二三	後崇光院『看聞日記』（～四八）	
一四一八	応永二五	世阿弥『風姿花伝』	
一四一九	応永二六		応永の外寇。
一四二〇	応永二七		【明】明版大蔵経（北蔵）刊行開始。
一四二三	応永三〇	隆尭『念仏安心大要抜書』	
一四二八	正長一		正長の土一揆。
一四二九	永享一		【琉球】尚巴志、琉球王国建国。
一四三〇	永享二	『申楽談儀』（世阿弥の芸話を次男の元能が整理した聞書）・※玄棟『三国伝記』	
一四三三	永享五	貞成親王『椿葉記』	
一四三八	永享一〇		永享の乱。
一四三九	永享一一	※『伊勢貞親教訓』・飛鳥井雅世撰『新続古今和歌集』（二十一代集最後の勅撰和歌集）・『大内家壁書』（～一五二九）	上杉憲実、足利学校を再興。
一四四〇	永享一二	日親『立正治国論』	
一四四一	嘉吉一		嘉吉の土一揆。嘉吉の乱。
一四四四	文安一	『下学集』・※一条兼良『日本書紀纂疏』（一四五五～五七年頃成立）	
一四四六	文安三		【朝鮮】訓民正音（ハングル）を制定。
一四五〇	宝徳二	尋尊『大乗院寺社雑事記』（～一五〇八）	
一四五五	享徳四		【独】グーテンベルク、ラテン語聖書を活版印刷。
一四五七	長禄一		アイヌ首長コシャマインの戦い。

一四五九	長禄三		長禄・寛正の飢饉（〜六一）。
一四六三	寛正四	心敬『ささめごと』（一四六一年成立説あり）	
一四六七	応仁一		応仁の乱（〜七七）。
一四七一	文明三	蓮如『御文章（御文）』（〜九八）・※『応仁記』・※『節用集』	
一四七四	文明六	三条西実隆『実隆公記』（〜一五三六）	
一四八〇	文明一二	一条兼良『樵談治要』※『文明一統記』・※一休『狂雲集』・※『朝倉孝景条々』（朝倉敏景一七箇条）	
一四八一	文明一三	※吉田兼倶『唯一神道名法要集』	『大学章句』刊行。
一四八五	文明一七		山城の国一揆。
一四八六	文明一八	吉田兼倶『神道大意』	
一四八八	長享二	宗祇『水無瀬三吟百韻』	加賀の一向一揆。
一四九三	明応二	『相良氏法度』（〜一五五五）	
一四九五	明応四	宗祇ら『新撰菟玖波集』	
一四九六	明応五		蓮如、石山本願寺を創建。
一四九七	明応六		吉田兼倶、法華三十番神をめぐり日蓮宗徒と論争。
一五一〇	永正七		【朝鮮】三浦の乱。
一五一二	永正九		【朝鮮】壬申約条。
一五一五	永正一二	※尊応『清涼寺縁起』（伝狩野元信画）	
一五一八	永正一五	『閑吟集』・※『早雲寺殿廿一箇条』	【明】王守仁（陽明）の語録『伝習録』刊行（徐愛編）。
一五二三	大永三		【明】寧波の乱。
一五二四	大永四	蓮悟撰『蓮如上人遺徳記』・※山崎宗鑑『新撰犬筑波集』	【明】嘉靖年間（一五二二〜六六）に王世貞・李攀竜ら後七子が文壇の中心となる（古文辞）。
一五二六	大永六	『今川仮名目録』	
一五二七	大永七	山科言継『言継卿記』（〜六七）	

西暦	年号	文献	事項
一五三一	享禄四		【琉球】『おもろさうし』（〜一六二三）。
一五三二	天文一		天文法華の乱。
一五三六	天文五	清原宣賢『日本書紀神代巻抄』・『塵芥集』（伊達氏）	
一五三九	天文八	全枝『禅儀外文臆断』	
一五四二	天文一一	池坊専応『池坊専応口伝』	
一五四五	天文一四		曲直瀬道三、田代三喜に師事し、医学校啓迪院にて金元医学（李朱医学）を教授する。
一五四六	天文一五	山本勘助『軍法兵法記』	
一五四七	天文一六	『甲州法度之次第』（信玄家法）	
一五四八	天文一七		この頃、南村梅軒（海南学派〈南学〉の祖）、土佐に渡る。
一五四九	天文一八		イエズス会士フランシスコ・ザビエル、鹿児島に上陸し、宣教開始。
一五五〇	天文一九	曲直瀬道三『辞俗功聖方』	
一五五一	天文二〇		大内氏滅び、勘合貿易断絶。
一五五二	天文二一	『塵塚物語』	
一五五六	弘治二	『結城氏新法度』	
一五五九	永禄二		【朝鮮】李滉（退渓）『朱子書節要』『自省録』。
一五六〇	永禄三	※『新加制式』（三好氏）	桶狭間の戦い。この頃から後期倭寇の活動が活発になる。
一五六二	永禄五	善念『成唯識論泉鈔』	
一五六三	永禄六	※里村紹巴『源氏物語抄』	
一五六七	永禄一〇	『六角氏式目』	
一五六八	永禄一一		織田信長、足利義昭を奉じて入京。【明】明人の海外渡

			航を許可。
一五六九	永禄一二		織田信長、イエズス会士ルイス・フロイスに京都在住を許可。
一五七〇	元亀一	日澄『法華神道秘決』	石山合戦（～八〇）。
一五七一	元亀二		織田信長、延暦寺を焼打ち。
一五七二	元亀三		【明】張居正の改革（～八二）。
一五七三	天正一		織田信長、足利義昭を追放し室町幕府滅亡。
一五七四	天正二	『上井覚兼日記』（～八六）	
一五七七	天正五	高坂昌信『武道心鑑』・松平家忠『家忠日記』（～九四）	織田信長、安土城下を楽市とする。
一五七八	天正六		【明】李時珍『本草綱目』。
一五七九	天正七	※日淵口述、日允記『安土宗論実録』	安土宗論（浄土宗と日蓮宗の衆論）。
一五八〇	天正八		有馬・安土にセミナリヨ、府内にコレジョ創設。
一五八二	天正一〇	大村由己『惟任退治記』	本能寺の変。太閤検地始まる（～九八）。天正遣欧使節。
一五八三	天正一一		豊臣秀吉、賤ヶ岳の戦いにて柴田勝家を破り、信長の後継者の地位を確立。
一五八六	天正一四	三条西実枝講、細川幽斎編『詠歌大概抄』	
一五八七	天正一五		豊臣秀吉、伴天連追放令を発令。
一五八八	天正一六		豊臣秀吉、倭寇取締令および刀狩令を発令。
一五九〇	天正一八	珠光『浄土三部経音義』	洋式印刷機伝来し、キリシタン版始まる。
一五九一	天正一九	『サントスの御作業』（加津佐版）	豊臣秀吉、身分統制令を発令。
一五九二	文禄一	『どちりいな・きりしたん』（天草版）	文禄の役。
一五九三	文禄二	フロイス『日本史』・『伊曾保物語』（天草版）	藤原惺窩、徳川家康に『貞観政要』を講義する。
一五九五	文禄四		日奥、方広寺大仏殿での千僧供養への出仕を拒否（不受不施の起こり）。
一五九六	慶長一	『こんてむつす・むんぢ』（天草版）	サン・フェリペ号事件の後、二十六聖人殉教。栗崎道

西暦	年号	文献	事項
			喜、ルソンより帰り、南蛮外科医術を伝える。
一五九七	慶長二	『長宗我部氏掟書』	慶長の役。朝鮮文人姜沆、日本に連行され（～一六〇〇）、その間に四書五経新注和刻本の刊行に尽力し、藤原惺窩などの日本の知識人と交友。
一五九八	慶長三		秀吉死去により、朝鮮より撤兵（朝鮮より活版印刷・製陶法伝わる）。【明】この頃、袁宏道ら公安派が王世貞・李攀竜らの古文辞を批判。
一六〇〇	慶長五	※太田牛一『信長公記』	関ヶ原の戦い。藤原惺窩、儒者の服装である深衣道服を着用し、家康に謁見する。【英】東インド会社設立。
一六〇一	慶長六	貞安『貞安問答』	
一六〇二	慶長七		東西本願寺分裂。【明】マテオ・リッチ（利瑪竇）『坤輿万国全図』刊行。【蘭】東インド会社設立。
一六〇三	慶長八	『日葡辞書』	徳川家康、征夷大将軍となる。林羅山、無断で『論語集注』を講じ、清原秀賢から非難される。
一六〇四	慶長九	頼慶『光明真言鈔』刊	【仏】東インド会社設立。
一六〇五	慶長一〇	ハビアン『妙貞問答』・慶秀『正信偈私記』	林羅山、徳川家康に出仕。
一六〇六	慶長一一	林羅山『排耶蘇』（ハビアンとの論争）・向井元升『孝経辞伝』・虚応『般若心経註解』	
一六〇七	慶長一二		朝鮮使来日し、幕府に国書を贈る（国交回復）。林羅山、儒者でありながら剃髪し将軍の侍講となる。
一六〇八	慶長一三		慶長法難（日蓮教団の折伏的傾向への圧力）。
一六〇九	慶長一四	平岩親吉編『三河後風土記』	島津氏、琉球出兵。オランダ、平戸商館を開き貿易開始。己酉約条を朝鮮と結ぶ。
一六一一	慶長一六	小瀬甫庵『信長記』	

一六一二	慶長一七		幕領でキリスト教禁止、翌年全国に及ぶ。
一六一三	慶長一八		英、平戸商館開設。※慶長遣欧使節団（〜二〇）。
一六一四	慶長一九	『装束拾要抄』・※三浦浄心?『慶長見聞集』・※細川幽斎述、烏丸光広記『耳底記』（慶長年間）・※小瀬甫庵編『政要抄』（慶長頃刊）・※『伴天連記』（慶長末）	大坂冬の陣。慶長から元和にかけて『太平記評判秘伝理尽鈔』の講釈（太平記読み）流行。
一六一五	元和一		大坂夏の陣、豊臣氏滅亡。武家諸法度・禁中並公家諸法度・諸宗本山本寺法度。
一六一六	元和二	聖憲記、良尊注『阿字観鈔』・日奥『宗義制法論』（受不施派の日乾『破奥記』に対する反駁書）	欧州船の寄港地を平戸・長崎に限定。天海、大僧正となる。【後金】女真族のヌルハチ、後金建国（太祖）。
一六一七	元和三	小笠原勝三『当流軍法功者書』	日光東照宮創建。【明】如惺『大明高僧伝』。
一六一九	元和五	鈴木正三『盲安杖』・山本玄仙『万外集要』	
一六二〇	元和六	林羅山『惺窩先生行状』・ハビアン『破提宇子』刊	
一六二一	元和七	林羅山『野槌』・小笠原作雲『諸家評定』	
一六二二	元和八		キリシタンを大量処刑（元和の大殉教）。
一六二三	元和九	安楽庵策伝『醒睡笑』・※富山道治『竹斎』	イギリス、平戸商館を閉鎖し、日本より撤退。【明】アレーニ（艾儒略）『職方外記』。
一六二四	寛永一	中村惕斎『比売鑑』	イスパニア船の来航禁止。
一六二五	寛永二	小瀬甫庵『太閤記』	天海、寛永寺を創建。
一六二六	寛永三	大久保忠教『三河物語』（最終稿）・以心崇伝、烏丸光広『寛永行幸記』	
一六二七	寛永四	林羅山、菅得庵『惺窩文集』・吉田光由『塵劫記』	
一六二九	寛永六	林羅山『春鑑抄』刊・那波活所『活所遺稿』	紫衣事件。林羅山、儒者でありながら民部卿法印（最高

西暦	年号	文献	事項
		刊・松浦宗案※（または土居水也）『清良記』	の僧位）となる。
一六三〇	寛永七	中江藤樹『林氏剃髪受位弁』（七六までに成立）	キリシタン書籍の輸入禁止。林羅山、上野忍岡の私邸に塾を開く。日樹・日奥ら不受不施派への弾圧強化。
一六三二	寛永九	柳生宗矩『兵法家伝書』・鈴木正三※『二人比丘尼』	
一六三三	寛永一〇	万安『四部録抄』刊	鎖国令（奉書船以外の渡航禁止）。柳川一件。
一六三四	寛永一一		鎖国令（海外往来通商禁止）。那波活所、紀州藩に出仕。
一六三五	寛永一二		鎖国令（海外渡航禁止、帰国禁止）。長崎に出島作られる。寺社奉行の設置。
一六三六	寛永一三	如儡子『可笑記』・沢野忠庵（フェレイラ）『顕偽録』・天海※『東照社縁起』	鎖国令（ポルトガル人を出島に移す）。外交文書における将軍の呼称が「日本国大君」に改められる。【清】後金、国号を清と改称。
一六三七	寛永一四		島原の乱（〜三八）。天海版大蔵経刊行開始。【朝鮮】清に服属。【明】宋応星『天工開物』。
一六三八	寛永一五	朝山意林庵『清水物語』刊（反駁書として宗親『祇園物語』）	
一六三九	寛永一六	『吉利支丹物語』刊	最後の鎖国令（ポルトガル人の来航禁止）。
一六四〇	寛永一七	松永尺五『彝倫抄』刊・中江藤樹※『翁問答』	宗門改役を設置。
一六四一	寛永一八	中江藤樹※『孝経啓蒙』	平戸のオランダ商館を長崎の出島に移す。
一六四三	寛永二〇	林羅山ら『寛永諸家系図伝』・天海※『東照宮縁起』（寛永年間）	
一六四四	正保一	林羅山※『神道伝授』『本朝神社考』・宮本武蔵『五輪書』	【明】清により明が滅亡、東アジア世界の「華夷」秩序に変容をもたらす（明清交替）。

一六四七	正保四	山崎闇斎『闢異』・雪窓宗崔『興福寺筆記』	明の丘瓊山『文公家礼儀節』が和刻される。
一六四八	慶安一	※林羅山『三徳抄』・中山三柳『飛鳥川』・鈴木正三述、恵中編『驢鞍橋』・雪窓宗崔『対治邪宗論』	
一六四九	慶安二	良栄『安楽集私記見聞』刊	※「慶安御触書」（幕法説に批判あり）
一六五〇	慶安三	『心学五倫書』刊・山崎闇斎『白鹿洞学規集註』・度会延佳『陽復記』	熊沢蕃山、岡山藩番頭（三千石）になる。伊勢御陰参り流行。
一六五一	慶安四	山鹿素行『兵法神武雄備集』	末期養子の禁を緩和。由井正雪の乱。
一六五二	慶安五	林鵞峰『日本王代一覧』	
一六五三	承応二		『性理大全』の和刻本（小出永庵訓点）が刊行。
一六五四	承応三		明僧隠元、長崎に至り、黄檗宗を伝える。【清】智旭『閲蔵知津』。
一六五五	明暦一	如儡子『百八町記』	
一六五六	明暦二	『甲陽軍鑑』刊・辻原元甫『女四書』	
一六五七	明暦三	水戸藩『大日本史』（〜一九〇六）・林羅山『老子鬳斎口義』刊	明暦の大火、江戸城本丸焼失。
一六五八	万治一	『熊野之権現記』刊	
一六五九	万治二	出口延佳『中臣祓瑞穂鈔』・堀杏庵『朝鮮征伐記』	
一六六〇	万治三	林読耕斎『本朝遯史』	
一六六一	寛文一	鈴木正三『万民徳用』『因果物語』（共に刊）	【清】鄭成功、台湾に拠り清軍に抗戦（〜六二）。
一六六二	寛文二	林鵞峰編『羅山文集』『羅山詩集』・※伊藤仁斎『孟子古義』（起稿）・鈴木正三『破吉利支丹』	伊藤仁斎、古義堂を開く。
一六六三	寛文三		殉死の禁止。
一六六五	寛文五	山鹿素行『山鹿語類』『聖教要録』	諸宗寺院法度、諸社禰宜神主法度の制定。朱舜水、水戸藩に招聘さる。山崎闇斎、会津藩に招聘さる。

西暦	年号	文献	事項
一六六六	寛文六	※伊藤仁斎『論語古義』（初稿）・浅井了意『伽婢子』・中村惕斎編『訓蒙図彙』刊	会津藩・水戸藩・岡山藩で寺社整理。山鹿素行、『聖教要録』において朱子学を批判した廉で赤穂藩に流される。
一六六七	寛文七	南部立庵『倭忠経』刊	
一六六八	寛文八	林梅洞著、林鵞峰補『史館茗話』・貝原益軒『近思録備考』刊	
一六六九	寛文九	山鹿素行『中朝事実』	鉄眼版（黄檗版）大蔵経、刊行開始。アイヌ首長シャクシャインの乱。『性理大全』和刻本（小出永庵訓点）、刊行。
一六七〇	寛文一〇	林羅山、鵞峰『本朝通鑑』・※『本佐録』	
一六七一	寛文一一	石川丈山『覆醤集』刊	宗門人別改帳の作成が制度化。山崎闇斎、垂加神道を唱える。
一六七二	寛文一二	保科正之編『二程治教録』	
一六七四	延宝二	関孝和『発微算法』	
一六七五	延宝三	山鹿素行『配所残筆』	
一六七六	延宝四	熊沢蕃山『集義和書』（二版本）刊	
一六七九	延宝七	名古屋玄医『医方問余』（古医方の唱道）	
一六八〇	延宝八	宇都宮遯庵『蒙求詳説』	
一六八二	天和二	井原西鶴『好色一代男』	吉川惟足、幕府より神道方を拝命。
一六八三	天和三	伊藤仁斎『語孟字義』（初稿）・山崎闇斎『文会筆録』刊・佐藤直方『講学鞭策録』	【清】台湾領有。
一六八四	貞享一		渋川春海、貞享暦を作る。
一六八五	貞享二		生類憐みの令（～一七〇九）。
一六八六	貞享三	※熊沢蕃山『集義外書』『大学或問』・阿部正武監修、林鳳岡ら編『武徳大成記』	

一六八七	貞享四	浅見絅斎『靖献遺言』・藤井懶斎『仮名本朝孝子伝』刊・井原西鶴『武道伝来記』刊	熊沢蕃山、『集義外書』『大学或問』で時事を論じた廉で古河に禁錮となる。
一六八八	元禄一	井原西鶴『日本永代蔵』刊	
一六八九	元禄二		【清】ネルチンスク条約締結。
一六九〇	元禄三	中村惕斎『四書章句集註鈔説』・契沖『万葉代匠記』（精撰本）	湯島聖堂（昌平黌）落成。ケンペル来日、滞在二年。
一六九一	元禄四	『仮名性理』刊（『心学五倫書』の二次書）	林鳳岡、蓄髪を許され後に大学頭となる（林家が正式に儒者として幕府の文教政策の中心たる位置を占める）。幕府、日蓮宗悲田派を禁止。
一六九二	元禄五	室鳩巣※「明君家訓」	新規寺院の建立禁止。
一六九三	元禄六	契沖『和字正濫鈔』	比叡山に安楽律院が設置され、安楽律が唱えられる。
一六九五	元禄八	西川如見『華夷通商考』	
一六九七	元禄一〇	宮崎安貞『農業全書』	
一六九八	元禄一一	槙島昭武編『合類大節用集』	
一七〇二	元禄一五	松尾芭蕉『奥の細道』刊・新井白石『藩翰譜』・師蛮『本朝高僧伝』	赤穂浪士討ち入り。
一七〇三	元禄一六	室鳩巣『赤穂義人録』・盤珪※『盤珪仏智弘済禅師御示聞書』（元禄年間）・伊藤東涯『用字格』	
一七〇八	宝永五	三宅尚斎『祭祀来格説』・貝原益軒『大和俗訓』刊	宣教師シドッチ、屋久島に来着。
一七〇九	宝永六	貝原益軒『楽訓』	正徳の治（新井白石活躍）。白石、シドッチ尋問。
一七一〇	宝永七		閑院宮家創設。
一七一一	正徳一	跡部良顕『十種瑞宝極秘伝』	外交文書における将軍の呼称が「日本国王」に改められる。
一七一二	正徳二	新井白石『国書復号紀事』・三輪執斎『標註	

西暦	年号	文献	事項
		伝習録』・寺島良安『和漢三才図絵』	
一七一三	正徳三	貝原益軒『養生訓』・新井白石『采覧異言』	
一七一五	正徳五	増穂残口『艶道通鑑』刊・近松門左衛門『国性爺合戦』初演・無着『禅林象器箋』・荻生徂徠『訳文筌蹄』（初編）刊	海船互市新例。
一七一六	享保一	新井白石『古史通』『折たく柴の記』・安積澹泊『大日本史賛藪』・山本常朝述・田代陣基録『葉隠』・栗山潜鋒『保建大記』	享保の改革（荻生徂徠、室鳩巣活躍）。【清】『康熙字典』。
一七一七	享保二	荻生徂徠『弁道』『弁名』	昌平黌で庶民の聴講を許す。荻生徂徠、この頃から本格的に古文辞学を提唱。
一七一九	享保四	西川如見『町人嚢』	外交文書における将軍の呼称が「日本国大君」に復せらる。
一七二〇	享保五	※大道寺友山『武道初心集』	キリシタン書を除く漢訳洋書の輸入制限を緩和。
一七二一	享保六	田中丘隅『民間省要』	
一七二二	享保七	跡部良顕『日本養子説』・室鳩巣『六諭衍義大意』刊・伊藤東涯『古今学変』	
一七二四	享保九	新井白石『読史余論』※『西洋紀聞』・玉木正英『橘家蟇目口伝』・伊藤東涯『制度通』・※荻生徂徠『徂徠先生答問書』	大坂に懐徳堂開設（初代学主三宅石庵）。
一七二六	享保一一	常盤潭北『百姓分量記』刊	
一七二七	享保一二	服部南郭著、望月三英ら編『南郭先生文集』（初編、刊行一七五八年）	【英】ケンペル『日本誌』（英訳版）。
一七二八	享保一三	雨森芳州『交隣提醒』・太宰春台『倭読要領』	
一七二九	享保一四	太宰春台『経済録』	石田梅岩、京都で心学を提唱。

一七三二	享保一七	※荻生徂徠『政談』・室鳩巣『駿台雑話』	【琉球】蔡温『琉球王御教条』。
一七三六	元文一	吉見幸和「五部書説弁」	
一七三九	元文四	湯浅常山『常山紀談』・石田梅岩『都鄙問答』	
一七四四	延享一	富永仲基『出定後語』	
一七四六	延享三	富永仲基『翁の文』	
一七五三	宝暦三	安藤昌益『自然真営道』（刊本）	
一七五四	宝暦四		古医方派の山脇東洋ら、初めて屍体を解剖す。
一七五八	宝暦八		幕府、竹内式部らを処罰する（宝暦事件）。
一七五九	宝暦九	山県大弐『柳子新論』・山脇東洋『蔵志』	
一七六二	宝暦一二	蓼太編『俳諧無門関』	
一七六三	宝暦一三	※本居宣長『石上私淑言』・祇園南海『詩学逢原』	
一七六四	明和一	本居宣長『古事記伝』（〜九八）	
一七六五	明和二	※賀茂真淵『国意考』『邇飛麻那微』・呉陵軒可有『誹風柳多留』（初編）	
一七六七	明和四		幕府、山県大弐らを処刑（明和事件）。
一七七一	明和八	本居宣長『直毘霊』	
一七七三	安永二	三浦梅園『価原』	
一七七四	安永三	杉田玄白、前野良沢ら『解体新書』（翻訳）	
一七七五	安永四	三浦梅園『玄語』	
一七七六	安永五	普寂『天文弁惑』・服部土芳『三冊子』	平賀源内、エレキテルを完成。【米】「アメリカ独立宣言」。
一七七七	安永六	三浦梅園『多賀墨郷君にこたふる書』	
一七七八	安永七	三浦梅園『帰山録』・本居宣長『馭戎慨言』（九六刊）	
一七七九	安永八	平賀中南『日新堂学範』	塙保己一、『群書類従』の編纂に着手。

西暦	年号	文献	事項
一七八〇	安永九	※市川匡麻呂『末賀能比連』・本居宣長『葛花』	
一七八二	天明二	※湯浅常山『文会雑記』（序）	
一七八三	天明三	工藤平助『赤蝦夷風説考』（成稿）・江村北海『授業編』刊	
一七八五	天明五	本居宣長『漢字三音考』刊・林子平『三国通覧図説』（〜八六）	幕府、蝦夷地調査隊を派遣。
一七八六	天明六	林子平『海国兵談』（自序）・雨森芳洲『橘窓茶話』刊	
一七八七	天明七	本居宣長『秘本玉くしげ』	寛政の改革。
一七八八	天明八	藤原惺窩『千代もと草』刊	
一七八九	寛政一	中井竹山『草茅危言』・賀茂真淵『語意考』刊・手嶋堵庵『為学玉箒』	尊号一件（〜九三）。【仏】フランス革命勃発。
一七九〇	寛政二	※本居宣長、上田秋成『呵刈葭』（奥書）・最上徳内『蝦夷草子』『蝦夷国風俗人情之沙汰』	寛政異学の禁（古賀精里〈または岡田清助〉・尾藤二洲・柴野栗山の寛政三博士らによる建議）。
一七九一	寛政三	藤田幽谷『正名論』	
一七九二	寛政四		林子平在所蟄居、『海国兵談』『三国通覧図説』は絶版。ラクスマン露遣日使節根室来航、大黒屋光太夫ら帰国。
一七九三	寛政五	本居宣長『玉勝間』（〜一八〇一）	
一七九四	寛政六	桂川甫周編『北槎聞略』（大黒屋光太夫聞書）	
一七九五	寛政七	中沢道二『道二翁道話』（初編）刊・司馬江漢『和蘭天説』・高橋至時「星学手簡」（〜一八〇三）・上田秋成『霊語通』（序、九七刊）	【仏】ナポレオン戦争（〜一八一五）
一七九六	寛政八	本居宣長『源氏物語玉の小櫛』・稲村三伯ら訳『波留麻和解』刊（日本初の蘭日辞書、	

		『江戸ハルマ』	
一七九八	寛政一〇	志筑忠雄『暦象新書』（上編、訳述）・本多利明『西域物語』『経世秘策』（後編）・本居宣長『宇比山踏』	
一八〇〇	寛政一二	会沢正志斎『千島異聞』	幕府直轄の昌平坂学問所成立、諸士の入学を許可。
一八〇一	享和一	志筑忠雄『鎖国論』（ケンペル『日本誌』部分訳、「鎖国」の初出）・※本多利明『経済放言』	伊能忠敬、全国測量を開始。
一八〇二	享和二	山片蟠桃『夢の代』（自序）・杉田玄白『形影夜話』（自序）・※山村才助『訂正増訳采覧異言』	
一八〇四	文化一		レザノフ露遣日使節長崎来航（一八〇六年、文化露寇）。
一八〇七	文化四	富士谷御杖『古事記燈』・藤田幽谷「丁卯封事」	
一八〇九	文化六	林述斎監修、成島司直ら編『徳川実紀』（〜四九）	
一八一〇	文化七	円通『仏国暦象編』	
一八一一	文化八	平田篤胤『古道大意』刊『古史徴』（〜一九）『古史成文』・司馬江漢『春波楼筆記』	ゴローニン事件（〜一三）。
一八一三	文化一〇	平田篤胤『霊能真柱』刊・佐藤一斎『言志録』（〜二四）・海保青陵『稽古談』・太田錦城『梧窓漫筆』	
一八一五	文化一二	杉田玄白『蘭学事始』・鎌田柳泓『理学秘訣』	
一八一六	文化一三	原念斎『先哲叢談』刊・武陽隠士『世事見聞録』（序）	【琉球】イギリス艦隊来航。
一八一七	文化一四	海保青陵『前識談』（写）	
一八二二	文政五	蒲生君平『山陵志』	

西暦	年号	文献	事項
一八二四	文政七		常陸国大津湊にイギリス捕鯨船来航（大津浜事件）。シーボルト、鳴滝塾設立。
一八二五	文政八	会沢正志斎『新論』・青地林宗『気海観瀾』（序、二七刊）	
一八二七	文政一〇	佐藤信淵『経済要録』・頼山陽『日本外史』（松平定信に献呈）	
一八二八	文政一一		シーボルト事件。
一八三二	天保三	高野長英『医原枢要』（内編）	【蘭】シーボルト『日本』（〜五二）。
一八三三	天保四	大塩平八郎『洗心洞箚記』・会沢正志斎『迪彝篇』（成稿、四三刊）	
一八三四	天保五	柴田鳩翁『鳩翁道話』（正編）・※大道寺友山『武道初心集』（松代版）	
一八三六	天保七	帆足万里『窮理通』	
一八三七	天保八	斎藤拙堂『士道要論』・藤田東湖「上下富有の議」	大塩平八郎の乱。
一八三八	天保九	高野長英『戊戌夢物語』・渡辺崋山『慎機論』・古賀侗庵『海防臆測』・徳川斉昭撰「弘道館記」（藤田東湖起草）	中山みき、天理教を開く。大原幽学、下総香取郡長部村に先祖株組合を結成。
一八三九	天保一〇	安井息軒『班竹山房学規』	蛮社の獄。
一八四〇	天保一一		【清】アヘン戦争（〜四二）。
一八四一	天保一二		渡辺崋山、自刃（四九歳）。天保の改革。【清】魏源『海国図志』（五〇巻本）『聖武記』。
一八四四	弘化一		天保暦施行（最後の太陰太陽暦）。
一八四五	弘化二	箕作省吾『坤輿図識』	

一八四六	弘化三	大原幽学※『微味幽玄考』	
一八四七	弘化四	藤田東湖『弘道館記述義』（成稿）	
一八四八	嘉永一	伊達千広『大勢三転考』（跋）	【英】マルクス、エンゲルス『共産党宣言』刊行。【欧】一八四八年革命勃発。
一八四九	嘉永二		【清】太平天国の乱（〜五六）。
一八五〇	嘉永三	佐藤一斎※『言志耋録』・会沢正志斎『及門遺範』	
一八五一	嘉永四	川本幸民『気海観瀾広義』（〜五八）	
一八五二	嘉永五	大橋訥庵『闢邪小言』（序、五七刊）	
一八五三	嘉永六		ペリー・プチャーチン米露両艦隊来航。
一八五四	安政一	佐久間象山『省諐録』	日米和親条約締結（神奈川条約）。
一八五五	安政二		幕府、天文方蛮書和解御用を独立させ、洋学所設立。
一八五六	安政三	吉田松陰『講孟余話』・月性『仏法護国論』・富田高慶『報徳記』	洋学所を蕃書調所と改称。
一八五八	安政五		日米修好通商条約など安政五カ国条約締結。安政の大獄。
一八五九	安政六	吉田松陰『留魂録』・大蔵永常※『広益国産考』刊	
一八六〇	万延一	横井小楠『国是三論』	桜田門外の変。
一八六一	文久一	加藤弘之『鄰草』	
一八六四	元治一		【清】ホイートン著、マーティン漢訳『万国公法』。
一八六六	慶応二	福沢諭吉『西洋事情』（〜七〇）	
一八六七	慶応三		「ええじゃないか」の大衆乱舞起こる。大政奉還・王政復古の大号令（明治維新）。柳河春三、『西洋雑誌』創刊（日本初の雑誌）。
一八六八	明治一	加藤弘之『立憲政体略』	五箇条の誓文公布。神仏分離令（廃仏毀釈運動起こる）。神祇官設置。福沢諭吉、学塾を芝新銭座に移し、

西暦	年号	文献	事項
一八六九	明治二	中山みき『おふでさき』（〜八二）	慶應義塾と改称。修史局を置き、六国史以後の国史編纂に着手。版籍奉還。昌平黌を大学校（後に大学）とし、開成所（後に大学南校）と医学校（後に大学東校）を付属させる。
一八七〇	明治三	加藤弘之『真政大意』・西周『百学連環』（講）	大教宣布の詔（神道国教化政策）。『横浜毎日新聞』創刊（初の日刊新聞）。
一八七一	明治四	ミル著、中村正直訳『自由之理』・スマイルズ著、中村正直訳『西国立志編』	文部省設置。廃藩置県。神祇官を神祇省に改組。
一八七二	明治五	福沢諭吉『学問のすゝめ』（〜七六）・※安井息軒『睡余漫筆』	神祇省を廃し教部省・大教院を設置。「三条教則」制定。島地黙雷、「三条教則」批判建白。琉球藩設置。
一八七三	明治六	※安井息軒『弁妄』刊	学制発布。
一八七四	明治七	西周『百一新論』・加藤弘之『国体新論』・西村茂樹「陳言一則」・森有礼「妻妾論」・阪谷素「尊異説」「政教の疑」・中村正直「西学一班」・西周「教門論」・※赤沢文治『金光大神御覚書』	森有礼・西村茂樹ら『明六雑誌』創刊。板垣退助ら民撰議院設立建白。
一八七五	明治八	福沢諭吉『文明論之概略』・阪谷素「民選議院変則論」・柏原孝章「教門論疑問」・西周「人生三宝説」・加藤弘之「夫婦同権論の流弊」・福沢諭吉「男女同数論」・津田真道「夫婦同権弁」・西村茂樹「修身治国非二途論」	新聞紙条例・讒謗律公布。『明六雑誌』停刊。
一八七六	明治九	ブルンチュリ著、加藤弘之訳『国法汎論』	
一八七七	明治一〇	田口卯吉『日本開化小史』（〜八二）・福沢諭吉『分権論』	東京開成学校（大学南校から発展）と東京医学校（大学東校から発展）を合併し、東京大学設立。西南戦争。教

一八七九	明治一二	植木枝盛『民権自由論』・福沢諭吉『国会論』・元田永孚『幼学綱要』（一八八二年宮内省印刷頒布）	部省を廃し、内務省社寺局設置。三島中洲が漢学塾二松学舎を東京麴町に開く。西南戦争。学制を廃し、教育令を制定。沖縄県設置。東京招魂社を靖国神社に改称。
一八八〇	明治一三	『新訳聖書』（日本訳完成）。	東京基督教青年会編『六合雑誌』創刊。
一八八一	明治一四	スペンサー著、松島剛訳『社会平権論』（第一巻）・福沢諭吉『時事小言』	国会開設の詔勅。自由党結成。
一八八二	明治一五	加藤弘之『人権新説』・ルソー著、中江兆民訳『民約訳解』（第一編）・福沢諭吉『帝室論』『兵論』	軍人勅諭発布。福沢諭吉、『時事新報』創刊。立憲改進党結成。東京専門学校創立（後の早稲田大学）。
一八八三	明治一六	馬場辰猪『天賦人権論』・植木枝盛『天賦人権弁』	
一八八四	明治一七	スミス著、石川暎作訳『富国論』・福住正兄『二宮翁夜話』・藤田茂吉『文明東漸史』	華族令制定。神仏教導職全廃、管長制度確立。岡倉天心・フェノロサ、京阪の古寺社歴訪。
一八八五	明治一八	坪内逍遙『小説神髄』	近藤淡水、『女学雑誌』創刊（二四号から巖本善治が編集）。大政官制を廃し、内閣制制定。
一八八六	明治一九	徳富蘇峰『将来之日本』	小学校・帝国大学令等公布。
一八八七	明治二〇	西村茂村『日本道徳論』・中江兆民『三酔人経綸問答』・二葉亭四迷『浮雲』（第一編）・『旧約聖書』（日本訳完成）	徳富蘇峰、民友社を結成し雑誌『国民之友』を創刊。
一八八八	明治二一	福沢諭吉『尊王論』	三宅雪嶺ら、政教社を結成し機関誌『日本人』を創刊。
一八八九	明治二二	井上円了『日本政教論』	陸羯南ら、国民論派の新聞『日本』を創刊。大日本帝国憲法発布。民法典論争起る（〜九八）。
一八九〇	明治二三		徳富蘇峰、『国民新聞』を創刊。『日本主義』（廻瀾社）創刊。第一回帝国議会開会。教育勅語発布。

西暦	年号	文献	事項
一八九一	明治二四	井上哲次郎『勅語衍義』・陸羯南『近時政論考』・竹越三叉『新日本史』（〜九二）・三宅雪嶺『真善美日本人』	第一高等中学校で内村鑑三不敬事件起こる。森鷗外・坪内逍遥との間に没理想論争展開。
一八九二	明治二五		久米邦武「神道は祭天の古俗」（『史海』転載）の筆禍事件。教育と宗教の衝突論争。
一八九三	明治二六	加藤弘之『強者の権利の競争』（日独両版）・北村透谷「内部生命論」・内村鑑三『余は如何にして基督信徒となりし乎』（英文）	北村透谷・島崎藤村ら、『文学界』を創刊。
一八九四	明治二七	内村鑑三『代表的日本人』（英文）・志賀重昂『日本風景論』	日清戦争（〜九五）。『仏教史林』創刊。
一八九五	明治二八		『太陽』創刊。『帝国文学』創刊。台湾総督府設置。
一八九六	明治二九	ダーウィン著、立花銑三郎訳『生物始源』・大西祝「社会主義の必要」	
一八九七	明治三〇	村上専精、境野哲、鷲尾順敬『大日本仏教史』	高山樗牛ら、『日本主義』（大日本協会）を創刊。片山潜ら、『労働世界』を創刊。『ほととぎす』創刊。
一八九八	明治三一	井上円了『破唯物論』・木村鷹太郎『日本主義国教論』・高山樗牛「国家至上主義に対する吾人の見解」・姉崎正治「今後の宗教界を如何にせんか」	幸徳秋水・片山潜・河上清・村井知至ら、ユニテリアン協会内に「社会主義研究会」を設立。【清】戊戌新政。
一八九九	明治三二	横山源之助『日本之下層社会』・村井知至『社会主義』・新渡戸稲造『武士道』（英文）	『反省会雑誌』を『中央公論』と改題。神仏道以外の宗教法令（内務省令第四十一号）公布。
一九〇〇	明治三三	井上哲次郎『日本陽明学派之哲学』	与謝野鉄幹ら、『明星』を創刊。安部磯雄・片山潜・幸徳秋水ら、社会主義協会設立。
一九〇一	明治三四	幸徳秋水『廿世紀之怪物帝国主義』・竹越三	

		叉『人民読本』・高山樗牛「美的生活を論ず」・中江兆民『一年有半』・波多野精一『西洋哲学史要』・村上専精『仏教統一論（大綱篇）』	
一九〇二	明治三五	清沢満之『精神主義』・宮崎滔天『三十三年之夢』	
一九〇三	明治三六	岡倉天心『東洋の理想』（英文）・幸徳秋水『社会主義神髄』・片山潜『我社会主義』・山路愛山『現代日本教会史論』	山路愛山、『独立評論』創刊。一高生徒藤村操、投身自殺。幸徳秋水ら、週刊『平民新聞』創刊。
一九〇四	明治三七	木下尚江「火の柱」・与謝野晶子「君死にたまふことなかれ」・福田英子『妾の半生涯』・岡倉天心『日本の覚醒』（英文）・内村鑑三「余が非戦論者となりし由来」・マルクス、エンゲルス著、幸徳秋水、堺利彦訳「共産党宣言」・丘浅次郎『進化論講話』	日露戦争（〜〇五）。
一九〇五	明治三八	井上哲次郎『日本朱子学派之哲学』	
一九〇六	明治三九	北一輝『国体論及び純正社会主義』・島崎藤村『破戒』・原勝郎『日本中世史』	堺利彦、『社会主義研究』創刊。
一九〇七	明治四〇	夏目漱石『文学論』・芳賀矢一『国民性十論』	日刊『平民新聞』創刊。三宅雪嶺、『日本及日本人』創刊。
一九〇八	明治四一		戊申詔書発布。
一九〇九	明治四二	山路愛山『足利尊氏』・浮田和民『倫理的帝国主義』	
一九一〇	明治四三	柳田國男『遠野物語』・石川啄木「時代閉塞の現状」（執筆）	大逆事件。『白樺』創刊。韓国併合。
一九一一	明治四四	幸徳秋水『基督抹殺論』・平塚らいてう「元	南北朝正閏問題、帝国議会で南朝正統を議決。平塚らい

西暦	年号	文献	事項
		始女性は太陽であった」・西田幾多郎『善の研究』・村岡典嗣『本居宣長』	てうら、『青鞜』創刊。【清】辛亥革命。
一九一二	大正一	森鷗外「かのやうに」・井上哲次郎『国民道徳概論』・田岡嶺雲『数奇伝』・長谷川如是閑『倫敦』	美濃部達吉・上杉慎吉憲法論争。大杉栄ら、『近代思想』創刊。【清】清朝滅亡、中華民国成立。
一九一三	大正二	和辻哲郎『ニイチェ研究』	
一九一四	大正三	内藤湖南『支那論』・阿部次郎『三太郎の日記』(第弐一九一五、合本一九一八)	月刊『平民新聞』創刊。田中智学、国柱会を設立。第一次世界大戦(〜一八)。
一九一六	大正五	吉野作造「憲政の本義を説いて其有終の美を済すの途を論ず」・津田左右吉『文学に現はれたる我が国民思想の研究』全四巻(〜二一)・朝永三十郎『近世に於ける「我」の自覚史』・河上肇「貧乏物語」	『婦人公論』創刊。岩野泡鳴ら『新日本主義』創刊。
一九一七	大正六	吉野作造『支那革命小史』	【露】ロシア革命(十月革命)。
一九一八	大正七	徳富蘇峰『近世日本国民史』全一〇〇巻(〜六二)・近衛文麿「英米本位の平和主義を排す」	満川亀太郎ら、老壮会を設立。米騒動。【独】ドイツ革命。
一九一九	大正八	吉野作造「北京学生団の行動を漫罵する勿れ」・津田左右吉『古事記及び日本書紀の新研究』・北一輝『国家改造案原理大綱』(執筆)・土田杏村『象徴の哲学』	河上肇、『社会問題研究』創刊。『我等』創刊。『デモクラシイ』創刊。『改造』創刊。堺利彦・山川均ら『社会主義研究』創刊。高畠素之、『国家社会主義』創刊。『解放』創刊。【朝】三・一独立運動起こる。【中】五・四運動起こる。【ソ】コミンテルン創設(〜四三)。
一九二〇	大正九	マルクス著、高畠素之訳『資本論』(〜二三)	森戸辰男筆禍事件。満川亀太郎ら、『雄叫び』創刊。
一九二一	大正一〇	倉田百三『愛と認識との出発』・北一輝『支	第一次大本教事件(幹部一斉検挙される)。『思想』創刊。

		那革命外史』・大川周明『日本文明史』・内務省神社局『国体論史』	
一九二二	大正一一	阿部次郎『人格主義』・賀川豊彦『生命宗教と生命芸術』	日本共産党創立。
一九二三	大正一二	美濃部達吉『憲法撮要』・北一輝『日本改造法案大綱』・福来友吉『生命主義の信仰』	関東大震災。『赤旗』創刊。
一九二四	大正一三	内藤湖南『日本文化史研究』・津田左右吉『神代史の研究』・折口信夫「国文学の発生第二稿」・東京大正一切経刊行会『大正新脩大蔵経』（～三四）	『国本』創刊。『キング』創刊。【米】排日移民法成立。
一九二五	大正一四	細井和喜蔵『女工哀史』	治安維持法・普通選挙法公布。朝鮮神宮創建。蓑田胸喜・三井甲之ら、『原理日本』創刊。
一九二六	大正一五	平泉澄『我が歴史観』『中世に於ける社寺と社会との関係』・和辻哲郎『日本精神史研究』・村上専精他編『明治維新神仏分離史料』（～二九）・福本和夫「山川氏の方向転換論の転換より始めざるべからず」	福本和夫、『マルキシズムの旗の下に』創刊。昭和改元（一二月二五日）。
一九二七	昭和二	コミンテルン「日本問題に関する決議（二七年テーゼ）」	『労農』創刊。金融恐慌。
一九二八	昭和三		共産党と労農派との間で戦略論争起こる。三・一五事件（共産党員全国的大検挙）。
一九二九	昭和四	矢内原忠雄『帝国主義下の台湾』	四・一六事件（共産党員全国的大検挙）。小津安二郎監督『大学は出たけれど』上映。【米】世界恐慌。
一九三〇	昭和五	村岡典嗣『日本思想史研究』・九鬼周造『「いき」の構造』	統帥権干犯問題。
一九三一	昭和六	金子ふみ子『何が私をかうさせたか』・橘樸	満洲事変。

西暦	年号	文献	事項
一九三二	昭和七	編『満州と日本』 『日本資本主義発達史講座』全七巻（～三三）・コミンテルン（河上肇訳）「日本に於ける情勢と日本共産党の任務に関するテーゼ（三二年テーゼ）」・長谷川如是閑『日本ファシズム批判』・石川三四郎『近世土民哲学』	五・一五事件。国民精神文化研究所設置。満洲国建国宣言。
一九三三	昭和八	津田左右吉『上代日本の社会及び思想』・中野正剛『国家改造計画綱領』	日本、国際連盟から脱退。滝川事件。
一九三四	昭和九	和辻哲郎『人間の学としての倫理学』・河合栄治郎『ファッシズム批判』・梯明秀『物質の哲学的概念』	文部省、思想局を設置。村岡典嗣、日本思想史学会設立（現在の日本思想史学会とは別組織）。
一九三五	昭和一〇	戸坂潤『日本イデオロギー論』『科学論』・和辻哲郎『風土』・鳥井博郎『明治思想史』	天皇機関説排撃事件。国体明徴宣言。保田與重郎ら、『日本浪曼派』創刊。第二次大本教事件（出口王仁三郎ら逮捕）。
一九三六	昭和一一	中井正一「委員会の論理」・河合栄治郎「二・二六事件に就いて」・永田広志『日本唯物論史』・平泉澄『国史講話』	二・二六事件。
一九三七	昭和一二	文部省『国体の本義』・早川二郎『日本歴史読本』・平泉澄『日本精神の復活』・和辻哲郎『倫理学上』（中一九四二、下一九四九）	日中戦争（～四五）。文部省、教学局を設置。
一九三八	昭和一三	蠟山政道「東亜協同体の理論」・永田広志『日本哲学思想史』	国家総動員法公布（五月五日施行）。
一九三九	昭和一四	三木清『構想力の論理』第一（第二、四六）・大川周明『日本二千六百年史』・長谷川	宗教団体法公布。【独】ポーランド侵攻（第二次世界大戦、～四五）

		巳之吉編『戦後の思想問題』	
一九四〇	昭和一五	家永三郎『日本思想史に於ける否定の論理の発達』・鈴木大拙（北川桃雄訳）『禅と日本文化』（続一九四二）	津田左右吉筆禍事件。
一九四一	昭和一六	文部省教学局『臣民の道』・今西錦司『生物の世界』・桜木俊晃編『国語文化講座』（〜四二）	太平洋戦争（〜四五）。
一九四二	昭和一七	高山岩男『世界史の哲学』・三木清『技術哲学』	大日本言論報国会成立。
一九四三	昭和一八	中野正剛「戦時宰相論」・坂口安吾『日本文化私観』・文部省編『国史概説』・紀平正美『皇国史観』	大東亜会議・大東亜共同宣言。
一九四四	昭和一九	丸山真男「国民主義理論の形成」・大塚久雄『近代欧州経済史序説』	『改造』『中央公論』廃刊。
一九四五	昭和二〇	平野義太郎『大アジア主義の歴史的基礎』・徳田球一他「人民に訴ふ」・美濃部達吉「憲法改正問題」	ポツダム宣言受諾（八月一四日）、玉音放送（一五日）、降伏文書調印（九月二日）。『思想』『赤旗』復刊。
一九四六	昭和二一	津田左右吉「建国の事情と万世一系の思想」・田辺元『懺悔道としての哲学』・丸山真男「超国家主義の論理と心理」・石母田正『中世的世界の形成』・柳田國男『先祖の話』・歴史学研究会編『歴史家は天皇制をどう見るか』・坂口安吾「堕落論」	天皇、神格化否定の詔書（「人間宣言」）。『世界』『思想の科学』創刊。『中央公論』『改造』復刊。主体性論争。日本国憲法公布（一九四七年五月三日施行）。
一九四七	昭和二二	大熊信行「戦争体験としての国家」・杉浦明平「転向論」	
一九四八	昭和二三	共同研究「日本ファシズムとその抵抗線」・	

西暦	年号	文献	事項
一九四九	昭和二四	大熊信行『戦争責任論』・大塚久雄『近代化の人間的基礎』・ベネディクト（長谷川松治訳）『菊と刀』井上清『日本女性史』・三宅雪嶺『同時代史』全六巻（〜五四）・『きけわだつみのこえ』・津田左右吉『日本の神道』	【中】中華人民共和国成立。
一九五〇	昭和二五	中野重治「日本共産党を語る」・石井良助『天皇』	朝鮮戦争（〜五三）。警察予備隊設立。
一九五一	昭和二六	南原繁「民族の危機と将来」	サンフランシスコ平和条約調印。日米安全保障条約調印。
一九五二	昭和二七	和辻哲郎『日本倫理思想史』・石母田正『歴史と民族の発見』・丸山真男『日本政治思想史研究』	
一九五三	昭和二八	久野収「二つの平和主義」	
一九五四	昭和二九	福田恒存「平和論の進め方についての疑問」	防衛庁・自衛隊発足。本多猪四郎監督『ゴジラ』上映。
一九五五	昭和三〇	加藤周一「日本文化の雑種性」・遠山茂樹、今井清一、藤原彰『昭和史』	アジア・アフリカ会議。自由民主党結成（保守合同）、五五年体制成立。
一九五六	昭和三一	鶴見俊輔「知識人の戦争責任」・中野好夫「もはや戦後ではない」・丸山真男『現代政治の思想と行動』上（下一九五七）・遠山茂樹他編『近代日本思想史』（〜五七）	『昭和史』論争。日ソ国交回復に関する共同宣言。
一九五七	昭和三二	大熊信行『国家悪』	
一九五八	昭和三三	竹内好「中国観の破産」・吉本隆明「転向論」	『日本』創刊。
一九五九	昭和三四	思想の科学研究会編『転向』上（中六〇、下六二）・久野収、鶴見俊輔他『戦後日本の思	

		想』・伊藤整他編『近代日本思想史講座』（〜六一）	
一九六〇	昭和三五	橋川文三『日本浪曼派批判序説』・深沢七郎「風流夢譚」	新安保条約強行採決、発効。
一九六一	昭和三六	丸山真男『日本の思想』・柳田国男『海上の道』・西谷啓治『宗教とは何か』	嶋中事件（風流夢譚事件）。
一九六二	昭和三七	佐々木基一「『戦後文学』は幻影だった」・本多秋五「戦後文学は幻影か」・司馬遼太郎「竜馬がゆく」（〜六六）	戦後文学論争。
一九六三	昭和三八	林房雄「大東亜戦争肯定論」（〜六五）	閣議で八月一五日に全国戦没者追悼式の実施を閣議決定。
一九六四	昭和三九	色川大吉『明治精神史』・江上波夫『騎馬民族国家』・岡本太郎『神秘日本』・大江健三郎「ヒロシマ・ノート」（〜六五）	オリンピック東京大会。
一九六五	昭和四〇	朴慶植『朝鮮人強制連行の記録』・開高健『ベトナム戦記』・小林秀雄「本居宣長」（〜七六）	家永教科書裁判（第一次）。日韓基本条約調印。
一九六六	昭和四一	松尾尊兊『大正デモクラシーの研究』・吉本隆明「共同幻想論」（〜六七）・外文出版社訳『毛沢東語録』・手塚治虫「火の鳥」（〜七二）	【中】文化大革命はじまる（〜七六）。
一九六七	昭和四二	大岡昇平「レイテ戦記」（〜六九）・梅棹忠夫『文明の生態史観』・中根千枝『タテ社会の人間関係』	家永教科書裁判（第二次）。四日市ぜんそく患者、石油会社六社を提訴。
一九六八	昭和四三	家永三郎『太平洋戦争』・三島由紀夫「文化防衛論」・司馬遼太郎「坂の上の雲」（〜七二）	東大紛争。小笠原諸島、正式に日本復帰。日本思想史学会設立。
一九六九	昭和四四	旗田巍『日本人の朝鮮観』・石牟礼道子『苦	『日本思想史学』創刊。

西暦	年号	文献	事項
		海浄土』・大江健三郎「沖縄ノート」（〜七〇）	
一九七〇	昭和四五	ベンダサン『日本人とユダヤ人』・三島由紀夫「革命哲学としての陽明学」・平泉澄『少年日本史』	よど号ハイジャック事件。三島由紀夫、自衛隊市谷駐屯地突入ののち割腹自殺。
一九七一	昭和四六	高野悦子『二十歳の原点』・土居健郎『「甘え」の構造』	
一九七二	昭和四七	田中角栄『日本列島改造論』・山崎朋子『サンダカン八番娼館』	連合赤軍あさま山荘事件。沖縄施政権返還、沖縄県復活。日中国交正常化など日中共同声明。
一九七三	昭和四八	鎌田慧『自動車絶望工場』・手塚治虫「ブラック・ジャック」（〜七八）	『正論』創刊。
一九七四	昭和四九	安丸良夫『日本の近代化と民衆思想』・五島勉『ノストラダムスの大予言』	『宇宙戦艦ヤマト』放映。
一九七五	昭和五〇	黒田俊雄『日本中世の国家と宗教』・井上清『天皇の戦争責任』	
一九七六	昭和五一	古川哲史、石田一良編『日本思想史講座』（〜七七）・森崎和枝『からゆきさん』	『季刊日本思想史』創刊。
一九七七	昭和五二	子安宣邦『宣長と篤胤の世界』	
一九七八	昭和五三	網野善彦『無縁・公界・楽』	日中平和友好条約調印。タイトー、スペースインベーダー発売。
一九七九	昭和五四		富野喜幸（由悠季）監督『機動戦士ガンダム』放映。
一九八〇	昭和五五	柄谷行人『日本近代文学の起源』	教育指導要領による「ゆとり教育」の開始。
一九八一	昭和五六	井上ひさし『吉里吉里人』	
一九八二	昭和五七	森村誠一『悪魔の飽食』・山住正己「文部省	歴史教科書の記述をめぐり国際問題化。

一九八三	昭和五八	廃止論」	任天堂、ファミリーコンピューター発売。
一九八四	昭和五九	網野善彦『日本中世の非農業民と天皇』・浅田彰『逃走論』	家永教科書裁判（第三次）。宮崎駿監督『風の谷のナウシカ』上映。
一九八五	昭和六〇	渡辺浩『近世日本社会と宋学』	埴谷雄高と吉本隆明との間で論争起こる（「コム・デ・ギャルソン論争」）。
一九八六	昭和六一	佐々木毅「〈一国民主主義〉の隘路」・洞富雄『南京大虐殺の証明』・サイード（今沢紀子訳）『オリエンタリズム』・パンゲ（竹内信夫訳）『自死の日本史』	
一九八七	昭和六二	アンダーソン（白石隆他訳）『想像の共同体』	
一九八九	平成一	径書房編集部編『長崎市長への七三〇〇通の手紙』・盛田昭夫、石原慎太郎『NOと言える日本』・袴谷憲昭『本覚思想批判』	【中】天安門事件起こる。【独】ベルリンの壁崩壊。
一九九〇	平成二	大越愛子他『性差別する仏教』	
一九九一	平成三	樋口陽一「「一国平和主義」でなく何を、なのか」	湾岸戦争。金学順ら元「慰安婦」、日本政府を提訴。【ソ】連邦解体。
一九九二	平成四	フクヤマ（渡部昇一訳）『歴史の終わり』・ホブズボウム、レンジャー編（前川啓治他訳）『創られた伝統』・西川長夫『国境の越え方』	PKO法成立。バブル崩壊。
一九九三	平成五	小沢一郎『日本改造計画』・柄谷行人『ヒューモアとしての唯物論』	
一九九四	平成六	浅田彰『「歴史の終わり」と世紀末の世界』	
一九九五	平成七	大江健三郎『あいまいな日本の私』・加藤典洋「敗戦後論」・高橋哲哉「汚辱の記憶をめぐって」・吉見義明『従軍慰安婦』・小熊英二	阪神・淡路大震災（一月一七日）。地下鉄サリン事件（三月二〇日）。藤岡信勝ら、「自由主義史観研究会」結成。「歴史主体」論争。マイクロソフト、ウィンドウズ

西暦	年号	文献	事項
一九九七	平成九	『単一民族神話の起源』 酒井直樹『日本思想という問題』・源淳子『フェミニズムが問う仏教』	95発売。庵野秀明監督『新世紀エヴァンゲリオン』放映。 西尾幹二ら、「新しい歴史教科書をつくる会」結成。臓器移植法公布（一〇月一六日施行）。
一九九八	平成一〇	上野千鶴子『ナショナリズムとジェンダー』・小森陽一、高橋哲哉編『ナショナル・ヒストリーを超えて』・小林よしのり『戦争論』	
一九九九	平成一一	安彦一恵他編『戦争責任と「われわれ」』・西尾幹二『国民の歴史』・若尾政希『「太平記読み」の時代』	ガイドライン関連三法成立。「日の丸・君が代」法成立。
二〇〇〇	平成一二	網野善彦『歴史としての戦後史学』・澤井啓一『〈記号〉としての儒学』	
二〇〇一	平成一三	新しい歴史教科書をつくる会『新しい歴史教科書』	【米】同時多発テロ（9・11）。
二〇〇二	平成一四		W杯日韓大会。
二〇〇三	平成一五	子安宣邦『漢字論』	【米】イラク戦争（二〇一一年、戦争終結宣言）。有事法制関連三法成立。
二〇〇四	平成一六		自衛隊イラク派遣。
二〇〇六	平成一八		教育基本法改正。
二〇〇八	平成二〇	中村春作他編『「訓読」論』	
二〇〇九	平成二一		民主党、総選挙で第一党になり、政権交代。
二〇一一	平成二三	村上春樹「非現実的な夢想家として」（カタルーニャ国際賞受賞スピーチ）	東日本大震災（三月一一日）、東京電力福島第一原子力発電所事故。

日本思想史年表

凡例

一、本年表は、いわゆる「仏教公伝」の五三八年から、東日本大震災の発生した二〇一一年までを対象範囲とし、思想史をめぐる「文献」と「事項」の二項目に整理して作成した。また、本講座の各論で採りあげられた文献と事項もあわせて掲載している。

一、年代は、一八七三年（明治六）の太陽暦施行以前においては月日まで調整したうえで、年号・項目を掲示しているものではない。

一、著書およびこれに準ずるものには『　』、新聞・雑誌掲載の論文および著書の一部となるものには「　」を用い、そのうえで編著者名を記した。ただし、編著者名の明らかでないものは書名のみ掲げた。また、書名・論文名の副題等は省略した。

一、著書・論文は注記のないかぎり、成立年代に分類した。成立年を明確にできないものには、該当する文献名（著者名）の最初の文字の右行間に※を付し、推定される年代に掲示した。例：※伊藤仁斎『孟子古義』

一、同年代に成立した文献が複数の場合は、中黒で結んだ（同一著者の場合は省略）。例：新井白石『読史余論』『西洋紀聞』・玉木正英『橘家蟇目口伝』

一、著者が複数名の文献については、その代表数名を掲げ、読点で結んだ。例：杉田玄白、前野良沢ら『解体新書』

一、海外の事項については、その国名または地域名（略名）を【　】内に記した。例：【唐】玄奘帰国

一、作成は、桐原健真・森川多聞の両名が担当し、最終的な補訂・編集作業は桐原が行なった。

【執筆者紹介】

黒住　真（くろずみ まこと）
1950年，岡山県生まれ。東京大学大学院人文科学研究科博士課程修了。博士（学術）。東京大学大学院総合文化研究科教授。日本思想史・倫理学専攻。
主著—『近世日本社会と儒教』『複数性の日本思想』（以上，ぺりかん社）

片岡　龍（かたおか りゅう）
1965年，広島県生まれ。早稲田大学大学院文学研究科博士後期課程単位取得退学。東北大学大学院文学研究科准教授。日本思想史・東アジア思想史専攻。
主著—『公共する人間1　伊藤仁斎』（共編，東京大学出版会），『日本思想史ハンドブック』（共編，新書館）

＊　　＊

澤井啓一（さわい けいいち）
1950年，長野県生まれ。早稲田大学大学院文学研究科博士課程修了。恵泉女学園大学名誉教授。近世東アジア思想史専攻。
主著—『山崎闇斎』（ミネルヴァ日本評伝選），「土着化する儒教と日本」（『現代思想』42-4，青土社）

高橋文博（たかはし ふみひろ）
1948年，群馬県生まれ。東京大学大学院人文科学研究科博士課程単位取得退学。博士（人文科学）。就実大学教育学部教授。岡山大学名誉教授。倫理学・日本倫理思想史専攻。
主著—『近代日本の倫理思想 —— 主従道徳と国家』（思文閣出版），『近世の死生観 —— 徳川前期儒教と仏教』（ぺりかん社）

中村春作（なかむら しゅんさく）
1953年，徳島県生まれ。大阪大学大学院文学研究科博士課程後期単位取得退学。博士（文学）。広島大学大学院教育学研究科教授。思想史専攻。
主著—『江戸儒教と近代の「知」』（ぺりかん社），『東アジア海域に漕ぎ出す5　訓読から見なおす東アジア』（編著，東京大学出版会）

若尾政希（わかお まさき）
1961年，岐阜県生まれ。東北大学大学院文学研究科博士後期課程単位取得退学。博士（文学）。一橋大学大学院社会学研究科教授。日本近世史専攻。
主著—『「太平記読み」の時代 —— 近世政治思想史の構想』（平凡社），『安藤昌益からみえる日本近世』（東京大学出版会）

竹内整一（たけうち せいいち）
1946年，長野県生まれ。東京大学大学院人文科学研究科博士課程中途退学。鎌倉女子大学教授。東京大学名誉教授。倫理学・日本思想専攻。

執筆者紹介

主著―『やまと言葉で哲学する――「おのずから」と「みずから」のあわいで』(春秋社),『花びらは散る 花は散らない――無情の日本思想』(角川選書)

林　淳(はやし まこと)
1953年,北海道生まれ。東京大学大学院人文科学研究科博士課程単位取得退学。博士(文学)。愛知学院大学文学部教授。宗教学・日本宗教史専攻。
主著―『近世陰陽道の研究』(吉川弘文館),『天文方と陰陽道』(山川出版社)

山室信一(やまむろ しんいち)
1951年,熊本県生まれ。東京大学法学部卒業。博士(法学)。京都大学人文科学研究所教授。法政思想連鎖史専攻。
主著―『思想課題としてのアジア――基軸・連鎖・投企』(岩波書店),『憲法9条の思想水脈』(朝日選書)

山泉　進(やまいずみ すすむ)
1947年,高知県生まれ。早稲田大学大学院政治学研究科博士課程修了。明治大学法学部教授。社会思想史専攻。
主著―『平民社の時代』『大逆事件の言説空間』(以上,論創社)

本村昌文(もとむら まさふみ)
1970年,東京都生まれ。東北大学大学院文学研究科博士後期課程単位取得退学。博士(文学)。岡山大学大学院社会文化科学研究科准教授。近世日本思想史専攻。
主著―「江戸前期「陽明学派」の中庸注釈・中庸論」(『東アジア海域叢書5 江戸儒学の中庸注釈』汲古書院),「熊沢蕃山の死生観」(『日本思想史学』40)

川村邦光(かわむら くにみつ)
1950年,福島県生まれ。東北大学大学院文学研究科博士課程満期退学。大阪大学大学院文学研究科教授。宗教学・近代文化史専攻。
主著―『オトメの行方』(紀伊国屋書店),『弔い論』(青弓社)

佐久間 正(さくま ただし)
1949年,千葉県生まれ。東北大学大学院文学研究科博士課程前期終了。博士(文学)。長崎大学多文化社会学部教授。日本思想史専攻。
主著―『徳川日本の思想形成と儒教』(ぺりかん社),「蔡温の思想――琉球王国における儒教と風水」(『日本思想史学』43)

*　　　*

卞 崇 道(べん すうどう/Bian Chongdao)
1942年,中国江蘇省生まれ。中国社会科学院大学院哲学研究科修士。関西大学名誉博士。元中国社会科学院哲学研究所研究員・浙江樹人大学教授。日本思想史・近代日本哲学専攻。2012年逝去。

主著―『日本近代思想のアジア的意義』『戦後日本哲学思想概論』（以上，農山漁村文化協会）

呉 光 輝（ご こうき／Wu Guanghui）
1970年，中国湖北省生まれ。京都大学大学院文学研究科日本哲学史専修中途退学。廈門大学高等教育研究所教育博士。廈門大学外文学院教授。日本哲学史・日本文化史専攻。
主著―『日本的中国形象』（人民出版社），『他者之眼与文化交渉』（廈門大学出版社）

趙 寛 子（チョウ クァンジャ／Jo Kwan-ja）
1964年，韓国ソウル生まれ。東京大学大学院総合文化研究科博士課程修了。博士（学術）。ソウル大学校日本研究所助教授。日本近代・現代思想史専攻。
主著―『植民地朝鮮／帝国日本の文化連環』（有志舎），『思想の身体 徳の巻』（共著，春秋社）

藍 弘 岳（らん こうがく／Lan Hungyueh）
1974年，台湾南投県生まれ。東京大学大学院総合文化研究科博士課程修了。博士（学術）。国立交通大学社会文化研究所副教授。日本思想史専攻。
主著―「徂徠学派文士と朝鮮通信使――「古文辞学」の展開をめぐって」（『日本漢文学研究』9），「十九世紀日本與中国政治思想之「共和」論述」（『新史学』25-2）

劉 建 輝（りゅう けんき／Liu Jianhui）
1961年，中国遼寧省生まれ。神戸大学大学院文学研究科博士課程修了。文学博士。国際日本文化研究センター教授。日中比較文学・比較文化専攻。
主著―『増補 魔都上海――日本知識人の「近代」体験』（ちくま学芸文庫），『日中二百年――支え合う近代』（武田ランダムハウスジャパン）

ケイト・W・ナカイ（Kate Wildman Nakai）
1942年，米国カリフォルニア州生まれ。ハーバード大学大学院東アジア言語・文明研究科博士課程修了（Ph.D.）。上智大学名誉教授。日本近世史専攻。
主著―『新井白石の政治戦略――儒学と史論』（東京大学出版会），“Coming to Terms with ‘Reverence at Shrines’: The 1932 Sophia University—Yasukuni Shrine Incident” (*Kami Ways in Nationalist Territory: Shinto Studies in Prewar Japan and the West*, ed. Bernhard Scheid)

フレデリック・ジラール（Frédéric Girard）
1949年，フランス・モントルイユ生まれ。パリ第七大学大学院東洋言語文明研究科博士課程修了。日本語学博士。パリ高等学院文献学歴史学部ディプロマ取得。フランス国立極東学院教授。仏教学・日本哲学専攻。
主著―*Vocabulaire du bouddhisme japonais* (Droz), *Les Dialogue d'Emile Guimet avec les religieux japonais* (Edition Findakly)

*　　　　*

安蘇谷正彦（あそや まさひこ）
1940年，栃木県生まれ。國學院大學大学院文学研究科博士課程修了。文学博士。國學院大學名

誉教授。神道学専攻。
主著—『神道の生死観』『現代の諸問題と神道』(以上，ぺりかん社)

大久保良峻(おおくぼ りょうしゅん)
1954年，神奈川県生まれ。早稲田大学大学院文学研究科博士課程退学。博士(文学)。早稲田大学文学学術院教授。仏教学・日本仏教教学史専攻。
主著—『天台教学と本覚思想』『台密教学の研究』(以上，法蔵館)

土田健次郎(つちだ けんじろう)
1949年，東京都生まれ。早稲田大学大学院文学研究科博士課程修了。博士(文学)。早稲田大学文学学術院教授。中国思想・日本思想専攻。
主著—『道学の形成』(創文社)，『江戸の朱子学』(筑摩選書)

鵜沼裕子(うぬま ひろこ)
1934年，東京都生まれ。東京大学大学院人文科学研究科倫理学専攻博士課程満期退学。元聖学院大学大学院教授。日本キリスト教思想史専攻。
主著—『近代日本のキリスト教思想家たち』(日本基督教団出版局)，『近代日本キリスト者の信仰と倫理』(聖学院大学出版会)

平石直昭(ひらいし なおあき)
1945年，東京都生まれ。東京大学法学部卒業。東京大学名誉教授。日本政治思想史専攻。
主著—『荻生徂徠年譜考』(平凡社)，「福沢諭吉の戦略構想 ——『文明論之概略』期までを中心に」(『社会科学研究』51-1)

藤田正勝(ふじた まさかつ)
1949年，三重県生まれ。ボーフム大学哲学部ドクターコース修了(Dr.Phil.)。京都大学大学院総合生存学館教授。哲学・日本哲学史専攻。
主著—『西田幾多郎 —— 生きることと哲学』『哲学のヒント』(以上，岩波新書)

梅澤秀夫(うめざわ ひでお)
1948年，東京都生まれ。東京大学大学院人文科学研究科国史学専門課程単位取得退学。清泉女子大学文学部教授。日本近世思想史専攻。
主著—『古賀精里・侗庵 —— 早すぎた幕府御儒者の外交論』(出門堂)，「『妙貞問答』の儒教批判」(『清泉女子大学キリスト教文化研究所年報』5・6)

【日本思想史学関係文献一覧・日本思想史年表作成者】

冨樫　進（とがし　すすむ）　東北福祉大学教育学部専任講師
桐原健真（きりはら　けんしん）　金城学院大学文学部准教授
梅原　博（うめはら　ひろし）　東北大学大学院文学研究科博士課程
岡安儀之（おかやす　のりゆき）　東北大学大学院文学研究科研究助手
小嶋　翔（こじま　しょう）　吉野作造記念館主任研究員
島田雄一郎（しまだ　ゆういちろう）　東北大学大学院文学研究科博士課程
高橋恭寛（たかはし　やすひろ）　東北大学大学院文学研究科専門研究員
舩田淳一（ふなた　じゅんいち）　金城学院大学文学部准教授
ポロヴニコヴァ・エレーナ（Polovnikova Elena）　東北大学大学院文学研究科博士課程
村上麻佑子（むらかみ　まゆこ）　奈良女子大学文学部教務補佐
森川多聞（もりかわ　たもん）　東北大学大学院文学研究科助教
モリス・ジョン（Morris Jon）　駒沢女子大学文学部専任講師
吉川　裕（よしかわ　ゆたか）　東北大学大学院文学研究科専門研究員
李 月 珊（り　げつさん／ Li Yueshan）　東北大学大学院文学研究科博士課程

装訂 ── 間村俊一
（写真 ── 鬼海弘雄）

日本思想史講座《にほんしそうしこうざ》5── 方法《ほうほう》
2015年12月25日　初版第1刷発行

編集委員　苅部直　黒住真　佐藤弘夫
末木文美士　田尻祐一郎

発行者　廣嶋 武人

発行所　株式会社 ぺりかん社
〒113-0033　東京都文京区本郷1-28-36
TEL 03(3814)8515
http://www.perikansha.co.jp/

印刷・製本　精興社

ISBN 978-4-8315-1428-8